幼儿园课程资源丛书

幼儿园健康教育资源 健康生活

刘 馨 主编

人民教育出版社
·北京·

图书在版编目（CIP）数据

幼儿园健康教育资源：健康生活／刘馨主编．—北京：人民教育出版社，2017.7（2021.2重印）
（幼儿园课程资源丛书）
ISBN 978－7－107－31596－1

Ⅰ.①幼…　Ⅱ.①刘…　Ⅲ.①心理健康—健康教育—学前教育—教学参考资料　Ⅳ.①G613.3

中国版本图书馆 CIP 数据核字（2017）第 178543 号

幼儿园健康教育资源　健康生活
责任编辑　焦　艳　向　导
装帧设计　房海莹

出版发行　人民教育出版社
（北京市海淀区中关村南大街17号院1号楼　邮编：100081）
网　　址　http://www.pep.com.cn
经　　销　全国新华书店
印　　刷　大厂益利印刷有限公司
版　　次　2017年7月第1版
印　　次　2021年2月第2次印刷
开　　本　787毫米×1 092毫米　1/16
印　　张　26.5
字　　数　551千字
印　　数　3001～6000册
定　　价　49.00元

版权所有·未经许可不得采用任何方式擅自复制或使用本产品任何部分·违者必究
如发现内容质量问题、印装质量问题，请与本社联系。电话：400－810－5788

幼儿园课程资源丛书

幼儿园健康教育资源　健康生活
幼儿园健康教育资源　体育活动
幼儿园语言教育资源
幼儿园社会教育资源
幼儿园科学教育资源
幼儿园数学教育资源　上册
幼儿园数学教育资源　下册
幼儿园音乐教育资源　唱歌
幼儿园音乐教育资源　律动
幼儿园音乐教育资源　打击乐
幼儿园美术教育资源　绘画

幼儿园课程资源丛书编写委员会

主 任 委 员 邹海燕 刘雅琴

副主任委员 焦 艳 秦光兰

编　　　委（按姓氏音序排列）

陈伊丽 刘峰峰 刘 丽 刘 馨 刘占兰

向 导 许卓娅 张 帆 张慧和 张念芸

周 菲 周 兢

本册编写人员

主　　　编 刘 馨

副 主 编 孙 璐 刘晓晔 范惠静

编　　　委 向 导 刘淑美 成利新 李淑芳 李 徽 李 静

毕中情 马丽雯 冀倩瑄 徐 莎 王 姗 方宝燕

刘 虹 马玉华 谷晶晶 郑淑敏 龙 艳 李海琴

鲁 晶 崔淑婧 宋玮婷 杨梦乔 陈康康 王苗苗

王 芳 曹 亦 刘 丹 刘 婷 韦洁璇

鸣谢幼儿园

北京市昌平区工业幼儿园

原中国人民解放军总后勤部六一幼儿园

陕西省人民政府机关幼儿园

西安交通大学第一附属医院幼儿园

北京市丰台区嘉园第一幼儿园

北京市丰台区政府机关幼儿园

北京市丰台区西罗园幼儿园

国家安全生产监督管理总局机关服务中心幼儿园

北京市西城区三教寺幼儿园

深圳市莲花北幼儿园

原中央军委政治工作部幼儿园

北京市石景山区实验幼儿园

北京市丰台区第六幼儿园

北京市东城区分司厅幼儿园

北京市西城区棉花胡同幼儿园

北京市海淀区立新幼儿园

北京市恩济里幼儿园

北京市石景山区第三幼儿园

四环游戏小组

出版说明

自20世纪80年代以来，尤其是在贯彻《幼儿园工作规程（试行）》的过程中，我国学前教育界就开始了全面改革，儿童观和教育观发生了深刻变化。教育者开始重新认识幼儿身心发展的规律和需求，认识儿童学习和发展的特点。在教育理念发生深刻变化的同时，幼儿园课程和教学的研究也在深入。幼儿园教育实践开始打破以往以学科逻辑为中心的分科课程模式，开始尝试围绕幼儿经验和活动组织课程。各种课程模式、教育方案在幼儿园教育实践中应运而生，诸如领域课程、单元主题课程、整合课程、多元智能课程、项目活动或方案教学等。许多地方根据自己的实践，编写了多种课程用书。

为规范和引领幼儿园教育实践，2001年，教育部颁布了《幼儿园教育指导纲要（试行）》（以下简称《纲要》），对幼儿园教育的内容与要求、组织与实施，教育评价、教师角色和要求都做出了规定；2012年，教育部颁布《3—6岁儿童学习与发展指南》（以下简称《指南》），分五大领域提出了幼儿学习与发展的目标、各年龄阶段的典型表现及相应的教育建议。

《纲要》和《指南》为幼儿园课程与教学提供了明确的方向和指引。在实践中，教师需要根据幼儿的学习、发展特点和教育实际，以一种课程模式为主体，选取和组合丰富的教育资源，生成和发展课程。课程资源对教师的课程实施、教学设计起到十分重要的作用。

为了满足广大幼儿园教师对新型幼儿园课程资源的需求，我社课程教材研究所学前教育课程教材研究开发中心承担了中国教育学会"十二五"教育科研规划重点课题"幼儿园课程资源建设研究"，组织我国学前教育领域的有关专家学者、幼儿园园长和骨干教师，根据《纲要》和《指南》的精神，开展了幼儿园课程资源的理论与实践研究。本研究围绕如何开发教师的创新能力，引导教师以适宜的材料和方式去教育和指导幼儿，促进幼儿园的有效教学，促成幼儿的良好发展而进行。希望能够开发出一套既能突出教师在课程开发中的主体作用，又能够保证幼儿主动学习的课程资源，支持教师在教学实际中，根据幼儿发展和学习需要，创设环境、设计活动，引导幼儿主动学习。

现在呈现给大家的幼儿园教育课程资源丛书正是上述研究的结晶。本丛书概括起来有以下几个主要特点。

1. 课程资源涵盖幼儿发展的各个方面

本套丛书涵盖幼儿园健康教育、语言教育、社会教育、科学教育和艺术教育五个领域，并围绕《纲要》和《指南》的内容组织资源素材。根据幼儿园的现实教学情况，为方便教学，我们将科学领域的内容划分为科学和数学两大部分，将艺术领域的内容划分为美术和音乐两大部分，并分别单独成书。

2. 不拘于课程模式，教师可灵活选用

本丛书根据教师完成教育任务的需求，提供可适用于多种课程模式的教育素材，其中包括不同年龄班幼儿在不同学习领域的关键经验、基本教学内容和指导要点，大量的教育活动和游戏活动实例，丰富的素材如诗歌、故事、绘画作品、手工作品、歌曲、舞蹈和小知识等，以及相关的幼儿操作材料和配套产品。在提供素材的同时，给予相关的教学提示，包括教师在组织相关教育活动时，如何创设环境，提供材料，如何设计教育活动实施步骤，如何指导幼儿探索等。

作为幼儿园最基本的课程资源，本丛书适用于各种课程模式，无论是分领域教学还是综合教学，或其他各种课程模式的教学都可以灵活选用。从而将过去那种固定搭配的教案改变为一系列备选的素材，同时对教师提出多种组织教育活动的建议。这样不仅有利于教师自主开展教育活动，而且可以使幼儿获得更有效的发展。

3. 实用性和操作性强

本丛书为教师提供了教学时可供选择的多种教育活动方案、相关资源与操作材料。不仅包括文本形式，还提供了多媒体资源、幼儿操作材料、工具包等，在为幼儿提供大量动手动脑机会的同时，也可以减轻教师制作教具和学具的负担。

本丛书得到中国教育科学研究院、北京师范大学、华东师范大学、南京师范大学、首都师范大学、北京市教育科学研究院、南京高等幼儿师范学校的有关专家、教师以及众多幼儿园的参与和支持，在此表示诚挚的感谢！

衷心希望广大读者在使用过程中提出宝贵的意见，以使本丛书更臻完善和实用。

幼儿园课程资源丛书编写委员会

2017年4月

编写说明

健康是指人在身体、心理和社会适应方面的良好状态。幼儿正处于身体发育和心理发展的重要时期，维护和促进幼儿健康对幼儿的全面、和谐发展具有重要的基础作用。教育部2001年颁布的《幼儿园教育指导纲要（试行）》，就明确指出"幼儿园必须把保护幼儿的生命和促进幼儿的健康放在工作的首位"，2012年颁布的《3—6岁儿童学习与发展指南》又从幼儿学习与发展的角度，提出了幼儿在健康领域学习与发展的具体目标，其目的就是要指导我们围绕幼儿的健康做好各方面的工作，促进幼儿健康成长。

幼儿园健康教育，是最能体现幼儿学习与发展生活化、游戏化和操作性的教育：幼儿在日常生活中了解生活常识，掌握生活技能，养成受益终身的生活习惯，终其一言——在生活中学习生活、学会生活；同时，教育者根据幼儿学习与发展的特点和目标，紧密结合生活场景，提供活动和体验，又充分体现教育引领发展的理念。

编写本套资源的目的，就是要为教师提供必要的理论与背景知识，包括幼儿园健康教育的目标、内容、实施途径；提供丰富的内容素材，使教师能够根据日常教学所需灵活选用；提供必要的案例，为教师使用素材、实施健康教育提供启发和参考。

根据幼儿园健康教育的内容，《幼儿园健康教育资源》分为上下两册。上册为健康生活，包含幼儿生活与保健教育、幼儿安全教育、小肌肉动作的发展与指导以及心理健康教育四个方面的内容；下册为体育活动，提供幼儿园体育活动的资源及指导。

除第一章以外，上册的各章按照内容范畴分节，每一节包含四个部分，即"概述""知识窗""素材集锦"和"案例精选"。

概述：包含本节相关的教育目标与内容要点、教育指导建议，为教育者提供必要的理论支持。

知识窗：提供相关的学科常识，以支持教育和指导的实施。

素材集锦：提供儿歌、故事、歌曲、图画书、游戏等多种素材，每一个素材都标明了渗透教育、适用年龄、玩法（或使用建议），为选材提供参考。

案例精选：从环境创设（活动区材料及指导）、生活与游戏中的教育、教学活动三个方面，分别精选具有代表性的案例，为教育者提供参考和启发。

以上各个部分，从不同角度提供了与每一个教育内容相关的"是什么、为什么、怎么做"。这种设计，为教师的课程生成提供素材和依据，有利于发挥教师在教育过程中的主动性和灵活性。

本书能如期出版，除了编写者的努力外，还要感谢多年来一直参与健康教育研究园所的支持，以及本次提供丰富素材和活动案例的幼儿园，感谢人教社学前室领导关怀以及各位编辑的支持和努力。

为了编好这套书，我们通过多种渠道与收入本书作品的作者进行了联系，得到了各位作者的大力支持，在此，我们深表谢意。但是，有些作品的作者姓名和地址不详，暂时无法取得联系，恳请这些作品的作者尽快与我们联系，以便做出妥善处理。

刘　馨
2017年7月

目 录

第一章　幼儿园健康教育概述/1

　　第一节　健康的含义与幼儿健康教育的意义/1

　　　　一、关于健康和健康的幼儿/1

　　　　二、幼儿健康教育的意义/5

　　第二节　幼儿健康教育的目标与主要内容/7

　　　　一、幼儿健康教育的总目标/7

　　　　二、幼儿健康教育的具体目标/9

　　　　三、幼儿园健康教育的主要内容/19

　　第三节　幼儿园健康教育的实施途径/20

　　　　一、创设良好的生活环境/20

　　　　二、在幼儿日常生活中渗透健康领域的指导/22

　　　　三、根据需要开展适宜的健康教学活动/23

　　　　四、开设丰富多样的区域活动/25

　　　　五、重视幼儿健康领域与其他领域的有机结合/26

　　　　六、密切幼儿园与家庭、社区的合作，共同促进幼儿
　　　　　　健康成长/26

第二章　幼儿生活与保健教育/28

　　第一节　饮食与营养教育/28

　　　　一、概述/28

　　　　二、知识窗/32

　　　　三、素材集锦/36

　　　　四、案例精选/52

　　第二节　生活与卫生习惯培养/61

　　　　一、概述/61

二、知识窗/63

三、素材集锦/66

四、案例精选/127

第三节 生活自理能力培养/145

一、概述/145

二、知识窗/147

三、素材集锦/148

四、案例精选/169

第三章 幼儿安全教育/177

第一节 生活安全教育/177

一、概述/177

二、知识窗/179

三、素材集锦/184

四、案例精选/192

第二节 人际交往安全教育/207

一、概述/207

二、知识窗/208

三、素材集锦/209

四、案例精选/214

第三节 运动安全教育/217

一、概述/217

二、知识窗/219

三、素材集锦/221

四、案例精选/225

第四节 交通安全教育/229

一、概述/229

二、知识窗/230

三、素材集锦/231

四、案例精选/239

第五节　应对紧急状况和自然灾害的教育/243
一、概述/243

二、知识窗/245

三、素材集锦/247

四、案例精选/253

第四章　小肌肉动作的发展与指导/261
第一节　手眼协调的指导/261
一、概述/261

二、知识窗/263

三、素材集锦/264

四、案例精选/290

第二节　使用工具的指导/300
一、概述/300

二、知识窗/302

三、素材集锦/304

四、案例精选/314

第五章　心理健康教育/326
第一节　情绪健康教育/326
一、概述/326

二、知识窗/330

三、素材集锦/334

四、案例精选/356

第二节　集体环境适应的指导/374
一、概述/374

二、知识窗/377

三、素材集锦/380

　　　　四、案例精选/384

　第三节　性教育/392

　　　　一、概述/392

　　　　二、知识窗/394

　　　　三、素材集锦/396

　　　　四、案例精选/400

第一章 幼儿园健康教育概述

儿童是人类的未来，是祖国的希望。幼儿园教育是我国基础教育的重要组成部分。2001年教育部颁布的《幼儿园教育指导纲要（试行）》（简称《纲要》）中将幼儿园的教育内容相对划分为健康、语言、社会、科学、艺术五大领域，健康领域是其中之一。2012年教育部颁布的《3—6岁儿童学习与发展指南》（简称《指南》）又进一步提出了幼儿在健康领域学习与发展的具体目标。

本章将围绕健康的含义、幼儿健康教育的意义、幼儿健康教育的目标与内容、以及幼儿园健康教育的实施途径等方面作概要性的阐述，以期为教师开展幼儿健康领域的教育活动提供基础的理论支持和指导。

第一节 健康的含义与幼儿健康教育的意义

要达成幼儿健康领域的教育目标，首先要对健康这一概念有一个正确的认识，深刻理解幼儿健康教育的意义，并从幼儿的年龄特点来了解健康幼儿的具体表现。

一、关于健康和健康的幼儿

（一）健康的含义

什么是健康？不同时代的人们有着不同的理解。过去，人们普遍认为无病、没有伤残就是健康。在这样的观念影响下，能吃、能睡、不生病的幼儿，长得白白胖胖、看起来结结实实的幼儿，自然就被认为是健康的幼儿。然而，这种理解显然是片面、狭隘的。

随着社会的进步、医学的发展以及对自身认识的不断深入，人们逐渐认识到只从生物学的角度来理解健康并不全面。因为，人不仅仅具有生物的属性，而且也具有社会的属性；人不仅有生理活动，而且还有心理活动以及对社会环境、社会事件的反应。医学研究不断证实：不仅生物因素会导致疾病，许多心理因素、社会因素也会作用于人体，引起疾病的发生，影响人的健康。

在当今社会，疾病谱和死亡谱已发生了很大变化。过去的传染病已不再是威胁人类健康的主要疾病，取而代之的是心血管病、脑血管病和恶性肿瘤，这三大疾病在许多经济发达的国家中已占据死因的头三位，因而也被称为"现代病""文明病"。研究发现，引起这些疾病的主要原因与精神紧张、压力以及不良的生活方式等来自于心理、社会的因素有着密切关联。这些心理和社会方面的因素使人产生不良的情绪反应，从而改变体内的激素平衡，影响机体的代谢过程，降低免疫系统的功能，最终导致疾病。为此，对于健康的理解，需要从更为广阔的视角来考察和分析，只有这样，才能探寻出人类健康的真正内涵。

世界卫生组织在20世纪40年代明确指出，健康不仅仅是没有疾病或虚弱现象，而是指身体、心理和社会适应的完美状态。这一界定突破了传统医学模式的局限，从整体的全人健康观念来研究人的健康问题，是符合"生物—心理—社会"医学模式的。进入90年代，世界卫生组织又在其有关文件中提出，一个健康的人应该包括身体健康、心理健康、社会适应良好和道德健康这四个方面。

目前，医学领域已较一致地认为，应该从人的生物、心理和社会等更广阔的视角来理解健康这一概念，研究多方面因素对健康的综合影响，从而达到预防疾病、维护和促进健康的目的。

《指南》中借鉴了世界卫生组织对健康的定义，指出："健康是指人在身体、心理和社会适应方面的良好状态。"心理状态和社会适应均属于广义的心理学范畴，因此，我们可以将健康概括地分为身体健康和心理健康两大层面。

对于健康的认识，我们除了需从其所包含的两大层面来思考外，还需要充分考虑这两者之间的相互关系。

就个体而言，身体的发育与健康是第一位的。人的认知、语言、情绪情感、个性、社会性等方面的发展，都需要建立在良好的身体发育和发展的基础之上。年幼的儿童更是如此，幼年时期的身体发育与健康尤为重要。例如，婴幼儿听力发育正常，是其学习语言的生理基础，也是其情绪情感和社会性发展的重要条件。又如，婴幼儿大肌肉动作和小肌肉动作的良好发展，能为其更好地探索环境以及自主行动提供积极的支持，有利于婴幼儿获得丰富的感知经验，建立自信和胜任感，从而促进认知、个性、社会性等心理方面的良好发展。反之，若婴幼儿出现脑部受损，将会直接影响脑部的正常发育，有可能导致其认知、语言、情绪等方面的发展障碍。一个人只有身体各个器官、系统发育正常，功能良好，才能保证心理功能得到正常发挥，心理状态得到良好发展。

另一方面，人的心理健康也非常重要，尤其是人的情绪状况、个性特征和社会适应能力，对身体的发育和健康也会产生重要影响。例如，刚入园的小班幼儿，由于与家人分开，来到陌生的环境，往往会处于分离焦虑和对新环境害怕的状态，他会哭泣、情绪低落或压抑自己，这种不良的情绪状态和压力，有可能会引起幼儿生理上的一些变化，如呕吐、腹泻、头痛、尿床、甚至发烧等。可见，一个人的情绪和心理状态，会对身体的健康状况产生重要影响。为此，《纲要》中特别提出，幼儿园要"树立正确的健康观念，在重视幼儿身体健康的同时，高度重视幼儿的心理健康"。

综上所述，我们应树立以下的健康观念：

◇ 健康这一概念，包含了身体健康和心理健康两个层面；

◇ 身体健康和心理健康之间是密切关联、相互影响的。身体健康是心理健康的基础，心理健康又是身体健康的重要条件。一个人只有身体和心理两个方面都处于良好的发展状况，身心协调发展，才能成为一个真正健康的人。

明确上述的健康内涵，树立全面、正确的健康观念，是从事幼儿保育和教育工作的观念基础。

（二）健康幼儿的标志

那么，怎样的幼儿才是健康的？他们应有哪些具体的表现？我们应培养怎样的健康幼儿？

《指南》中明确指出："发育良好的身体、愉快的情绪、强健的体质、协调的动作、良好的生活习惯和基本生活能力是幼儿身心健康的重要标志。"这是对幼儿健康状态的高度概括。

依据健康概念的内涵，结合幼儿在身体、心理和社会适应三方面发育与发展的年龄特点，参照《指南》对幼儿健康的阐释，我们认为，健康的幼儿应具有以下三方面的具体表现。

1. 身体健康方面

（1）生长发育良好，体型正常，身体姿势端正

例如：

◇ 身高、体重、头围、胸围等几项指标的数值，均在该年龄组幼儿发展的正常值范围之内，没有表现出体重过低或超重、肥胖的现象。具体可参见世界卫生组织公布的相关数据；

◇ 身体形态发育正常，如脊柱发育正常、身材的比例符合该年龄组幼儿发展的基本特点等；

◇ 身体各器官、系统的生理功能正常，并处于不断发展与完善的过程之中；

◇ 能经常保持良好的身体姿势，如坐、立、行姿势；

◇ 无明显的身体疾病或发育不良。如：无龋齿、斜视、弱视、近视、佝偻病、贫血、肥胖症等；

◇ 食欲良好，睡眠充足，定时排便，精力较充沛。

（2）机体具有一定的适应能力

例如：

◇ 对疾病具有一定的抵抗能力，并不断增强；

◇ 对冷热变化具有一定的适应能力；

◇ 能逐渐适应颠簸、摆动、旋转等体位的变化；

◇ 能较快适应新的环境，睡眠、饮食表现较正常。

（3）动作和身体素质发展良好

例如：

◇ 走、跑、跳跃、投掷、钻、爬、攀登、推、拉、搬运、悬垂等动作能力不断提高；

◇ 具有一定的平衡能力、协调性、灵敏性、力量和耐力；

◇ 具有一定的手眼协调能力以及操作常见工具的能力等。

2. 心理健康方面

（1）认知能力发展良好

例如，感知觉、注意力、记忆力、想象力、思维能力、语言等方面的发展良好，符合该年龄组幼儿发展的基本特点等。

(2) 具有良好、稳定的情绪情感表现

例如，情绪安定愉快，表现出较多的积极情绪，情绪反应较适度，逐渐学会表达、调节与控制自己的情绪，具有安全感，对亲人表现出适度的依恋，对他人表现出信赖等。

(3) 个性特征良好

例如，活泼、开朗、乐观、自信、自立、积极主动、诚实、勇敢，具有一定的坚持性、意志力和抗挫能力等。

(4) 无明显的心理问题或疾患

例如，无夜惊、梦魇、遗尿症、攻击性行为、咬指甲、口吃、智力低下、社会性退缩、恐惧症、焦虑症、强迫症、多动症、孤独症等。

3. 社会适应方面

(1) 人际关系融洽

例如，乐于与人交往，较合群，乐于与人分享、合作，对待他人宽容，能遵守基本的规则和要求等。

(2) 具有一定的自我调适能力

例如，能进行一定的自我调适，较快地适应新的环境以及融入集体生活等。

(3) 具有良好的生活与卫生习惯以及基本的生活能力

例如，生活与卫生习惯良好，具有一定的生活自理能力以及自我保护的意识和能力等。

幼儿的健康状况处在不断的动态变化之中，因此，我们在观察、分析和评价幼儿是否健康的时候，不能简单地依照上述这些特征来进行判断，而是应该充分考虑到幼儿在发展过程中的年龄特点和个体差异，应从培养和发展的视角出发，明确每个幼儿发展的方向，努力创造条件，促使每个幼儿都能朝着健康的目标发展。因而，上述三个方面与其说是幼儿健康的标志，不如说是幼儿健康的发展目标更为贴切，幼儿教育正是要努力培养出这种身心健康的幼儿。

二、幼儿健康教育的意义

《纲要》中明确指出："幼儿园必须把保护幼儿的生命和促进幼儿的健康放在工作的首位。"2016年新修订的《幼儿园工作规程》（简称《规程》）再一次明确指出要"加强幼儿园的科学管理,规范办园行为,提高保育和教育质量,促进幼儿身心健康"。由此可见,维护和促进幼儿健康成长是幼儿阶段的首要任务,也是最终目标。对幼儿进行健康教育是维护和促进幼儿身心健康的重要途径和重要手段,无论对幼儿个体发展还是对家庭、社会、乃至人类发展均具有重要意义。

(一)健康教育对于幼儿个体发展的意义

1. 促进幼儿健康成长是幼儿进行其他领域学习与发展的基础

《指南》指出:"幼儿阶段是儿童身体发育和机能发展极为迅速的时期,也是形成安全感和乐观态度的重要阶段。"幼儿正处于人生的开端,其生理和心理发展基础都较薄弱,身心发育与发展均不够成熟,对环境的适应能力较弱,很容易受到各种不良因素的影响;同时,幼儿的身心又正处于迅速发育与发展的重要时期。因此,维护和促进幼儿身心健康是第一位的。《指南》还指出"发育良好的身体、愉快的情绪、强健的体质、协调的动作、良好的生活习惯和基本生活能力是幼儿身心健康的重要标志,也是其他领域学习与发展的基础",这也表明了幼儿在健康领域学习与发展的重要性,即:幼儿在健康领域的学习与发展是其他领域学习与发展的基础。例如:幼儿健康的身体是语言、认知、情绪情感、社会性等方面发展的物质基础;幼儿有了强健的体质,愉快的情绪,才能精力充沛、积极主动地投入到对外界环境的探索之中,才能与他人建立良好的关系,更好地适应社会生活;幼儿在动作方面的良好发展还是进行各类游戏、早期阅读、绘画、表演等活动的必备能力。幼儿身心的健康发展可以为幼儿其他方面的学习与发展奠定良好的基础,也是实现幼儿全面和谐发展的前提。

2. 健康教育是维护和促进幼儿健康的重要途径

幼儿的认知能力、活动能力和自我保护能力都较差,为了幼儿的健康成长,照顾和保护好他们是我们的责任。但是,在照顾和保护他们的同时,我们也承担着培育和锻炼他们的教育重任。对幼儿进行健康教育,就是要向幼儿传播基本的健康知识,帮助幼儿逐步形成有益于健康的行为习惯和生活方式,提升幼儿的健康素养、自我保健和自我保护的意识和能力,积极地维护和促进幼儿的健康成长。

3. 健康教育为幼儿一生的健康奠定坚实的基础

《纲要》在总则中指出:"幼儿园教育是基础教育的重要组成部分,是我国学校教育和终身教育的奠基阶段。"对幼儿进行健康教育，不仅是将一把通向健康的金钥匙给予幼儿，帮助幼儿建立起健康的态度和行为，使幼儿逐渐成为维护和促进自身健康的主人，提高生活质量和健康水平，而且，还将为幼儿一生的健康打下良好的物质基础、意识基础和行为基础，使其受益终生。

（二）健康教育对于家庭、社会和人类发展的意义

幼儿在健康领域的学习与发展是家庭和谐与社会发展的需要。幼儿健康水平的提高，可以促进家庭的和谐与社会的发展，提高人类的生命质量，这也体现出人类的进步与社会的发展。把健康教育纳入托幼园所的教育之中，从幼儿抓起，是提高民族素质、提高大众健康水平的基础环节。幼儿是未来社会的建设者，是未来的公民和未来的父母，他们的态度、行为、习惯以及健康状况将会对未来的社会面貌产生决定性的深远影响。只有实现了个体的身心健康，才能促进整个家庭、社会和人类的健康；只有新的一代人健康了，人类社会和人类未来才有希望。对幼儿进行健康教育，就是对人类社会和人类未来的一项长远投资。

第二节 幼儿健康教育的目标与主要内容

幼儿健康教育是幼儿教育的重要组成部分。教育部在《规程》《纲要》和《指南》中都对幼儿的健康领域提出了或概括或具体的教育目标，为幼儿园和幼儿家庭实施科学的保育和教育提供了全面的指导。

一、幼儿健康教育的总目标

《纲要》最早对幼儿园健康领域的教育提出了概括性目标，其表述如下：

1. 身体健康，在集体生活中情绪安定、愉快；
2. 生活、卫生习惯良好，有基本的生活自理能力；
3. 知道必要的安全保健常识，学习保护自己；
4. 喜欢参加体育活动，动作协调、灵活。

新修订的《规程》提出了幼儿体、智、德、美全面发展的教育目标。其中，幼儿体育方面的主要目标是"促进幼儿身体正常发育和机能的协调发展，增强体

质,促进心理健康,培养良好的生活习惯、卫生习惯和参加体育活动的兴趣。"这是围绕幼儿身体和心理两方面的健康提出的,具有较强的概括性。

《指南》针对幼儿健康领域的学习与发展提出了更为深入、具体的目标。按照幼儿学习与发展最基本、最重要的内容,健康领域可划分为"身心状况""动作发展"以及"生活习惯与生活能力"三个子领域。在每个子领域下,包含着若干个幼儿学习与发展的目标(见表1-1)。

表1-1 幼儿在健康领域学习与发展的目标

领域	子领域	目标
健康	身心状况	1. 具有健康的体态
		2. 情绪安定愉快
		3. 具有一定的适应能力
	动作发展	1. 具有一定的平衡能力,动作协调、灵敏
		2. 具有一定的力量和耐力
		3. 手的动作灵活协调
	生活习惯与生活能力	1. 具有良好的生活与卫生习惯
		2. 具有基本的生活自理能力
		3. 具备基本的安全知识和自我保护能力

"身心状况"子领域首先表明幼儿在健康领域的学习与发展应包括身体和心理两大方面,这是正确的健康观念的重要体现。这一子领域围绕幼儿体态发育、情绪表现和适应能力三个维度提出了幼儿阶段身心发展的主要目标,集中体现了对幼儿在身体形态和心理发展方面的基本要求。

幼儿阶段是动作发展的重要时期。幼儿的动作发展既是身体机能发展状况的重要表现,同时又对幼儿脑功能的良好发展具有举足轻重的作用,因而与幼儿心理的发展具有内在的关联。不仅如此,幼儿的动作发展还是适应社会生活必备的基本能力。"动作发展"子领域中包括了幼儿大肌肉动作和手部小肌肉动作的学习与发展目标。

"生活习惯与生活能力"子领域涵盖了与幼儿健康成长有密切关联的生活习

惯、卫生习惯、生活自理能力和安全生活的能力,这些都是幼儿阶段需要学习与发展的重要方面。良好的生活与卫生习惯是幼儿维护和促进自身健康的积极方式和重要保证。习惯需要从小培养,幼儿阶段正是良好的行为与习惯养成的重要时期。生活自理能力和安全生活的能力都是幼儿适应社会生活必备的基本能力。幼儿需要从学习生活开始,为今后的独立生活打下基础。

这三个子领域所包含的目标充分体现了幼儿在健康领域学习与发展的年龄特点,为幼儿园开展保育和教育工作指明了基本的方向。

二、幼儿健康教育的具体目标

依据《指南》,幼儿在健康领域学习与发展的具体目标如下。

(一)幼儿体态健康的发展目标

幼儿阶段正处于身体形态和机能发育、发展的重要时期。身高和体重是评价幼儿生长发育状况最常用、最重要的形态指标,它在一定程度上反映了幼儿身体发育的基本特征和幼儿的综合营养状况。

目前我国部分大中城市里儿童肥胖症的比例有逐年增加的趋势。儿童肥胖症现已成为危害我国儿童健康的重要问题之一,这与人们生活条件的不断提高、成人片面的健康观与饮食观、以及幼儿热量摄入过多、运动不足等方面有着一定的关系。而在我国部分的偏远农村或山区,却因为经济落后、生活条件较差,尚存在着部分幼儿营养不良、身体形态发育不够理想等现象。这两种状况都不利于幼儿的健康成长,应引起幼儿家长、幼儿园以及相关部门的高度重视。

幼儿阶段还是身体姿势形成的重要时期。幼儿的脊柱尚未骨化完成,可塑性较大,正确的站姿、坐姿和行走姿势有利于脊柱的正常发育;相反,若是身体姿势不正确且持续时间较长,很容易引发脊柱异常弯曲,进而影响幼儿身体形态的正常发育,严重时还会引起其他方面的身体疾患。可见,站、坐和行走姿势是否正确直接关系到幼儿骨骼的发育与发展状况,为此,需要我们帮助幼儿逐渐形成正确的站、坐和行走姿势。

《指南》中提出了幼儿"具有健康的体态"的发展目标,并依据幼儿的年龄特点与发展需要,从身高、体重以及身体姿势等方面列出了幼儿在各年龄段的典型表现,这些均可为教师和家长分析与评价幼儿体态的发展状况提供参考。其中，幼儿各年龄段身高、体重的参考数据，参照了国际上通用的世界卫生组织推荐的3～6岁儿童体格发育标准。

《指南》围绕幼儿"具有健康的体态"发展目标所提出的各年龄阶段典型表现如下[①]。

3～4岁

1. 身高和体重适宜。参考标准：

男孩：

身高：94.9～111.7厘米

体重：12.7～21.2千克

女孩：

身高：94.1～111.3厘米

体重：12.3～21.5千克

2. 在提醒下能自然坐直、站直。

4～5岁

1. 身高和体重适宜。参考标准：

男孩：

身高：100.7～119.2厘米

体重：14.1～24.2千克

女孩：

身高：99.9～118.9厘米

体重：13.7～24.9千克

2. 在提醒下能保持正确的站、坐和行走姿势。

5～6岁

1. 身高和体重适宜。参考标准：

男孩：

身高：106.1～125.8厘米

体重：15.9～27.1千克

---

① 中华人民共和国教育部. 3—6岁儿童学习与发展指南［Z］. 2012-10-09.

女孩：

身高：104.9～125.4 厘米

体重：15.3～27.8 千克

2. 经常保持正确的站、坐和行走姿势。

（二）幼儿情绪健康的发展目标

良好的情绪表现是心理健康的重要标志。对幼儿而言，情绪的安定和愉快是最基本的，是健康的重要表现。幼儿有了安全感和愉快的情绪，才会主动地与周围环境互动，这是促使幼儿认知发展、产生社会适应行为、形成良好个性的重要条件。对于幼儿来说，良好的感受和体验是幼儿形成安定、愉快情绪的基础。幼儿若能经常性地体验这样的良好感受，便有助于形成良好的情绪反应模式和习惯。

《指南》中提出了幼儿"情绪安定愉快"的发展目标，并依据幼儿的年龄特点与发展需要，从稳定情绪、保持愉快情绪、适度表达和调节情绪等方面列举了各年龄阶段的典型表现，这些均可作为制定各年龄阶段情绪健康教育目标的主要依据。我们可以从帮助幼儿学习识别情绪、理解情绪和表达情绪开始，逐渐引导幼儿学习和掌握将消极情绪（如生气、伤心、害怕）转移、缓解与控制的方法，这是帮助和促使幼儿情绪健康发展的重要途径和方法。

《指南》围绕幼儿"情绪安定愉快"发展目标所提出的各年龄阶段典型表现如下。

3～4 岁

1. 情绪比较稳定，很少因一点小事哭闹不止。

2. 有比较强烈的情绪反应时，能在成人的安抚下逐渐平静下来。

4～5 岁

1. 经常保持愉快的情绪，不高兴时能较快缓解。

2. 有比较强烈的情绪反应时，能在成人的提醒下逐渐平静下来。

3. 愿意把自己的情绪告诉亲近的人，一起分享快乐或求得安慰。

5～6 岁

1. 经常保持愉快的情绪。知道引起自己某种情绪的原因，并努力缓解。

2. 表达情绪的方式比较适度，不乱发脾气。

3. 能随着活动的需要转换情绪和注意。

（三）幼儿适应能力的发展目标

人的适应能力既体现在身体对内、外界环境及其变化的适应上，反映出身体的机能状况和体质的强弱，也体现在对社会环境的适应上，即我们常说的社会适应能力。适应能力是一个人在社会中生存与发展必备的基本能力，因此也是幼儿需要逐步学习与发展的能力。

《指南》中提出了幼儿"具有一定的适应能力"的发展目标，并依据幼儿的年龄特点与发展需要，从人体对天气冷热及其变化的适应、对日常交通工具的适应、对新环境和集体生活的适应等方面列出了幼儿在各年龄阶段的典型表现，这些均可作为制定各年龄阶段环境适应教育目标的主要依据。除此之外，还有一些有关幼儿社会适应能力方面的学习与发展目标包含在《指南》的社会领域中。

《指南》围绕幼儿"具有一定的适应能力"发展目标所提出的各年龄阶段典型表现如下。

3～4 岁

1. 能在较热或较冷的户外环境中活动。

2. 换新环境时情绪能较快稳定，睡眠、饮食基本正常。

3. 在帮助下能较快适应集体生活。

4～5 岁

1. 能在较热或较冷的户外环境中连续活动半小时左右。

2. 换新环境时较少出现身体不适。

3. 能较快适应人际环境中发生的变化，如换了新老师能较快适应。

5～6 岁

1. 能在较热或较冷的户外环境中连续活动半小时以上。

2. 天气变化时较少感冒，能适应车、船等交通工具造成的轻微颠簸。

3. 能较快融入新的人际关系环境，如换了新的幼儿园或班级能较快适应。

（四）幼儿身体素质的发展目标

身体素质反映了人体在身体运动中的机能水平。如：平衡能力、协调能力和灵敏性反映了神经系统对肌肉活动的控制和调节能力，力量、耐力则体现了肌肉组织和心肺系统的功能状况。

具体来说，平衡能力是完成各种身体动作的前提。发展幼儿的平衡能力，有助于使幼儿身体保持在平稳、安全的状态下进行各种活动，它是幼儿实现自我保护的最基本的能力。身体运动多种多样，无论是进行走、跑、跳，还是完成攀登、投掷等活动，都需要身体很多部位快速、准确地反应和有效地配合，这与协调能力和灵敏性直接关联。力量是身体运动的基础，没有肌肉力量，幼儿就无法站立、行走、推、拉、悬垂，更无法做跑、跳、攀登、搬运等动作。耐力体现了心肺耐力和肌肉耐力等方面的综合状况，幼儿只有心肺功能逐渐增强，肌肉耐力不断提高，才能较轻松地进行各种身体活动以及适应社会生活。由此可见，平衡能力、协调能力、灵敏性、力量和耐力都是最基本的身体素质。幼儿阶段是基本的身体素质发展的重要阶段，它是幼儿基本动作发展的基础，也是未来较复杂的动作技能学习和发展的基础。

《指南》在幼儿身体素质方面提出了"具有一定的平衡能力，动作协调、灵敏"和"具有一定的力量和耐力"的发展目标，就是要发展幼儿上述基本的身体素质。重视幼儿身体素质的发展，其实质就是要提高幼儿机体的机能水平，促使幼儿的体质得到增强。

《指南》中虽然是将"具有一定的平衡能力，动作协调、灵敏"和"具有一定的力量和耐力"这两个目标分开来进行阐述的，但实际上在许多运动中这些身体素质之间是具有一定关联性的。例如，幼儿在做单脚跳跃的动作时，首先离不开身体的平衡能力和下肢部位的肌肉力量，而若是要向前跳一段距离或是与同伴进行比赛的话，则又与协调能力、灵敏性以及耐力密切相关。因此，在幼儿身体素质的发展上，应注意这两个目标的相互关联和有机结合。

《指南》提出了幼儿"具有一定的平衡能力，动作协调、灵敏"和"具有一定的力量和耐力"的发展目标，并依据幼儿的年龄特点与发展需要，列出了幼儿身体素质在各年龄段的典型表现，这些均可作为教师和家长观察幼儿身体素质发展状况以及建立合理的发展期望的参考依据，但决不能作为幼儿身体素质的评价标准，更不能作为幼儿达标的依据。

《指南》围绕幼儿"具有一定的平衡能力，动作协调、灵敏"的发展目标所提出的各年龄阶段典型表现如下。

3~4岁

1. 能沿地面直线或在较窄的低矮物体上走一段距离。

2. 能双脚灵活交替上下楼梯。

3. 能身体平稳地双脚连续向前跳。

4. 分散跑时能躲避他人的碰撞。

5. 能双手向上抛球。

4~5岁

1. 能在较窄的低矮物体上平稳地走一段距离。

2. 能以匍匐、膝盖悬空等多种方式钻爬。

3. 能助跑跨跳过一定距离，或助跑跨跳过一定高度的物体。

4. 能与他人玩追逐、躲闪跑的游戏。

5. 能连续自抛自接球。

5~6岁

1. 能在斜坡、荡桥和有一定间隔的物体上较平稳地行走。

2. 能以手脚并用的方式安全地爬攀登架、网等。

3. 能连续跳绳。

4. 能躲避他人滚过来的球或扔过来的沙包。

5. 能连续拍球。

《指南》围绕幼儿"具有一定的力量和耐力"的发展目标所提出的各年龄阶段典型表现如下。

3~4岁

1. 能双手抓杠悬空吊起10秒左右。

2. 能单手将沙包向前投掷2米左右。

3. 能单脚连续向前跳2米左右。

4. 能快跑15米左右。

5. 能行走1千米左右（途中可适当停歇）。

4~5岁

1. 能双手抓杠悬空吊起15秒左右。

2. 能单手将沙包向前投掷4米左右。

3. 能单脚连续向前跳 5 米左右。

4. 能快跑 20 米左右。

5. 能连续行走 1.5 千米左右（途中可适当停歇）。

5～6 岁

1. 能双手抓杠悬空吊起 20 秒左右。

2. 能单手将沙包向前投掷 5 米左右。

3. 能单脚连续向前跳 8 米左右。

4. 能快跑 25 米左右。

5. 能连续行走 1.5 千米以上（途中可适当停歇）。

（五）幼儿手的动作的发展目标

幼儿手的动作的发展对于个体适应社会生活以及实现自身发展具有重要的意义。例如，幼儿手的动作能力是实现生活自理（如进餐、穿脱衣服）最为重要的能力基础，也是学习使用工具（如剪刀）以及进行绘画、写字等活动的重要基础。手的动作的发展是以协调和控制两个能力的发展为主要标志的，它在很大程度上依赖于神经肌肉的快速与准确的反应，这是神经控制与调节能力发展状况的重要表现。

《指南》中提出了幼儿"手的动作灵活协调"的发展目标，并依据幼儿的年龄特点与发展需要，从手眼协调以及使用工具等方面列出了幼儿在各年龄阶段的典型表现，这些均可作为制定各年龄阶段手的动作发展教育目标的主要依据。使用工具是维持人类生存以及适应人类生活必须具备的基本能力。对于幼儿来讲，手的动作发展的重要内容就是学习使用工具，如用勺吃饭、用笔绘画或写字、用剪刀剪东西等。

《指南》围绕幼儿"手的动作灵活协调"发展目标所提出的各年龄阶段典型表现如下。

3～4 岁

1. 能用笔涂涂画画。

2. 能熟练地用勺子吃饭。

3. 能用剪刀沿直线剪，边线基本吻合。

4～5 岁

1. 能沿边线较直地画出简单图形，或能边线基本对齐地折纸。

2. 会用筷子吃饭。

3. 能沿轮廓线剪出由直线构成的简单图形，边线吻合。

5～6 岁

1. 能根据需要画出图形，线条基本平滑。

2. 能熟练使用筷子。

3. 能沿轮廓线剪出由曲线构成的简单图形，边线吻合且平滑。

4. 能使用简单的劳动工具或用具。

（六）幼儿生活与卫生习惯的发展目标

幼儿从小养成良好的生活与卫生习惯是维护和促进健康的积极方式和重要途径，这不仅能有效减少有害物质对幼儿机体的不良影响，更好地维护健康，而且，良好的生活与卫生习惯一旦养成，还将对其未来的健康产生积极、持久的影响。幼儿阶段是良好的生活与卫生习惯养成的重要时期。

《指南》中提出了幼儿"具有良好的生活与卫生习惯"的发展目标，并依据幼儿的年龄特点与发展需要，从有规律的生活习惯、体育活动的兴趣与习惯、良好的饮食习惯和卫生习惯等方面列出了各年龄阶段的典型表现，这些均可作为制定各年龄阶段生活与卫生教育目标的主要依据。

值得注意的是，在《纲要》的健康领域中，幼儿"喜欢参加体育活动"的目标是与"动作协调、灵活"的目标放在一起提出的，而在《指南》中，则是将有关体育活动兴趣与习惯方面的目标放在"具有良好的生活与卫生习惯"的发展目标之中，这充分体现出视体育活动兴趣与习惯为良好的生活习惯（或生活方式）的现代保健理念以及终身体育的健康理念。

《指南》围绕幼儿"具有良好的生活卫生习惯"发展目标所提出的各年龄阶段的典型表现如下。

3～4 岁

1. 在提醒下，按时睡觉和起床，并能坚持午睡。

2. 喜欢参加体育活动。

3. 在引导下，不偏食、挑食。喜欢吃瓜果、蔬菜等新鲜食品。

4. 愿意饮用白开水，不贪喝饮料。

5. 不用脏手揉眼睛，连续看电视等不超过 15 分钟。

6. 在提醒下，每天早晚刷牙、饭前便后洗手。

4~5 岁

1. 每天按时睡觉和起床，并能坚持午睡。

2. 喜欢参加体育活动。

3. 不偏食、挑食，不暴饮暴食。喜欢吃瓜果、蔬菜等新鲜食品。

4. 常喝白开水，不贪喝饮料。

5. 知道保护眼睛，不在光线过强或过暗的地方看书，连续看电视等不超过 20 分钟。

6. 每天早晚刷牙、饭前便后洗手，方法基本正确。

5~6 岁

1. 养成每天按时睡觉和起床的习惯。

2. 能主动参加体育活动。

3. 吃东西时细嚼慢咽。

4. 主动饮用白开水，不贪喝饮料。

5. 主动保护眼睛，不在光线过强或过暗的地方看书，连续看电视等不超过 30 分钟。

6. 每天早晚主动刷牙，饭前便后主动洗手，方法正确。

（七）幼儿生活自理能力的发展目标

生活自理能力是人类适应社会生活最基本的能力之一，幼儿要成为一个独立的人，首先要从学习生活开始。同时，我们也要认识到，幼儿生活自理能力的发展是建立在身体动作发展的基础之上的，尤其是手的动作能力。

《指南》中提出了幼儿"具有基本的生活自理能力"的发展目标，并依据幼儿的年龄特点与发展需要，从独立进餐、盥洗、排泄后的自理、穿脱衣服和鞋袜、整理生活用品与学习用品等方面列出了各年龄阶段的典型表现，这些均可作为制定各年龄阶段生活自理能力发展目标的主要依据。

需要提醒的是，由于幼儿的生活自理能力与幼儿生活、卫生习惯以及手部动作之间有着密切关联，因此，《指南》有关幼儿生活自理能力的具体目标不仅涵盖在"具有基本的生活自理能力"的目标中,而且在"具有良好的生活与卫生习惯"以及"手的动作灵活协调"这两个目标中也有所体现。这在一定程度上也体现出健康领域中幼儿学习与发展目标之间的相互关系。

《指南》围绕幼儿"具有基本的生活自理能力"发展目标所提出的各年龄阶段的典型表现如下。

3～4岁

1. 在帮助下能穿脱衣服或鞋袜。
2. 能将玩具和图书放回原处。

4～5岁

1. 能自己穿脱衣服、鞋袜、扣纽扣。
2. 能整理自己的物品。

5～6岁

1. 能知道根据冷热增减衣服。
2. 会自己系鞋带。
3. 能按类别整理好自己的物品。

(八) 幼儿安全生活的发展目标

幼儿活泼好动,对外界事物充满了好奇,喜欢探索,总想亲自动手去摆弄和尝试,这是他们的年龄特点,但由于他们缺乏对危险事物或行为的认识和判断能力,自我保护的意识较弱,自我保护的能力较差,身体动作的能力也十分有限,因而幼儿的意外伤害事故时有发生。成人注意保护和照顾幼儿固然很重要,但随着年龄的逐渐增长,幼儿还需要在成人的指导下学习和掌握基本的安全知识和技能,增强自我保护的能力。只有这样,幼儿才能逐渐学会自己照顾自己,并在日常生活中安全、健康地成长。幼儿安全生活的能力是保证自身生命安全、维护自身健康必须具备的基本能力。

《指南》中提出了幼儿"具备基本的安全知识和自我保护能力"的发展目标,并依据幼儿的年龄特点与发展需要,从与人交往的安全、活动和运动的安全、交通安全以及求助、防灾等方面列出了幼儿在各年龄阶段的典型表现,这些均可作为制定各年龄阶段安全教育目标的主要依据。

《指南》围绕幼儿"具备基本的安全知识和自我保护能力"发展目标所提出

的各年龄阶段的典型表现如下。

3～4岁

1. 不吃陌生人给的东西，不跟陌生人走。

2. 在提醒下能注意安全，不做危险的事。

3. 在公共场所走失时，能向警察或有关人员说出自己和家长的名字、电话号码等简单信息。

4～5岁

1. 知道在公共场合不远离成人的视线单独活动。

2. 认识常见的安全标志，能遵守安全规则。

3. 运动时能主动躲避危险。

4. 知道简单的求助方式。

5～6岁

1. 未经大人允许不给陌生人开门。

2. 能自觉遵守基本的安全规则和交通规则。

3. 运动时能注意安全，不给他人造成危险。

4. 知道一些基本的防灾知识。

《指南》在健康领域提出的幼儿学习与发展目标，体现了国家对幼儿身心健康发展的合理期望，为幼儿园和家庭更好地促进幼儿身心全面、和谐发展指出了具体而明确的方向。为此，我们需要认真研读《指南》，准确理解《指南》精神，并将它扎扎实实地贯彻落实到实践中去。

三、幼儿园健康教育的主要内容

依据幼儿园健康教育的目标，结合幼儿健康领域的研究成果以及幼儿园的教育实践，我们把幼儿园健康教育的主要内容相对划分为以下五个方面。

（一）生活与保健教育

幼儿生活与保健教育主要包括三个方面：饮食与营养教育、生活与卫生习惯培养、生活自理能力培养。

（二）安全教育

幼儿安全教育主要包括五个方面：生活安全教育、人际交往安全教育、运动安全教育、交通安全教育、应对紧急情况和自然灾害的教育。

（三）小肌肉动作的发展与指导

幼儿小肌肉动作的发展与指导主要包括两个方面：手眼协调的指导和使用工具的指导。

（四）心理健康教育

幼儿心理健康教育主要包括三个方面：情绪健康教育、集体环境适应的指导和性教育。

（五）体育活动

幼儿体育活动主要包括体育游戏、运动器械活动与游戏、幼儿基本体操等。

《幼儿园健康教育资源》将围绕以上内容，进行分述。

第三节　幼儿园健康教育的实施途径

为了实现幼儿健康教育的目标，幼儿园应围绕健康领域的主要内容，从幼儿园的课程建构以及幼儿的生活实际出发，将多种形式的教育活动有机地结合起来。依据幼儿健康教育的特点，我们将幼儿园健康教育的实施途径阐述如下。

一、创设良好的生活环境

《纲要》中指出："环境是重要的教育资源，应通过环境的创设和利用，有效地促进幼儿的发展。"环境是影响幼儿身心发展的重要因素之一，在促进幼儿的健康成长方面发挥着举足轻重的作用。环境创设已经成为幼儿教育实践领域的热点之一，其重要性和价值越来越受到认同。如何为幼儿创设良好的生活环境已成为当前广受重视的课题。成人应为幼儿提供良好的生活环境，其中既包括与幼儿生活直接关联的自然环境、社会环境，也包括幼儿的保育环境，其主要目的是满足幼儿身心发展的需要，尽量减少外界不良因素对他们的伤害。这是维护和促进幼儿身心健康的重要保证。

我们认为，有益于幼儿身心健康的良好生活环境应关注以下五个方面。

1. 安全、卫生的物质环境

幼儿园应为幼儿提供一个安全、卫生、有利于生长发育的物质环境，提供必要的保护措施，这是保障幼儿健康的最基础环节。例如：应为幼儿配备适合其年龄特点的安全与卫生的桌椅、睡眠床、运动器械、餐具、盥洗用品、玩教具；提供安全、卫生的户外活动环境，避免幼儿运动受伤，防止幼儿擅自离园等。这些均直接关系到幼儿的身体健康与正常的生长发育。

2. 支持自主活动的环境

幼儿园的环境创设应支持幼儿在健康领域的学习与发展，并有利于引发幼儿与环境之间的积极互动。例如，幼儿园应为幼儿提供丰富的户外活动场地、多样的幼儿运动器械、玩沙玩水的区域以及种植园等，支持幼儿的自主游戏、探索和实践，以激发幼儿的活动兴趣，满足幼儿进行多种活动的需要，锻炼幼儿的体能，促使幼儿在主动、积极的活动和游戏过程中，获得身心上的满足和个性化的发展，并由此收获多种知识、发展多种能力。

3. 营造良好的心理环境

幼儿园应为幼儿营造一个温暖、轻松、愉悦的心理环境，使幼儿感受到来自成人的尊重、理解、关爱和接纳，感受到同伴之间的相互帮助和友爱。作为教师，首先要学会耐心倾听来自于幼儿的声音，鼓励和支持幼儿大胆表达，努力理解幼儿的想法和感受，发现每个幼儿的优点，接纳每个幼儿的不足之处，帮助幼儿建立自信，让幼儿轻松、愉快地生活和活动。这是帮助幼儿形成安全感、对成人产生信赖以及体验愉快情绪的重要环节，有利于幼儿的心理健康。

4. 建立良好的常规

幼儿园应科学、合理地安排和组织好幼儿的一日生活，建立适合于幼儿的良好生活常规，做好基础性的保育和卫生保健工作，这可以使幼儿对在园生活建立熟悉感和安全感，还可以引导幼儿在生活中学习自我管理，这是为幼儿提供良好的生活环境的重要环节。

5. 充分利用自然环境和社区教育资源

幼儿园应充分利用周围的自然环境和社区的教育资源，积极拓展幼儿生活、活动和学习的空间。例如：充分利用附近的公园、植物园、图书馆、体育场等自然资源和社会资源，带幼儿外出活动，为幼儿提供多种活动与学习的机会；也可以请社区中的医院或卫生保健院的医生来幼儿园，对幼儿进行自我保健方面的指导；还可以请派出所的警察来幼儿园，对幼儿进行交通安全方面的教育；等等。通过这些方式实现社区资源的共享。

二、在幼儿日常生活中渗透健康领域的指导

《纲要》指出："教师要善于发现幼儿感兴趣的事物、游戏和偶发事件中所隐含的教育价值，把握时机，积极引导。"《规程》也指出"幼儿园应当把安全教育融入一日生活"，密切结合生活实际对幼儿进行安全教育。

生活中蕴含着很多教育契机，需要教师善于发现和把握时机进行随机指导和渗透。幼儿的健康意识、行为习惯以及生活能力都是在日常生活中慢慢形成的，幼儿的吃、住、行、玩等方面都与健康有着密切关联。幼儿生活中的每个环节都包含着许多学习与发展的机会，在此过程中渗透健康领域的指导自然而有效，幼儿可以在日常生活中通过反复的体验、学习、练习和实践，逐渐习得有益于健康的行为，同时也能获得能力上的发展。

《指南》在健康领域的教育建议中，提出"提醒幼儿要保持正确的站、坐、走姿势""发现幼儿不高兴时，主动询问情况，帮助他们化解消极情绪""经常带幼儿接触不同的人际环境，如参加亲戚朋友聚会，多和不熟悉的小朋友玩""日常生活中鼓励幼儿多走路、少坐车""提醒幼儿保护五官，如不乱挖耳朵、鼻孔，看电视时保持3米左右的距离""帮助幼儿了解周围环境中不安全的事物，不做危险的事""告诉幼儿不允许别人触摸自己的隐私部位""引导幼儿生活自理或参与家务劳动，如练习自己用筷子吃饭、扣扣子，帮助家人择菜叶、做面食"等，这些均体现出应在幼儿的日常生活中渗透健康指导的这一教育理念。我们应充分认识到日常生活就是幼儿学习和发展的内容和途径，为幼儿提供适宜的学习与发展机会，促进幼儿健康成长。

在日常生活中，教师还应特别关注幼儿的个体差异、个体特征和个体需要，多与幼儿进行个别交流，了解幼儿的兴趣、特点、内在想法和感受，了解幼儿的家庭生活状况，有针对性地对幼儿进行个别化的健康指导和教育。

三、根据需要开展适宜的健康教学活动

根据需要开展适宜的健康教学活动，可以更具体、深入地对全体幼儿进行系统、全面的健康指导，这是帮助幼儿获得基本的健康知识、形成健康意识和态度、培养健康行为与习惯的重要途径。

《纲要》指出："教育活动的组织形式应根据需要合理安排，因时、因地、因内容、因材料灵活地运用。"因此，幼儿园有必要根据幼儿的年龄特点、生活实际与发展需要，有目的、有计划地开展幼儿健康教学活动，采取灵活多样的组织形式和活动方法，注意将集体指导、小组活动和个别指导相结合，为每个幼儿提供充分参与的机会，促使每个幼儿在不同水平上得到发展。

在设计健康教学活动时，首先要分析和了解幼儿的年龄特点和发展水平，而后依据幼儿园健康教育的目标以及幼儿学习与发展的实际需要，确定鲜明的活动主题，制订明确、具体的活动目标，选择适宜的活动内容，提供充分的活动准备，设计有效互动的活动过程，最后还需要关注教学活动后的适当延伸与评价。

1. 分析及了解幼儿的年龄特点和发展水平

任何教育和教学活动都要基于幼儿的年龄特点和发展水平。首先，分析必须建立在对幼儿身心发展水平观察、调查的客观基础上，避免主观臆断。其次，教师要在扎实的理论学习和实际观察的基础上，既要全面把握幼儿身心发展的年龄特点和一般规律，还要深入了解本班幼儿目前身心发展的整体水平、已有经验、主要问题点、发展需要以及兴趣。

2. 确定鲜明的活动主题

健康教学活动的主题就是我们通常说的活动名称。为了表明健康教学活动的主要内容，同时也是为了引起幼儿对活动的兴趣，在确定健康教学活动主题时，应尽量做到鲜明具体、简洁明了，突出健康内容，同时也要生动有趣，最好从幼儿的角度来命名。如小班生活与保健教育活动"把细菌坏蛋赶走""青菜萝卜我都爱"，中班安全教育活动"交通安全我知道""有毒危险"，大班心理健康教育活动"生气了怎么办""打雷我不怕"等。

幼儿健康教学活动的主题既可以是单一的健康领域的主题，例如"白开水真好喝""我是爱牙小卫士""不跟陌生人走"等，也可以是围绕一个综合主题生成的系列活动，例如为大班幼儿入学准备而开展的"我会整理书包""我是小小值

日生""我会过马路""我会洗衣服"等主题系列活动。

3. 制定明确、具体的活动目标

健康教学活动的目标是幼儿园健康教育总目标、幼儿年龄阶段目标以及健康教育内容的具体化。活动目标指引着整个活动设计的方向，是活动设计中的重要一环，也是幼儿学习与发展评价的重要依据。健康教学活动的目标应符合本班幼儿实际发展水平与发展需要，目标的制定应准确具体、简洁清晰，具有可操作性，切忌大而笼统、模棱两可。同时，在目标陈述中，也可以指明哪些是幼儿需要重点学习与发展的目标，哪些是较难解决的目标，从而确立活动的重点和难点，做到目标全面而又重点、难点突出。

4. 选择适宜的活动内容

健康教学活动的内容是由幼儿健康教育的目标决定的，是帮助幼儿实现活动目标的载体。活动内容的选择应有利于实现活动目标，内容要科学准确、具体明确，符合本班幼儿的年龄特点和发展水平。例如，在中班安全教育活动"摸一摸与不能摸"中，我们可以围绕安全教育的具体目标，为幼儿提供一些可以摸和操作的物品，支持幼儿探索和体验，同时，我们也要结合幼儿的生活实际，与幼儿一起讨论生活中有哪些东西是不能摸、不能动的，并向幼儿解释和说明不能摸、不能动的理由，以帮助幼儿了解和认识事物的基本特征，提高幼儿对安全问题的判断能力、认知水平以及自我保护的意识和能力。

5. 提供充分的活动准备

一个完整的健康教学活动需要教师事先做好多方面的准备工作，其中既包括物质方面的准备和环境的创设，也包括教师在专业知识积累和经验上的储备，此外，还需要帮助幼儿做好经验和心理方面的准备。只有这样，才能使健康教学活动顺利进行，并促使幼儿在活动过程中收获必要的知识和能力。

6. 设计有效互动的活动过程

健康教学活动的过程是将活动内容有效展开和具体运用教学方法的过程，其目的是实现活动目标，可谓是健康教学活动设计中最为关键的部分。教师需要从预设的活动目标和内容出发，做到心中有目标，眼中有幼儿，充分调动幼儿活动中的主体性，将幼儿的体验、探索、讨论、操作、游戏、练习等多种学习方法有机地结合起来，加强教师与幼儿之间的互动，有效地对幼儿进行健康方面的引导和指导。

7. 活动后的适当延伸与评价

健康教学活动的目标不是某一次活动就能达到的，而是一个长期、持续的过程，尤其当涉及幼儿生活与卫生习惯以及自理能力的培养时，更需要在多种活动和日常生活中进行长期一贯地坚持和要求，健康教学活动之后的适当延伸必不可少。例如：将健康教育活动的内容适时延伸至区域活动、游戏活动或生活活动中，引导幼儿在不断的练习中提高能力，养成行为习惯；也可以将相关内容进一步延伸至家庭中，通过家园的紧密合作更好地促进幼儿的健康成长。

在健康教学活动后，适时地对幼儿进行分析和评价也很重要，由此可把握幼儿在相关方面的学习和发展状况，为进一步提高幼儿的健康认知水平以及养成健康行为与习惯提供依据。教师可以依据健康教学活动的目标，拟定出相关的评价内容，通过对幼儿活动后表现出来的态度、行为和习惯等进行观察，并与幼儿进行交流，分析和评价幼儿的学习与发展状况。

四、开设丰富多样的区域活动

丰富多样的区域游戏活动是当前幼儿园教育的一大亮点，在幼儿教育中发挥着独特的作用，也是幼儿喜闻乐见的主要活动。《规程》中明确提出："幼儿园应当将游戏作为对幼儿进行全面发展教育的重要形式。"《规程》中还提出幼儿园应当"合理利用室内外环境，创设开放的、多样的区域活动空间，提供适合幼儿年龄特点的丰富的玩具、操作材料和幼儿读物，支持幼儿自主选择和主动学习，激发幼儿学习的兴趣和探究的愿望。"

许多幼儿园区域游戏活动中都蕴含着与幼儿健康领域学习与发展相关的目标。例如：幼儿在建构区专注地进行游戏的时候，也在发展着小肌肉动作的灵活性与协调性；幼儿在表演区自由地进行表演时，正在体验和感受着愉悦的情绪，这有助于幼儿积极情绪的发展；幼儿在娃娃家、医院等角色区进行游戏的时候，正在学习着如何与同伴交往，发展着社会交往的能力。此外，幼儿园也可以结合幼儿健康领域学习与发展的需要，专门开设一些活动区。例如：在生活区中，让幼儿练习使用筷子夹物品、给娃娃穿脱衣服和鞋袜、分类整理物品等，提高生活自理能力；开设小餐厅，让幼儿练习营养配餐和为他人服务的能力；开设交通区，帮助幼儿认识交通道路和常见的交通标志，学习基本的交通规则；在户外开展区域体育活动，不仅能激发幼儿运动的兴趣，满足幼儿多种运动的需要，发展幼儿的身体素质和基本动作，而且还能促进幼儿个性、情绪情感和社会性的良好发展。

因此，教师应充分认识到，开展丰富多彩的区域游戏活动也是实现幼儿健康领域发展目标的重要途径之一。

五、重视幼儿健康领域与其他领域的有机结合

幼儿园的各领域不是截然分开，而是相互渗透、有机结合的。《指南》中明确指出："儿童的发展是一个整体，要注重领域之间、目标之间的相互渗透和整合，促进幼儿身心全面协调发展，而不应片面追求某一方面或几方面的发展。"

幼儿是作为一个整体的人发展的，幼儿健康领域的学习与发展同其他领域的学习与发展密不可分，尤其与社会领域紧密关联。心理健康涵盖的范围很广，在《指南》的健康领域中仅涉及幼儿情绪发展以及对集体生活环境的适应等方面的目标，此外还有许多有关幼儿心理健康方面的目标包含在《指南》的社会领域之中。因此，健康领域与社会领域之间密切关联、相互补充，幼儿在这两个领域的学习与发展都有助于幼儿的身心健康。

同时，我们也应该认识到，幼儿在其他领域的学习与发展也有助于幼儿的身心健康。例如，幼儿在社会领域中与同伴友好相处、共同游戏时，在艺术领域中随着音乐自由哼唱、表演时，在语言领域中与成人一起阅读图画书时，都能很自然地表现出积极、愉快的情绪，这便是实现"情绪安定愉快"目标最好的体验。

此外，幼儿健康知识的学习、健康态度的转变以及健康行为与习惯的养成，也都离不开各领域教育形式和教育内容的支持与配合。

由此可见，幼儿健康领域的学习与发展应同其他领域的学习与发展有机结合、相互渗透。教师应充分认识各领域之间的相互关系，统筹考虑幼儿学习与发展的目标和实现途径，积极构建综合课程和整合性教育活动，以实现促进幼儿身心全面协调发展的最终目标。

六、密切幼儿园与家庭、社区的合作，共同促进幼儿健康成长

家庭和社区作为幼儿生活和成长的重要环境，是幼儿园的重要合作伙伴。

《规程》指出:"幼儿园应当主动与幼儿家庭沟通合作,为家长提供科学育儿宣传指导,帮助家长创设良好的家庭教育环境,共同担负教育幼儿的任务","幼儿园应当加强与社区的联系与合作,面向社区宣传科学育儿知识,开展灵活多样的公益性早期教育服务,争取社区对幼儿园的多方面支持。"

幼儿园是社区中的一分子,社区是幼儿园的大家庭,得天独厚的地理位置和活动空间可以为幼儿园提供丰富的教育资源。对幼儿来说,幼儿园生活、家庭生活和社区生活不是截然分开,而是融为一体的,家庭、幼儿园及社区合作能进一步提高幼儿健康教育的有效性和持久性。

需要注意的是:幼儿园、家庭及社区应该是平等、合作的伙伴关系,是双向互动、互惠的,既包括社区、家庭对幼儿园的支持,也包括幼儿园对家庭、社区的服务和指导。幼儿园应当在园长指导下成立家长委员会,对幼儿园重大决策和涉及幼儿切身利益的事项提供意见和建议,发挥来自不同领域家长的专业优势和资源优势,支持幼儿园的健康教育工作。

例如:家长通过家长委员会了解幼儿园的工作内容和要求,协助幼儿园开展家庭教育指导和交流;幼儿园及时将幼儿在园的健康和生活状况通过家长委员会、家园联系单、家园互动平台等反馈给家长,或家长将幼儿在家的生活卫生习惯及生活自理表现及时反馈到幼儿园,密切家园之间的交流与合作,共同促进幼儿的健康成长;家长参与幼儿园组织的健康教育活动,如亲子运动会、亲子采摘活动;家长和社区还可以主动参与到幼儿园健康教育活动中来,如有医学专长的家长或社区卫生保健人员到幼儿园进行卫生保健指导;幼儿园也应充分利用自身的教育资源回馈社区,如面向社区开展多种形式的科学育儿及早期教育指导与服务活动;许多社区通常还具有一些较好的自然资源,如公园、植物园、绿化带等,可供幼儿开展远足等活动,幼儿园应根据需要充分利用。

第二章　幼儿生活与保健教育

　　幼儿生活与保健教育旨在帮助幼儿树立自我保健和自我服务的意识，引导幼儿了解基本的生活与卫生知识，掌握基本的保健和自理技能，促使幼儿逐步养成良好的生活和卫生习惯，获得初步的自理能力，提高幼儿的健康生活质量和社会适应能力。它是幼儿健康教育的重要组成部分。

　　《指南》围绕幼儿生活习惯与生活能力的培养，提出了幼儿应"具有良好的生活与卫生习惯""具有基本的生活自理能力"的学习与发展目标，这是幼儿生活与保健教育的总目标。

　　依据幼儿的年龄特点、幼儿生活与保健教育的总目标、以及幼儿生活与发展的实际需要，幼儿生活与保健教育的内容主要包括以下三个方面：①饮食与营养教育；②生活与卫生习惯培养；③生活自理能力培养。

第一节　饮食与营养教育

一、概述

　　对幼儿进行饮食与营养教育，旨在引导幼儿了解饮食、营养与自己健康成长之间的关系，使幼儿体验进餐、品尝食物与食品制作过程的愉悦感受，并从中获得健康饮食的基础知识，促使幼儿逐步养成良好的饮食态度、饮食行为和习惯，促进幼儿的生长发育。

（一）目标与内容要点

1. 体验进餐与品尝食物的乐趣

　　例如：体验与同伴、家人一同快乐进餐的过程，享受食物的美味；体验品尝新食物带来的新奇感、新口感和愉悦感；体验自己过生日或与他人一起庆祝生日时吃生日蛋糕的美好感受；等等。

2. 了解和体验食物的准备与制作过程

例如：了解食物制作的基本环节，将食物成品与原材料之间建立起一定的联系；感知食材的特性，体验食物准备与制作过程的快乐和成就；体会制作食物的辛苦，提高珍爱食物的意识。

3. 了解与食物有关的知识，理解食物与自己健康的关系

与食物有关的知识主要包括：食物的名称、分类、主要营养价值、食材来源、食材的食用部位、不同烹饪方式对食物营养价值的影响、食物的合理搭配、平衡膳食宝塔以及健康饮食的相关知识等。

4. 养成良好的饮食行为与习惯，有初步的饮食控制意识，了解基本的饮食礼仪

（1）良好的饮食行为与习惯主要包括：饮食卫生习惯，如饭前洗手、饭后漱口、餐后整理桌面等；进餐行为习惯，如安静进餐、细嚼慢咽等；饮食搭配习惯，如干稀搭配、荤素搭配、不偏食、不挑食、均衡营养等。

（2）饮食控制意识主要体现为：逐步能自觉控制饮食量，不暴饮暴食，不食过饱；常喝白开水，知道不健康的食物要尽量少吃或不吃；肥胖儿和消瘦儿能在成人的提醒下，适当控制饭量或增加饭量；等等。

（3）基本的饮食礼仪包括：专心吃饭，不边吃边玩；咳嗽、打喷嚏时用手掩嘴或朝向无人一边；嘴里有食物时尽量不说话；不拿筷子或勺随意敲打碗碟；吐出的骨头、鱼刺、菜渣，放在自己面前的桌上或污盘里；吃多少，取多少，尽量不剩饭；等等。

5. 感受和了解中国传统的饮食文化

例如：学会使用筷子；在品尝各种传统食物（如饺子、粽子、包子、面条、汤圆）的过程中，感受和了解中华传统饮食文化的丰富内涵。

（二）教育指导建议

1. 创设良好的进餐环境

（1）营造轻松、愉悦的进餐氛围

教师应为幼儿的进餐过程营造一种轻松、愉悦的氛围，激发幼儿的食欲，鼓励幼儿良好的进餐行为，使幼儿能在进餐过程中享受食物的美味。允许幼儿在进餐过程中与同伴适度交流，学习基本礼仪，体验与同伴共同进餐的快乐及和谐

氛围。

教师应尊重幼儿初期的进餐习惯和饮食偏好，不强迫幼儿吃不愿意吃的食物，循序渐进地引导幼儿接受某种食物，养成良好的饮食习惯。在幼儿进餐过程中，教师应尽量减少对幼儿的批评或不良暗示，当发现个别幼儿存在一些问题时，应悄悄、温柔地提醒，以免影响该幼儿或其他幼儿的进餐情绪。因此，有必要规范教师的进餐指导语。

在幼儿进餐的过程中，可以播放一些舒缓、优美的音乐，使进餐过程变得轻松和愉悦，营造良好的氛围。

（2）创设自主的进餐环境

教师可以根据幼儿的年龄特点，尝试为不同年龄班的幼儿提供自主进餐的机会，培养幼儿的自主意识，调动幼儿进餐的主动性和积极性，满足幼儿的多种需要。例如，鼓励小班幼儿自主选择进餐座位、自主端饭、自主收拾餐具；鼓励中、大班幼儿按需取餐、自主盛饭、添饭等。

2. 在日常生活中渗透饮食与营养教育

教师要敏锐地发现幼儿日常生活中的教育契机，开展即时性的饮食与营养教育。例如：利用进餐环节引导幼儿认识新的食物，鼓励幼儿尝试新的食物；帮助幼儿了解食物与健康之间的关系；适时引导和提醒幼儿多喝白开水、主动饮水；在幼儿入厕时引导幼儿关注自己的大小便，帮助幼儿养成观察大小便、判断自己健康状况的生活习惯；关注幼儿个体的特点和需要，如引导挑食、偏食的幼儿尝试多种食物，鼓励瘦小的幼儿多吃饭菜，引导肥胖儿细嚼慢咽等。

3. 开展种植以及食物准备与制作活动

（1）种植活动

选择一些生活中常吃、容易成活、生长周期较短的食材（如菠菜、小油菜、黄瓜、西红柿、豆芽等），在幼儿园开展种植活动，让幼儿了解食材的来源，体验植物生长与环境之间的关系，体验种植与收获的快乐，了解食物来之不易，增进对食物的感情。

（2）食物的准备与制作活动

在区角中开展食物的准备与制作活动，例如剥豌豆、烙薄饼、榨豆浆、做蛋糕、做蔬菜沙拉、做面食等，也深受幼儿喜欢。这一过程既可以使幼儿在操作和探索中感知食材的特性,最大限度地支持和满足幼儿通过直接感知(摸—看—闻—尝)、实际操作、亲身体验与品尝获取有关食物的经验的需要,又能使幼儿与食物亲密接触,增加幼儿对食物的亲切感和熟悉感,利于幼儿接纳和喜欢不同的食物,同时还能激发幼儿对生活的热爱,提高幼儿的生活能力和小肌肉的动作能力。

4. 开展饮食与营养教学活动

依据幼儿的饮食状况和营养认知水平,结合幼儿在饮食与营养教育方面的学习与发展目标,有目的、有计划地开展形式多样的教学活动非常必要。例如,通过体验、观察、操作、品尝、游戏等活动方式,使幼儿与食物进行密切的接触,引导幼儿了解食物的分类与制作过程,激发幼儿对食物的兴趣,帮助幼儿获得与食物、营养有关的粗浅知识(如吃蔬菜能帮助排便,吃胡萝卜眼睛更明亮,喝牛奶能长个子、使骨骼强壮,多喝白开水有利于健康,哪些东西要少吃或不吃等),促使幼儿建立良好的饮食行为。

5. 开展外出采摘活动

在食物收获的季节,教师可以邀请家长,带领幼儿一同外出进行采摘活动,如采摘樱桃、草莓等,通过采摘和品尝,增进幼儿对食物的了解,使幼儿接纳并喜爱更多的食物。

6. 家园配合培养幼儿良好的饮食行为与习惯

幼儿园应与家庭密切配合,协调一致,共同促进幼儿良好饮食行为与习惯的养成。

(1) 加强与家长之间的沟通和交流

幼儿园应借助家园栏、家园联系单、班级博客、微信群等家园沟通渠道,向家长宣传饮食与营养的相关知识,提高家长对饮食与营养教育的认识,并取得家长的认同与支持;让家长了解幼儿园开展的饮食与营养教育活动的目标、内容、具体形式、需要家长配合的工作,以及促进幼儿良好行为养成的实用小方法,并鼓励家长对教育活动提出建议;与家长进行沟通和交流,使家长了解幼儿在园的饮食状况,同时,教师也可了解幼儿在家中的饮食行为与特点。

幼儿园应定期召开家长交流会,针对家长在对幼儿进行饮食与营养教育方面取得的有益经验以及存在的困惑进行交流,分享经验,借助家长的群体智慧,共同解决问题。

(2) 鼓励幼儿在家里参与跟食物有关的活动

鼓励家长在家引导幼儿参与适宜的食物采购、食物准备与食物制作活动。例如，带领幼儿一起去超市挑水果、买水果；请幼儿帮忙做择菜、剥豆、搅拌等力所能及的帮厨活动；指导并带领幼儿一起做馒头、包饺子、搓汤圆、做蛋糕；在餐桌上和幼儿一起品尝一些他们平时不爱吃的食物等，以此增进幼儿对食物的了解，激发幼儿的食欲，帮助幼儿养成均衡饮食等良好习惯，同时，也能营造良好的家庭饮食生活和文化，密切亲子关系，和谐家庭氛围。

二、知识窗

(一) 不同年龄段幼儿应当了解的与食物相关的知识

小班幼儿可以了解常见食物的名称、种类（如水果、蔬菜、主食等）及对身体的好处；知道不干净的食物不能吃；知道蔬菜、水果、谷物是地里种出来的。

中班幼儿了解的食物知识可以更加广泛，如：知道奶类、谷类、蛋类、鱼肉类、蔬菜水果类、豆类及其制品、调味品等种类；知道吃多种食物有利于健康，但好吃的东西也不宜多吃；了解简单的烹饪方式，如凉拌、清蒸、煮、炒等；知道不同的烹饪方式对味道和营养会有影响。

大班幼儿可以掌握更多的食物知识，如：初步分辨食物的好坏，懂得腐败变质的食物不能吃；学会看保质期，知道简单的食材保鲜方法；认识平衡膳食宝塔，知道不同食物含有不同的营养，身体需要多种食物，并能学会简单的食物搭配；对食材的食用部位了解得更细致，如根、茎、叶、果实、花等；认识并学会使用简单的烹饪工具，知道吃油炸、炭烤的食物不利于身体健康；通过食物制作活动和日常进餐活动能将食材与成品食物建立联系等。

(二) 不同年龄段幼儿可以参与的具体的食物制作活动

食物制作活动要根据不同年龄段幼儿的发展水平设定不同的内容和目标。

小班幼儿小肌肉动作不够灵活，可以安排一些简单易操作的食物制作活动。在蔬菜制作方面，可开展剥花生、剥毛豆、择菜等帮厨活动；在水果制作方面，小班幼儿可以参与水果的清洗、剥皮，用手动榨汁机榨汁，切香蕉、火龙果等软的水果等活动；在面食制作上，可以让幼儿擀皮、捏包子等；在蛋奶类食物制作上，可以让幼儿参与煮鸡蛋、剥鸡蛋、做酸奶等活动。通过这些活动，幼儿可以了解食材的外形、味道、不同吃法及简单的制作方法，增进对食物的喜爱。

中大班幼儿的认知能力和动手能力有显著提高，可以参与稍微复杂一些的食物制作活动，如做蔬菜饼、凉拌菜、水果沙拉、榨果汁、做蛋糕等；还可以开展节日食物制作活动，如制作月饼、重阳糕、枣糕等；与园所种植、收获活动相联系，开展榨石榴汁、蘸糖葫芦、做菊花饼、玉米饼、土豆泥等活动，使幼儿体验不同的烹饪方式，掌握电器的使用方法、用刀切菜的要点，体会食材的生熟变化、不同食物搭配的做法及营养价值等。这些活动既能锻炼幼儿的动手能力和劳动习惯，又能在潜移默化中培养幼儿热爱食物、感恩劳作的情感。

（三）多喝白开水好处多

水是人体必需的营养素，在人体内占的比例很高。小儿体内的水分相对较成人多，约占体重的70%～75%。水溶解各种物质的能力非常强，机体内各种生物化学反应无一不在水环境中进行，食物中的各种营养成分必须溶于水才能被吸收，体内的各种代谢废物也必须随水才能排出体外。水还能够参与体温的调节，改善血液循环，缓解内脏疲劳，改善内脏运作质量。35 ℃左右的白开水最符合人的生理需要。

幼儿生理代谢迅速，对水的需求量相对要比成人多。各年龄儿童每日水的需要量大致如下：

初生～1岁，120～160毫升/每千克体重；

2～3岁，100～140毫升/每千克体重；

4～7岁，90～110毫升/每千克体重。

此外，水的需要量与幼儿的活动量、气温和食物的种类有关。活动量大、气温高、多食蛋白质和无机盐时，水的需要量增加。

饮料中含有色素、甜味剂、防腐剂等化学合成物质，经常饮用会对幼儿的健康造成危害。各种饮料、纯净水或矿泉水，都不宜代替自来水，多喝白开水对幼儿的健康最为有益。

（四）学龄前儿童平衡膳食宝塔

学龄前儿童每日各类膳食的进食量，可以参照我国营养学会发布的"3～6岁学龄前儿童膳食指南"，它用宝塔的形式形象地展示了学龄前儿童膳食的类别及分量，提供了学龄前儿童膳食的指导原则：（1）食物多样，谷类为主；（2）多吃新鲜蔬菜和水果；（3）经常吃适量的鱼、禽、蛋、瘦肉；（4）每天饮奶，常吃大豆及其制品；（5）膳食清淡少盐，正确选择零食，少喝含糖高的饮料；（6）食量与体力活动要平衡，保证正常体重增长；（7）不挑食、不偏食，培养良好饮食习惯；（8）吃清洁卫生、未变质的食物。

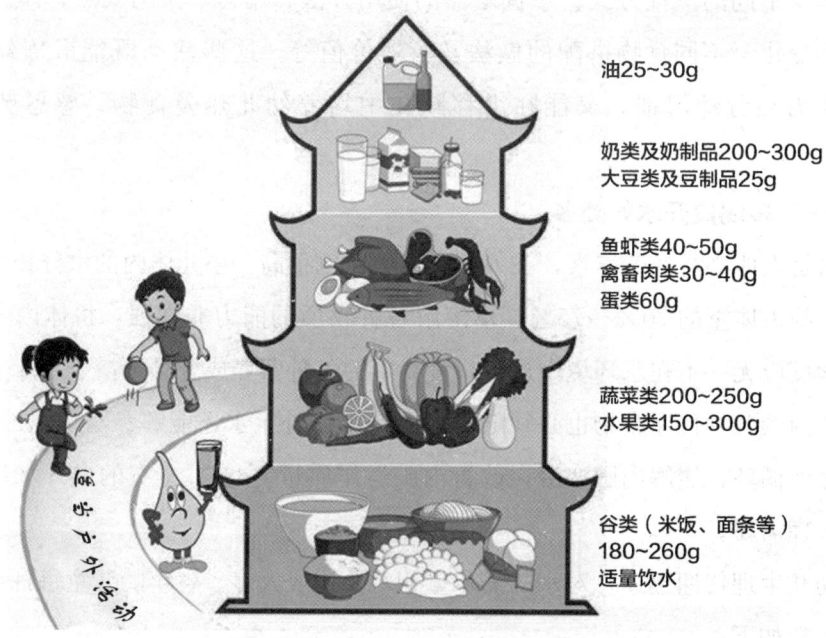

图 2-1　学龄前儿童平衡膳食宝塔①

（五）BMI 指数和计算公式

BMI 指数（Body Mass Index）即身体质量指数，又称体质指数，BMI 的计算方法为：体重÷身高^2，体重的单位为千克，身高的单位为米。

BMI 指数是目前国际上常用的衡量人体胖瘦程度以及是否健康的一个标准。BMI≥同年龄、同性别正常标准参照值的第 85 百分位数，为超重；BMI≥同年

---

① 中国营养学会妇幼分会. 中国孕期、哺乳期妇女和 0～6 岁儿童膳食指南（2007）[M]. 北京：人民卫生出版社，2008：111.

龄、同性别正常标准参照值的第 97 百分位数，为肥胖；BMI＜同年龄、同性别正常标准参照值的第 3 百分位数，为消瘦。若 BMI 在一年内增长≥1.0，则发生肥胖的风险较高。

（六）反式脂肪酸[①]

20 世纪 80 年代，一种被称为"植物奶油"的新食品出现了，它的口味可以和奶油、黄油媲美，用它制作出来的食品又酥又脆，很快就成为人们喜爱的"美食"。那么，"植物奶油"是从哪里来的呢？它是植物油和奶油掺和而成的吗？不是。它是人工造的，是把植物油"氢化"处理，使饱和脂肪酸增多，由液态变成半固态，用它代替奶油、黄油，成本低，口味却不变。它虽然出身于"植物油"，却不带一点"植物油"的优点。它对心血管的危害比起猪油、牛油、羊油，有过之而无不及。它被生产出来用于食品加工，有很多名字，如"反式脂肪酸""麦淇淋""植物奶油""人造黄油""氢化油""起酥油"等。用它加工出来的"美食"，更成了婴幼儿的最爱：奶油蛋糕、"派"、曲奇饼干以及又酥又脆的炸薯条、炸鸡腿等。如果幼儿能正正经经吃饭，饮食结构合理、平衡，偶尔吃点"酥脆"也无大碍。如果幼儿离不开"反式脂肪酸"加工出来的美食，一天不见就想，还真得改变一下他们的口味了。

（七）怎样观察大小便

教师对幼儿小便的观察主要是察看小便的颜色，引导幼儿多喝水，多吃蔬菜，防止上火；对于尿床和尿频的幼儿，教师要在午睡中间及时唤醒，培养他们有便意及时如厕的习惯。

教师对幼儿大便的观察主要是察看幼儿排便的次数，防止幼儿出现憋便的情况，遇到两天不大便的幼儿要提示及时看医生。此外，教师还可以采用游戏化的大便记录，引导幼儿逐渐养成定时大便的习惯。

中大班幼儿的观察与理解能力逐渐增强，教师可以引导他们主动观察自己的大小便，帮助他们认识大小便与饮水、进餐和身体健康之间的关系。

[①] 万钫. 幼儿卫生学（第三版）[M]. 北京：人民教育出版社，2009：56-57.

三、素材集锦

（一）儿歌

饮 水 歌

小水杯，装温水，

我和水杯亲亲嘴。

咕噜咕噜多喝水，

大家一起来干杯。

适用年龄 3～4岁

渗透教育 养成主动喝白开水的习惯。

使用建议

1. 在集中饮水环节，教师以游戏的口吻，请幼儿和水杯"亲亲嘴"，激发幼儿对喝水的兴趣。

2. 在日常生活环节，教师以"要不要和水杯亲亲嘴?"的方式提醒幼儿主动喝水。

我 会 喝 水

小水杯，双手拿，

嘴巴干，口渴啦！

接半杯，坐下喝，

慢慢走，不会洒。

（刘虹）

适用年龄 3～5岁

渗透教育 培养良好的饮水常规。

使用建议

1. 在饮水环节，教师和幼儿一起接水，并主动朗诵这首儿歌。一边说儿歌，一边按照儿歌内容做相应的动作：接半杯水，双手拿稳水杯，慢慢走到桌边坐下（或墙边站好），喝完杯中的水。用教师的示范引导幼儿的行为。

2. 请幼儿互相提醒饮水的常规。

难怪个子长不高

小猫咪，喵喵叫，

吃饭就爱把食挑。

不吃饭，不吃糕，

不吃萝卜和青椒。

每天只把鱼肉要。

难怪个子长不高。

（刘 畅）

适用年龄 3～5岁

渗透教育 培养均衡饮食、不挑食的习惯。

使用建议

1. 和幼儿一起朗诵儿歌，并请幼儿说一说：儿歌里提到了哪些好吃的东西？你喜欢吃其中的什么？小猫咪为什么个子长不高？怎样做才能长高呢？

2. 在进餐环节，向幼儿介绍各种食物的营养，鼓励幼儿吃不同的食物。

吃得小脸红彤彤

菠菜绿油油，

萝卜白生生。

冬瓜是个胖娃娃，

番茄像只小灯笼。

样样蔬菜我都爱，

吃得小脸红彤彤。

（杜 虹）

适用年龄 3～5岁

渗透教育 喜欢蔬菜，养成爱吃蔬菜的习惯。

使用建议

1. 幼儿学说儿歌，了解儿歌中所提到的蔬菜，体会"绿油油""白生生"等代表颜色的叠词和"是个胖娃娃""像只小灯笼"等比喻手法带来的美感，激发幼儿对蔬菜的喜爱之情。

2. 请幼儿说出更多的蔬菜，用好听的词来形容，对儿歌进行仿编。

谜语（一）

红红脸蛋像苹果，

切开里面汁儿多。

生吃熟吃都可以，

酸酸甜甜就是我。

（打一蔬菜）

谜底 番茄

适用年龄 3～4岁

渗透教育 认识番茄，喜欢吃番茄。

谜语（二）

红红棒子地里钻，

长长绿尾露在外。

（打一蔬菜）

谜底 胡萝卜

适用年龄 4～6岁

渗透教育 认识胡萝卜，了解胡萝卜的外形特征，愿意吃胡萝卜。

谜语（三）

身披黑紫袍，

头戴小绿帽，

身材模样俏。

（打一蔬菜）

谜底 茄子

适用年龄 4～6岁

渗透教育 认识茄子，了解茄子的外形特征，愿意吃茄子。

（二）故事

壮娃娃和瘦娃娃

壮娃娃和瘦娃娃是一对好朋友。一个长得又黑又瘦，大家都叫他"瘦娃娃"，一个长得又高又壮，身体棒棒的，大家都叫他"壮娃娃"。

一天，两个医生来幼儿园给小朋友检查身体，轮到壮娃娃和瘦娃娃了。医生笑眯眯地给壮娃娃量身高、称体重，嘴里连声说着："不错！不错！"看见又黑又矮的瘦娃娃时，医生皱起了眉头。他拿来一面好大好亮的镜子，在瘦娃娃和壮娃娃的肚子上照来照去。这镜子真神奇，把瘦娃娃和壮娃娃吃到肚子里的东西全照出来了。瘦娃娃的肚子里只有雪糕、炸薯条和糖果等小零食；壮娃娃的肚子里有饭、有肉、有奶、有蔬菜、还有水果，可丰富了。医生全明白了，对瘦娃娃说："吃饭挑食可不行。要想身体好，去问问壮娃娃每天吃些什么吧！"

（晴朗）

适用年龄　3～5岁

渗透教育　知道不同食物有不同的营养，养成不挑食的习惯。

作品分析

胖娃娃不挑食，所以长得又高又壮；瘦娃娃不吃饭菜，只吃零食，所以长得又瘦又矮。故事通过胖娃娃和瘦娃娃的对比，让孩子们形象地了解了"吃什么食物对身体好"，从而萌发出不挑食、少吃零食的愿望。

使用建议

1. 引导幼儿说一说自己平时主要吃些什么食物，喜欢吃哪些？不喜欢吃哪些？

2. 通过故事，让幼儿了解：不同食物有不同的营养，各种各样的食物都吃，身体才能长得好。

珍珍的梦

珍珍吃饭，跟别人不一样，闻一闻，尝一尝，就把菜一样样扔了。

妈妈给她肉丸子吃，她努努嘴说："这肉我不爱吃嘛！"把肉丸子扔了。

妈妈给她青菜吃，她摇摇头说："我不爱吃！"把青菜也扔了。

地上的东西可多啦：鱼呀，萝卜呀，馒头呀，米饭呀，都是珍珍扔的。

小狗小猫看见了，摇着尾巴"啊呜啊呜"吃起来，吃了半天也没吃完。

妈妈说："珍珍，你这也不吃，那也不吃，这样下去，个子长不了，力气也没啦！"

珍珍把身子一扭，说："我不怕。"

一天天过去了。地上的饭菜堆得高高的，小狗小猫肚子撑得滚滚圆，像只大皮球，走也走不动。

珍珍呢？她也变了，身体变小了，变瘦了，变轻了，力气小得连眼睛也睁不开了。

忽然，珍珍脚底下出现了黑压压的一片。一会儿，她觉得被什么东西给抬了起来，像乘了小船似的，在浪里颠来颠去。

珍珍用力睁大眼睛一看，那黑压压的东西都是蚂蚁呀！一群蚂蚁驮着她扔掉的饭菜，钻进山洞去了；还有一群抬着她，"吭哧吭哧"走进了大树林。

树林里可热闹了。云雀、黄莺、青蛙和花翎公鸡，正在唱歌。它们看见珍珍来了，都说："请小客人参加我们的树林音乐会！"

珍珍可高兴了。她走上台，张开嘴巴，刚唱了一句，就没力气了，唱不响了。她使劲唱，声音还是又轻又细。她唱了好半天，谁也听不见，都"呼噜呼噜"打瞌睡了。一只蚊子躲在角落里笑着说："这小姑娘的声音还没有我的响呢！"

唉，都怪珍珍力气太小了，多难为情呀！

花翎公鸡跑来说："珍珍，你别唱了。那边在开运动会，你去参加吧！"

珍珍去参加树林运动会，和乌龟、蜗牛赛跑。

小松鼠是裁判员。他大喊一声："预备——跑！"乌龟、蜗牛跑呀跑呀，跑到前面去了。珍珍呢，拖着两条细腿，怎么也跑不快，都急出汗来了。她只好请两只手来帮忙——跪在地上爬，爬呀爬呀，还是爬不快，赶不上。结果她得了最后一名。

唉，都怪珍珍力气太小了，多难为情呀！

小松鼠跑来说："珍珍，那边在开游园会，你去玩玩吧！"

珍珍去参加树林游园会。她和熊猫、花鹿、小猴一起在河边钓鱼。

一条大鱼上钩了,哈哈,别说珍珍有多高兴了,她赶快提起钓鱼竿往上拉,拉呀,拉呀——"扑通"一声,不好啦,大鱼没叫珍珍拉上来,珍珍倒被大鱼拖下河去了。

"救命啊!救命啊!"珍珍这么一喊,醒过来了,原来她是在做梦哩!

这天吃晚饭的时候,小狗小猫又来找珍珍要吃的。

珍珍想起梦里的那些事,赶快端起碗大口大口吃起来。她对小狗小猫摆摆手说:"快走开,这饭菜我自己吃啦!"

小狗小猫觉得奇怪,望着小主人,馋得口水往下流。

妈妈看着,心里真高兴。

一天天过去了,珍珍再也不扔饭菜,样样都爱吃了。她像吹泡泡似的,一天天变胖了,变重了,长高了,身体棒得像个小运动员,谁见了都喜欢她。

(朱家栋)

适用年龄　4~6岁

渗透教育　知道不挑食身体才能长得好,养成均衡饮食的好习惯。

作品分析

故事夸张的手法、生动的文字,让孩子们在享受阅读的同时,意识到均衡饮食的重要性。

使用建议

1. 为幼儿讲述故事,感受故事情节的夸张和有趣。

2. 和幼儿一起回顾故事情节,请幼儿说一说:珍珍是怎么来到大树林里的?在树林音乐会、树林运动会和树林游园会上,珍珍发生了什么事情?为什么会这样?醒来以后,珍珍为什么再也不扔饭菜了?引导幼儿体会珍珍的心理变化,明白"不吃饭菜会变得又瘦又小,样样都爱吃身体才能长得棒棒的"。

3. 在进餐环节,鼓励幼儿不挑食,样样饭菜都要吃,逐渐养成均衡饮食的好习惯。

豆豆的旅行

我们是小朋友常吃的豆豆。今天,我们又要到小朋友的身体里去旅行了。

瞧!小朋友的嘴巴已经张开了,哇,牙齿好锋利呀!我们一会儿就被牙齿磨成了碎末。

咕咚！我们都被挤下去了，来到一根细细的、长长的管子里。真好玩，像坐滑梯一样！

噢！这就是小朋友的食管吧！食管壁好薄呀，软软的，要是有鱼刺进来肯定会被刺破的。

下了滑梯，我们来到了一个宽敞的大口袋里，这里好舒服呀！

噢！这就是小朋友的胃啦！它像一个按摩机一样不停地蠕动，还会不停地分泌出一些液体，让我们越来越碎，越来越碎，变得像糨糊一样。

哎哟！胃大哥身上怎么有个伤口呀？一定很疼吧！我们问问它是怎么回事吧！

"胃大哥，胃大哥！你身上的伤口是怎么回事？疼不疼呀？"

"这都要怪我的小主人啦！他吃东西时，遇到爱吃的就吃很多，把我撑得快要爆炸了；他一会儿吃冰凉的冷饮，一会儿又喝热热的汤，让我难受极了。有时候我很想休息一会儿，可是我的小主人又要吃零食，把东西硬塞进来，让我不停地工作。我实在是累坏了，所以，就成了现在这样，可难受了。"

我们一定要提醒小朋友不能乱吃东西啦！

走着走着，路又变窄了，还弯弯曲曲的，就像一个迷宫一样。噢！这就是小朋友的小肠了，边上有许多绒毛，还有一扇扇小门儿。

"嗨！我是小肠妹妹，欢迎，欢迎。你们来到我这里就要分一分了。一部分有营养的东西要从我的小门出去，送到小朋友的全身，使小朋友长高、长胖，给小朋友力量。另一部分没有营养的残渣，就要继续往前走啦！"

剩下的残渣一会儿就来到了一根直一些的皱皱巴巴的管道里，味道可真不好闻呢！

噢！这就是小朋友的大肠啦！这里太不舒服了，还是快点出去吧！

哈哈！残渣终于从肛门冲出来啦！豆豆的旅行结束了。

适用年龄　5～6岁

渗透教育

1. 感知食物消化、吸收的过程，了解消化器官的功能。
2. 知道要保护自己的身体，养成良好的进食习惯。

作品分析

故事拟人化的手法，让孩子们跟随豆豆完成了一次人体的消化系统之旅，直观地了解牙齿、食管、胃、小肠、大肠等消化器官的功能。薄薄软软的食管壁、胃大哥身上的伤口，这些细节的描述，都让孩子们明白：不好的饮食习惯会对自己的身体造成伤害。

使用建议

1. 教师讲述故事，提问帮助幼儿理解食物在消化系统中的消化过程。

2. 教师再次讲述故事，引导幼儿讨论：我们身体的消化系统就是这样工作的，小朋友吃东西的时候要注意什么？

3. 有条件的幼儿园可以提供消化系统的简图，张贴起来供幼儿观看。

4. 在日常生活中，引导幼儿体会吃不同食物的感觉，体验食物的消化过程，巩固健康进食的方法。

（三）歌 曲

苹 果

$1=C$ $\frac{4}{4}$

童谣

5 5 3 6 5 5 3 | 1 3 5 3 2 2 1 | 5 5 3 6 5 5 3 | 1 3 5 3 2 2 1 ‖
树上 许多 红苹 果，一个 一个 摘下 来。我们 喜欢 吃苹 果，身体 健康 多快 活。

适用年龄 3～4岁

渗透教育 感受随音乐摘苹果、吃苹果的乐趣，喜欢吃水果。

使用建议

1. 学唱歌曲，请幼儿说一说：你们吃过苹果吗？是什么味道的？你知道苹果长在哪里？

2. 请幼儿说一说还喜欢吃什么水果，是什么味道的，有什么营养，这种水果长在哪里。引导幼儿替换不同水果的名称，再唱一唱这首歌。

3. 请幼儿品尝水果，引导幼儿细细地嚼一嚼，品味水果的味道。

多吃青菜有营养

周康明 词
潘振声 曲

1=♭B 2/4

有趣地

1 1 1 3 | 5 5 0 | 3 3 2 6 | 1 - | 1 1 1 3 | 2 1 6 0 |

菠菜叶儿扁哪，芹菜根儿长，豆角青青两头尖，
黄瓜身长刺呀，倭瓜圆又胖，各种青菜真新鲜，

1 2 1 6 | 5 5 0 | 3 5 6 1 | 2 0 | 5 5 3 2 | 1 0 ‖

西 红 柿呀　结得像铃铛，　结得像铃铛。
小 朋 友们哪　多吃有营养，　多吃有营养。

适用年龄 4~6岁

渗透教育 认识各种蔬菜，了解常见蔬菜的营养价值，喜欢吃蔬菜。

使用建议

1. 教师出示菠菜、芹菜、豆角、西红柿、黄瓜、倭瓜、青菜的实物或图片，请幼儿观察，说一说这些菜是什么样子的。和幼儿一起，将这些蔬菜的外形特点总结成歌词。

2. 有节奏地说歌词，熟悉歌词。

3. 学唱歌曲。熟悉后，可以采取对唱、接唱等方式，增加趣味性。

妈妈，我想喝水

杨伟 词
杨铭 曲

1=F 4/4

每分钟68拍　渴望地

(5. 6 5 3 2.　3 | 1 6 5 3 2 - | 6. 3 2　5 3 2 |

6 5 6 2 1 6 5 -) | 5 3. 1 3 2. | 1 1 6 1 2 3 2 - |

　　　　　　　　秧 苗 儿枯萎，　小 鸟 儿远　飞，

```
2· 1̠6̠  2 2̠1̠6̠ 3 | 2 2̠ 1·  6̠6̠ 5· | 5   3· 1̠3̠ 2· |
门    前  玩 耍 的 小 溪， 也 流 干 了 泪 水。  稻   田   儿 咧 嘴，

1 1̠6̠1̠ 2̠3̠2̠  -  | 2· 1̠6̠  2 2̠1̠6̠ 3 | 2 2̠  2̠ 2̠  1̠ 6̠ |
小 船 儿 安    睡，    站   在  村 头 的 老 树， 又 在  盼 着 天

1  -  -  0 | 5·  3̠ 5·  3̠ | 6̠· 5̠6̠ 3̠ 5  - |
黑。            妈    妈    我  渴 我  渴

6̠ 5̠ 6̠ 5̠ 1· 5̠ | 3  -  -  0 | 5·  3̠ 5·  3̠ |
妈 妈 我 想 喝   水，              妈    妈

6· 5̠1̠ 2̠ 6̠  -  | 2· 2̠2̠ 3̠2̠ 1 | 2̠1̠ 6̠1̠ 5̠ 5̠  - : |
我 渴 我  渴       妈 妈 我 想 喝   水   我 想 喝 水。

6 6· 6  - | 0 6̠ 5̠6̠ 5· | 5  -  -  0 ||
妈 妈          我  想 喝 水。
```

适用年龄　5~6岁

渗透教育　感受缺水带来的痛苦，愿意主动喝水、节约水资源。

使用建议

1. 播放歌曲，请幼儿欣赏，并提问帮助幼儿理解歌曲内容。

2. 再次欣赏歌曲，引导幼儿体会缺水带来的痛苦，知道水对我们生活的重要性。提问：听完这首歌曲，你有什么感觉？你在什么时候会想喝水？想一想，如果缺水了，我们的生活会变得怎么样？

3. 小结：生活中离不开水，我们每天要喝足够的水，身体才能健康。小朋友平时要自己主动喝水。洗手、洗碗、洗澡时，还要注意节约用水，不浪费。

（四）图画书

名称　好饿的小蛇

作者 ［日］宫西达也（文·图），彭懿（译）

版本 二十一世纪出版社 2013 年版

内容简介

好饿的小蛇扭来扭去在散步，它发现了一个圆圆的苹果，"啊呜——咕嘟"，小蛇吞下了苹果，真好吃！第二天，好饿的小蛇扭来扭去在散步，它发现了一根黄色的香蕉，"啊呜——咕嘟"，小蛇吞下了香蕉，真好吃……第六天，好饿的小蛇扭来扭去在散步，它发现了一棵结满红苹果的树，你猜猜，好饿的小蛇会怎么样呢？

适用年龄 3~4 岁

使用建议

1. 和幼儿一起阅读图画书，可以启发幼儿尝试预测故事的发展，感受小蛇吃到不同食物的满足和快乐。

2. 请幼儿参与念读故事中重复性的象声词"啊呜——咕嘟"，并激发想象力，启发幼儿感知小蛇吞食食物的特点。

3. 在幼儿仔细观察画面后，请幼儿说一说：好饿的小蛇发现了什么？引导幼儿尝试用准确的语言描述食物的形状、颜色，学说不同的量词。

4. 结合饮食与营养教育的目标，鼓励幼儿大胆想象：小蛇睡醒后，又去散步了。这回，它会发现什么好吃的呢？引导幼儿续编故事，并在此过程中增强对各种健康食物的喜爱情感。

（选自陈晖主编《幼儿的图画书世界（3~4 岁）》，
人民教育出版社 2017 年版，有改动）

名称 多多什么都爱吃

作者 颜薏芬（文·图）

版本 南京师范大学出版社 2013 年版

内容简介

每天吃饭时，丽丽总是把自己不爱吃的青菜、胡萝卜和豆腐汤全部给小狗多多吃掉，因为"多多什么都爱吃"。妈妈说："如果什么都叫多多帮你吃，多多会帮你长高、长大，你就长不大啦！"由此，丽丽展开了一连串的联想，想到多多变大的话,真是好处多多;可是,当多多变得太大的时候,许多麻烦也跟着来了。丽丽终于觉得还是自己吃了那些食物比较好。就这样,绘本在充满幻想和童趣的画面、情节中,让孩子轻松地明白要均衡营养、不挑食的道理。

适用年龄　3～4岁

使用建议

1. 和幼儿一起阅读图画书,感受图画书的轻松和幽默。

2. 引导幼儿认真观察画面,启发幼儿通过多多的变化,理解长高、长大的好处。请幼儿说一说:怎样才能像多多一样长高、长大呢?激发幼儿"要像多多一样,什么都爱吃"的愿望。

3. 引导幼儿讨论:你有没有不爱吃的食物?是什么?遇到不爱吃的食物你会怎么办呢?根据幼儿说出的食物,介绍这种食物的营养和对身体的好处。在幼儿充分表达以后,和幼儿一起小结几条可行的做法。如:遇到不爱吃又有营养的食物,可以少吃一点儿;可以和爱吃的食物一起吃;可以请爸爸妈妈把它做成自己喜欢的样子再吃;等等。

4. 取得家长配合,在进餐时鼓励幼儿不挑食,养成均衡饮食的习惯。

(家向)

名称　我绝对绝对不吃番茄

作者　[英]乔尔德(编·绘),冯臻(译)

版本　接力出版社 2006 年版

内容简介

假如你有一个非常挑食的妹妹,她不吃豌豆、胡萝卜、土豆、蘑菇、面条,也不吃鸡蛋,不吃香肠,不吃花椰菜、卷心菜、烤豆,也不吃香蕉,不吃橘子,也不喜欢吃苹果、米饭、奶酪还有炸鱼块。并且,她绝对不吃番茄。可是,爸爸妈妈却给你一个任务——哄她吃东西。你会怎么做呢?

适用年龄　4～6岁

使用建议

1. 和幼儿一起阅读图画书,感受书中天马行空的想象力。引导幼儿了解书中的查理哥哥是怎样从颜色、形状和味道上把食物想象成了各种奇妙的东西的。

2. 激发幼儿创造性思维。出示不同的食物，鼓励幼儿像查理哥哥一样，大胆想象，帮助萝拉妹妹吃掉这些食物。对大胆想象、勇于表达的幼儿及时给予肯定。

3. 将进餐时要吃的食物编成谜语，在进餐前，组织幼儿玩猜谜的游戏，激发幼儿食欲。

（家向）

名称 拉便便，真舒服

作者 ［日］七尾纯（文），［日］守矢琉璃（图），［日］猿渡静子（译）

版本 南海出版公司 2009 年版

内容简介

贝贝的肚子咕噜咕噜响，屁股还有一点儿痒，快，快，要憋不住了！贝贝急急忙忙往厕所跑。大便，扑通，扑通。小便，哗哗。终于觉得舒服了。不过，贝贝开始想：人为什么会大便呢？为什么有时候会拉稀便呢？……这本书用生动活泼的语言和形象的画面让孩子们了解关于饮食和大便的知识，书后还有儿科医生写给妈妈的话《大便与身体健康》，让养育者也提高对于大便的认识。

适用年龄 4～6 岁

使用建议

1. 和幼儿一起阅读图画书，读到"人为什么会大便呢？"时，可以稍作停顿，鼓励幼儿开动脑筋想一想。

2. 书中设有大开页，用形象的图片呈现了食物在人体内"漫长的旅行"。可以和幼儿一起认真观察画面，并适度讲解。对中班幼儿，可初步了解、体会食道、胃、胆囊、胰腺、十二指肠、小肠和大肠在消化食物中都起着重要作用；对大班幼儿，可以结合故事《豆豆的旅行》（参见本书第 41 页），帮助幼儿理解不同消化器官的功能。

3. 幼儿对图画书熟悉以后，可以组织幼儿讨论：你有没有过拉稀便，或者很想大便却拉不出来的时候？是什么原因造成的？当时你感觉怎么样？怎样才能让大便每天都很顺畅呢？引导幼儿了解：合理的饮食和健康的运动，是让大便通畅的重要保证。

（家向）

名称 宝宝更健康便便绘本（全3册）

作者 ［日］村上八千世（著），［日］濑边雅之（绘），刘洋（译）

版本 北京科学技术出版社2015年版

内容简介

糊糊、臭臭、便便、球球，这些不都是大便吗？它们之间有什么区别呢？怎样才能拉出健康的大便？为什么有时候会有拉不出大便的苦恼？让我们从这套专门帮助孩子健康排便的图画书中寻找答案。套书共三册，分别是《糊糊·臭臭·便便·球球》《便便超人》《我会拉便便》。

适用年龄 4~6岁

使用建议

1. 和幼儿一起阅读图画书，帮助幼儿了解大便与饮食的关系、大便与运动的关系等关于大便的科学知识。

2. 引导幼儿学习关注自己的大便，判断自己的健康状况，并采取相应的自我保健措施。

3. 在日常生活中引导幼儿养成良好的饮食和运动习惯。

（家向）

（五）游戏

摸 蔬 菜

游戏材料

摸箱，几种常见蔬菜（萝卜、茄子、黄瓜、青椒等）。

游戏玩法

1. 教师将蔬菜放入摸箱，营造神秘氛围，请幼儿将手伸进摸箱，摸一摸。

2. 教师启发幼儿一边摸，一边说出这种蔬菜的外形特征（如圆圆的、滑滑的、硬硬的、没有叶子等），最后猜猜是什么蔬菜。

3. 幼儿猜后，将这个蔬菜取出，看看猜得对不对。猜对的幼儿可以得到一个小贴画作为奖励。教师用充满激情的语气说明这种蔬菜的营养价值，如："啊，你猜对了！这是让我们眼睛更明亮的胡萝卜呀！"或"原来是含有许多维生素的青椒呀！"

适用年龄　3~4岁

渗透教育

1. 通过触摸感知，进一步认识各种蔬菜。

2. 简单了解蔬菜的营养，愿意吃各种蔬菜。

（家向）

小水滴碰碰碰

游戏材料

1. 小水滴头饰、小水滴指偶。

2. 欢快音乐。

游戏玩法

1. 幼儿戴上小水滴头饰，在音乐的伴奏下，说儿歌做动作。

儿歌	动作
小水滴碰碰碰，碰到一起变小溪	幼儿两人一组手拉手
小水滴碰碰碰，碰到一起变湖泊	两组幼儿手拉手成圆圈
小水滴碰碰碰，碰到一起变江河	幼儿手拉手，男孩女孩各成一圈
小水滴碰碰碰，碰到一起变海洋	全体幼儿手拉手成一大圈
大海洋碰碰碰，升到天空变成雨	全体幼儿放开双手，做小雨滴下落的样子
细细的雨滴落地面，又是一粒小水滴	全体幼儿碎步跑开，四散蹲下

2. 玩请幼儿喝水的游戏。

教师伸出食指，戴上小水滴指偶，说："小水滴碰碰碰，请你喝杯水。"然后教师用指偶去碰幼儿的手指。碰到哪位幼儿的手指，哪位幼儿起立，说："小水滴碰碰碰，我要喝杯水。"说完后起身去饮水。

适用年龄　3~4岁

渗透教育

1. 了解水，喜欢水，愿意和小水滴做朋友。

2. 会表达自己喝水的愿望，养成喝水的好习惯。

粗粮对对碰

游戏材料

1. 各种粗粮（如玉米、紫米、黑麦、荞麦、红薯、燕麦片等）的实物，用小罐分装。

2. 各种粗粮食品（如玉米窝窝头、紫米大煎饼、黑麦馒头、荞麦花卷、红薯饼、燕麦粥等）的图片。图片背面印有制作这种食品的粗粮形象和名称等信息。

游戏玩法

1. 摸一摸各种粗粮的实物，感受不同粗粮的颜色、大小、形状、粗糙程度等外观和质地，说一说这种粗粮的名字。

2. 认一认图片上的粗粮食品，说一说这种食品叫什么名字，是用什么粗粮做的。将图片与各种粗粮实物一一对应摆放。

3. 幼儿可以通过翻看粗粮食品图片背后的信息，核查自己是否配对正确。

4. 熟悉后，可以两名幼儿一组进行比赛，看谁配得又快又对。

适用年龄　4～6岁

渗透教育　认识生活中常见的粗粮，了解吃粗粮有益于身体健康。

（家向）

粗粮小吃店

游戏材料

1. 活动区布置成小吃店，将各种粗粮和粗粮食品的图片（如玉米窝窝头、紫米薄饼、黑麦馒头、荞麦花卷、红薯饼、燕麦粥等）制作成菜单。

2. 易于幼儿制作的粗粮半成品（如玉米面、紫米糊、红薯泥、燕麦片等）。

3. 薄饼铛、豆浆机等便于幼儿使用的炊具。

4. 餐盘、圆头叉子、筷子、水杯等餐具。

游戏玩法

1. 一名教师扮演店长，每天由几名幼儿分别扮演厨师和服务员。

2. 模仿真实小吃店的经营流程，服务员接待顾客、为顾客点餐，厨师为顾客制作粗粮点心，如用薄饼铛制作紫米薄饼、用豆浆机制作五谷米糊等。

3. 制作完成后，服务员为顾客介绍这种粗粮食品的名称和营养，并请顾客品尝。

4. 服务员还可以向顾客征集意见，问问顾客想吃什么粗粮点心，不断丰富小吃店提供的小吃品种。

5. 在制作食物时，教师指导幼儿注意安全使用炊具，防止烫伤。

适用年龄　5～6岁

渗透教育　愿意吃粗粮，了解常见粗粮的营养价值。

（家向）

四、案例精选

（一）环境创设

我长高了（3～4岁）

渗透教育　通过比较，了解自己身高的变化。

创设说明

教师为每个幼儿量身高，引导幼儿尝试记录。如：幼儿在绘画纸上根据自己性别画出男女不同的头像（或者提供一寸照片），每次量完后，在竖尺上对应的高度贴上自己画的头像（或一寸照片）。如图2-2所示。

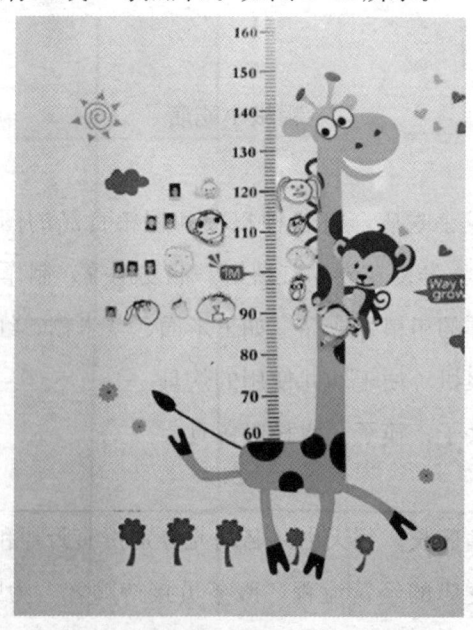

图2-2

案例分析

用可爱的长颈鹿形象来创设身高墙,能够极大地激发幼儿"和长颈鹿比比高"的愿望;贴上自画头像或照片的设计,既满足了不同发展水平幼儿的需求,体现出材料投放的层次性,又让幼儿能够直观地了解自己的身高及其变化,并萌发出"我还想再长高一点"的愿望,收获"我又长高了"的喜悦。

(丁晶晶)

你的大便正常吗(4~5岁)

渗透教育 了解饮食与排便的关系,学习通过观察大便关注自己的健康情况。

创设说明

借助图画书《糊糊·臭臭·便便·球球》(参见本书第49页)开展相关教学活动后,选择卫生间的一块墙面,将食物图片与大便的形态图片对应粘贴在墙面上(见图2-3)。引导幼儿学会观察自己大便的颜色、形状,关注自己的健康情况。

图 2-3

案例分析

这一墙面设计,帮助幼儿将抽象的知识转化为环境中直观的观察对象,有助于幼儿进一步理解饮食与排便之间的关系,并与自己的生活密切联系起来,学会通过观察大便关注自己的健康情况,明白合理饮食、均衡营养对自己生长发育的重要性,并能有意识地做出相应调整,逐渐养成良好的饮食习惯。

(李国雯 马玉竹)

创意点心屋（5～6岁）

渗透教育 体验合理、营养的点心搭配，培养健康的饮食习惯。

创设说明

1. 将班级生活区的墙面分成左右两部分，左边为讨论区，右边为统计区。

2. 组织幼儿围绕话题"我的点心"开展讨论，引导幼儿充分表达自己对点心的想法，如：我喜欢吃什么？不喜欢吃什么？为什么？我选择的点心能为我提供哪些营养？等等，并鼓励幼儿自己制定"点心制作计划"。将幼儿讨论的内容和制定的计划布置在左边讨论区的墙面上（见图2-4）。

3. 在生活区的操作台上，投放水果、蔬菜、切片面包、酱料等常用食材，榨汁机、烤箱、刮皮刀等制作工具，并在附近墙面上张贴制作步骤图（见图2-5）。

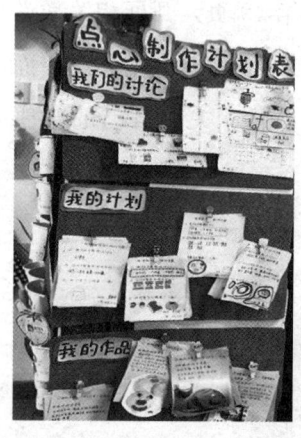

图2-4

图2-5

4. 鼓励幼儿按照自己制定的"点心制作计划"自主进行点心的搭配、制作，教师适时指导（见图2-6）。

5. 鼓励幼儿分享自己制作的点心，并拍照留念。

6. 引导幼儿将自己制作的点心进行简单的统计和分析，包括每顿点心的食材有哪些，分别有多少，等等，并布置在右边统计区的墙面上（见图2-7）。在过渡环节，鼓励幼儿同伴之间相互交流、评价。

图 2-6　　　　　　　　　　　　图 2-7

案例分析

通过"创意点心屋"的建立和使用，教师可以充分了解幼儿对健康饮食结构的认知和行为水平，帮助幼儿在动手操作的过程中，进行合理的食物选择和搭配，主动调节饮食行为，并逐渐养成不挑食和不浪费的饮食习惯。

（姜慧　杨姗姗）

（二）生活与游戏中的教育

吃 薯 片

——在尊重的前提下引导

和大部分同龄孩子一样，阳阳爱吃薯片。但是，最近天气太干燥了，阳阳总是鼻子出血，去医院检查了，还扎了指血，医生说是上火了，不要吃油炸的东西。

扎指血可真疼。阳阳说："妈妈，我不喜欢扎指血。"妈妈说："那就一定不能吃上火的零食，薯片最容易上火了。"阳阳有点不乐意，可是扎指血很疼，那还是不吃吧。想吃零食的时候，怎么办呢？

妈妈说："在阳阳想吃薯片的时候，就改吃一种水果吧。各种各样的应季水果应该多吃，酸奶也可以。"妈妈和阳阳约定：每天上午和下午，两餐之间，都可以加餐一次；也可以吃点面包、小饼干；如果能一周不吃薯片，周末可以奖励两片薯片给阳阳吃。

为了不扎指血,阳阳遵守得很好。周末了,妈妈说:"咱们的约定遵守得不错,可以吃两片薯片。"阳阳伸出食指和中指,做出"V"的造型,还喊着"耶——",高兴极了。

案例分析

幼儿爱吃零食是较普遍的现象。幼儿的胃容量小,活动量大,消化快,因此,可以在两餐之间适当吃一些零食。但是,如果零食选择不当,或者吃得过量,会影响身体健康。家长可以事先和孩子约定,如选什么样的零食、什么时间吃、吃多少等,和孩子共同讨论,做好计划,并与教师配合。按照约定完成计划后,要给幼儿奖励,帮助幼儿学会适时适度地吃零食,养成好习惯。

(湘音)

干杯,白开水
——家园合作指导

新入园的幼儿喜欢喝带有甜味的水或饮料,不爱喝白开水。幼儿园教师单方面很难培养幼儿喝白开水的习惯,需要家长配合,使幼儿在园与在家行为一致。教师和家长可在幼儿园和家里同时开展"干杯"的游戏。在幼儿园,教师在幼儿喝水的时候和孩子共同饮用白开水,和孩子玩"干杯"的游戏;家里,家长把饮料收起来,不要让孩子看到,每次喝水时尽量饮用白开水,也和孩子玩"干杯"游戏,帮助幼儿养成喝白开水的习惯。

案例分析

爱喝饮料是大多数孩子的特点,一些家长娇惯孩子,也经常给孩子买饮料解渴。为了培养孩子喝白开水的习惯,家园必须配合一致,共同培养。爱模仿成人做事情是小班幼儿的特点,再加上幼儿喜欢做游戏,家长和孩子一起玩"干杯,白开水"的游戏,孩子很喜欢,不知不觉就习惯了喝白开水。

(三)教学活动

种个蒜娃娃(3~4岁)

活动目标

1. 感知大蒜的特征,了解吃大蒜对人体的好处。

2. 体验动手种植的乐趣，发展幼儿小肌肉的灵活性。

活动准备

1. 摸箱、大蒜、酸奶杯、小勺、水桶和水若干，每个幼儿自己的小标志。

2. 教师事先种植好的已经出芽的蒜。

3. 盆装疏松的土壤。

活动过程

1. 猜猜它是谁

教师出示摸箱，里面装有整头的大蒜，幼儿分组逐个用手伸进摸箱触摸，猜一猜，箱子里藏着什么？

2. 蒜娃娃真有趣

请幼儿从摸箱中取出一头蒜，教师引导幼儿观察蒜的外形特征，摸摸、闻闻、捏捏，使幼儿充分地感知。

3. 剥开蒜娃娃

（1）提问：你知道蒜里面是什么样的吗？想不想知道？激发幼儿剥开蒜的兴趣。

（2）教师协助幼儿剥开蒜，注意提醒幼儿剥蒜时不要用手揉眼睛，以免刺激眼睛。

（3）引导幼儿回忆生活中吃过的蒜的味道，教师简单地讲解吃大蒜对人体的好处。

4. 种个蒜娃娃

（1）教师出示已经生长的蒜苗，引发幼儿种蒜的兴趣。

（2）请幼儿每人拿一个酸奶杯、小勺等工具。

（3）教师带领幼儿分组往杯中装土，注意观察幼儿使用小勺的方法，提醒幼儿杯中不要装太满的土。

（4）请每个幼儿选择一瓣蒜，模仿教师一起种蒜。教师注意加强个别指导，并帮助幼儿给种好的蒜浇水。

5. 给蒜娃娃贴标记

（1）请每个幼儿给自己的蒜娃娃杯子贴上标记，将蒜放在班内自然角。

（2）引导幼儿每天注意观察蒜娃娃的变化，看看谁的蒜娃娃长得快、长得高。

活动建议

1. 种蒜的酸奶杯可以用小碗等代替。

2. 三位教师分组带领幼儿种蒜。

3. 若天气好，活动可以在户外种植园进行。

（选自《幼儿园活动体验课程　教师参考书　大班上册》，
人民教育出版社 2005 年版）

尝一尝，真香（3~4岁）

活动目标

1. 愿意接受胡萝卜、芹菜、香菇等几种有特殊味道的蔬菜，知道吃这几种蔬菜可使人的身体健康。

2. 知道多吃蔬菜身体好，养成不挑食的习惯。

活动准备

1. 分别用胡萝卜、芹菜、香菇制作三个蔬菜宝宝；三种蔬菜宝宝的头饰；教师事先排练好表演的内容。

2. 每桌一盘洗好并切成小段的胡萝卜、芹菜和香菇；凉拌芹菜、胡萝卜，油炸香菇；牙签若干。

活动过程

1. 三位特殊的小客人

教师依次出示用胡萝卜、芹菜和香菇制作的蔬菜宝宝，提醒幼儿向蔬菜宝宝问好。

2. 小客人表演节目

（1）幼儿观察蔬菜宝宝表演。

胡萝卜宝宝说："我是胡萝卜宝宝，小朋友要和我做朋友。吃了我以后，眼睛会变得更加明亮。"胡萝卜宝宝刚说完，香菇宝宝跑上来说："我是香菇宝宝，我身上有许多营养，吃了我，身体会更加健康。"芹菜宝宝也抢着说："我是芹菜宝宝，小朋友吃了我以后，大便会更通畅。"

（2）教师提问：蔬菜宝宝是怎么说的？吃了胡萝卜宝宝，我们的眼睛会怎样?香菇宝宝身上有什么?吃了香菇宝宝身体会怎样?吃了芹菜宝宝会怎样?帮助幼儿了解这三种蔬菜对人体的特殊作用。

3. 和三位客人做朋友

(1) 教师为每桌幼儿提供三种蔬菜,引导幼儿摸摸、闻闻,进行充分感知。

(2) 请两组(每组三名幼儿)幼儿分别戴上蔬菜宝宝头饰,模仿刚才的表演。

4. 尝一尝

教师请幼儿品尝事先做好的凉拌芹菜、胡萝卜,以及油炸香菇,鼓励幼儿用牙齿细细咀嚼食物,并说说吃的感觉。

活动建议

1. 可以根据本班幼儿挑食的情况,选择其中一两种蔬菜作为重点,设计活动。

2. 可以结合午餐进行此活动。

3. 可以与科学领域渗透,和"认识各种各样的蔬菜"结合进行,让幼儿知道多吃蔬菜身体好,并爱吃各种不同的蔬菜。

4. 芹菜、胡萝卜和香菇等蔬菜味道特别,有的幼儿不喜欢吃。家长可以将这些蔬菜做成包子或饺子馅,让幼儿摄取相应的营养,并习惯这些蔬菜的口味。

(选自《幼儿园领域活动课程 教师用书 语言·社会·健康 小班上册》,
人民教育出版社2012年版)

怎样吃饭更健康(5～6岁)

活动目标

1. 了解基本的营养知识,知道摄取全面的营养更有利于健康。

2. 愿意吃各种菜,不挑食,不偏食。

活动准备

1. 较大图片或照片,张贴在教室四周墙壁上,内容如下:"小胖墩"大口吃肉,面前摆着鱼、肉;"小豆芽"吃菜,面前摆的都是青菜;一名幼儿看着自己的牛奶不喝,其他幼儿都在喝牛奶;一名幼儿只吃饭,不吃菜;一名幼儿愉快地进餐，米饭、青菜和肉都吃。

2. 食物小卡片若干，"平衡膳食宝塔"挂图。

3. 请幼儿园的保健医参加活动，并在活动前向保健医说明活动目标、内容以及引导的方法。

活动过程

1. 挑错

（1）教师在活动室四周墙壁上挂出大图，请幼儿观察，并挑出画有不良进餐行为的图片。

（2）教师逐一出示幼儿挑出的图片，和幼儿一起讨论：图片中的小朋友哪些地方做得不够好？怎样吃饭更健康？

2. 医生来帮忙

保健医出示"平衡膳食宝塔"挂图，讲解各种类型的食物对人体有什么作用，并说明应该多吃宝塔底端的食物。

3. 食物分类

（1）将幼儿分组，请幼儿将本组的食物卡片进行分类，分别将卡片归入主食类、青菜水果类、肉食类、蛋奶类等，边分类边参照"平衡膳食宝塔"，说明哪些食物应该多吃，哪些应该少吃。

（2）教师重点引导幼儿将同类的食品放在一起。

4. 自己设计食谱

请各组幼儿利用手里的卡片，分组设计一顿饭菜的搭配。幼儿互相交流，然后请保健医来评价这样的搭配是否合适，有哪些需要调整。

活动建议

1. 教师应尽量结合本班幼儿进餐时出现的实际问题来准备图片或照片。

2. 若图片和资料充足，可以请幼儿每人设计一份食谱。

3. 在日常生活中提醒幼儿养成不挑食、不偏食的习惯。

（选自范惠静主编《幼儿园健康教育活动指导》，
人民教育出版社2015年版）

第二节　生活与卫生习惯培养

一、概述

对幼儿进行生活与卫生习惯的培养，旨在帮助幼儿从小树立起自我保健的意识，引导幼儿学习并掌握最基本的生活与卫生知识和技能，促使幼儿逐步养成良好的生活习惯与卫生习惯，提高幼儿的健康水平。

（一）目标与内容要点

1. 树立自我保健的意识和态度

例如，知道要讲卫生，要爱护自己，要有好的生活习惯和卫生习惯，并愿意接受成人的指导等。

2. 学习并掌握基本的生活与卫生知识和技能

例如，知道生活要有规律（如按时吃饭、按时睡觉），知道适当的体育锻炼对身体有好处，知道讲卫生能防病（如饭前便后要洗手、早晚要刷牙、不随地吐痰、打喷嚏时要捂住口鼻或避开他人），初步掌握清洁身体（如洗手、刷牙、漱口等）的正确方法，初步了解爱护五官的保健方法（如不用手揉眼睛、不在暗处或太阳底下看书或画画、不用手指挖鼻孔、噪音大时捂住耳朵）等。

3. 逐步养成良好的生活与卫生习惯

（1）健康体态主要包括：保持正确的坐立、站立、走步、用笔和看书姿势等。

（2）睡眠习惯主要包括：能按时睡眠、坚持午睡、按时起床等。

（3）体育活动的兴趣与习惯主要包括：喜欢参加体育活动，每天坚持参加体育活动，能主动参加体育活动等。

（4）饮食习惯主要包括：不挑食、不偏食，常喝白开水，喜欢吃瓜果蔬菜，细嚼慢咽，不暴饮暴食等。

（5）卫生习惯主要包括：清洁身体的习惯（如早晚刷牙、饭后漱口、饭前便后洗手），五官保健（如爱护眼睛、保护听力）和保护身体器官（如手、脚、隐私部位）的习惯，维护环境卫生的习惯（如不随地扔垃圾、不随地吐痰、不随地大小便）等。

（二）教育指导建议

1. 为幼儿创设良好的生活与卫生环境

（1）创设整洁有序的环境

幼儿园的环境应保持清洁卫生，无卫生死角，使用的设施、设备、用品符合卫生要求，并整齐摆放。例如，桌椅的高矮要适合幼儿的身高，餐具、玩教具、绘画材料等要符合国家的安全与卫生标准，毛巾、餐具、梳子、座便器等要定期消毒，各类生活用品和学习用品要分类整齐摆放。整洁有序的环境，不仅能保证幼儿的健康，而且环境本身就是对幼儿最好的引导和指导，有助于幼儿养成整洁有序的良好习惯。

（2）创设支持幼儿学习与发展的环境

幼儿园在环境的布置上，应充分考虑对幼儿学习的支持作用。例如，将午睡时穿脱衣服的顺序制作成简单的图示张贴在睡眠室显眼的地方，将正确洗手的步骤图片张贴在盥洗池上，在玩具柜上贴上各种玩具应放的位置图。这些做法都有助于支持幼儿的学习和发展，帮助幼儿养成良好的生活与卫生习惯。

2. 在日常生活中渗透生活与卫生指导

（1）在一日生活的各个环节中，利用常规进行渗透和引领

幼儿生活与卫生指导应与幼儿的一日生活紧密相连，在幼儿一日生活的各个环节（如进餐、睡眠、盥洗、入厕、游戏、教学活动、户外活动）中，以建立常规的方式来引领和渗透，这可以使幼儿在不知不觉、潜移默化中学习和掌握有益于健康的生活方式与卫生行为。例如，饭前便后洗手、饭后漱口、每天定时午睡等常规要求，日复一日地坚持下去，有利于幼儿巩固健康行为，形成健康的生活与卫生习惯。又如，在幼儿洗手环节，通过手把手的指导、示范、哼唱儿歌、提醒等多种方式，可以引导幼儿学习正确的洗手方法。再如，在幼儿看图画书、绘画时，经常提醒幼儿注意保持正确的坐姿、握笔姿势，注意用眼卫生。

（2）随机进行个别帮助和指导

教师应接纳幼儿在生活与卫生习惯上的个体差异，根据幼儿的学习与发展需要，随机进行个别帮助和指导，给予积极的鼓励、耐心的引导、恰当的帮助，保护幼儿的自尊心，提高幼儿的自信心。例如，有的幼儿比较贪玩，洗手马虎，教师应注意提醒他们；有的幼儿喜欢把手或画笔往嘴里放，教师应注意观察，悄悄

地提醒他们，跟他们讲解简单的道理。

3. 根据需要开展适宜的生活与卫生教学活动

教师应充分了解和深入观察幼儿，分析幼儿的已有经验和发展需要，有针对性地确定活动主题，制定明确的活动目标，选择合适的活动内容，提供充分的活动准备，设计巧妙的活动过程，并重视后续的延伸活动以及与其他活动形式、活动内容的有机结合。例如：教师可以通过与幼儿一起阅读有关为什么要洗手的儿童读物，帮助幼儿认识洗手的重要性；通过讲解与示范、引导幼儿观察、讨论与练习，指导幼儿学会正确刷牙的方法；等等。

4. 在区域游戏中渗透生活与卫生指导

教师可以在生活区、娃娃家、角色区提供丰富的生活用品和材料，启发幼儿在主动、积极的练习与探索过程中，学习并养成良好的生活与卫生习惯。例如：在生活区引导幼儿学习用面巾纸擦鼻涕、擦嘴；在医院游戏中，鼓励幼儿体验做医生和病人的感受，克服对医生或打针的恐惧；等等。

5. 与家庭和社区相互配合

幼儿园应与家庭、社区相互配合，共同促进幼儿良好行为习惯的养成。例如：请家长主动配合幼儿园的保育与教育，一起帮助幼儿养成良好的午睡习惯、洗手习惯；请社区卫生保健所的牙医来给幼儿进行正确刷牙的指导；等等。

6. 将幼儿生活与卫生习惯的培养融入其他领域的活动中

教师应将幼儿生活与卫生习惯的培养融入其他领域的活动中，发挥幼儿园各领域活动的整体教育功能。例如，幼儿语言活动中接触到的很多儿歌、故事、图画书等，都与幼儿生活与卫生习惯有关，因此，在进行相关的语言活动时，应积极地渗透对幼儿良好生活与卫生习惯的指导。

二、知识窗

（一）六步洗手法

清洗双手，可使手保持清洁卫生，有效预防疾病。在幼儿园的集体生活环境中，为了更好地去除手部的绝大多数细菌，建议幼儿和教师都使用六步洗手法洗手。具体方法如下。

1. 掌心相对，手指并拢，相互揉搓。

2. 手心对手背沿指缝相互揉搓，交换进行。

3. 掌心相对，双手交叉指缝相互揉搓。

4. 弯曲手指使关节在另一手掌心旋转揉搓。

5. 一手握住另一手的大拇指旋转揉搓，交换进行。

6. 将手指尖并拢放在另一手掌心旋转揉搓。

（二）正确的咀嚼习惯[①]

正确咀嚼不仅能促进食物的消化，还有利于幼儿颌骨的发育，对幼儿的健康非常重要。正确的咀嚼习惯包括以下内容。

1. 每一口食物不能过多，要闭口咀嚼。

2. 细嚼慢咽，把食物充分嚼碎以后再咽下去。

3. 一口咽下后，再吃另一口。

4. 双侧磨牙同时或轮流咀嚼。

5. 吃带骨肉或带刺鱼时，更要咀嚼仔细，以防骨头或鱼刺没剔干净刺伤喉咙。

（三）漱口的正确方法[②]

漱口是保持口腔清洁的常用办法。

1. 漱口水量应是幼儿喝三四口水所需要的量。教师可提醒幼儿用水杯接适量温开水（不能用自来水，以防幼儿漱口时将自来水饮下）。漱口水接得过少不能很好地达到漱口的效果，接得过多又会浪费水。因此，教师可事先告诉幼儿漱口水应接到水杯的什么位置。

2. 漱口时，教师应提醒幼儿含一口水在嘴里，鼓动两腮将水在嘴里振荡3～5次，仰起脖子、漱漱嗓子，弯腰将水吐入水池内，用同样的方法漱三次即可。小班幼儿不能平均分配每次的水量，常常出现一下子喝了一大口水，刚刚漱了两次，水杯中就没水了的现象，教师要耐心指导，不可批评、指责。对于不认真漱口的幼儿，教师可以引导幼儿观察漱口水中的残渣，帮助幼儿体验漱口的重

[①][②] 梁雅珠，陈欣欣. 幼儿园保育工作手册[M]. 北京：人民教育出版社，2016：58、34-35.

要性。

3. 幼儿漱口后，要将水杯放入贴有自己标记的水杯格中，水杯把儿应朝外放置，方便下次取用。

（四）刷牙的正确方法[①]

早晚刷牙是防治幼儿龋齿的重要途径。教师应教会幼儿掌握正确的刷牙方法，培养幼儿良好的刷牙习惯。

1. 刷牙前，将牙刷用水浸泡一会儿（或者用清水涮一涮），然后挤上黄豆大小的牙膏。

2. 刷牙时，牙刷毛束与牙面成45度角，转动刷头，上牙从上往下刷，下牙从下往上刷，上下牙咬合面来回刷。

3. 刷牙后，用清水漱口并漱干净，漱口时也要含水在口腔中用力咕嘟几下，使牙齿的各个面都能得到充分冲洗。

（五）龋齿的预防与处理

龋齿俗称"虫牙"或"蛀牙"，是一种由细菌感染引起牙齿硬组织溶解脱矿、崩解，造成牙齿硬组织实质性缺损，形成龋洞（牙洞）的现象。

1. 龋齿的预防

预防龋齿应采取以下措施。

（1）合理喂养，平衡膳食，少吃零食。

（2）注意口腔清洁，做到饭后漱口，早晚刷牙。

（3）每6个月接受一次口腔健康检查。

（4）局部应用氟化物。

（5）窝沟封闭预防。

2. 龋齿的处理

儿童乳牙患龋后的自觉症状不明显，早期容易被忽视而贻误了最佳治疗时机。很多家长误以为孩子的乳牙迟早是要替换的，根本没有治疗的必要，这种想法是非常错误的。患龋齿儿童应及时治疗，同时加强口腔卫生保健，注意口腔清洁。

---

① 梁雅珠，陈欣欣. 幼儿园保育工作手册［M］. 北京：人民教育出版社，2016：36.

（六）换牙的一般常识

每个人到五六岁时，乳牙都要慢慢脱落，换上恒牙。在换牙的时候，应注意以下几件事情。

1. 牙齿松动了，不要用手指去摇，否则可能在掉牙的时候多出血，还会把细菌带到嘴里，容易生病。

2. 新牙刚长出来时，不要用舌头去舔，不然新牙会长得不整齐，不仅难看，而且吃东西也会不方便。

3. 如果乳牙还没掉，新牙就长出来了，那么一定要及时告诉父母或老师，去请医生把乳牙拔掉。

4. 新牙长出来以后就不会换牙了，如果坏掉了，只能拔掉换假牙，所以一定要好好地保护牙齿，注意牙齿的清洁卫生。

（七）保护眼睛的方法

1. 看书、看电脑时，光线要充足舒适；不在光线太强或太弱的地方看书。

2. 看书、写字的姿势要正确，选择合适的桌椅高度，保持眼睛离书本30厘米左右，避免弯腰驼背。

3. 看电视时应保持与电视屏幕对角线6～8倍距离，每30分钟必须休息片刻。

4. 经常做眼保健操或眺望远处，放松眼部肌肉；多参加户外运动，接触大自然的青山绿野，有益于眼睛的健康。

5. 均衡营养，不偏食；特别注意富含维生素B类食物（如豆类、瘦肉、小米、动物肝脏等）的摄取。

6. 不用脏手、脏手绢和别人的毛巾擦眼睛；眼睛进了灰尘、小虫或感觉痛痒时，要请大人清洗或治疗，不要用手乱揉；在强光下或扬沙天气戴护目镜。

三、素材集锦

（一）儿歌

午　睡

吃过午饭漱嘴巴，

我要开始午睡啦。

脱掉外衣盖好被，

不用爸爸妈妈陪，

闭上眼睛自己睡。

适用年龄　3～4岁

渗透教育　养成良好的午睡常规。

使用建议

1. 引导幼儿学说儿歌。

2. 在午睡环节，鼓励幼儿按照儿歌的要求准备午睡。夸一夸能做到的孩子"长大了，会自己午睡了"。

3. 请家长配合，培养幼儿周末在家也能自己午睡的习惯。

摇 篮 曲

风不吹，浪不高，

小小的船儿轻轻摇，

小宝宝啊要睡觉。

风不吹，树不摇，

小鸟不飞也不叫，

小宝宝啊快睡觉。

风不吹，云不飘，

蓝蓝的天空静悄悄，

小宝宝啊好好地睡一觉。

（陈伯吹）

适用年龄　3～5岁

渗透教育　养成良好的睡眠习惯。

使用建议

1. 在午睡前，教师用轻柔、舒缓的语气读一读这首儿童诗，渗透午睡的重要性，营造良好的睡眠环境。

2. 鼓励幼儿在娃娃家扮演妈妈或爸爸，哄娃娃睡午觉，在游戏中将午睡要求内化为习惯。

3. 和家长配合培养孩子良好的睡眠习惯。

月亮对我笑

月亮越爬越高，
老对着我笑。
问她笑什么？
她说我该睡觉。
哎，不急，还早哩，
再看会儿电视多好。
月亮生气了，
钻进云里，把天灯关掉。
我说："好，听你的话。"
她开了灯又对着我照。

（金近）

适用年龄　4~6岁

渗透教育　养成按时睡觉的习惯。

使用建议

1. 教师朗诵儿童诗，请幼儿欣赏。

2. 提问帮助幼儿理解：一开始月亮对着"我"笑，是想要"我"做什么？月亮为什么生气了？想一想，月亮关掉的"天灯"是什么？后来，"我"是怎么做让月亮又打开"天灯"的？让幼儿知道按时睡觉对身体好。

3. 请家长和幼儿约定好睡觉的时间，并监督、鼓励幼儿按时睡觉。

早　操

小露珠，
起得早，
滚来滚去，

在树叶上做操。

小鸟儿，

起得早，

跳来跳去，

在树枝上做操。

小蜜蜂，

起得早，

飞来飞去，

在花朵上做操。

小娃娃，

起得早，

跑来跑去，

在阳光下做操。

（胡木仁）

适用年龄 4～6岁

渗透教育 养成早起锻炼的习惯。

使用建议

1. 教师朗诵儿童诗，请幼儿欣赏。

2. 请幼儿说一说：小露珠起得早，要做什么？小鸟儿起得早，要做什么？小蜜蜂呢？小娃娃呢？为什么他们都要做操？引导幼儿明白做操锻炼能让身体长得更结实、更健壮。

3. 鼓励幼儿每天早起来园参加晨练活动。

宝宝爱冰雪

宝宝宝宝——叫，叫，

不要妈妈——抱，抱，

要到雪地——玩，玩，

要到冰上——跑，跑！

宝宝宝宝——笑，笑，

大雪堆上——跳，跳，

溜冰场上——滑，滑，

锻炼锻炼——真好！

（白琳）

适用年龄 3～5岁

渗透教育 培养不怕冷的精神，养成坚持运动的习惯。

使用建议

1. 引导幼儿学说儿歌，感受儿歌的韵律美，体会积极运动的精神。

2. 鼓励幼儿向儿歌中的宝宝学习，不怕寒冷，热爱运动，养成坚持锻炼身体的习惯。

我家弟弟真淘气

我家弟弟真淘气儿，

见我他就拍肚皮儿，

吃起西瓜不吐子儿，

吃起黄瓜不洗泥儿，

吃起香蕉不歇气儿，

吃起苹果不削皮儿，

说他轻了不顶事儿，

说他重了不理人儿，

睡到半夜肚子痛，

请来医生给打针儿。

（寒枫）

适用年龄 4～6岁

渗透教育 培养良好的饮食卫生习惯。

使用建议

1. 教师用讲故事的语气说儿歌，请幼儿认真听，说一说：儿歌中的"弟弟"做了哪些淘气的事儿？结果怎么样了？想一想：为什么会这样？

2. 请家长在日常生活中，坚持一贯地培养幼儿良好的饮食卫生习惯：生吃瓜果前要洗净、削皮，不暴饮暴食。引导幼儿学会保护自己的肠胃健康。

漱 口

手拿花花杯，

喝口清清水，

抬起头，闭着嘴，

咕噜咕噜吐出水。

（肖章）

适用年龄 3~4 岁

渗透教育 学习漱口的正确方法。

使用建议

1. 引导幼儿边说儿歌边做动作，学习漱口的方法。

2. 可将漱口步骤图画好，贴在盥洗室的墙上，提醒幼儿饭后认真漱口。

漱 口 歌

吃完饭后把嘴擦，

接杯清水漱嘴巴。

咕噜咕噜咕噜噗，

吐出饭菜小渣渣。

适用年龄 4~5 岁

渗透教育 饭后能自觉、独立地擦嘴和漱口。

使用建议

1. 引导幼儿边说儿歌边做动作，巩固饭后擦嘴、漱口的方法。

2. 在一日生活中加强常规培养，鼓励幼儿饭后主动擦嘴、漱口，保持口腔卫生。

刷 牙 歌

小牙刷，手中拿，

每天早晚要刷牙。

上牙从上往下刷，

下牙从下往上刷。

咬合面，来回刷，

里里外外都要刷。

适用年龄 3～5 岁

渗透教育 学习正确的刷牙方法。

使用建议

1. 引导幼儿边说儿歌边做动作，学习刷牙的方法。

2. 可请幼儿为牙齿模型刷牙，在操作中巩固刷牙的方法。

3. 请家长每天监督、鼓励幼儿使用正确的方法刷牙。

牙齿亮晶晶

牙刷是张弓，

牙齿是架琴。

牙刷伸进嘴，

拉起小提琴。

拉呀轻轻拉，

歌声真好听。

天天早晚拉，

牙齿亮晶晶。

（常福生）

适用年龄 4～6 岁

渗透教育 养成每天早晚刷牙的好习惯。

使用建议

1. 引导幼儿学说儿歌，感受儿歌中比喻手法带来的妙趣。

2. 在日常生活中唱诵儿歌，巩固刷牙的方法。

3. 家园配合，鼓励幼儿每天早晚认真刷牙，让自己的每一颗牙齿都能"亮晶晶"。

换 牙 时

乳牙动了不要怕,

小手不要去摸它。

活动乳牙自己掉,

恒牙出来笑哈哈。

新牙不要用手摸,

舌头不要去舔它。

保护新牙很重要,

饮食健康要靠它。

适用年龄 5~6岁

渗透教育 了解基本的换牙知识,知道换牙时自我护理的办法。

使用建议

1. 结合换牙的相关故事,告诉幼儿一些换牙的常识及注意事项。

2. 重点提醒幼儿:换牙期间不用手摸,避免细菌侵入;不用舌头舔,不然新牙容易长得不整齐,还影响使用。

洗 手

小手打打湿,

抹上小香皂。

两手互相搓,

正反都搓到。

清水冲一冲,

小手干净了。

适用年龄 3~4岁

渗透教育 学习洗手的步骤和方法。

使用建议

1. 引导幼儿边说儿歌,边做动作,学习洗手的方法。

2. 在洗手时,可以和幼儿边说儿歌,边洗手,引导幼儿养成认真洗手的好习惯。

我是快乐的小司机

我是一个小司机，

出车之前洗一洗。（准备好干净毛巾）

先来洗洗小车灯，（用毛巾擦洗眼睛）

再来擦擦小油箱。（用毛巾擦洗嘴巴）

左擦擦，右擦擦，

横着再来洗一洗。（用毛巾在脸上来回擦几遍）

小小司机上路了，

三环四环跑呀跑，（用毛巾擦洗鼻子周围）

看看北京新面貌。

五环六环绕大圈（用毛巾擦洗额头、脸蛋、下巴），

开到一座小山旁。

前转转，后转转，（用毛巾擦洗两只耳朵）

钻进一个小山洞（用毛巾擦洗耳郭）。

小小司机要回家，

上坡了，下坡了，（用毛巾上下擦洗脖子）

嘀嘀嘀，小司机回家了。（投洗毛巾，把毛巾挂好）

（北京市六一幼儿院教师改编）

适用年龄　4～6岁

渗透教育　学习洗脸的正确方法。

使用建议

1. "看看北京新面貌"这句儿歌，教师可根据所属地域更换地名。

2. 教师一边朗诵儿歌，一边演示正确的洗脸方法。

3. 引导幼儿学说儿歌，并学做相应的动作，学习洗脸的方法。

4. 鼓励幼儿每天起床后自己洗脸，在不断的练习中巩固洗脸的方法，并养成习惯。小班幼儿可以从第二学期开始学习投洗毛巾、拧干毛巾；中大班幼儿应能独立完成洗脸的全过程。

耳朵

大象大耳朵，

小猴小耳朵，

兔子长耳朵，

松鼠短耳朵。

我的耳朵最好看，

好像两片小云朵。

小云朵，爱清洁，

洗脸不忘洗耳朵。

（许浪）

适用年龄 3～5岁

渗透教育 认识耳朵，知道保护耳朵、清洁耳朵的重要性。

使用建议

1. 请幼儿欣赏儿歌，学说儿歌，认识自己的耳朵，说一说保护耳朵的方法。

2. 教师在晨检时留意查看幼儿的耳朵，对耳朵清洁干净的幼儿给予鼓励。

小弟和小猫

我家有个小弟弟，

聪明又淘气，

每天爬高又爬低，

满头满脸都是泥。

妈妈叫他来洗澡，

装没听见他就跑；

爸爸拿镜子把他照，

他闭上眼睛咯咯地笑。

姐姐抱来个小花猫，

拍拍爪子舔舔毛，

两眼一眯"喵，喵，喵，

谁跟我玩，谁把我抱？"

弟弟伸出小黑手，

小猫连忙往后跳，

胡子一撅头一摇：

"不妙不妙！太脏太脏我不要！"

姐姐听见哈哈笑，

爸爸妈妈皱眉头，

小弟听了真害臊：

"妈！妈！快快给我洗个澡！"

（柯岩）

适用年龄 4~5岁

渗透教育 简单了解个人卫生常识，知道要勤洗澡、讲卫生。

使用建议

1. 请幼儿欣赏诗歌，理解诗歌内容。

2. 引导幼儿讨论：诗歌中的小弟弟后来为什么感到害臊？听完这首诗歌，你想到了什么？教育幼儿要讲卫生，经常洗澡。

3. 教师要随时注意自己的仪表和个人卫生，为幼儿树立良好的榜样。

走 走 走

走，走，走，

小臂摆起来。

走，走，走，

小胸挺起来。

走，走，走，

眼睛向前看。

走，走，走，

小脚向前迈。

适用年龄 3~5岁

渗透教育 养成正确的走路姿势。

使用建议

1. 可配合雄壮有力的音乐伴奏进行走步练习。

2. 在日常生活中，教师提示幼儿走路时身体正直、自然挺胸，两臂前后自然摆动，动作协调。

学 好 样

走路要学小花猫，
脚步轻轻静悄悄；
不要像那小螃蟹，
横冲直撞真糟糕。

坐着要学小白鹅，
挺起胸膛精神好；
不要像那大青虾，
驼着背儿弯着腰。

唱歌要学百灵鸟，
迎着春风多美妙；
不要像那小乌鸦，
张开嘴巴哇哇叫。

（陈镒康）

适用年龄 4～6岁

渗透教育 养成正确的坐、站姿势和走路习惯。

使用建议

1. 引导幼儿朗诵儿歌。可先由教师朗诵每句的前四个字，幼儿接说后三个字，或教师说第一句，幼儿接第二句，逐渐过渡到幼儿自己朗诵儿歌。为使幼儿能完整地朗诵儿歌，教师可用语言或身体动作给予提示。

2. 结合儿歌的内容，引导幼儿讨论：小朋友平时应该怎么做？让幼儿知道：走路时，脚步要轻一些；站立和坐着时，要挺起胸膛；说话和唱歌时，要用自然、好听的声音。

学 写 字

小朋友，学写字，

身体正，腰挺直。

胸和桌子离一拳，

手指笔尖离一寸，

眼睛书本离一尺。

适用年龄 5～6 岁

渗透教育 掌握正确的读写姿势。

使用建议

1. 引导幼儿学说儿歌，重点帮助幼儿理解"一拳""一寸""一尺"是多远。

2. 启发幼儿想一想：读书写字时，为什么要做到这三个"一"？引导幼儿明白这样做是为了保护自己的脊椎、手指和视力。

3. 教师在日常生活中，随时注意提醒幼儿保持正确的读写姿势。

保护骨骼很重要

小朋友，要记牢，

保护骨骼很重要。

想要骨骼长得好，

营养锻炼不可少。

不挑食，不打闹，

运动游戏要轻巧。

坐要直，站要稳，

身体健康人欢笑。

适用年龄 5～6 岁

渗透教育 掌握保护骨骼的一般常识。

使用建议

1. 说儿歌，理解儿歌。

2. 请幼儿自摸或互相摸手臂、手掌、腿、头、后背，引导幼儿发现这些地方都有硬硬的骨头。启发幼儿想一想：骨头有什么作用？如果不能保护好骨骼，会出现什么情况？为了使骨骼长得好、不受伤，应该注意些什么？

3. 在日常生活中随时提醒幼儿保持正确的身体姿势。

小 脚 丫

我有一双小脚丫，

走路跑跳都靠它。

可爱能干的小脚丫，

我要好好爱护它。

适用年龄 3~4岁

渗透教育 认识脚丫，知道怎样保护小脚丫。

使用建议

1. 引导幼儿学说儿歌，说一说：你的小脚都能做什么？

2. 引导幼儿讨论：怎样保护小脚丫？鼓励幼儿自由发言。最后教师帮助小结：每天晚上都要洗脚；平时要穿合脚的鞋；蹦蹦跳跳做运动的时候，最好穿运动鞋；天冷的时候，要穿保暖的袜子和鞋；不要光脚进入草丛中；光着脚在沙滩上玩时，小心沙子中的碎贝壳。

检 查 身 体

好医生，穿白衣，

要给娃娃查身体。

上秤称称有多重，

量量长了几厘米。

听听心，看看牙，

医生检查我不怕。

适用年龄 4~5岁

渗透教育

1. 知道身体是不断生长变化的，并知道生长变化主要体现在哪些方面。

2. 了解健康检查的好处，能配合医生进行检查。

使用建议

1. 和幼儿一起说儿歌，引导幼儿讨论：体检时应该怎样做？鼓励幼儿勇敢地参加体检。

2. 教师提前将幼儿小班时测得的身高体重数据做成大一些的表格，用水彩笔写在大白纸上，并留出位置记录新的数据；体检时，教师记录幼儿的身高体重，逐一填在表上，并将表格粘贴在活动室的适当位置。引导幼儿将体检前后的数据进行对比，看看自己是不是长高了、长胖了，直观地感受自己身体生长发育的变化。

3. 和家长交流幼儿的身体发育情况，在营养、锻炼等方面提出建议。

乖小猫

小花猫，喵喵叫，

有尿贪玩不去尿。

小花猫，你别叫，

贪玩憋尿可不好。

小花猫，眯眯笑，

赶快跑到厕所尿。

适用年龄 3～4 岁

渗透教育 知道有尿意要及时如厕，不憋尿。

使用建议

1. 教师用讲故事的方式引出儿歌，引导幼儿学说儿歌。

2. 请幼儿说一说：小花猫因为贪玩，有尿也不去尿，这样做对不对？后来小花猫怎么做了？引导幼儿知道：不管是在做什么，有尿就要及时去厕所，尿完了还可以回来接着玩。

3. 在日常生活中提醒幼儿及时如厕。

果 皮 箱

果皮箱，

张着嘴，

站在路边在喊谁：

谁把果皮满地扔呀！

那是谁？

喂、喂、喂！

小哥哥，

听见了，

赶快拉住小妹妹，

捡起果皮扔进箱：

讲卫生，

对、对、对！

（金波）

适用年龄 3～5岁

渗透教育 知道垃圾不能随便乱扔，树立初步的环保意识。

使用建议

1. 教师有表情地朗诵儿歌，请幼儿欣赏。

2. 教师提问，帮助幼儿理解儿歌：谁站在路边喊？喊什么？谁听见了？他们是怎么做的？他们做得对吗？为什么？

3. 幼儿学说儿歌，并分角色朗诵、表演。

4. 在日常生活中，提醒幼儿不乱扔垃圾，初步形成良好的环保意识。

（二）故事

蓝鼻子哥哥和红鼻子弟弟

从前，有一对北风兄弟，哥哥叫蓝鼻子，弟弟叫红鼻子。冬天，他们经常跑出来游戏。蓝鼻子哥哥呼呼吹，小河结冰了；红鼻子弟弟呼呼吹，许多小动物都藏到洞里，不敢出来。

有一天，他们在树林边玩儿，突然想比一比，看看到底谁的威力大，能让人害怕。

哥哥看见一个富人坐着马车经过树林，不慌不忙地对着马车吹。北风呼呼灌进了马车里，富人把皮毛衣服捂得紧一点儿了。蓝鼻子哥哥不着急，透过马车的窗缝、门缝，使劲吹风，冷风进到了富人的衣领、袖口。他冻得直哆嗦，一个劲地喊："太冷了，冻死了，冻死了……"

红鼻子弟弟看见有一个樵夫穿着破烂的棉袄，心想：这个人穿得少，太容易了。于是赶紧跑过去，对着樵夫狠狠地吹。樵夫挥动斧头砍起柴来，一点儿都没有害怕的样子，反而头上冒出了热气。

红鼻子弟弟不服气，吹得更厉害了，樵夫挥动斧头的速度越来越快，竟然开始冒汗。红鼻子弟弟吹得更使劲了，谁知，樵夫竟把破棉袄脱了下来。红鼻子弟弟筋疲力尽，只好停了下来。

弟弟输了，可是心里一直在纳闷：樵夫穿着这么破的衣服，为什么不怕自己呢？

适用年龄 4～5岁

渗透教育 了解和掌握冬季抗寒保暖的主要方法，知道要参加体育锻炼。

作品分析

寒冷的冬天，孩子们很容易不爱运动。故事生动形象地让孩子们了解到运动能够让自己不怕冷，知道参加体育锻炼的好处。

使用建议

1. 提问帮助幼儿理解故事内容：故事发生在什么季节？蓝鼻子哥哥和红鼻子弟弟准备比赛什么？他们各自选了什么人？蓝鼻子哥哥和红鼻子弟弟吹冷风时，富人和樵夫是怎样做的？结果怎么样呢？为什么？

2. 教师和幼儿共同小结：冬天来了，天气变冷了，多活动、锻炼身体是保护自己、抵抗寒冷的好方法。

3. 引导幼儿讨论：冬天还有哪些保暖的方法？幼儿充分讨论后，教师小结：冬天要穿厚衣服，戴帽子、围巾、手套，使用空调、暖气、热水袋等；还要多活动、锻炼身体，以增强身体的抵抗力，使自己少生病。

4. 教师可以借助这个故事，激发出幼儿和北风比一比谁更厉害的斗志，激励幼儿在冬天也能坚持锻炼身体。

5. 提醒幼儿在进行户外活动时，注意保护自己的身体和皮肤。如：注意保暖、防冻伤；要擦护肤霜，防手脚皮肤开裂等。

奇怪的药方

小狗吃了睡，睡了吃。时间一长，他吃什么也不香了。小狗心想：我生病了。

小狗吃了些药，还是不想吃东西。最后，他只好去找著名的啄木鸟医生看病。

啄木鸟医生给小狗开了一张药方，还嘱咐：要到熊爷爷家去抓药，路上还不准看……真奇怪！

到熊爷爷家很远很远，要翻过几座山。小狗不想去，可是没办法，只好上路了。

小狗翻过一座山，又翻过了一座山。他累了，也饿了。好不容易才来到熊爷爷家。

小狗把药方交给熊爷爷，熊爷爷笑眯眯地端出四个白馒头请小狗吃。小狗很久没吃过这么好吃的东西了。

一会儿，四个馒头被小狗吃得精光。它对熊爷爷说："谢谢，我要回家了，请给我抓药吧！"

"抓药？"熊爷爷说，"刚才不是抓给你了吗？"

小狗不信，熊爷爷把药方给小狗看。小狗一看，药方上写着：四个馒头。

小狗明白了。

从这以后，小狗早起早睡勤锻炼，爱劳动。身体棒棒的，吃什么都香、都甜。

奇怪的药方并不奇怪。小朋友，你们知道这是怎么回事吗？

（牧人）

适用年龄 5～6岁

渗透教育 知道多锻炼身体好，愿意养成运动的习惯。

作品分析

　　故事以悬念开头,吸引着孩子们一口气读到底。随着情节的发展,小狗明白了药方的奥秘,养成了锻炼身体、经常劳动的习惯,再也没生过"吃什么都不香"的病。故事以问题结尾,启发幼儿思考:为什么这张"奇怪的药方"能治好小狗的病?

使用建议

　　1. 讲故事,提问引导幼儿理解故事内容,如:小狗开始是怎么做的?后来身体怎么样了?啄木鸟医生给小狗开的药方上写的是什么?馒头真的能治病吗?

　　2. 引导幼儿根据自己的理解分组讨论:要治好小狗的病,啄木鸟医生真正的药方是什么?

　　3. 教师鼓励幼儿吸取小狗的教训,做一个爱运动的孩子,身体长得棒棒的。请幼儿说一说,自己是否经常锻炼身体,平时进行哪些户外活动?提醒幼儿在进行户外活动时,要注意保护自己的身体和安全。

大公鸡和漏嘴巴

　　一只大公鸡在院子里走来走去,这里啄啄,那里啄啄,找不到虫子吃,急得"咕咕咕咕"叫。

　　小弟弟捧着饭碗,坐在院子里吃饭。他一边吃,一边瞧着花蝴蝶飞来飞去,饭粒洒了一身,洒了一地。

　　大公鸡看见了,可高兴啦!它连忙跑了过去,嘴里嚷着:"好运气,好运气!今天碰到了一个漏嘴巴的小弟弟。"

　　大公鸡跑到小弟弟身边,啄起地上的饭粒来,"哆哆哆",啄得可快了,真好玩!小弟弟越看越高兴,连吃饭也忘了。

　　一会儿,大公鸡把洒在地上的饭粒吃光了。它还没吃饱呢。大公鸡抬起头来看了看,好咧,小弟弟的裤子上也有饭粒,就来啄小弟弟的裤子了。

　　小弟弟说:"大公鸡,大公鸡,你怎么啄我呀!"

　　大公鸡说:"小弟弟,小弟弟,我不是啄你,我是啄饭粒呢!"

　　一会儿,大公鸡把洒在裤子上的饭粒吃光了,它还没吃饱呢。大公鸡抬起头来看了看,好咧,小弟弟的衣服上也有饭粒,就来啄小弟弟的衣服了。

小弟弟说:"大公鸡,大公鸡,你怎么啄我呀!"

大公鸡说:"小弟弟,小弟弟,谁啄你了,我是啄饭粒呢!"

一会儿,大公鸡把洒在衣服上的饭粒吃光了,它还没吃饱呢。大公鸡抬起头来看了看,好咧,小弟弟嘴巴旁边有一粒饭,就来啄小弟弟的嘴巴。

小弟弟害怕了,端起饭碗就跑:"大公鸡,大公鸡,别啄我,别啄我!"

大公鸡说:"小弟弟,小弟弟,别跑,别跑,我不啄你,我不啄你,你嘴巴旁边有粒饭。让我吃了它!"

大公鸡张开翅膀,一跳,跳到小弟弟的肩上,朝着他嘴巴上的饭粒,"哆"地啄了一下。

小弟弟哭了起来:"奶奶来呀,奶奶来呀!"

大公鸡可高兴了,它说:"小弟弟是个漏嘴巴,掉下饭来让我吃得乐哈哈。"

奶奶来了,小弟弟问奶奶:"奶奶你说,我的嘴巴漏吗?"奶奶说:"傻孩子,哪有漏嘴巴呀,是你吃饭的时候,东看看,西瞧瞧,把饭洒了。"

奶奶又给小弟弟盛了半碗饭:"快吃,快吃,可别再洒了。"

小弟弟端着饭碗吃饭,大公鸡又来了,它说:"我还没吃饱呢,漏嘴巴,漏嘴巴,洒点饭粒让我吃呀!"

大公鸡等呀,等呀,怎么了?一粒饭也没吃到。哦,小弟弟这回吃饭,可不东看看西瞧瞧了!

小弟弟把饭吃得干干净净,拿着空碗让大公鸡瞧了瞧,对它说:"我是好弟弟,不是漏嘴巴。"

大公鸡没办法,耷拉着脑袋,只好去找虫子吃了。

(姚正平)

适用年龄　3~5岁

渗透教育　知道吃饭时不能东张西望,愿意养成良好的进餐常规。

作品分析

简单却不失风趣的情节、重复性的语言,形象生动地让孩子们知道了吃饭时不能东张西望、要专心吃饭的道理。

使用建议

1. 讲述故事,引导幼儿感受故事的风趣幽默。

2. 提问帮助幼儿理解故事内容：大公鸡为什么说小弟弟是漏嘴巴？小弟弟的饭粒怎么会洒在身上、地上？后来他又是怎么吃饭的？

3. 请幼儿说一说：吃饭时要怎么做呢？帮助幼儿小结：吃饭要专心，不随便说话，不洒饭菜，养成良好的饮食习惯。

4. 在进餐环节，提醒幼儿要当好弟弟，不当"漏嘴巴"，帮助幼儿养成良好的进餐常规。

洋洋为什么肚子疼

洋洋是个活泼可爱的孩子。可是最近，洋洋老喊肚子疼，有时疼得汗水直冒，人也变得越来越瘦。爸爸妈妈很奇怪，洋洋吃饭吃得并不少哇，怎么近来变得又黑又瘦还肚子疼呢？

一天，妈妈带洋洋去医院检查。医生用手摸着洋洋的肚子问："疼不疼？"洋洋一会儿觉得疼，一会儿又好像不疼。医生又给洋洋检查大便，然后对妈妈说："洋洋的肚子里有蛔虫！"

洋洋一听，吓了一跳，奇怪地问妈妈："我肚子里的蛔虫是哪里来的呢？"医生笑了，便问洋洋："生吃水果和蔬菜时洗净了没有？""洗了。""你每次吃饭前是不是都洗手了？""嗯……"洋洋想了想，有时自己贪玩，没洗手就吃饭了，就说："我有时候不洗手就吃饭。"

医生说："是呀！我们每个人的手一会儿摸摸这儿，一会儿摸摸那儿，这样，脏东西就粘在手上了，那里面可能就有蛔虫的卵。这些卵就会和你吃的东西一起跑到肚子里去，很快长大成了蛔虫。"

妈妈也说："蛔虫在你的肠子里钻来钻去，还抢你的东西吃，所以有时会肚子疼，人也变得又黑又瘦了。"

洋洋急忙问医生："那怎么办呢？"

医生说："我马上给你开药，有了蛔虫，一定要吃药。吃了药，蛔虫就会跟着大便排出来。有的小朋友，有了蛔虫不吃药，蛔虫就会越来越多，慢慢把肠子堵住，那多危险啊！那时候就得开刀啦！"

洋洋连忙说："以后，我一定要讲卫生，吃饭前、大便后都要洗手。生吃的水果和蔬菜也要洗干净。"医生和妈妈都笑了。

经过医生的治疗，洋洋肚子里没有蛔虫了。从这以后，洋洋很注意卫生，吃东西前、大小便后都洗手，慢慢地洋洋又长得又白又壮了。

适用年龄　5～6岁

渗透教育　养成良好的卫生习惯。

作品分析

故事中洋洋的经历，让孩子们在感同身受中懂得了"生吃水果和蔬菜前要洗净""饭前便后要洗手"的重要性，有助于养成良好的卫生习惯。

使用建议

1. 教师提问帮助幼儿理解故事，让幼儿了解饮食卫生很重要，饭前便后要洗手，生吃瓜果要洗净。

2. 请幼儿说一说平时自己是怎么做的？有过因为吃了脏东西而肚子疼或拉肚子的情况吗？如果有，请幼儿讲述生病的经历，使大家进一步了解注意卫生的重要性。

3. 引导幼儿说一说，除了洗手之外，我们还应该注意哪些个人卫生？提示幼儿还要注意勤洗脸、勤洗澡、勤换衣等，把自己洗得干干净净，既好看，又可以防止生病。

小猪变干净了

有一只小猪，它长着圆圆的脑袋，大大的耳朵，小小的眼睛，翘翘的鼻子，胖乎乎的身体，真有趣！可这只小猪有一个坏毛病，就是不爱干净。它常常到垃圾堆旁找东西吃，吃饱了就在泥坑里滚来滚去，弄得身上脏兮兮的。

一天，小猪去找朋友玩。它走着走着，看见前面有只小白兔，长着长长的耳朵，短短的尾巴，红红的眼睛，白白的毛，真好看。小猪高兴地叫："小白兔，我和你一起玩好吗？"

小白兔回头一看，原来是小猪，就说："看你多脏啊！快去洗洗吧，洗干净了我再和你玩。"小猪不愿意洗澡，只好走开了。

小猪走着走着，碰到一只小白鹅。小白鹅长着红红的嘴巴，白白的羽毛，真美丽。小猪高兴地叫："小白鹅，我和你一起玩好吗？"

小白鹅说："看你多脏啊！快去洗洗吧，洗干净了我再和你玩儿。"小猪看了看自己,可不,全身都是泥,泥水还在往下滴呢。

小白鹅又说:"走,我带你去洗个澡吧!"小猪跟着小白鹅来到河边。

小白鹅"扑通"跳进河里,用清清的水泼呀泼,泼在小猪的脸上、身上。小猪用清清的水洗呀洗,洗得干干净净的。

小白鹅高兴地说:"小猪变干净了,我们一起玩吧。"

小白兔看到小猪变干净了,也来和它玩。小猪和朋友们玩得可高兴了。

适用年龄　3～4岁

渗透教育　知道勤洗澡、洗脸的重要性,愿意做个干净宝宝。

作品分析

故事用简单的情节、易懂的语言,让孩子们明白了保持身体干净的重要性。

使用建议

1. 教师提问帮助幼儿理解故事内容:小猪可爱吗?它长什么样子?小白兔和小白鹅一开始为什么不愿意和小猪一起玩?它们是怎么说的?后来,小猪是怎么变干净的?

2. 引导幼儿讨论:怎样才能做个干净的宝宝?教师与幼儿一起小结:勤洗手、会洗脸、爱洗澡,衣服脏了要及时换等。

脏娃娃的故事

有个孩子,不爱洗脸洗澡,浑身脏兮兮的,大伙儿都管他叫"脏娃娃"。

他的两只耳朵,慢慢积满了脏土,变成了聋子。

小朋友们围着收音机,听有趣的故事,可脏娃娃什么也没有听见。

他上电影院,只看见电影里的叔叔阿姨嘴巴在动,听不到他们讲话的声音。

他在马路上玩,一辆汽车开过来,司机叔叔一个劲儿按喇叭,他一点儿也没听见,汽车"嘎吱"一下猛地停在他的身边,差点儿把他撞倒。好险哪!

一天,脏娃娃站在树底下,树上掉下两颗树籽,不偏不歪,正好落在他的两只耳朵里。几天后,树籽在耳朵的脏土里生根发芽,长出两棵小树,枝枝丫丫的,害得他晚上只能坐在床上睡觉,躺不下身子。白天,许多小鸟飞到小树上来,在脏娃娃的脸上、头上,撒了不少鸟粪……

有一次,脏娃娃要去姥姥家。过桥的时候,一阵风刮来,耳朵里长出的小树被刮得东摇西摆，脏娃娃站立不住，"扑通"一声掉进了河里。

"救命啊！救命啊！"脏娃娃在河里拼命叫喊。

两个过路的叔叔立刻跳下河去，一人拽住一棵小树，使劲往岸上拉，把脏娃娃救了上来。

因为在水里泡了一会儿，又加上两个叔叔使劲拽拉，脏娃娃耳朵里长的两棵小树，一下子从耳朵上掉了下来。脏娃娃忽然听见两个叔叔讲话的声音了，他的耳朵不聋了。

回到家里，他洗啊洗啊，从头上、脸上、耳朵里，洗下来好多脏东西。

从这以后，他爱洗了，变成了一个讲清洁讲卫生的孩子，别人再也不叫他"脏娃娃"了。当然，晚上他可以舒舒服服地躺下睡觉了，因为耳朵里再也不会长出小树来了。

(樊发稼)

适用年龄 4～5岁

渗透教育 了解不讲卫生的坏处，树立爱清洁讲卫生的意识。

作品分析

故事用夸张的手法，让孩子们从脏娃娃的经历中，深刻地体会到不讲卫生的坏处，萌发出爱清洁的愿望。

使用建议

1. 为幼儿讲述故事，感受故事的夸张和幽默。

2. 和幼儿一起回顾故事情节，进一步理解故事。请幼儿说一说：脏娃娃为什么会变成聋子？变聋以后，脏娃娃遇到了哪些麻烦？脏娃娃又能听见声音以后，他回到家里做了一件什么事情？为什么？

3. 家园配合，鼓励幼儿每天认真刷牙、洗脸，勤洗手，勤洗澡，养成爱清洁讲卫生的习惯。

洗头吧，小熊

一天，小熊吃蜂蜜，不小心把头伸进了蜂蜜罐里。

熊爸爸打来一桶水说："你得赶快来洗头！"

"不行！我的眼睛会弄湿的。"小熊不情愿地说。

熊爸爸命令道:"那就把眼睛闭上!"

小熊闭着眼睛把头泡到水里,熊爸爸帮它使劲地搓。

"我的眼睛!肥皂水流进了我的眼睛里!"小熊大叫起来。

熊爸爸说:"没事,不疼的,肥皂水是温和型的。"

小熊喘了口气说:"还是我自己洗吧!"

小熊跑到小猪家,请求小猪帮忙。小猪说:"没问题,我可以用我的牙试试看。"

小猪咬住小熊头上的一小撮毛,开始用力拉。小熊疼得直叫。

小鸟说:"它的头发要掉下来了!可惜呀,这么漂亮的头发!"

于是,小猪拿来妈妈的大梳子,说:"也许我们可以把蜂蜜梳下来。"结果小熊的头发被拉得更疼了。

小猪找出一把小剪刀,在小熊的头上剪来剪去。

小鸟在一旁提醒说:"嘿!它现在有点儿像刺猬了!"

小猪说:"剪子也被粘住了。"它们都"哧哧"地笑了起来。

"现在该怎么办?"小熊愁眉苦脸地坐在那里。

小猪试探地问:"洗吧?"

小熊喊道:"决不!"

小猪又想到了弟弟的爽身粉,它赶紧找来扑在小熊的头上。

小鸟尖叫起来:"天哪!它现在什么也不是了。"

小猪取来一面镜子,小熊看着镜子里自己的怪样子——头上有蜂蜜和白色的粉,"咯咯"地笑了起来。

"现在该怎么办?"小熊焦虑不安地坐在那里。

小猪小心翼翼地问:"还是洗洗吧?在浴缸里洗,我陪着你?"

不一会儿,两个小家伙就爬进了装满水的大浴缸。

小猪妈妈说:"看来只有肥皂才能洗干净这个脏脑袋了。"

"肥皂?"小熊吓得大叫起来,求助地望着小猪。

"还有一个好主意!"小猪说完跑了出去,很快就回来了,还给小熊带来了一样东西。啊哈,原来是一副潜水镜!

小熊戴着潜水镜洗头,感觉真是好极了!肥皂水再也不会流进眼睛里了,头发也干净了。

洗好头发的小熊高兴地回到家里。

熊爸爸惊奇地问道:"你自己洗的头?你以前不是最怕洗头的吗?"

"才不是呢!"小熊认真地说,"我再也不怕洗头了。"

适用年龄　4~5岁

渗透教育　了解洗头的过程,尝试用不同的办法解决洗头中遇到的困难,愿意洗头。

作品分析

在所有的清洁活动中,洗头可以说是最让孩子们抵触的一件事。"罪魁祸首"正是爱流到眼睛里的肥皂水。故事中的小熊为了避免洗头,想了许多办法,小猪和小鸟也来帮忙,最后,小熊戴着潜水镜,终于舒舒服服地把头发洗干净了,圆满地解决了难题。故事的诙谐和幽默,让孩子们在哈哈大笑之余,对洗头不再那么抵触。相信经过实际的尝试,他们甚至能像小熊一样,"再也不怕洗头了"。

使用建议

1. 教师提问帮助幼儿理解故事,并引导幼儿探讨洗头的方法和过程。请幼儿说一说:头发脏了怎么办?为什么要洗头?你们是怎样洗头的?怎样洗头才能把头发洗干净?(用水冲洗头发—擦洗发水—搓洗头发—用水冲洗头发—梳头发)。

2. 引导幼儿讨论:你喜欢洗头吗?为什么?洗头的时候,肥皂水总爱流到眼睛里,怎么办?故事里的小熊用了什么办法?你还有什么好方法吗?启发幼儿想出一些在家可行的办法,如戴上洗头帽(或者泳镜)再洗头、洗头的时候闭紧眼睛,等等。鼓励幼儿在洗头的时候试一试自己想的好办法。

3. 家园配合,请家长对幼儿愿意洗头、主动洗头的行为给予及时肯定和鼓励。

窗外的垃圾

在一幢楼房里,住着四只小动物。小狗住在一层,小猫住在二层,三层住的是小猴子,最高的一层住的是小兔。

一天早晨,红红的太阳升起来了。小兔打开窗子说:"天气多好啊,空气真新鲜！"小猴子打开窗子，把香蕉皮朝窗外一扔。小猫打开窗子，把鱼骨头朝窗外一扔。小狗打开窗子，把肉骨头朝窗外一扔。马路上堆起了一堆垃圾。

太阳晒在垃圾上，垃圾发出一阵阵臭味，还招来几只苍蝇。小狗、小猫、小猴子闻到臭味都把窗关上了。小兔闻到臭味，它把头伸出窗口一看，说："啊！原来窗外有一堆垃圾，我去把它扫掉吧！"

小兔拿着扫帚出来扫垃圾，小猴子、小猫和小狗看见后，知道自己错了，它们也赶快跑出来和小兔一起打扫，一会儿就把垃圾扫完了，马路又干净又整齐。小猴子、小猫、小狗说："以后，我们再也不乱扔垃圾了。"它们回到屋里，都打开窗子说："空气多新鲜、多干净啊！"

适用年龄　5～6岁

渗透教育　了解乱扔垃圾给人带来的不便，树立初步的关心周围环境卫生的意识。

作品分析

因为不爱护环境，乱扔垃圾，本来清新的空气变得发臭了，还招来了苍蝇。看见小兔主动扫垃圾，小猴、小猫和小狗也认识到了自己的错误，大家一起努力，终于又让环境变得干净又整齐。故事的圆满结局，让孩子们体会到：关心公共环境卫生是每个人的责任；环境好了，会让大家都觉得舒服。

使用建议

1. 教师提问帮助幼儿理解故事内容：窗外为什么会发出一阵阵臭味？小狗、小猫、小猴子闻到臭味是怎么做的？小兔闻到臭味是怎么做的？你认为谁做得对？为什么？引导幼儿小结：只有每个人都爱护身边的环境，环境才会漂亮，我们才能闻到新鲜、干净的空气。

2. 请幼儿分小组讨论：怎样才能保护身边的环境？鼓励幼儿将讨论结果进行分享，或制作成宣传海报。

3. 开展"争当环境小卫士"的活动，鼓励幼儿在日常生活中保护环境卫生。

一个邮包

森林里的动物小区环境真幽静，有清亮亮的小河，还有小鸟啁啾叫。狗熊先生把家搬到了这里。

狗熊先生住在楼上，没事的时候，就坐在阳台上看风景，听鸟儿们唱歌。

这天，狗熊先生边看风景边有滋有味地嗑瓜子，像天女散花一样，把瓜子壳往楼下扔。

第二天，狗熊先生把酸奶杯子往楼下扔。

第三天，狗熊先生把肉骨头往楼下扔。

楼下住着浣熊太太。她看见院子里有瓜子壳、酸奶杯子和肉骨头，就把它们捡了起来。

一天，邮递员黄狗在楼下喊："狗熊先生有邮包。"

狗熊先生赶忙"噔噔噔"地奔下楼去。

狗熊先生乐呵呵地坐在沙发里，慢慢地打开邮包。

邮包里装的是瓜子壳、酸奶杯子和肉骨头，还附着一张纸条。上面写着："狗熊先生：请你把它们丢进垃圾箱里。"

狗熊先生的脸红了，赶忙奔到阳台上，朝着楼下大声喊："浣熊太太，对不起。我今后一定注意环境卫生！"

现在，浣熊太太的院子变得清清爽爽的。

（林颂英）

适用年龄 5～6岁

渗透教育 关心周围环境卫生，不乱扔垃圾。

作品分析

狗熊先生一开始不爱护环境卫生，随手扔垃圾。一个意外的邮包，让他认识到了自己的错误，并彻底改正了乱扔垃圾的毛病。邮包是谁寄的呢？故事里没说，但狗熊先生知道，小读者动动脑筋也会知道。故事文字简练，却极富画面感，让孩子们在不知不觉中受到了教育。

使用建议

1. 教师和幼儿一起欣赏故事，讨论：狗熊先生居住的动物小区是什么样子的？他收到了一个什么邮包？为什么会收到这样的邮包呢？收到邮包以后，狗熊先生有了什么变化？

2. 进一步引导幼儿谈论：你还知道哪些是破坏环境的行为？哪些是保护环境的行为？在幼儿充分发言后，和幼儿一起小结，树立保护环境的意识。

眼睛和鼻子的故事

一天晚上，眼睛和鼻子吵架了。

眼睛盯着鼻尖说："你怎么老是在我的眼皮下面不动呢？"鼻子生气地说："谁让你看我了，你看远点儿不就行了？"

眼睛瞪得大大地说："你只会闻到你鼻孔底下的气味，你有我看得远吗？"鼻子气呼呼地直出气，说："你不也要靠我的鼻梁托着眼镜才看得更清楚吗？"

耳朵和嘴巴听到也来了。"我长在最下面，每天受着鼻子喷出的气，真难受！"嘴巴说。

眼睛听到嘴巴的话，说："看我的！"就故意闭上眼睛。结果鼻子一下子就撞到了墙上，又红又肿。

鼻子很生气，就让自己的两个鼻孔停止吸气。这下可不得了啦，大家都没有氧气啦！耳朵给憋得嗡嗡直响，眼睛也憋得眼泪直流，嘴巴只好大口大口地喘着粗气。"怎么样，大家难受了吧？没有我就不舒服了吧？"听到鼻子的话，大家都没有回答。

正在这时，小朋友叫了起来："眼睛、耳朵、鼻子、嘴巴，你们快别吵啦，我离不开你们，你们都有自己的作用：眼睛能看到东西但闻不到气味，耳朵能听到声音却不会说话，鼻子能闻到气味却不能说和听，嘴巴听不到看不到却能吃东西和说话，你们都是第一呀！你们只有在一起，团结友爱，我才能吃到各种东西，听到各种音乐，闻到各种气味，看到你们和我的朋友呀！"

（殷伟）

适用年龄 3～4 岁

渗透教育 知道眼睛、鼻子、耳朵、嘴巴的作用，愿意保护这些部位。

作品分析

故事用拟人的手法，说明了五官的作用，让幼儿认识到五官少了谁都不行，从而萌发出愿意保护五官的愿望。

使用建议

1. 讲故事前，教师出示没有五官的娃娃脸，请幼儿说一说他少了什么，并找出来，帮他摆放好。请幼儿说一说它们都是谁，复习对五官的认识。

2. 分段讲故事，请幼儿猜想：鼻梁在哪儿？眼睛闭上会怎样呢？鼻子不出气会怎样？你也试试看！

3. 完整讲故事，请幼儿讨论：小朋友看到它们吵架，是怎么说的？眼睛、鼻子、嘴巴、耳朵各有什么用呢？

4. 请幼儿讨论：小朋友要怎样保护它们？小结：平时要用手绢擦鼻子，还要天天刷牙，不用脏手揉眼睛，轻声说话。

没有牙齿的大老虎

在大森林里，谁都知道老虎的牙齿厉害。

小猴伸着舌头说："嚄，比柱子还粗的树，大老虎只要用尖牙一啃就断，真吓人哪！""大老虎嚼起铁杆来，跟吃面条一样……"小兔说着，害怕得缩起了脑袋。可小狐狸却说："你们怕大老虎的牙齿，我就不怕！我还要把他的牙齿全部拔掉呢！"

哈哈哈，哈哈哈，谁相信小狐狸的话呢？"吹牛！吹牛！""没羞！没羞！"小猴和小兔一个劲儿地笑小狐狸。

"不信，你们就瞧着吧！"小狐狸拍拍胸脯走了。

狐狸真的去找老虎了。他带了一大包礼物："啊，尊敬的大王，我给你带来了世界上最好吃的东西——糖。"糖是什么？老虎从来没尝过，他吃了一粒奶油糖，啊哈，好吃极了。

狐狸就常常送糖来。老虎吃了一粒又一粒，连睡觉的时候，糖也含在嘴里呢。大老虎的好朋友狮子劝他说，糖吃得太多，又不刷牙，牙齿会蛀掉的。大老虎正要刷牙，狐狸来了："啊，你把牙齿上的糖全刷掉了，多可惜呀。"馋嘴的老虎听了狐狸的话，不刷牙了。

过了些时候，半夜里，老虎牙痛了，痛得他捂住脸哇哇地叫……老虎忙去找牙科医生马大夫："快，快把我的牙拔了吧！"马大夫一听要给老虎拔牙，吓得门也不敢开了。老虎又去找牛大夫，牛大夫也忙说："我，我不拔你的牙……"驴大夫更不敢拔老虎牙了。老虎的脸肿起来了，痛得他直叫喊："谁把我的牙拔掉，我让他做大王。"

这时候，狐狸穿了白大衣来了："我来拔吧。"老虎谢了又谢。

"哎哟哟，你的牙全蛀掉了，得全拔掉！"狐狸说。

"唉，只要不痛，就拔吧！"老虎哭着说。嚓，狐狸把老虎的牙全拔掉了。

瞧，这只没有牙齿的老虎成了瘪嘴老虎啦。老虎还挺感激狐狸呢，他说："还是狐狸好，又送我糖吃，又替我拔牙。"

（冰子）

适用年龄　4～6岁

渗透教育　感受吃糖不刷牙的危害，知道保护牙齿的重要性。

作品分析

牙齿厉害的老虎爱吃糖，又听信了狐狸的话不刷牙，以至于最后自己的牙齿都没有了。故事风趣生动地表现了老虎不刷牙后牙疼时的痛苦状态，让幼儿明白多吃糖、不爱惜牙齿的后果。故事以轻松幽默的方式，引导幼儿养成保护牙齿的好习惯。

使用建议

1. 为幼儿讲述故事，感受故事的幽默。

2. 引导幼儿讨论：大老虎的牙齿为什么会疼？我们应该怎样保护牙齿呢？刷牙的正确方法是什么？

3. 家园配合，提醒幼儿每天早晚刷牙、饭后漱口，养成保护牙齿的习惯。

牛牛的牙齿

牛牛是个小男孩，他长着圆圆的脑袋，大大的眼睛，还有一口整齐的白牙齿。他高兴的时候，咧嘴一笑，大家就会说："看，多漂亮的一口牙齿。"

有一天，牛牛和隔壁的壮壮在院里踢足球，两人争球时撞在了一起，牛牛的嘴碰在了壮壮的脑门儿上，两人都摔倒了——两人勇敢地爬起来要接着玩。

牛牛忽然觉得牙齿有点不对，伸手一摸，坏了！一颗门牙变得很松很松，好像要掉了。牛牛心里一害怕就说："不玩了，不玩了，我要回家了。"说完抱着球就跑回家去了。

还没进门，牛牛就哭喊起来："奶奶，奶奶，你在哪呀？快来呀！"奶奶闻声从屋里走出来说："怎么啦？"牛牛说："壮壮把我的牙撞松了，它会不会掉下来呀？"奶奶弯下腰来仔细看了看牛牛的牙，又摸了摸说："是松了，会掉下来的。"牛牛一听吓坏了："它要是掉下来，我怎么办？不行，我要让壮壮赔我的牙！"

奶奶说："牛牛，你今年6岁了，该换牙了，门牙最先换，现在松了，要掉就让它掉下来吧，如果不掉，还要去医院拔掉呢！不然新牙没地方长。"牛牛一听着急了："牙齿掉了，我怎么吃饭呀？还有水果呢？"奶奶说："它们不会一起掉的，可以用别的牙来嚼食物。"

过了不久，果然牛牛的两颗上门牙都掉了。牛牛照着镜子对奶奶说："新牙会比旧牙好看吗？"奶奶说："会的，但是你不要总用舌头舔它或者顶它，免得新牙长歪了。"牛牛答应了。他每天都拿镜子照一照，盼望着快快长出新牙。不久，新牙果然长出来了。

（伊林）

适用年龄　5～6岁

渗透教育　了解换牙的一般常识，知道换牙时自己应该怎么做。

作品分析

很多大班幼儿都会有换牙的经历。这个故事可以说是为换牙期的孩子量身定制的。小男孩牛牛的换牙经历是那样真实，容易引起大班幼儿的共鸣。因而，故事中奶奶的话也容易被孩子们记住，让孩子们了解换牙的一般常识，以及正确的应对方法。

使用建议

1. 理解故事内容：牛牛的牙齿怎么松了？他是怎么做的？奶奶是怎么说的？他的牙齿掉了吗？新牙长出来了吗？奶奶说新牙要怎样保护？

2. 请幼儿相互看一看牙齿，寻找和发现已经换牙或牙齿松动的幼儿，看看是什么样子的。

3. 请保健医给幼儿讲解换牙的一般常识，让幼儿知道换牙时自我保健的方法。

戴眼镜的小猴

小猴每天没事儿就看电视、玩游戏机。渐渐地，他的眼睛看东西总像隔着一层雾，迷迷糊糊的，看不清，妈妈只好给他配了一副眼镜。

戴上眼镜，小猴又能看清楚了，但他还是每天看电视、玩游戏机。

一天，森林里举行"动物运动会"，小猴也报了名。

爬树比赛开始了。那几棵树可真高呀，树顶仿佛钻进了云里头。可小猴不怕，以前他经常和小伙伴比赛爬树，总是得第一名。小猴使劲往上爬，可是鼻梁上的眼镜老是往下滑，于是赶紧停下来用手扶一下眼镜。过了一会儿，眼镜又滑下来了，小猴只好又扶了一下。就这样，他爬爬停停、停停爬爬，等他爬到树顶，其他小猴早已爬到树顶又回到地上了。唉！可恨的眼镜，害得小猴输了。

跑步比赛开始了。小猴找来一根细线，系住眼镜，然后套在脑袋上，这样眼镜就不会往下滑了。"啪"地一声，发令枪响了。小猴像箭一样冲出了起跑线。他使出全身的劲往前跑，"呼呼"地喘着气。咦，眼前的跑道怎么变得模糊了？哦，原来自己呼出的气像雾一样蒙住了眼镜。小猴拼命地睁大眼睛，可还是看不清楚。他一会儿撞着小兔，一会儿踩着小狗，疼得小动物们直嚷嚷："小猴犯规了！小猴犯规了！"裁判员取消了小猴的比赛资格。

小猴气得扯下眼镜，想摔掉这该死的眼镜。可是没有眼镜，什么都看不清。小猴只好垂头丧气地离开了跑道。

回到家里，小猴难过得哭了起来。妈妈叹了一口气，说："唉！以后可不能一个劲地看电视、玩游戏机了。"小猴说："妈妈，我以后一定要好好保护眼睛了。"

适用年龄　5～6岁

渗透教育　初步懂得保护眼睛的重要性及基本方法，形成卫生用眼的习惯。

作品分析

故事中小猴的经历，让孩子们直观地体会到戴眼镜给生活带来的不方便，从而萌发愿意保护眼睛的愿望。

使用建议

1. 教师讲故事，引导幼儿讨论：小猴为什么戴眼镜？小猴戴上眼镜遇到了哪些烦恼？回到家，妈妈和小猴都说了些什么？

2. 结合视力检查的经验，引导幼儿交流参加视力检查的感受。讨论：为什么有的小朋友眼睛看东西很清楚，有的小朋友眼睛看东西有点模糊？平时自己是怎样使用眼睛的？（如看书、写字、玩手机、看电视等的时间是多少，眼睛离书、纸、手机、电视有多远等）

3. 了解怎样保护眼睛。请幼儿说说：为什么眼睛很重要？在生活中我们应该怎样保护眼睛？教师可帮助归纳、小结。

<h3 style="text-align:center">熊哥熊妹过夏天</h3>

夏天到了，好热呀！熊哥哥和熊妹妹从外面游戏回来，满头大汗。

"太热了，太热了！"熊哥哥嚷嚷着，就把空调打开。他把温度调得低低的，站在空调下面吹，还一个劲儿地说："真舒服，真舒服！"熊妹妹赶紧回到了自己的房间，把空调调到26 ℃，身上的汗慢慢干了。

熊哥哥又嚷嚷："太渴了，太渴了！"他从冰箱里拿出两瓶冰镇水，"咕咚咕咚"就喝光了，还一个劲儿地说："真舒服，真舒服！"熊妹妹喝了两满杯凉白开水，感觉好多了。

熊妹妹说："咱们洗个澡吧。"熊哥哥嫌热，就痛痛快快地冲了个凉水澡，还一个劲儿地说："真舒服，真舒服！"熊妹妹不急不慢地洗了一个热水澡。

没过多久，熊哥哥觉得自己浑身发凉。哎呀，怎么回事？发烧了！熊妹妹赶紧给医院打电话，把哥哥送到了医院。熊哥哥住院了，又打针又吃药。他嘟嘟囔囔地说："这回可真不舒服了。"

（赵丛笑）

适用年龄　5～6岁

渗透教育　了解夏天不能过分贪凉的道理，树立夏季自我保健的意识。

作品分析

炎热的夏天，熊哥哥因为贪凉，最后生病了；熊妹妹的做法，却让自己健健康康、舒舒服服地过夏天。孩子们会从中受到启发，找到安全过夏天的方法。

使用建议

1. 引导幼儿讨论：夏天太热了，我们可以用什么方法使自己感到凉快一些？教师根据幼儿的回答，用简单的图标进行记录。

2. 教师讲故事，请幼儿说一说故事中熊哥哥和熊妹妹用了什么办法让自己变凉爽？结果怎么样呢？小结使用空调和电扇需要注意什么、怎样吃冷饮更合理等。

3. 教师和幼儿一起玩一玩适合夏天的游戏。如：让幼儿互相扇扇子；引导幼儿从喷泉下跑过；在户外用水枪玩游戏；等等。

4. 请家长在日常生活中培养幼儿良好的生活卫生习惯，减少夏季常见病的发生。有条件的家长多带孩子参加戏水、周末度假等有益的活动，增强孩子体质，开阔孩子视野。

超级感冒

达达感冒了，一上午打了八十个喷嚏。

妈妈要领他去打针，达达怕疼，不去；妈妈又找来药片，达达嫌苦，把药片偷偷扔掉了。

下午，妈妈去上班。达达一个人在屋里摆积木。哦，真棒！一座大楼房很快就盖好了。达达高兴得正要拍手，突然，"阿嚏！"屁股下面的小椅子打了个喷嚏，椅子掀翻了，达达也摔了个跟头。

"哦，椅子也感冒了？"达达赶紧扶起椅子。这时，又听到一声"阿嚏！"积木也感冒了。"哗啦"一声，积木楼房倒塌了。

不一会儿，屋里的东西都感冒了："阿嚏！阿嚏！"

锅碗瓢勺蹦得老高，台灯、闹钟、小木偶……全都在跳。

家里不能待了，达达只好到街上去玩儿。

达达从小树下走过，小树打了个喷嚏，把一千片树叶震落到地上。

达达从邮局门前走过，邮局打了个喷嚏，一万个信封像蝴蝶似的飞到了空中。

唉，街上也不能走了，达达只好去挤公共汽车。

"嘀嘀——阿嚏！"达达刚上车，汽车也打起了喷嚏，真险哟，公共汽车差点儿撞上交通警的岗楼……

后来，达达溜进了动物园，去看河马。

河马的喷嚏真厉害，一下子把达达送到了天上。

过了好久，达达才从天上飘下来。他像一根羽毛，顺着打开的窗户飘进了一座房子里。

真巧，这房子正是医生的诊室。医生一把拉住了达达，说："感冒是要传染的，赶紧打针。"

打过针，吃过药，达达的感冒好了。现在，要是不闻点儿胡椒面儿，他连半个喷嚏也打不出来，真的。

（武玉桂）

适用年龄　4～5岁

渗透教育　知道生病了要及时就医，能积极配合治疗。

作品分析

夸张而又充满童趣的情节，让孩子们在哈哈大笑之余，懂得了生病了要积极配合治疗的道理。

使用建议

1. 讲故事，引导幼儿讨论：达达感冒了，他都把谁给传染了？想一想，是怎么传染的？教师可以用小喷壶往空中喷一些水雾，请幼儿闻一闻空气中的味道，由此启发幼儿了解：人在感冒打喷嚏时，也会喷出一些水雾，散发出许多细菌，把感冒传染给其他人。引导幼儿知道：打喷嚏时，应该用餐巾纸遮挡一下，然后把餐巾纸丢到垃圾桶里；如果来不及的话，也可以用手来遮挡，但要尽快将手擦或洗干净；不要对着人打喷嚏，以免传染。

2. 引导幼儿讨论：感冒时还会有哪些表现呢？有了鼻涕怎么办？在幼儿充分讨论后，教师引导幼儿学习擤鼻涕的方法。

3. 启发幼儿讨论：感冒了应该怎么办？怎样才能不生病，做个健康的宝宝？重点从情绪、饮食、锻炼、着装等几个方面讨论。讨论后和幼儿一起小结。

4. 在游戏区投放相应的道具，引导幼儿玩"看病"的游戏。

三只想生病的小狗

灰狗妈妈有三个宝宝：小黄狗、小黑狗和小花狗。三只小狗真淘气，常给灰狗妈妈添麻烦，可妈妈从来也不生气。

有一天，住在隔壁的小白狗妹妹生病了，躺在床上。白狗妈妈陪着她，还给她好吃的。

三只小狗见了，心里痒痒的，都说："呀！生病真好，生病真好！妈妈陪着，还有好吃的。"

三只小狗也想生病，就一起跑去问白狗妹妹："白狗妹妹，怎么才会生病呢？"

白狗妹妹说："下雨天淋着了雨，就会生病的。"

"知道啦！"三只小狗望望窗外，说："天公公，下雨吧！"

"你们想生病吗？"白狗妹妹觉得太奇怪了。

"是呀，像你这样，真开心。"三只小狗一齐说。

"你们真傻，生病可难受啦！"

可是不管白狗妹妹怎么说，三只小狗都不听。白狗妹妹生气了："我不跟你们说了！"她转过身，不理三只小狗。

三只小狗跑出屋子，等着下雨。

天公公真的下雨了。

"好极啦，好极啦！真痛快！"三只小狗在雨里跳起舞来，绒毛全淋湿了。

灰狗妈妈看见了，多着急呀，连忙喊道："宝宝，快进来，淋着雨，要生病的！"

三只小狗不理妈妈。妈妈急坏了，只好跑出门去，把小狗一只一只拉进屋子里来。

夜里，小黄狗开始打喷嚏，打了一个又一个。接着，小黑狗和小花狗也打起喷嚏来，阿嚏，阿嚏，打了整整一夜。

第二天，三只小狗发起烧来，躺在三张小床上，嘴里不停地喊："妈妈呀，妈妈呀！难受呀，难受呀……"

灰狗妈妈可忙坏了，一会儿给小黄狗吃药，一会儿又忙着给小黑狗、小花狗吃药，忙得团团转。

"妈妈，我要吃苹果。"小黄狗一嚷，妈妈赶紧去买。

"妈妈，我要吃梨。"小黑狗一嚷，妈妈赶紧去买。

"妈妈，我要吃雪糕。"小花狗一嚷，妈妈摇摇头说："傻孩子，发烧不能吃雪糕。"

"那么，就吃葡萄吧。"妈妈只好去买。

过了三天，三只小狗的病全好了。可是灰狗妈妈却病倒了，躺在床上，不吃也不喝。三只小狗很害怕，呜呜呜呜哭起来。

白狗妹妹听见了，赶紧告诉白狗妈妈。她们连忙跑过来，一看灰狗妈妈病很重，就把她送到医院里去。

灰狗妈妈住在医院里，三只小狗天天都去看妈妈。有一天，他们给妈妈带去一个苹果、一个梨和一串葡萄。

灰狗妈妈很惊奇："宝宝，这些水果是哪儿来的？"

噢，原来他们帮黑狗伯伯做事儿，黑狗伯伯很感激他们，给了小黄狗一只苹果，给了小黑狗一只梨，给了小花狗一串葡萄。三只小狗都舍不得吃一口。

"妈妈，吃吧。吃苹果，吃梨，吃葡萄。"三只小狗一齐说。

灰狗妈妈吃了一口苹果，又吃了一口梨，还吃了一颗葡萄，高兴得直点头。

灰狗妈妈的病很快好了。

出院这天，三只小狗拉着妈妈的手说："妈妈，我们以后都不要生病了，生病真难受！"

（[新加坡] 蔡鸿森）

适用年龄　4～6岁

渗透教育

1. 能接受和配合对疾病的预防和治疗。

2. 知道预防常见疾病的方法，有初步的保健意识。

作品分析

三只小狗想生病？听起来奇怪，理由却很充分——"妈妈陪着，还有好吃的"。这完全符合一个幼儿的思维，充满了童真童趣。直到真的生病了，它们才体会到生病不仅让自己难受，还让妈妈受累。最后，三只小狗由衷地说出"再也不要生病"的愿望，也说出了小读者们的心声。

使用建议

1. 教师讲述故事，提问帮助幼儿理解故事内容。

2. 重点启发幼儿体会三只小狗生病前后的心理变化及原因。请幼儿说一说：三只小狗一开始为什么想生病？后来为什么又说"以后都不要生病了"？

3. 请幼儿结合生活经验，谈一谈对生病的看法：你生过病吗？生病的时候感觉怎么样？生病了应该怎么办？对于大班幼儿，还可以讨论、交流：怎样才能少生病？

4. 开设"小医院"角色区，投放丰富的操作材料，鼓励幼儿在操作和互动中，加深对疾病治疗和自我保健的理解。

(三)歌曲

刷 牙

1=♭E 2/4

刘正 词
大山 曲

中速稍慢

5 3 3 1 | 2 - | 5 3 3 1 | 2 - | 6 1 2 | 3 1 2 |
清晨我刷牙， 水杯手中拿， 小牙刷 刷一刷，

6 1 2 | 3 1 2 | 5 5 3 2 | 3 2 5 | 1 - | 1 0 ‖
小嘴巴 漱一漱， 开出一朵小 白 花。

适用年龄 3~4岁

渗透教育 感受刷牙的乐趣，喜欢刷牙。

使用建议

1. 教师带领幼儿随音乐一起做拿牙刷、拿水杯、刷牙、漱口等动作，最后以游戏的口吻，比一比谁的嘴里开出了小白花。及时表扬认真"刷牙"的幼儿。

2. 在娃娃家投放小牙刷、水杯，鼓励幼儿帮娃娃刷牙。

刷 牙 歌

1=C 2/4

佚名 词
陈年芳 曲

(3 2 3 5 | 3 2 3 | 3 2 3 5 | 6 5 6 | 1̇. 2̇ | 1̇ 5 |

6 6 6 | 6 0) 3 6 | 6 0 | 1̇ 5 | 6 0 |
　　　　　　　小牙刷， 手中拿，

3. 5 | 6 5 | 3 5 6 2 | 3 - | 3 2 3 5 | 3 2 3 |
顺着牙缝 上下刷。 里里外外都刷刷，

| 3 2 3 5 | 6 5 6 | 1. 1 | 6 5 | 3 5 | 6 - |

刷 得 满 嘴 白 花 花。 大 家 夸 我 讲 卫 生，

| × ×. | 5. 5 5 6 | 2. 1 | 6 5 0 | 6 2 1 6 | 6 - ‖

哈 哈！ 笑 一 笑 露 出 一 口 小 白 牙。

适用年龄 4～5 岁

渗透教育 掌握刷牙的方法，养成刷牙的习惯。

使用建议

1. 学唱歌曲。

2. 听着音乐和老师一起做刷牙的动作。

3. 两名幼儿面对面坐着，听着音乐做刷牙动作。最后两名幼儿互相笑一笑，比一比谁的牙更白。

4. 家长和幼儿一起，早晚认真刷牙，比比谁的牙刷得干净，帮助幼儿养成刷牙的习惯。

一 双 小 手

1=D 2/4

金 波 词
潘振声 曲

| 6 6 6 | 6 0 | 3 1 5 | 6 0 | 5 5 3 |

1. 有 一 双 小 脏 手， 要 去
2. 有 一 双 小 脏 手， 去 抱
3. 这 一 双 小 脏 手， 拧 开 了
4. 大 馒 头 笑 开 了 口， 娃 娃 也

| 2 3 5 6 | 3. 2 | 3 0 | 3 3 3 2 | 1 6 0 |

拿 馒 头， 馒 头 嫌 他 脏，
布 娃 娃， 娃 娃 嫌 他 脏，
水 龙 头， 洗 呀 洗 干 净，
点 点 头， 大 家 喜 欢 他，

| 3 5 3 2 | 1 0 | 1 2 3 | 5 6̇ 1̇ | 2̇ 3̇ 2̇ 1̇ |

把 头 扭 一 扭！　　　把　头　扭 一 扭
都 不 喜 欢 他！　　　都　不　喜 欢 他
洗 呀 洗 干 净，　　　你 看 看　我 有 一 双 干　净 的
夸 他 这 双 手，　　　都 愿 和 他　做 呀 做 朋

结束句

| 6̇ 0 | 1̇ 2̇ 3̇ 3̇ 5 | 6̇ 1̇ | 2̇ 3̇ 5 3 | 6̇. 5 | 6̇ 0 0 ‖

喂。　都 愿 和 他 做 呀 做 朋 友 喂。
呀。
手！
友。

适用年龄　4～5 岁

渗透教育　知道不洗手的坏处、洗干净手的好处，养成勤洗手的习惯。

使用建议

1.学唱歌曲。在欣赏、表演唱的过程中，理解歌词的含义，使其蕴含的规则和要求内化，潜移默化地指导幼儿的行为。

2.听着音乐，做相应的动作，并表演唱。

小 手 拍 拍

1=D 4/4

佚名　词曲

| 3 6 5 3 6 6 | 3 6 5 3 6 6 | 5 6 5 3 2 — | 5 6 5 3 2 — |

1-5.小 手 拍 拍，　小 手 拍 拍。　手 指 伸 出 来，　　手 指 伸 出 来。

| 2 3 5 6 5 3 | 2 3 5 6 5 3 | 5 6 3 2 1 — | 5 6 3 2 1 — ‖

眼　睛 在 哪 里？　眼　睛 在 这 里。　用 手 指 出 来，　　用 手 指 出 来。
嘴　巴 在 哪 里？　嘴　巴 在 这 里。　用 手 指 出 来，　　用 手 指 出 来。
耳　朵 在 哪 里？　耳　朵 在 这 里。　用 手 指 出 来，　　用 手 指 出 来。
眉　毛 在 哪 里？　眉　毛 在 这 里。　用 手 指 出 来，　　用 手 指 出 来。
鼻　子 在 哪 里？　鼻　子 在 这 里。　用 手 指 出 来，　　用 手 指 出 来。

适用年龄 3~4岁

渗透教育 熟悉五官的位置和名称。

使用建议

幼儿两两对坐，边唱歌边用手指五官。

头发 肩膀 膝盖 脚

1 = D 2/4   童谣

| 5. 6 5 4 | 3 4 5 | 2 3 4 | 3 4 5 |
| 头 发 肩膀 膝 盖 脚，| 膝 盖 脚，| 膝 盖 脚，|

| 5. 6 5 4 | 3 4 5 | 2 2 5 5 | 3 3 1 ‖
| 头 发 肩膀 膝 盖 脚，| 眼 睛 耳朵 鼻 子 嘴。|

适用年龄 4~5岁

渗透教育 熟悉身体部位。

使用建议

1. 跟着音乐，很快地指出自己身上的相应部位。

2. 改变音乐速度，试着很快很快地边唱边做，或很慢很慢地边唱边做，或一会儿快快唱一会儿慢慢唱并且边唱边做。看看谁能唱得对也做得对。

3. 在每次唱到"脚"这个字时只做动作不出声；再把身体的其他一个或两个部位放到心里唱。

快 来 拍 拍

1 = C 2/4   欧美童谣

| 0 5 | 1 1 3 | 5 5 5 | 1 7 6 | 5 5 3 |
| 快 来! 拍拍 头，| 拍拍 肩，| 拍拍 腰，| 拍拍 |

| 4 4 4 3 | 2 2 3 | 4 4 3 2 | 1 0 ‖
| 膝 盖，拍拍 脚，| 拍拍 膝 盖，拍拍 脚。|

107

适用年龄　4~6岁

渗透教育　认识身体的不同部位。

使用建议

1. 根据歌词拍身体相应部位，唱到"拍拍"时，即拍手。

2. 教师变换前奏速度，幼儿根据前奏速度的提示快快地唱或慢慢地唱，并随演唱速度做快慢不同的身体动作。

3. 控制性练习。先由教师提出省略某身体部位的歌词不唱，只做动作。如"膝盖"处不唱，只做拍膝动作。然后，由幼儿提出省略某身体部位的歌词不唱，只做动作，并由提出建议的幼儿带领全体幼儿做一做。

三　轻　歌

1=C　2/4　　　　　　　　　　　　　　佚名　词曲

| 5　3　5 | 5　3　5 | 5　5　6　i | 7　6　5 |
| 走　路　轻， | 说　话　轻， | 放　下　东　西 | 也　要　轻， |

| 6　i　5　6 | 5　6　3 | 5　3　2　5 | 1　- |
| 不　要　老　师　告　诉　我， | | 自　己　会　留　心。 | |

适用年龄　3~5岁

渗透教育　保护耳朵。

使用建议

1. 学唱歌曲，引导幼儿比较轻轻的声音和重重的声音给人带来的不同感受。

2. 可配合"保护耳朵"的教育活动使用，帮助幼儿了解保护耳朵的重要性和方法。

眼 睛 操

1=F 2/4   文沅凤　改编

中速

```
      5 6  3 6  | 5 6 1  2  | 3  2 3 2 | 1  2 3 2 |
(闭目)1.小朋 友 呀  爱 画 画，  闭 上眼睛   想 一 想，
(转动)2.伸出 小 手  画 个 圆，  眼 珠转 个  圈 儿，
(左右)3.画   只    小 蝴 蝶，  飞 在      花 园 中，
(上下)4.再   画    小 朋 友，  正 在      滑 滑 梯，
(远近)5.小朋 友 呀  在 画 画，  近 看      画 只 手，
(结束)6.小朋 友 呀  画 好 画，  闭 上眼睛   想 一 想，

  3  3 2 1  2 3 | 2 — | 1 1 1 3 2 1 6 | 5 — |
  想 想画 个   啥。       闭上眼睛想 一 想，
  这 边转 一   圈儿，      那边转 一 圈儿。
  从 东飞 到   西，       从西飞 到 东。
  滑 呀滑 滑   梯。       好像爬 高 山，
  远 看画 高   楼。       近看画 只 手，
  今 天画 的   啥。       上下左右远 近 看，

  3  3 2 1  3 | 2 — | 1 2 3 2 1 6 | 1. 1 :||
  想 想画 个  啥。       闭上眼睛想一 想  呀！
  好 好画 一  画，       看看圆不 圆    呀！
  飞 呀飞 呀  飞，       飞得真快 活    呀！
  又 像坐 飞  机，       又像坐飞 机    呀！
  远 看画 高  楼，       远看画高 楼    呀！
  上下左右远近 看，       画座大高 楼    呀！
```

适用年龄　4~6岁

渗透教育　保护眼睛。

使用建议

让幼儿伸出右手，配合歌词内容做眼睛操。

第一段：右手伸出食指作画笔，唱到"闭上眼睛想一想"时，轻轻闭上眼睛，直到本段结束。

第二段：练习眼球按顺时针、逆时针方向转动。手指同时做画圆动作，眼睛盯着手指，按顺时针或逆时针方向转动。动作重复两次，两小节一次。

第三段：练习眼球左右运动。眼球跟随手指从左向右、从右向左来回运动，动作重复两遍。

第四段：练习眼球上下运动。眼球随手指上下运动，重复练习。

第五段：远近练习。近看自己的手，把右手放在自己面前后打开向远处看，看活动室外的蓝天、树木或其他景物。动作重复两遍。

第六段：闭目。上下左右远近看两次后，唱最后一句歌词时闭目，直到音乐结束时睁开眼睛。

（四）图画书

名称　小熊宝宝绘本（共 15 本）

作者　[日] 佐佐木洋子（文・图），蒲蒲兰（译）

版本　连环画出版社 2007 年版

内容简介

这套可爱的小书，包括《吃午饭》《刷牙》《洗澡》《拉屁屁》《睡觉》《我会穿短裤了》《收起来》等共15本，涉及了幼儿生活的方方面面。可爱有趣的形象、简练生动的文字、完全符合幼儿思维的情节发展，让孩子在轻松的阅读过程中，体会到：刷牙原来是一件很重要的事情；洗澡不但不可怕，还有趣极了……并不知不觉掌握诸多生活自理的方法。适合亲子共读、小组共读以及自主阅读。

适用年龄　1～3 岁

使用建议

1. 出示画面大图，鼓励幼儿观察、猜想、讲述。

2. 为幼儿逐页讲述画面内容，帮助幼儿理解。

3. 将介绍过的图画书投放到语言区，鼓励幼儿自由翻阅，教师随机指导。

4. 将本套图画书推荐给家长，请家长鼓励幼儿在家也能像小熊宝宝和它的好朋友一样，认真刷牙、喜欢洗澡、按时睡觉……逐渐养成良好的生活习惯。

（家向）

名称　第一次自己睡觉

作者　［日］季巳明代（文），［日］长谷川香子（图），彭懿（译）

版本　北京联合出版公司 2015 年版

内容简介

每天晚上都要妈妈陪着才能入睡的小女孩樱子，有一天突然宣布：想要练习自己一个人睡觉。她还说自己已经找好了小助手，就是她心爱的小布偶们。这天晚上，樱子开始了她的第一次一个人睡觉计划……

适用年龄　3～6 岁

使用建议

1. 本书采用铅笔勾线、水彩上色的手法，营造出温暖、柔润的氛围，呈现出家庭日常生活的温馨。讲读时，可以有意识地使用平和、轻柔的语气，让幼儿在听故事、看画面的过程中，感受到安全、宁静的心理依托，自然而然地萌发出"自己一个人睡觉也不是很可怕"的感受。

2. 引导幼儿观察画面，感受樱子给小布偶排值班表时的认真、抱着小布偶睡觉时的勇敢，体会樱子为了完成"自己睡觉"的成长任务而付出的努力。

3. 读到樱子"回过头来，正要伸手去抱毛绒猫，却吃惊地瞪圆了眼睛"时，可以暂停，鼓励幼儿猜一猜发生了什么事；待幼儿充分说出自己的猜想后，再接着读，让幼儿更深地体会到妈妈对樱子的关心和爱护，从而产生情感上的共鸣。

4. 将本书推荐给家长。建议家长在鼓励幼儿自己睡觉时，不要急躁；要像书中的妈妈一样，真诚地认可幼儿的努力，并大方地给予拥抱和鼓励，鼓舞幼儿不断进步。

（家向）

名称　不要睡觉，赛莉

作者　［美］米塔罗·莫达瑞西（文·图），施敏（译）

版本　江苏凤凰少年儿童出版社 2009 年版

内容简介

到上床睡觉的时间了，小浣熊赛莉准备去睡觉。可是，它的爸爸妈妈却说："不行！"不仅这样，爸爸妈妈还烤起了饼干、做起了游戏，还要千方百计地拉着赛莉一起玩……这是怎么回事呢？

适用年龄　4～6岁

使用建议

1. 讲读图画书，引导幼儿仔细观察画面，体会故事的幽默。

2. 启发幼儿对比画面中爸爸妈妈用烤饼干、玩玩具、跳舞等诱惑赛莉不要睡觉时的动作、表情，和赛莉困倦而坚持的神态，请幼儿猜一猜：爸爸妈妈为什么不让塞莉睡觉呢？塞莉为什么坚持要睡觉？塞莉很困了，可爸爸妈妈就是不让它睡，它会有什么感觉？鼓励幼儿说一说：你觉得塞莉应该睡觉吗？爸爸妈妈应该吵塞莉吗？为什么？如果是你，你会怎么做？

3. 将图画书投放到语言区，鼓励幼儿自主阅读，或将书中的故事进行表演，在反复的阅读和再现过程中，逐渐认识到按时睡觉的重要性，明白"到了睡觉时间就不应该再吵闹"的道理。

（家向）

名称　肚子里有个火车站

作者　［德］鲁斯曼·安娜（著·绘），［德］舒尔茨·史蒂芬（绘），张振（译）

版本　北京科学技术出版社2015年版

内容简介

在每个小朋友的肚子里都有一座"肚子火车站"，里面住着许多小精灵。小精灵们每天勤劳地工作，把食物变成泥，装到火车上，送到弯弯曲曲的隧道里去。小姑娘茱莉娅吃饭时狼吞虎咽，吃得很多、很快，结果，她的肚子火车站里就发生了"可怕"的事情……

适用年龄　4～6岁

使用建议

1. 讲读图画书，引导幼儿仔细观察画面，理解小精灵的工作和茱莉娅的关系，想一想：小精灵把食物弄成泥后，装上小火车，这些食物泥会到哪里去呢？

2. 引导幼儿对小精灵产生感恩的情感，鼓励幼儿充分讨论：小精灵辛苦工作，帮助我们把吃进肚子的食物变成营养，让我们长高、长大。我们可以怎样做，能让小精灵们工作得轻松一些？

3. 在进餐环节中，引导幼儿细嚼慢咽、适量饮食，养成良好的饮食习惯。

（家向）

名称 谁是蛀虫的朋友？

作者 ［日］七尾纯（文），［日］今井弓子（图），猿渡静子（译）

版本 南海出版公司 2009 年版

内容简介

小冬的嘴里，住着一群蛀虫，它们每天拼命地工作，要把小冬的牙齿变成蛀牙。小朋友，你想和蛀虫成为好朋友吗？

适用年龄 3～5 岁

使用建议

1. 引导幼儿观察画面，说一说：蛀虫住在哪里？它们吃什么？它们什么时候工作？是怎样工作的？为什么小冬每天刷牙还会有蛀牙？启发幼儿从绘本中找到答案。

2. 请幼儿思考：怎样才能把蛀虫赶走？鼓励幼儿将自己的想法用绘画等方式记录下来，并张贴在盥洗室墙面。

3. 提醒、督促幼儿饭后认真漱口，清除口腔中的食物残渣。

4. 在家长会或育儿沙龙上，分享书后附的拓展阅读文章《给妈妈的话——别让孩子和"蛀虫"做朋友》，组织家长讨论爱牙护牙的相关话题，请家长提醒幼儿平时少吃甜食。家园配合，共同帮助幼儿养成饭后漱口、早晚认真刷牙的习惯。

（家向）

名称 一颗超级顽固的牙

作者 ［英］夏洛特·米德尔顿（著），彭懿（译）

版本 新星出版社 2012 年版

内容简介

小女孩塔比莎发现自己有一颗牙松动了，爸爸告诉她："如果把这颗牙放在枕头底下，会有牙齿小精灵把它收走，还会给你一些钱。"于是，塔比莎想尽了办法让这颗牙掉下来。可是，这却是一颗超级顽固的牙齿。直到有一天，塔比莎打了一个喷嚏……

适用年龄 5～6岁

使用建议

1. 引导幼儿观察图画内容，鼓励幼儿大胆猜测故事内容。

2. 请幼儿说说自己有没有松动的牙齿，自己是怎么做的等等，回忆、分享自己的换牙经历和感受。

3. 幼儿熟悉本书后，可以帮助幼儿了解牙齿的生长和脱落顺序，以及换牙时正确的保健方法，帮助孩子们快乐、从容地度过换牙期。

（李蕊）

名称 挺起胸来，直起背

作者 ［日］小林雅子（文），［日］长野英子（图），猿渡静子（译）

版本 南海出版公司2009年版

内容简介

为什么直起背会让人觉得舒服呢？正在长身体的孩子，如果坐姿总不正确的话，会有什么后果呢？哪些食物是骨头最需要的？哪些东西吃多了会让骨头变得越来越差？怎样能让骨头更强壮？让我们一起到这本书里来找答案吧。

适用年龄 5～6岁

使用建议

1. 讲读后，请幼儿说一说：这本书让你印象最深的是哪一页？你从这一页里知道了什么？鼓励幼儿充分交流。

2. 激发幼儿思考：关于骨头，你还有什么问题？引导幼儿从书中寻找答案，同伴之间互相解答。如果还有大家都解答不了的问题，请幼儿讨论可以怎么办，引导幼儿想出更多解决问题的办法，如：把问题记下来，分工回家请爸爸妈妈帮忙；请幼儿园的保健医帮忙解答；等等。鼓励幼儿按照自己的想法去寻找答案。

3. 将本书投放到图书区，鼓励幼儿自主阅读。

4. 在科学区投放可活动的人体骨骼支架图卡，供幼儿自由探索。

5. 指导幼儿习得正确的走姿、坐姿、站姿，并在日常生活中经常提醒，帮助幼儿养成良好的习惯。

（家向）

名称　打预防针，我不怕

作者　［日］小林雅子（文），［日］冈边理香（图），［日］猿渡静子（译）

版本　南海出版公司 2009 年版

内容简介

朵朵要和妈妈一起去医院打预防针了，心里有些害怕。可是为了不生可怕的病，朵朵还是勇敢地打完了预防针。本书生动地描述了打针前、后孩子的心理动态，在引发孩子共情的同时，让孩子们了解预防接种对身体的好处，从而疏导孩子对打预防针的抗拒心理。

适用年龄　4~6 岁

使用建议

1. 在打预防针前，教师或家长可以陪伴幼儿阅读本书，进行心理的疏导。

2. 教师或家长还可以形象地为孩子讲解打预防针的作用，如打预防针是在给我们的身体输送健康的能量，让幼儿更容易理解。

3. 请保健医为幼儿讲解不同的预防针有不同的作用，增进幼儿对预防接种的了解，明白为什么要打许多种不同的预防针。

4. 幼儿配合完成预防接种后，要及时给予鼓励和肯定。

（任胡桐）

（五）游戏

我爱洗澡

游戏材料

1. 音乐《我爱洗澡》。

2. 浴花、毛绒玩具。

游戏玩法

1. 教师引导幼儿讲述并模仿洗澡的过程。

2. 教师请个别幼儿讲述并模仿动作，引导幼儿一起跟做。

3. 播放音乐《我爱洗澡》，幼儿手拿浴花随着音乐的节奏围着圆圈走，到"美人鱼，想逃跑"的时候跳进圈里，开始洗澡；到"噜啦啦噜啦啦"的时候跳出圈外，按节奏拍手走路，重复进行动作。

4. 音乐停止后，请毛绒玩具来检查幼儿洗干净没有，适当地提出小手、肚皮等地方没有洗干净，要求重新再洗一次。变换相应的动作再次游戏。

适用年龄　3~4岁

渗透教育

1. 体验与同伴一起模仿洗澡的快乐。
2. 喜欢洗澡，愿意洗澡。

（张旭）

给娃娃洗澡

游戏材料

1. 在娃娃家的一角设置小浴室，投放淋浴喷头、小浴花、沐浴露瓶、洗发水瓶、毛巾、身体乳瓶等材料。

2. 在墙上张贴给娃娃洗澡的步骤图（呈现脱衣、洗脸、洗头、洗脖子、洗前胸、后背、胳膊、屁股、大腿、小腿、脚丫、擦干、抹油、穿衣等具体步骤）。

游戏玩法

1. 幼儿可按照步骤图的提示，给娃娃洗澡。

2. 也可按照自己的生活经验和想象，给娃娃洗澡，或重点洗一洗特别脏的部位，等等。

适用年龄　3~5岁

渗透教育　掌握洗澡的步骤和方法。

（家向）

贴 五 官

游戏材料

画好的脸部轮廓,背面粘有软性磁铁的形状、大小不同的眼睛、鼻子、嘴巴和耳朵。

游戏玩法

1. 请幼儿将五官自由组合在脸的合理位置,形成一张完整的脸。

2. 通过组合和变换,引导幼儿在游戏中发现,不同的五官组合会形成不同的长相和表情。

3. 如果没有软性磁铁,教师还可以剪下五官,让幼儿用胶棒将五官粘贴在画好的脸上。

适用年龄 3~4 岁

渗透教育

1. 了解五官的位置和名称。

2. 通过不同的组合,让幼儿认识不同的表情。

给小鲨鱼刷牙

游戏材料

1. 大小不同、可以张嘴的有牙齿的玩具小鲨鱼若干个(见图 2-8)。

2. 大小不同的牙刷若干把。

3. 将刷牙的步骤图张贴在相应的活动区(见图 2-9)。

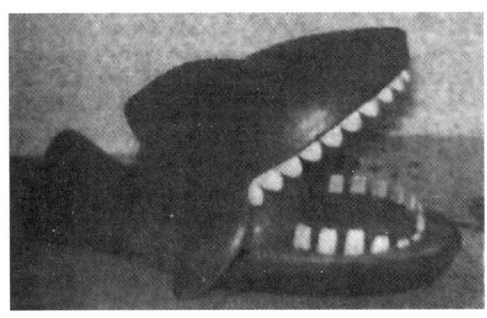

图 2-8

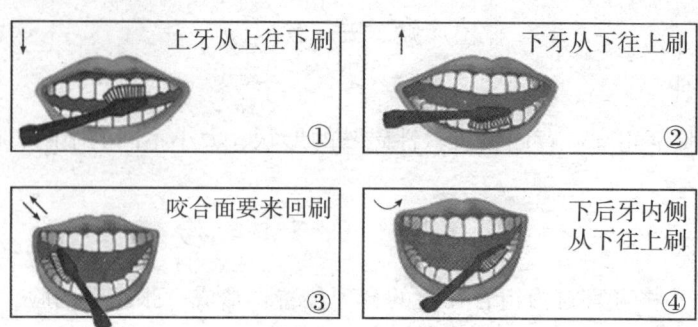

图 2-9

游戏玩法

1. 幼儿边说儿歌边给小鲨鱼刷牙，或在教师的引导下学习用正确方法给小鲨鱼刷牙。

2. 幼儿可根据小鲨鱼的大小，选择不同大小的牙刷。

适用年龄 3～5 岁

渗透教育 掌握刷牙的方法。

眼 睛 操

游戏玩法

1. 边说儿歌边做动作。

2. 幼儿两两对坐，边说儿歌边做动作，看谁说得对又做得好。

适用年龄 3～6 岁

渗透教育 保护眼睛。

附作品及动作建议

眼睛操（一）

天上鸟儿飞，（眼睛向上看，两臂在体侧上下摆动，做鸟飞状）

地上小虫爬。（眼睛向下看，双手在腹前，十指当虫爪做爬动动作）

左边有棵树，（眼睛向左看，头不转动。左臂屈肘左侧举）

右边开朵花。(眼睛向右看,头不转动。右臂屈肘右侧举)

上下左右看一看,(眼睛环视一周,头不转动。双手叉腰)

眼里都是画。(眼睛自然前平视,双手在胸前有节奏地拍手)

眼睛操(二)

上边天,(眼睛向上看,一手指天空)

下边地,(眼睛向下看,一手指地)

左左、右右,看仔细。(眼睛向左看,左手左指;眼睛向右看,右手右指)

想个好主意。(右手食指指右额,表示计上心来)

(俞昌珈)

健康生活游戏棋

游戏材料

健康生活游戏棋[①](见图 2-10)。

游戏玩法

1. 幼儿各选一种颜色的棋子,放在起点。先掷色子决定先后(掷出的数大者先走),然后轮流按自己掷出的数走棋。

2. 当棋子所停的地方有图文说明时,请按说明做。"连一次"为再掷一次色子,"停一次"为少掷一次色子。如果最后掷出的色子数多于到终点的步数,应按多出的数退回来,直到掷出合适的数。

3. 先到终点者为胜,可以取一张积分卡,写上自己的名字,再贴上一朵小红花。

4. 此棋可以 2~4 人一起玩。

---

① 人民教育出版社课程教材研究所学前教育课程教材研究开发中心. 熊猫桐桐游戏棋:幼儿安全游戏棋[Z]. 北京:人民教育出版社,2015.

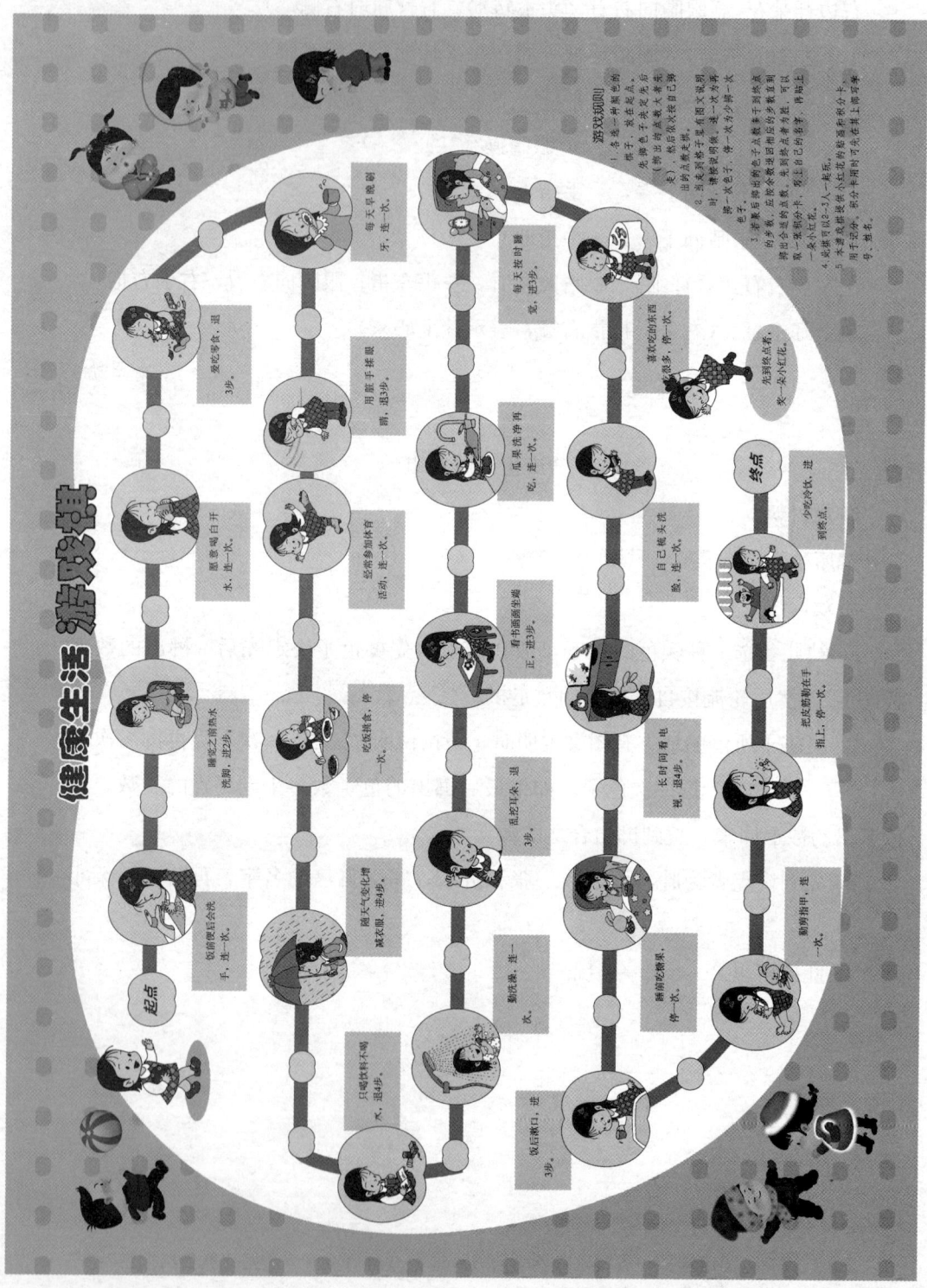

图 2-10

适用年龄　4～5岁

渗透教育　养成健康的生活习惯。

小 熊 拔 牙

游戏材料

角色（熊妈妈、小熊娃娃、小白兔医生、小黄狗、小花猫、大尾巴松鼠、美丽的小鸟）头饰和服装，板凳、梯子、钳子、勺子等道具。

游戏玩法

幼儿熟悉情节后，分角色进行表演。

适用年龄　4～6岁

渗透教育　了解保护牙齿的重要性，知道怎样保护牙齿。

附作品

小 熊 拔 牙

人物：熊妈妈、小熊娃娃、小白兔医生、小黄狗、小花猫、大尾巴松鼠、美丽的小鸟

妈：我是熊妈妈。

熊：我是小熊娃娃。

妈：我长得又胖又大，

熊：我就像我妈妈。

妈：妈妈要去上班，

熊：小熊在家玩耍，

妈妈：不对，你要先洗脸……

小熊：嗯嗯……好吧，洗一下。

妈妈：不对，你还要刷牙……

小熊：嗯嗯，好吧，刷一下。

妈妈：不对，要好好地刷。

　　　还有……

小熊：还有，还有……

　　　什么也没啦！

妈妈：不对，想想吧！

　　　……不自己拿饼干？

　　　……不自己……

小熊：好啦，好啦，都知道啦——

　　　不自己拿饼干，

　　　不自己吃甜瓜；

　　　不许抓糖球，

　　　还不许打架……

（小熊用脑袋把妈妈往门口顶，妈妈疼爱地戳一下它的额头，出去了。）

小熊：妈妈上班了，啦啦啦，

　　　现在我当家，啦啦啦；

　　　先唱个小熊歌：

　　　1234，哇呀呀呀，呀。

　　　再跳个小熊舞：

　　　5432，蹦蹦蹦蹦，哒！

　　　唉呀，答应过妈妈洗脸呀。

　　　先洗洗小熊眼，

　　　再擦擦熊嘴巴；

　　　熊鼻子抹一抹，

　　　熊耳朵拉两拉；

　　　熊头发梳三下，

　　　嗯，就不爱刷牙。

　　　那——那就不刷吧！

　　　饼干拿一叠……

　　　唉！答应过不吃它。

　　　糖球抓一把……

　　　唉！也答应不吃它。

　　　这罐甜蜂蜜，

　　　哈，没说过不吃它。

这筒果子酱，
哈，妈妈也忘了提它。

先吃一匙蜜，
呀，真甜！
再来它一匙酱，
哈，多鲜哪！
哼，匙子才舀一点点，
不如盛一盘；
越吃越想吃，
干脆添一碗。
一匙，一盘，一大碗，
吃完挨个儿舔三舔……

小熊吃得真高兴，
小熊吃得肚子圆；
啦啦啦，甜到舌头底，
啦啦啦，甜到牙齿尖。
咦？咝，咝，咝——
怎么甜变了酸？
酸到舌头底，
酸到了牙齿尖。

唉呀呀！嘶，嘶，嘶，
怎么酸变了疼？
疼得没法儿办。
哎哟，哎——哟！
疼得小熊直打转，
疼得小熊直叫唤。

（小白兔上）

小兔：身穿白衣裳，
　　　手提医药箱，
　　　每天给人去看病，
　　　小兔大夫真正忙。

小熊：大夫，大夫，快来呀！
　　　我牙齿疼得像针扎……

小兔：你先别哎哟，
　　　别直着嗓子叫。
　　　张开嘴巴来，
　　　让我瞧一瞧。
　　　哎，你的牙齿真不好。
　　　唔，这一颗要补一补，
　　　唔，这一颗嘛，要拔掉。
　　　你坐好，呀，我够不着。
　　　你怎么长得这么高?!
　　　搬个板凳当梯子，
　　　爬上去给你打麻药。
　　　你坐好，别害怕，
　　　钳子夹牢才能拔！
　　　……拔呀，拔呀，拔不动它，
　　　唉！你的牙怎么这样大?!

小熊：唉哟哟，快拔掉，
　　　你怎么长得这样——小?!

二人：小狗小狗快快来！

小狗：汪汪汪，我来了。

三人：帮助快把牙拔掉。
　　　拔呀，拔呀，拔不动……
　　　你这颗牙这么重?!

小熊：唉哟哟，快拔掉，

　　　疼得小熊眼泪冒。

三人：小猫小猫快快来。

小猫：喵喵喵，我来了。

四人：帮助快把牙拔掉。

　　　拔呀，拔，唉呀！（众差一点跌倒）

小兔：呀！夹碎了……

　　　你这颗牙齿都烂透了。

小熊：哎哟哟，快拔掉，

　　　疼得小熊双脚跳。

四人：松鼠松鼠快快来！

松鼠：吱吱吱，我来了。

五人：帮助快把牙拔掉。

　　　拔呀，拔，还是拔不动，

　　　你这颗牙齿真要命。

　　　小鸟，小鸟，快快来！

小鸟：叽叽叽，我来了。

六人：帮助快把牙拔掉。

　　　拔呀，拔呀，拔不掉，

　　　一二，一二，一二，

　　　哎哟，哎哟，哎哟哟！

　　　（咕咚！大家一齐摔倒在地）

　　　总算拔掉了。

小兔：现在还疼吗？

小熊：嘻，一点儿也不疼了。

小兔：好，现在涂上一点儿药，

　　　以后牙齿要保护好；

　　　不然一颗一颗都要烂，

　　　一颗一颗都要这样来拔掉。

小熊：嗯嗯，我不来，

　　　嗯嗯，我不干——

　　　为什么光叫我牙疼，

　　　你们牙齿都不烂？！

小兔：我们从来不挑食，

小狗：汪汪汪，从来不多吃甜饼干。

小猫：喵喵喵，也不偷把蜂蜜吃。

松鼠：吱吱吱，也不偷把果酱舔。

小鸟：也吃菜，也吃饭，

小猫：也吃鱼，

小狗：也吃蛋，

松鼠：也吃胡萝卜，

小鸟：也吃玉米面……

众　：阿姨给什么吃什么，

　　　牙齿每天刷几遍。

小熊：那……以后我也不挑食，

　　　每天把牙齿刷几遍。

众　：早一遍，晚一遍，

小熊：嗯，早一遍，晚一遍。

众　：（示范）这样刷，这样刷。

小熊：（学样）嗯，里里外外全刷遍。

小兔：说到一定要做到，

　　　省得把牙全拔完。

小熊：是！说到一定要做到。

众　：省得把牙齿全拔完。

（柯岩）

四、案例精选

(一) 环境创设

我会洗手（3～4岁）

渗透教育 学习洗手的正确方法。

创设说明

1. 教师向幼儿示范、讲解洗手的正确步骤和方法。

2. 将洗手的每一步正确做法拍成照片，布置在洗手池附近的墙面上，并添加文字说明（见图2-11）。

3. 引导幼儿在洗手时观察墙面照片，根据提示正确洗手。

  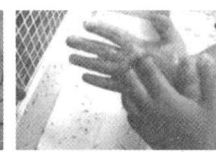 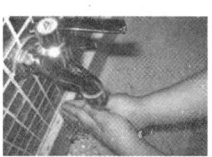
①打开龙头湿湿手　②使用香皂抹一抹　③手心手背搓搓搓　④再用清水冲一冲

⑤关好龙头甩甩手　⑥使用毛巾擦一擦　⑦我的小手干净了

图2-11

（照片提供：深圳市莲花北幼儿园）

案例分析

将洗手步骤用照片的方式呈现，并布置在洗手池附近，能够充分发挥环境的教育作用，让照片成为"不说话的老师"，随时提醒幼儿按照正确的方法洗手，有助于幼儿养成良好的洗手习惯。

健康宝宝要做到（4～5岁）

渗透教育 培养良好的生活卫生习惯。

创设说明

1. 和幼儿围绕"健康宝宝要做到哪些事情"为主题进行谈话，和幼儿一起将良好生活卫生习惯的内容进行小结，并鼓励幼儿画下来。

2. 选择生活区的一块墙面，粘贴幼儿的相关画作，并添加文字说明（见图2-12）。

3. 引导幼儿在过渡环节观察墙饰内容，鼓励、督促幼儿像图片上那样做。为幼儿提供宽松、接纳、理解、支持的精神环境，使幼儿在潜移默化中形成良好的生活卫生习惯。

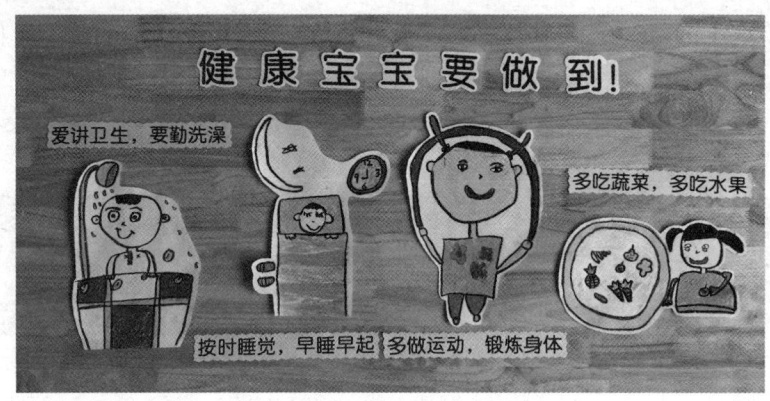

图2-12

案例分析

"讨论—绘画—上墙"的过程，实际上是帮助幼儿将自己的生活经验和已有认知进行了梳理，并以绘画的方式进行直观的呈现，一方面能使幼儿更加清晰地了解健康的生活习惯有哪些，另一方面可以积极引导幼儿形成稳定的常规，逐渐养成良好的生活卫生习惯。

（李国雯　马玉竹）

换牙我不怕（5～6岁）

渗透教育　了解换牙期保护牙齿的方法。

创设说明

1. 在开展换牙相关的教学活动前，鼓励幼儿关注自己乳牙松动、掉落的情况，将自己的感受画出来。鼓励幼儿相互交流，引导幼儿认识到换牙、掉牙是正常现象。

2. 开展相关教学活动后，和幼儿一起小结换牙时保护牙齿的方法，并进行主题绘画"换牙时要注意什么"。

3. 将幼儿的作品布置到墙面上（见图 2-13），平时提醒幼儿注意换牙期的牙齿保健。

图 2-13

案例分析

大班幼儿正值换牙期，幼儿发现自己掉牙了容易感到恐慌、不知所措。通过开展相关教学活动，并引导幼儿将自己的感受表达出来，变为墙饰，可以帮助幼儿缓解心理压力，并了解在这一特殊时期的应对方法，知道在换牙期如何保护牙齿。

（李国雯　马玉竹）

（二）生活与游戏中的教育

学会照顾小鼻子
——在日常生活中渗透指导

天气转凉了，有许多孩子常流鼻涕，我利用这些机会教给孩子擤鼻涕的正确方法，并把"如何擤鼻涕"的图示张贴在盥洗室。但在游戏时我发现，孩子们经常用手背或袖子擦拭鼻涕。通过谈话，我了解到，幼儿不愿意到盥洗室去擤鼻涕，是因为不愿意浪费宝贵的游戏时间。于是，我请值日生每天在每个游戏区放一些大小适宜的卫生纸，再放一个装废纸的垃圾盒，待幼儿玩游戏有鼻涕时，会很方便地用纸擤鼻涕。游戏结束时，幼儿整理完玩具，再把垃圾盒里的纸倒掉，很快解决了擦鼻涕的问题。

案例分析

教师能及时观察、了解到幼儿的需要，并为幼儿提供便利条件，从而使他们的生活技能得到锻炼，卫生习惯得到培养，有助于养成健康的生活方式。

娃娃家里的厕所
——游戏中的巩固练习

新学期开始了，刚来园的小班幼儿最害怕的就是上厕所。针对这种情况，我及时调整了班里的厕所环境，在厕所里贴上可爱的动物形象，并在蹲便池贴上小脚印，还增加了两个便盆，消除了幼儿的陌生感和恐惧感。同时，在娃娃家中也专门腾出一块地方，建了一间小小的"宝宝厕所"，并为幼儿准备了卫生纸、垃圾筐等物品。通过这个"宝宝厕所"，孩子们在游戏中学会了如厕的方法，有大小便都能主动告诉老师。现在，他们再也不怕上厕所了。

案例分析

刚刚来园的幼儿对幼儿园环境感到陌生，又不会穿脱裤子、擦屁股，在家用惯了便盆，不会蹲着如厕，也不敢向老师求助，因此，总是不愿或不敢在幼儿园上厕所，容易出现便溺在裤子里的现象。教师通过及时调整班里厕所的环境，使幼儿感到安全、温馨，进而在游戏中指导他们学习如厕，让幼儿再也不怕上厕所了。

催 眠 闹 钟
——家园合作指导

闹闹喜欢睡前看电视，晚上都困得睁不开眼睛了，还忍着困意看着。爸爸妈妈提醒他好多次，可他还是不肯睡，于是妈妈就用讲故事的方法吸引他，偶尔几次还行，时间长了闹闹就不听了。

有一次，爸爸去幼儿园参加半日开放活动，闹闹一听到老师放音乐就知道该收玩具了。爸爸问闹闹："你怎么知道该收玩具了？"闹闹理直气壮地说："老师和我们定好的。"爸爸很受启发，便想出了一个好方法。他给闹闹买了一个别致可爱的小猪音乐闹钟，先悄悄地藏起来。到该上床睡觉的时候，闹闹还不肯从电视机面前走开。突然,一阵优美动人的音乐旋律响了起来,把闹闹吸引过去了:"爸爸,你拿的是什么?"爸爸拿出了音乐闹钟,闹闹立即被可爱的小猪形象吸引住了,就找爸爸要。爸爸说:"它是专门叫我们睡觉的,如果你想要,就要遵守约定,每天只要一听到这个音乐声就要自己主动上床睡觉,你能做到吗?"闹闹转转眼珠说:"好,我是小男子汉,听到小猪叫我就上床睡觉!"爸爸说:"好!"他和闹闹拉钩:"说话算话。"然后把音乐小猪给了闹闹。闹闹可高兴了,自觉地抱着小猪去睡觉。渐渐地,闹闹改掉了不按时睡觉的毛病。

案例分析

约定,并且坚持,是培养孩子良好习惯的重要方法。在观摩半日活动过程中,闹闹爸爸看到了孩子有遵守约定的自觉性和能力。于是在家中,他运用孩子喜欢的玩具或形象,一起"约定"睡觉的时间,并且坚持一贯地执行,孩子睡眠习惯也就逐步养成了。

搅拌机里的苹果
——游戏区里的实验和学习

班里有几个男孩,做事不服输,什么都要争第一,连吃饭也不例外,总是嘴里的饭还没有咽下去,就赶紧举手喝汤,然后洋洋得意地看着没有吃完的同伴,露出胜利的表情。

吃饭太慢不行,吃得太快也不好——还没有嚼碎呢,肯定影响消化啊!怎么让孩子养成细嚼慢咽的习惯呢?我想了一个好办法。

我带了一个搅拌器和两个苹果,开始在游戏区做实验。

我先将苹果切成小块,平均分成两份,一份放入搅拌机中慢慢搅拌,请孩子们观察并发现其变化,然后将搅拌后的苹果泥放入一个塑料袋中;另一份苹果块则直接放入另一个塑料袋中。

挤出两个袋子中的空气后,我分别在塑料袋底部剪出同样大小的孔。告诉孩子们:这两个塑料袋代表我们的胃,两袋苹果现在的样子分别代表我们细嚼慢咽后的食物状态和狼吞虎咽后的食物状态;挤出来的苹果,代表能够被我们身体吸收的部分。请孩子们猜一猜哪个塑料袋中的苹果被挤出来的多。

然后,我请两个孩子分别挤两个塑料袋中的苹果,搅拌后的苹果泥很顺利地被挤出,而挤装着小苹果块塑料袋的孩子则急了,左揉右压,苹果块很难从小孔中出来。

孩子们纷纷说,还是搅拌后的苹果容易被挤出来啊。

我趁机问孩子们:"吃饭应该怎样吃,才能吸收得好?"孩子们说:"要慢慢吃,都嚼碎,细嚼慢咽吸收好!"

此后,再也没有孩子比赛吃饭速度了。

案例分析

教师在生活中发现了孩子们在进餐过程中的问题,并没有一味地制止或说教,而是采用了和孩子们一起做实验的方式,把抽象的知识直观化,让孩子们理解到细嚼慢咽的好处,从而纠正了不良的习惯。

(丁晶晶)

(三)教学活动

漱口咕噜噜(3~4岁)

活动目标

1. 了解漱口的重要性,知道吃完东西后要漱口。
2. 掌握正确的漱口方法。

活动准备

漱口杯及透明的一次性塑料杯每人一个,每组一盘饼干。

活动过程

1. 吃一吃

(1)教师:今天,小朋友们表现都很好,老师要请大家吃饼干。

(2)幼儿洗手后,用漱口杯接半杯温开水,围坐成几组,教师发给每组一盘饼干。

2. 找一找

(1)幼儿吃完饼干后,教师提问:饼干去哪儿了?你的嘴里还有饼干吗?

(2)请幼儿说一说饼干到哪里去了,并引导幼儿张开嘴互相看口腔中的残渣。

3. 漱一漱

（1）幼儿用自己的漱口杯漱口，并将漱口水吐入透明的一次性塑料杯中。

（2）教师引导幼儿观察并讨论：看看原来清澈的水有什么变化？为什么？

（3）教师小结：我们吃的饼干大部分都进到了肚子里，还有一些饼干渣留在口腔里，如果不及时清理干净，饼干渣就会变成小细菌破坏我们的牙齿。所以，吃完东西后要漱口。

4. 看一看

（1）教师提问：怎样漱口最干净？

（2）请幼儿听儿歌《漱口》（参见本书第71页），教师提问，帮助幼儿了解漱口的方法。

①漱口时头怎样？嘴怎么样？（抬起头，闭着嘴）

②水在嘴里会发出什么样的声音？（咕噜咕噜）

③听到声音后应该怎么办呢？（吐出水）

（3）教师带领幼儿一起学习漱口的方法。

5. 漱一漱

幼儿分组拿自己的漱口杯到饮水桶接半杯水，练习漱口，教师在旁边观察、指导。

活动建议

1. 本活动可以在加餐或午点时进行。

2. 可以把幼儿的漱口水放在科学区继续观察。待漱口水有变化时，及时引导幼儿讨论，了解残留细菌的危害。

（选自《幼儿园领域活动课程　教师用书　语言·社会·健康　小班上册》，人民教育出版社2012年版）

小脚丫（3～4岁）

活动目标

1. 了解脚的外形特征，学做脚丫操。

2. 增强脚部肌肉的灵活性。

活动准备

1. 大小适中的海绵块、纸团、小筐若干。

2. 音乐、录音机。

活动过程

1. 认识小脚丫

（1）教师和幼儿一起将自己的鞋和袜子脱掉，在地板上围坐成圆形，伸出小脚丫。

（2）教师用提问的方式，引导幼儿认识小脚丫。如：小脚丫上有什么？一只脚上长了几个脚趾头？教师和幼儿一起数数自己的脚趾头。教师还可以带领幼儿认识脚的其他部位，如脚掌、脚面、脚跟等。

2. 学做脚丫操

教师带领幼儿围坐在地面上，随着音乐边说儿歌边做脚丫操（教师可以围绕两脚能做的动作自己创编，如勾绷脚、绕圈、张开脚趾、收紧脚趾、摇晃脚丫、双脚掌拍击等）。

3. 能干的小脚丫

（1）教师在场地上散落一些纸团和海绵块。

（2）教师提出游戏要求：我们来玩搬豆的游戏；纸团和海绵块就是"豆豆"，小朋友要小心地用脚丫把"豆豆"捡到小筐里。

（3）教师与幼儿一起捡"豆豆"，教师指导幼儿脚趾要用力抓牢，提示幼儿不要把"豆豆"丢了。

（4）"豆豆"被捡完后，请幼儿坐在地上说一说：你是怎么把"豆豆"捡到小筐里的？是用脚丫的什么部位捡的？鼓励幼儿大胆交流。

（5）最后，请幼儿用两只脚掌拍击，给自己鼓掌，并一起说：小脚丫真棒！

4. 看谁穿得快又对

教师指导幼儿自己穿鞋穿袜子，活动自然结束。

活动建议

1. 如果天气暖和，此活动也可以在室外进行，幼儿赤足活动场地要干净卫生，最好是户外软地面。

2. 在午睡起床时，可以带领幼儿一起边说儿歌边做脚丫操。

附作品

脚 丫 操

小脚丫，去玩耍，

见了朋友笑哈哈。

点点头，转个圈，

拍拍手，跳个舞。

一二三四，

二二三四，

三二三四，

四二三四。

脚丫脚丫动一动，

蹦蹦跳跳真高兴。

（选自《幼儿园领域活动课程 教师用书 语言·社会·健康 小班下册》，人民教育出版社2012年版）

听听是谁在唱歌（4～5岁）

活动目标

初步了解耳朵的作用，知道保护耳朵的基本方法。

活动准备

1. 铃鼓、响板、撞钟、沙槌等打击乐器。

2. 儿歌《耳朵》（参见本书第76页）相关图片。

活动过程

1. 听听是谁在唱歌

（1）请幼儿闭上眼睛，教师逐个击打铃鼓、响板、撞钟、沙槌等，请幼儿猜一猜：是什么乐器在唱歌？你是怎么知道的？

（2）教师表扬小朋友的耳朵真灵，引出活动。

2. 试一试

（1）幼儿用手捂住耳朵，听教师朗诵儿歌《耳朵》。请幼儿将手拿开，说说儿歌中都说什么了。

(2) 幼儿不用手捂耳朵，听教师朗诵儿歌，并说说儿歌中都说什么了。

(3) 引导幼儿谈谈两次听儿歌的感受，初步了解耳朵的功能：耳朵主要是用来听声音的，它对人的生活很重要。

3. 讨论活动

(1) 启发幼儿讨论：哪些情况对耳朵有不好的影响？怎样保护耳朵呢？

(2) 教师和幼儿共同小结保护耳朵的方法：保持耳朵清洁；不随便挖耳朵；不大喊大叫；不要长时间呆在嘈杂的环境里；声音过大时，应捂住耳朵，张大嘴巴等。

4. 教师出示图片，引导幼儿学说儿歌《耳朵》。

活动建议

1. 活动后，教师引导幼儿感受噪音给人们带来的麻烦，知道轻声说话的好处。

2. 日常生活中，教师随机开展"我叫轻轻"的活动，引导幼儿轻声说话，轻轻走路，轻拿轻放玩具、物品等，避免弄出嘈杂的声音。

(选自《幼儿园领域活动课程　教师用书　语言·社会·健康　中班上册》，人民教育出版社2012年版)

奇妙的衣服（4～5岁）

活动目标

1. 初步了解皮肤的功能，知道保护皮肤的简单常识。

2. 进一步认识自己的身体，能大胆地在集体面前说出自己的想法。

活动准备

冷热水每组一杯，放大镜幼儿人手一个。

活动过程

1. 找一找

教师：小朋友，你们知道我们身体最外面的一层是什么吗？（皮肤）请你们找一找，我们身体的哪些地方有皮肤？

2. 观察、认识皮肤

(1) 教师用提问的方式，引导幼儿观察皮肤，了解皮肤的作用。

①皮肤看上去是什么样子的？皮肤上有什么？（汗毛）

②用放大镜看一看，皮肤又是什么样子的？

③你的皮肤是什么颜色的？你都见过什么颜色的皮肤？

④摸摸自己的脸，轻轻拍打自己的皮肤，你有什么感觉？

⑤摸摸桌子上的两个水杯，你的手有什么感觉？

⑥摸摸自己身上的皮肤，再摸摸桌子和椅子，感觉一样吗？有什么不一样？

⑦你身体哪些地方的皮肤最怕痒？（可以请幼儿和同伴一起相互挠一挠，感知、体验皮肤痒痒的趣味）

⑧如果尖锐的东西划伤了皮肤，会怎样呢？

⑨人如果没有皮肤行吗？

（2）教师引导幼儿小结：皮肤在我们身体的最外层，具有保护身体的作用。皮肤还能调节体温，有各种感觉，就好像我们穿了一件奇妙的衣服。如果没有皮肤，我们就没有冷、热、痒、疼痛等感觉。天热了，皮肤可以排汗、散热；天冷了，皮肤上的毛孔会紧缩，不让冷空气进入身体。

3. 了解保护皮肤的方法

（1）教师：皮肤对我们很重要，我们要怎样保护它呢？在日常生活中应该注意些什么呢？

（2）先请幼儿与旁边的伙伴议一议，再请几名幼儿在集体面前说一说。

（3）教师小结：皮肤对我们非常重要，我们要好好保护它。要经常洗脸、洗手、洗澡、洗头，勤换衣服，保持皮肤干净；不碰尖锐的东西，防止戳伤或划伤皮肤；夏天穿短衣衫，走路要小心，不要摔跤，防止跌伤皮肤；冬天天冷，要戴手套，穿厚衣服，以防冻伤皮肤，还要每天擦点护肤油，不要让皮肤太干燥；如果皮肤不小心碰破了，要及时擦药和包扎。

活动建议

1. 进行此活动时，有条件的幼儿园可以播放相应的光盘，这样更直观，更便于幼儿理解。

2. 教师可以和幼儿一起将保护皮肤的方法制作成图片，粘贴到墙上，供幼儿随时观看、讨论。

（选自《幼儿园领域活动课程 教师用书 语言·社会·健康 中班上册》，人民教育出版社2012年版）

（四）主题活动

睡 眠 日

全园规划

活动意义

睡眠是人体的一种主动过程，可以恢复精神和解除疲劳。充足的睡眠、均衡的饮食和适当的运动，是国际社会公认的三项健康标准。为唤起全民对睡眠重要性的认识，2001年，国际精神卫生和神经科学基金会主办的全球睡眠和健康计划发起了一项全球性的活动，将每年的3月21日定为世界睡眠日，意在引起人们对睡眠重要性和睡眠质量的关注。2003年中国睡眠研究会把"世界睡眠日"正式引入中国。

幼儿的身体发育和机能发展极为迅速。合理均衡的营养、充足的睡眠和适宜的锻炼，是幼儿生长发育的必要条件。对于幼儿来说，了解睡眠的重要性，养成良好的睡眠习惯，是健康生活的重要组成部分。睡眠日正是培养睡眠习惯的良好契机。

活动主题

关注睡眠，养成良好睡眠习惯。

活动目标

1. 知道"睡眠日"的含义，了解睡眠的重要性。
2. 关注自己的睡眠，养成良好的睡眠习惯。

活动形式

通过找一找、说一说、玩一玩、唱一唱、画一画、做一做，开展"我是午睡好宝宝"评比，在家长群体中开展"世界睡眠日，早睡1小时"倡议活动，宣传"家庭中幼儿睡眠护理知识""夸夸我的睡眠"等家园共育活动，多种形式相互融合，注重幼儿的参与实践，帮助幼儿养成良好的睡眠习惯。

活动内容

1. 班级教学活动

（1）找一找

◇ 调查统计班中"愿意独自睡觉"和"不愿意独自睡觉"的幼儿人数，了解幼儿的实际情况，有针对性地开展教育。

◇ 统计班级中每天睡眠达到 11~13 小时的幼儿，鼓励幼儿要按时睡觉，早睡早起，保证睡眠时间。

儿童睡眠情况调查表

幼儿姓名：　　　班级：　　　　　　　　　　　调查时间：　　年　月　日

你每天几点睡觉？		你每天几点起床？	
你在家是一个人人睡觉吗？		是	不是
你愿意一个人睡觉吗？		愿意	不愿意
你为什么愿意/不愿意一个人睡觉？			

（2）说一说

◇ 开展教学活动，让幼儿了解"睡眠日"。

◇ 学说有关睡眠的儿歌两三首，尝试仿编儿歌。

◇ 欣赏有关睡眠的故事，了解"健康睡眠"知识，明白睡眠的重要性，知道一些睡前的注意事项，了解正确的睡眠姿势，养成良好的睡眠习惯。

◇ 幼儿争当"小小宣传员"，讲述自己知道的健康睡眠的方法。

（3）玩一玩

◇ 游戏活动：幼儿听着舒缓的音乐，用肢体动作来学一学睡觉姿势，对姿势正确的幼儿给予表扬。

◇ 游戏活动：幼儿模仿成人，用拍一拍、抱一抱、摸一摸等方法，哄"小宝宝"睡觉。

（4）唱一唱

◇ 欣赏或学唱有关睡眠的歌曲一两首。

（5）画一画、做一做

◇ 制作"睡前我会做的事情"小书和"我的睡眠故事"绘画、小报活动，巩固睡眠知识。

◇ 开展"大带小"活动，大班哥哥姐姐将自己的小报内容讲给中小班的弟弟妹妹听。

◇ 将幼儿的小报合订成在一起，制作成一本书，在园内传阅。

(6) 评一评

◇ 开展"我是午睡好宝宝"活动，结合班级午睡要求进行评比，教育幼儿要向睡觉好的小朋友学习，督促幼儿养成爱睡午觉的好习惯。

◇ 坚持每天午睡起床后进行"幼儿睡眠自我评价活动"，加强睡眠习惯的养成。

2. 家园共育

(1) 医生家长进课堂

时间：3月21日（睡眠日当天）上午

内容：邀请医生家长对幼儿开展关于睡眠知识的健康教育活动，增进幼儿对睡眠的认识。

(2) 设计"儿童睡眠情况调查表"，面向全园家长发放，了解幼儿睡眠的实际情况。

(3) 邀请儿科专家围绕"睡眠与儿童健康"主题开展家长学校讲座。

(4) 向家长发起"世界睡眠日，早睡1小时"的倡议活动，唤起家长对于幼儿睡眠质量和睡眠时间的重视。

(5) 在家长园地中张贴"家庭中幼儿睡眠护理知识"的文章，丰富家长的睡眠知识。

(6) 下午离园前开展"家长义工讲故事"活动，由家长义工为幼儿讲述有关睡眠的故事，丰富幼儿经验。

(7) 本月"夸夸好孩子"活动中，请家长表扬睡眠习惯好的孩子。

3. 教师专业提升

(1) 组织教师参加家长学校讲座，了解睡眠的相关知识。

(2) 组织教师、保育员观看录像《午睡的护理》，学习《幼儿园午睡管理常规》知识，并结合实际工作进行对比，寻找差距，发现问题，改进工作细节。

(3) 值班老师加强午睡巡查和午睡管理，及时发现幼儿睡眠障碍现象，及时与家长沟通，提醒家长带幼儿进行相关检查治疗。

小班活动

主题说明

在全园开展的"睡眠日"主题活动中,我们根据小班孩子的年龄特点,开展了"宝宝要睡觉""一起睡着了"等活动,让幼儿认识睡眠的重要性,了解睡眠对自己身体的重要作用;睡前我们播放轻柔的音乐或有关睡觉的故事,在区域活动中请幼儿为自己设计小床和小花被、哄娃娃睡觉等,激发幼儿愿意独立入睡、喜欢午睡的愿望,并学习正确的睡眠姿势;请医生家长进课堂、家园共同填写睡眠记录表等,帮助幼儿学习评价自己的睡眠。通过一系列的活动,让幼儿习得正确的睡眠常识,养成合理的睡眠习惯。

主题活动一览图

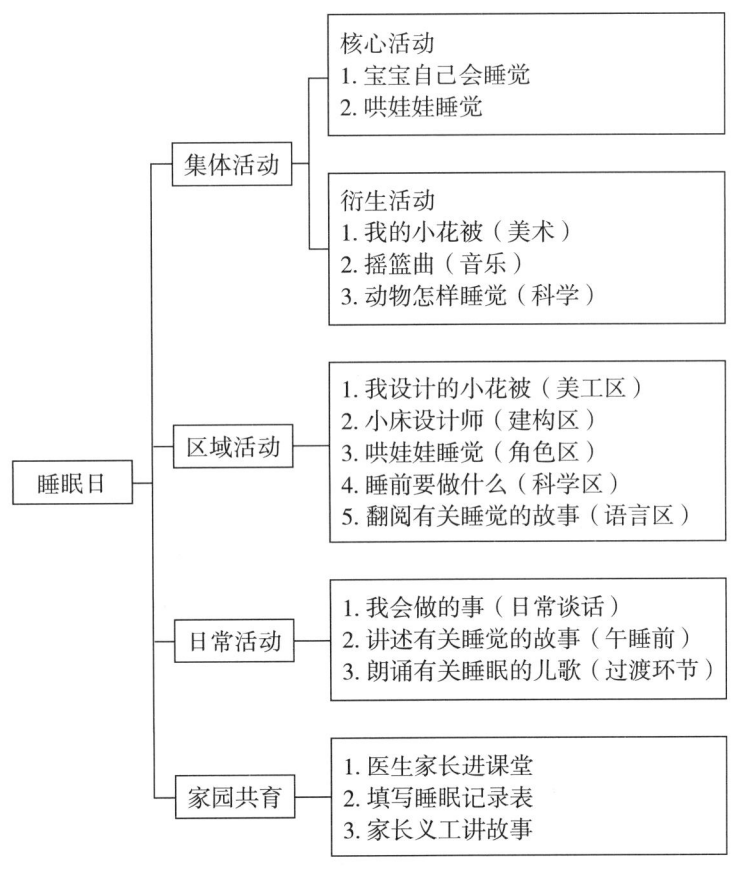

主题墙展示（部分）

版块名称	展示时间	展示内容
我的小花被	集体活动"我的小花被"之前	将幼儿带来的自己花被的照片张贴在墙面上
	区域活动"我设计的小花被"之后	将幼儿用各种材料粘贴装饰的小花被作品布置在墙面上
睡前要做什么	集体活动"宝宝自己会睡觉"之后	将睡觉前会做的事打印照片粘贴在墙面上
宝宝要睡觉	集体活动"哄娃娃睡觉"之后	将儿歌《宝宝要睡觉》图文并茂地张贴在幼儿睡眠室墙面上

区域规划

区域名称	投放材料	活动参考
角色区	◇ 创设温馨的娃娃家环境 ◇ 小床一两张，枕头、被子、娃娃若干 ◇ 音乐《摇篮曲》	哄娃娃睡觉
建构区	◇ 将各种造型的小床照片贴在建构区墙面 ◇ 长短、大小、粗细、形状不一的各种积木 ◇ 大小适宜的布单等辅助材料	小床设计师
科学区	◇ 睡眠七步曲图片	排序：睡前要做什么
美工区	◇ A4白纸、彩色纸 ◇ 毛球、扣子、碎布、吸管、压花等装饰材料 ◇ 水彩笔、油画棒、胶棒等手工用品	◇ 折叠小花被 ◇ 装饰小花被
语言区	投放有关睡觉的图书，如： ◇ 绘本《睡觉》（"小熊宝宝绘本"之一） ◇ 绘本《第一次自己睡觉》 ◇ 绘本《不要睡觉，赛莉》 （参见本书第112~114页）	◇ 自主阅读 ◇ 小组阅读 ◇ 看图讲述

核心活动

宝宝自己会睡觉

活动目标

1. 了解睡觉时的注意事项。

2. 培养良好的午睡习惯。

活动准备

1. 幼儿熟悉儿歌《宝宝自己会睡觉》。

2. 音乐《摇篮曲》、各种不正确睡姿的图片、正确的睡姿图片。

活动过程

1. 听一听，说一说

教师播放《摇篮曲》，请幼儿闭上眼睛听一听，然后睁开眼睛，说一说：听到这首音乐你有什么感觉？

2. 看一看，想一想

（1）教师出示各种不正确睡姿的图片，引导幼儿讨论：小动物听到这首音乐，也想睡觉了。请你看看，它们是怎样睡觉的？你觉得这样舒服吗？想一想：睡觉时蒙头睡会怎么样，睡觉时吃东西会怎样？鼓励幼儿充分思考、表达。

（2）教师和幼儿一起小结：蒙头睡觉会呼吸不畅，含着东西睡觉容易卡住嗓子，还会蛀牙，不正确的睡眠姿势会给我们的身体带来伤害。

（3）出示正确的睡姿图片，帮助幼儿小结：正确的睡眠姿势是将被子盖到脖子或胳肢窝下，天热的时候也可以只盖住肚皮，仰卧或右侧睡。

3. 试一试，评一评

（1）将幼儿分成两组，请每组幼儿轮流躺到小床上，摆出自己觉得最舒服、最安全的睡觉姿势。请另外一组幼儿评一评，说一说：谁睡得又舒服又安全？你为什么这样觉得？给表现好的幼儿及时鼓励。

（2）引导幼儿讨论：睡觉的时候，我们还要注意什么？和幼儿一起小结睡觉的其他注意事项，如：睡前漱口、叠好衣服、摆好鞋子、按时睡觉等。

4. 师幼共同复习儿歌《宝宝自己会睡觉》，活动自然结束。

活动建议

午睡起床后，教师和幼儿一起填写《小班幼儿午睡习惯记录表》，做到的贴上小红花,以示鼓励;没做到的不贴小红花,提出改进期望。

附作品

宝宝自己会睡觉

不要拍,不要抱,
宝宝自己会睡觉,
不要陪,不要摇,
宝宝自己睡得好。

小班幼儿午睡习惯记录表

姓名:　　　　性别:　　　　　　　　　　　　　　　　　　第＿＿周

日期	睡前漱口	安静进入睡室	在教师帮助下,有次序地脱衣服、鞋,并放在指定地点	睡眠姿势正确	无不良行为习惯(吮指、蒙头等)	听到音乐安静起床	在教师帮助下,有次序地穿衣服、鞋

哄娃娃睡觉

活动目标

1. 了解"世界睡眠日",知道睡觉对每个人都很重要。

2. 愿意照顾娃娃,培养关心他人的意识。

活动准备

《摇篮曲》音乐、布娃娃人手一个。

活动过程

1. 布娃娃睡不着

教师出示布娃娃，创设情境引出主题：天黑了，布娃娃想睡觉。可是她躺在床上怎么也睡不着。你有什么好办法帮帮她？

2. 帮帮布娃娃

（1）引导幼儿回忆生活经验，讨论哄娃娃睡觉的好办法：你的妈妈哄过你睡觉没有？是怎样做的？让你感觉怎么样？

（2）鼓励幼儿尝试用妈妈哄自己睡觉的办法哄娃娃睡觉。

（3）小结：哄娃娃睡觉时，可以唱轻柔的歌曲，讲一讲让人觉得舒服的故事，做一些安静的活动，帮助娃娃独自睡觉。

3. 了解"世界睡眠日"

重点提问：今天是3月21日，你知道是什么日子吗？

介绍：春天，小草小花开始生长了，我们小朋友的个子也要长高了，睡觉时间充足会让我们长得又高又壮又聪明。每年的3月21日是世界睡眠日，这是为了提醒大家每天都要按时睡觉。小朋友晚上要在9：00以前睡觉，早睡早起，这样第二天才会有精神。

4. 欣赏儿歌《摇篮曲》（参见本书第67页），活动自然结束。

活动建议

在角色区照顾娃娃，玩"哄娃娃睡觉"的游戏。

（主题提供：西安交通大学第一附属医院幼儿院）

第三节　生活自理能力培养

一、概述

对幼儿进行生活自理能力的培养，旨在帮助幼儿从小树立起自我服务的意识和态度，引导幼儿学习料理自己的日常生活，促使幼儿掌握基本的生活技能和劳动技能，提高幼儿的社会适应能力。

(一) 目标与内容要点

1. 树立自我服务的意识和态度

例如,知道自己的事情自己做,并能在自我服务的过程中获得一定的成就感和能力感,自立的意识逐步增强。

2. 掌握生活自理的基本技能和方法

幼儿基本的生活自理能力主要涉及进餐、喝水,穿脱衣服和鞋袜,盥洗、排便后的自理,生活与学习用品等的收拾及整理等多个方面。

(1) 进餐、喝水的自理。主要包括:用小勺吃饭、用筷子吃饭、用杯子接水和喝水、端饭、盛饭、饭后自己收拾桌面和碗筷等。

(2) 穿脱衣服和鞋袜的自理。主要包括:穿脱上衣、穿脱裤子、穿脱鞋和袜、扣纽扣、扣鞋扣、系鞋带等。

(3) 盥洗及排泄后的自理。主要包括:挽袖子、洗手、刷牙、洗脸、抹油、穿脱裤子、便后擦屁股、便后冲水等。

(4) 生活、学习用品等的收拾与整理。主要包括:收拾与整理自己的餐具、衣物、被子、玩具、文具、图书、书包等。

(二) 教育指导建议

1. 创设支持幼儿学习的环境

教师可以结合幼儿日常生活的每个环节,通过室内外不同区域的墙面布置,来提醒幼儿适宜的健康行为和方法,引导幼儿掌握基本的生活自理能力。例如,可以在盥洗间的水池处,粘贴正确洗手的几个步骤,帮助幼儿学习和掌握洗手的正确方法;在幼儿饭碗的存放处,贴上相应的标签,引导幼儿学会饭后自觉收拾和摆放碗筷;为幼儿提供自主进餐的适宜环境;等等。

2. 以建立生活常规的方式引导幼儿学习自我服务技能

在幼儿一日生活中,教师可以结合幼儿的年龄特点和学习需要,以建立常规的方式来引导幼儿学习和练习基本的自我服务技能。例如:引导小班幼儿在进入班级前,脱鞋和换鞋,脱去外衣;指导中、大班幼儿午餐后在园刷牙;要求大班幼儿起床后叠被子;等等。

3. 讲解与示范生活自理的正确方法

教师可以利用朗朗上口的儿歌,通过正确的动作示范与讲解,让幼儿了解这些自理动作的要领,引导幼儿学习、尝试、操作和不断练习,使幼儿逐步掌握正确的方法。

4. 在区角游戏中鼓励幼儿练习自理技能

教师可以为幼儿创设一些生活区角,或者在娃娃家区增添一些与自理能力相关的游戏材料,如扣纽扣、夹夹子、给娃娃喂饭,或鼓励幼儿玩插片、积木等桌面玩具,使幼儿获得小肌肉练习的机会,这有助于幼儿掌握生活自理的各项技能。

5. 在日常生活中培养幼儿的劳动意识和自理习惯

教师应抓住日常生活中的劳动契机,让幼儿通过亲身参与,体验劳动的快乐,感受劳动的价值。例如:给幼儿一些值日生的任务,让幼儿在晨间活动中摆放桌椅、擦玩具柜、整理图书和玩具,饭前分发碗勺、饭后收拾碗勺、擦桌子,离园时收放桌椅等。

6. 家园配合,支持幼儿在家的自理行为

与家长进行沟通与交流,引导家长改变包办代替的不利做法,使幼儿在家庭生活中也能获得更多地进行自我服务和自理能力锻炼的机会,家园共同配合,更好地促进幼儿自立意识的建立以及生活自理能力的发展。

二、知识窗

(一)洗脸的正确方法[①]

幼儿从毛巾架上取下小毛巾,用水冲湿拧干后,包在左手上,右手攥住毛巾。先擦洗内眼角,再擦洗外眼角,然后闭上眼睛擦眼皮。将毛巾翻到右手上,左手攥住毛巾,擦嘴角,闭上嘴巴擦嘴唇。在脸中间转三个小圈,分别擦眼睛、鼻子和嘴;再转三个大圈,分别擦额头、脸颊和下巴。接下来擦耳朵前边、耳郭和耳朵后面,然后擦脖子周围。然后,手拿毛巾一角,轻轻擦拭鼻孔和鼻翼。将用过的毛巾冲洗干净,拧干后再擦一遍,之后把毛巾冲洗干净,拧干后擦干双手。最后把毛巾折好,挂到毛巾架上。

(二)抹油的正确方法[②]

在冬、春季节,幼儿洗脸、洗手后应及时抹油,防止皮肤干燥。小班幼儿,

[①][②] 梁雅珠,陈欣欣. 幼儿园保育工作手册[M]. 北京:人民教育出版社,2016:39、42-43.

可由教师为幼儿分油；中大班幼儿可尝试自己取油，油量应为蚕豆大小。

1. 抹脸油

（1）双手手心相对，将抹在手心的油粒来回搓匀。

（2）双手手心面向脸部，并齐在脸部中心上下搓，然后两手分开竖搓两颊。

（3）一手放在前额，一手放在下巴横搓。

（4）最后，两手并齐在面部转圈，保证每一个部位都抹到。

2. 抹手油

（1）两手背相合对搓。

（2）一只手的手心搓另一只手的手背，交换进行。

（3）手腕转圈，从手腕到手掌再到指尖搓，交换进行。

（4）分别搓两个虎口的位置。

（三）擤鼻涕的正确方法

流鼻涕是幼儿常会遇到的问题，如果方法不正确可能会使鼻涕流到中耳去，造成中耳发炎。因此，帮助幼儿掌握正确的擤鼻涕方法十分重要。擤鼻涕的具体方法为：把准备好的手帕（卫生纸）放在鼻翼上，先用一指压住一侧鼻翼，使该侧的鼻腔阻塞，闭上嘴，用力将鼻涕擤出，然后用拇指、食指从鼻孔下方的两侧经中间对齐，将鼻涕擦净。再用同样的方法擤另一侧鼻孔的鼻涕。

三、素材集锦

（一）儿歌

生活自理操

小朋友，睡得早，

早睡早起身体好。

先刷牙，漱漱口，

再洗脸，转转头。

穿衣服，伸开手，

穿好袖子再系扣。

穿裤子，抬抬脚，

双手向上提提好。

弯下腰，系鞋扣，

一只左来一只右。

全身上下穿整齐，

蹦蹦跳跳出家门。

自己事情自己做，

人人夸我好宝宝。

适用年龄　3～4 岁

渗透教育　培养生活自理的习惯。

使用建议

幼儿和教师一起边有节奏地说儿歌边做操。动作说明如下。

预备姿势：原地自然站立，两眼平视前方。

　小朋　友｜睡得　早，

双腿直立，双手手心相对，放在左侧耳朵边，头向左侧倒，似睡觉的动作，左右各做一次。

　早睡　早起｜身体　好。

双臂由头上方向两侧打开，似伸懒腰状。

　先刷　牙｜漱漱　口，

右手食指伸出，横向放在嘴前面，食指上下摆动，模仿刷牙的动作，左右手各做一次。

　再洗　脸｜转转　头。

双手手心朝向面部，向左右画圈，模仿洗脸的动作两次。

　穿衣　服｜伸开　手，

双臂轮流向斜上方伸直，手心朝前。

　穿好　袖子｜再系　扣。

双手在胸前由上至下模仿系扣子的动作。

　穿裤　子｜抬抬　脚，

双脚轮流向前上方踢腿各一次。

　双手　向上｜提提　好。

身体下蹲，双手模仿提裤子动作站起来。

弯下　腰｜系鞋　扣，

身体弯腰，模仿系鞋扣的动作。

一只　左来｜一只　右。

左手拍打左脚面，右手拍打右脚面各一次。

全身　上下｜穿整　齐，

双手由下至上拍打膝盖、双肩后，双臂上举。

蹦蹦　跳跳｜出家　门。

原地向上自然跳跃。

自己　事情｜自己　做，

原地踏步。

人人　夸我｜好宝　宝。

伸出左手大拇指，再伸出右手大拇指，最后，双手同时伸出大拇指。

（徐辉　薛燕京　高静　范惠静）

擦嘴纸巾变变变

小小纸巾双手托，

对准嘴巴轻轻合。

方巾变成长方巾，

擦一擦，折一折，

擦一擦，折一折，

小嘴干净笑呵呵。

（北京市东华门幼儿园教师改编）

适用年龄　3~5岁

渗透教育　学习使用纸巾擦嘴的方法。

使用建议

1. 引导幼儿学说儿歌。

2. 教师边说儿歌边示范使用纸巾擦嘴的步骤（将纸巾由长方形变成正方形，然后对折再对折，直到变成小正方形，然后变成小球球，扔到垃圾桶里），幼儿手拿纸巾跟着学。

3. 加强进餐环节的常规要求，培养幼儿使用纸巾擦嘴的自我服务能力。

包 饺 子

卷呀卷呀卷白菜， （卷起小背心）

剥呀剥呀剥白菜， （拉开裤子前面）

装呀装呀装饺子馅儿，（把小背心下摆塞到裤子里）

捏呀捏呀捏饺子皮儿，（把塞好的衣服整理平整）

盖呀盖呀盖锅盖。 （把外衣掀下来盖好）

（北京市六一幼儿院教师改编）

适用年龄 3～5岁

渗透教育 学习提裤子后整理衣裤的方法。

使用建议

1. 教师边说儿歌，边演示整理衣裤的方法。

2. 请幼儿学说儿歌，尝试自己整理衣裤。

3. 教师观察幼儿的整理情况，进行个别指导，鼓励幼儿大胆尝试和练习。

自 己 来

自己来，自己来，

自己起床坐起来；

自己的衣服自己穿，

自己的帽子自己戴，

自己的被褥自己叠，

自己的玩具自己摆；

自己洗的脸儿净，

自己刷的牙儿白……

自己的事情自己做，

多么勤快的小乖乖！

（安栋梁）

适用年龄　3～5 岁

渗透教育　鼓励幼儿自己的事情自己做。

使用建议

1. 引导幼儿学说儿歌。

2. 请幼儿想一想：今天自己的衣服是自己穿的吗？自己的帽子是自己戴的吗？……夸奖自己做的幼儿是"多么勤快的小乖乖"。

3. 鼓励幼儿每天都能自己的事情自己做，争做"勤快的小乖乖"。

我的小巧手

我有一双小巧手，
会洗脸来会梳头。
会用筷子来吃饭，
会用温水来漱口。
会穿衣，扣纽扣，
学穿鞋，分左右。
会把衣裤来折叠，
多能干的小巧手。

适用年龄　4～6 岁

渗透教育　鼓励幼儿自己的事情自己做。

使用建议

1. 引导幼儿学说儿歌。

2. 请幼儿说一说，自己的小巧手还会做什么？

3. 在日常生活中鼓励幼儿多用自己的小巧手做事情。根据幼儿的实际情况，选择叠衣服或使用筷子作为指导重点。

别 说 我 小

妈妈你别说我小，
我会穿衣和洗脚。
爸爸你别说我小，

我会擦桌把地扫。

奶奶你别说我小,

我会给花把水浇。

现在我都长大了,

会做的事真不少。

适用年龄　4~5 岁

渗透教育　体验生活自理的自豪感,愿意自己做事。

使用建议

1. 教师朗诵儿歌,幼儿欣赏。教师可提前准备相应的图片,引导幼儿看图学说儿歌。

2. 请幼儿说说自己会做哪些事情,并将自己还会做的别的事情替换到儿歌里,创编成新的儿歌。

3. 家园配合,请家长在家里也为幼儿提供自己做事的机会,并对幼儿的进步及时给予肯定和鼓励。

系　扣　歌

花花衣,像扇门。

小纽扣,像门锁。

从下往上来关锁,

关上一个又一个。

比得准,对得齐。

再也不露小肚皮。

(富军)

适用年龄　4~5 岁

渗透教育　学习系扣子,增强生活自理能力。

使用建议

1. 教师以"布娃娃不会系扣子,小肚皮露在外面着凉了,我们快来帮帮她吧"为情境导入,和幼儿一起学说儿歌,并示范给布娃娃系扣子。

2. 在娃娃家投放多个娃娃和多件需要系扣子的上衣,鼓励幼儿常去帮娃娃系扣子。

3. 鼓励幼儿在日常生活中自己系扣子，不断巩固练习。

小小衣裤叠整齐

衣服放平铺整齐，

先将袖子抱一起，

再把腰儿弯一弯，

小小衣服叠整齐。

两条裤腿并一起，

裤腰裤腿对整齐，

再向中间折一折，

小小裤子叠整齐。

（李国雯）

适用年龄　4～5岁

渗透教育　学习叠衣服和叠裤子的方法。

使用建议

1. 幼儿学说儿歌。

2. 请幼儿每人拿一件衣服或一条裤子，按照儿歌提示的步骤动手叠一叠。

3. 坚持一贯地培养幼儿自己整理衣服的良好生活习惯。

书　包

一张嘴巴大又大，

两只耳朵长又长，

书本文具都放里，

上学带上可别忘。

适用年龄　5～6岁

渗透教育　认识小书包，培养幼儿自己整理书包的习惯。

使用建议

1. 在大班末期使用，帮助幼儿做好入小学准备。

2. 请幼儿拿出自己的书包，将书包里的东西都倒出来，试着自己装文具和书本，看怎么装最方便、整齐。

3. 请家长在家也鼓励幼儿自己整理书包，养成自理的习惯。

(二) 故事

毛 毛 球

"咚咚咚"，有敲门声。毛毛球想："糟糕，让大家看见房间这么乱多不好啊。赶快收拾，别让大家看见。"毛毛球手忙脚乱地收玩具。"还有这么多玩具没收，怎么办呀？用大床单盖住，这个方法真不错！"

小动物们说："啊！房间收拾得真干净呀。"

毛毛球说："请坐，请吃点心。"

小猴淘淘叫："哎哟，屁股被硌得好疼啊！"原来一个水杯放在了沙发上。

小猪肥肥叫："哎哟，硌了我的牙喽！"原来一块积木放到了点心里。

嘟嘟熊叫："哎哟，硌了我的脚喽！"原来毛毛球马马虎虎，把一颗糖球塞到拖鞋里了。

嘟嘟熊带领大家帮毛毛球把东西一样一样全放好。

嘟嘟熊说："你看，东西放整齐多好！"

(葛冰)

适用年龄　3～4 岁

渗透教育　知道自己玩过的玩具、图书等物品一定要放回原处。

作品分析

故事中的毛毛球因为不好好收拾玩具，结果硌到了来家里做客的好朋友。这让孩子们体会到玩具不放回原处带来的麻烦，理解收拾玩具的重要性。

使用建议

1. 教师讲述故事，提问帮助幼儿理解。如：朋友们来了，毛毛球是怎样把房间变干净的？谁被硌疼了？为什么会这样？最后毛毛球的房间怎么样了？嘟嘟熊说了什么？

2. 引导幼儿观察、整理教室的玩具、物品，体验将玩具收拾整齐的好处。

快比的玩具

"快比，妈妈刚才不是让你把玩具收好吗？怎么房间还是乱七八糟的？"

"我等一下再收嘛！"

"快比，你每次都说等一下，不行的，现在就收。"

乐茜来了："快比，我们去公园玩儿吧？"

"好啊，好啊！等一等，我去拿我的挖土机……咦，挖土机怎么不见了？"

"快比，你好了没有，快点儿！"

"等一下，我找不到我的挖土机了。"

"快比，我不等你了，我要先去公园了。"

"快——比，我在这里！"

"是谁在说话？"

"是我，我是挖土机。"

"挖土机你在哪里？"

"快比，如果你平时就把玩具收拾整齐，就不会找不到我了。"

"那我现在应该怎么办？"

"赶快把玩具收拾好吧！"

"要怎么收呢？"

"很简单，我教你念一首口诀，一边念口诀一边收，就可以把玩具收拾好了。木偶、车子和飞机放在箱子里；橡皮泥、积木和蜡笔放进盒子里。玩具收拾摆放整齐，下次再找很容易。"

"挖土机，我找到你了！"

"快比，房间收拾整齐了，我们去找乐茜玩儿吧！"

"好！"

（选自《快乐巧连智》第42期 2006.6）

适用年龄 3～5岁

渗透教育 知道玩具玩完后要收拾整齐。

作品分析

不爱收拾玩具的快比,在好朋友来叫自己玩时,因为找不着玩具,有点着急了。挖土机的建议让他很快就整理好了玩具,也让孩子们了解到一个整理玩具的好办法——分类收拾。

使用建议

1. 教师讲故事,讲到"那我现在应该怎么办?"时暂停,引导幼儿讨论:快比的玩具怎么收呢?

2. 教师继续讲故事至结尾,请幼儿说一说:挖土机是怎样教快比收玩具的?引导幼儿复述故事中的句子"木偶、车子和飞机放进箱子里;橡皮泥、积木和蜡笔放进盒子里。玩具收拾摆放整齐,下次再找很容易。"

3. 完整地欣赏故事,讨论:为什么快比一开始找不到挖土机?后来是怎么找到的?小朋友玩完玩具以后应该怎么做?

4. 建议家长:在家不要帮孩子收玩具,可以先带孩子一起收拾,然后鼓励其自己收拾。

小狗的早晨

早晨,妈妈喊:"宝宝,起来了。"小狗说:"妈妈,你来帮我穿衣服。"妈妈说:"自己穿。"小狗摇摇头:"不嘛!"

小狗来到卫生间,说:"妈妈,你来帮我刷牙。"妈妈说:"自己刷牙、洗脸。"小狗摇摇头说:"不好。"

吃早饭啦!小狗说:"妈妈喂。"妈妈说:"自己吃。"小狗摇摇头说:"不行!"

去幼儿园的时间到了,小狗急急忙忙往门口走。突然听见有人在叫他:"小狗、小狗,等等我们……"

小狗回头一看,哇!袜子、牙刷、毛巾、鸡蛋和牛奶排着队追出来了,一边追,一边叫:"小狗,你还没穿袜子呢,你还没有刷牙、洗脸呢,你还没吃早饭呢!"小狗的脸都红了,心里想:要是它们跟着我进了幼儿园,给山羊老师看见了,多不好意思呀,小朋友们会笑我的,这可怎么办呀?

妈妈说:"小狗,你有小手,要自己穿衣服、自己洗脸、自己吃早饭。"小狗又想起山羊老师也说过：自己的事情要自己做。

小狗回到家里，自己穿上了袜子，自己刷牙、洗脸，自己吃早饭。做完了这些事情以后，小狗高高兴兴地上幼儿园了！

适用年龄　3～5岁

渗透教育　知道自己会做的事情要自己做。

作品分析

夸张的情节，让孩子们在被深深吸引的同时，了解了"自己的事情要自己做"的道理。

使用建议

1. 幼儿欣赏故事。提问帮助幼儿理解故事内容，引导幼儿知道自己会做的事情要自己做。

2. 请家长配合，坚持让孩子每天自己穿衣、刷牙、洗脸、吃饭。

纽扣找朋友

"丁零零，丁零零！"午睡起床铃响了。

小朋友起来忙着穿衣服，穿鞋子。小强第一个穿好，端端正正地坐着。

小冬看了看他，忽然叫了起来："小强的衣服长了一段！"

平平也叫了起来："小强的衣服短了一段！"

华华跑过来一看，说："小强的衣服少了一只纽扣！"

林老师说："小强，早上你的纽扣扣得好好的，不多也不少，现在怎么少了一只呢？请大家帮忙找一找。"

小冬翻开被子，找呀找；平平拿起鞋子，找呀找。

华华数着小强的纽扣："一、二、三、四，啊，找到了，找到了！纽扣跑到下面去了！"

纽扣找到了，小强笑了起来。可是，他一瞧，还少了一个纽扣洞呢！

林老师说："大家再帮小强找一找。"

小朋友帮着小强找纽扣洞。

平平说："找到了，纽扣洞在上面！"

小强赶快抓住下面的一只纽扣，扣到上面的纽扣洞里去。

哎呀，小强的衣服变得乱七八糟啦！大家看了，哈哈大笑。

林老师说："小强，纽扣和纽扣洞是好朋友，让它们一对一对排着队，你会吗？"

小强赶快解开衣服，把纽扣和纽扣洞一对一对地对齐。

这回小强可认真啦，把纽扣扣好，衣服穿得很整齐，心里多高兴啊！

林老师和小朋友一起唱着歌儿："兄弟五个人，各有一扇门。如果走错门，就要笑死人！"

（倪冰如）

适用年龄　4～5 岁

渗透教育　学习扣纽扣的正确方法。

作品分析

纽扣进错洞，是幼儿在学习扣纽扣的过程中最常见的现象。解决了这个问题，也就突破了扣纽扣的难点。故事正是围绕这一难点展开，让幼儿在充满生活气息的情节中，了解了扣纽扣的正确方法。

使用建议

1. 讲述故事时，可以借助一件扣错纽扣的衣服，帮助幼儿理解小强到底遇到了什么困难。随着故事情节的发展，请幼儿也来帮忙找一找，加深印象。

2. 讲到"找到了，纽扣洞在上面！"时暂停，请幼儿想一想：纽扣和纽扣洞都找到了，现在应该怎么做呢？鼓励幼儿充分表达后，继续讲述故事。

3. 故事讲完后，请幼儿想一想：怎样才能将纽扣扣齐呢？林老师是怎么说的？鼓励幼儿动手试一试，让纽扣和纽扣洞一对一对排着队。提示幼儿从最下方的纽扣和纽扣洞开始排。

4. 家园配合，鼓励幼儿自己扣纽扣，逐渐掌握扣纽扣的方法。

自己的事儿

小熊多多一天天长大了，可他呀，连自己的事儿都不会干。

妈妈叫他扫地，他说："这小事儿我才不愿意干哩！"

妈妈叫他洗手帕，他说："这不是女孩子干的事吗？"

妈妈叫他洗洗脸，他说："我不会拧毛巾。"

这天，妈妈生气了，说："你这也不会，那也不干，长大了能干什么呢？"

多多一听，可不服气了，头也不回地往屋外走去，心里嘀咕着：谁说我不会干事儿，看我去学几门本领，回来给你瞧瞧！

多多来到孔雀大姐家里。孔雀正在练习舞蹈，动作美极了。

多多很有礼貌地说："孔雀大姐，你教我跳舞好吗？"

孔雀大姐打量了一下多多，说："当然可以，你先把头发梳理好吧。"

梳头发，怎么动手呢？在家里都是妈妈帮着弄的呀。多多胡弄了几下，头发更乱了。

孔雀大姐一看，说："头发都不会梳的孩子，还能学会跳舞吗？你还是先学梳头吧。"说完，孔雀飞走了。

多多来到面包师家里。一进门，就闻到了香香的、甜甜的味儿，多多都流口水了。

面包师正在吃早饭，听说多多想学做面包，他很高兴，顺手递个熟鸡蛋给多多说："好，先吃个鸡蛋吧，等会就干活了。"

多多把蛋拿在手上，左看右看，摸了又摸，觉得很奇怪：在家里，妈妈给他吃的蛋，都是没壳儿的，这硬壳儿怎样剥呢？

"快吃呀，孩子，还看什么呢？"

"这鸡蛋没有缝，怎么剥开呀？"

"哈哈……孩子，你还是先回家学剥鸡蛋吧！"

多多来到魔术师家里。魔术师晚上演出晚了，这时，刚好起床。他很愿意收多多做徒弟，说："等会儿就开始做，你先帮我叠好被子行吗？"

多多又难住了！把被子翻过来，翻过去，弄了半天，才揉成一团放在床边。

魔术师见了，皱紧了眉头："唉！孩子，你连身边的小事儿都不会干，还能学会别的吗！"

多多回到家里，一句话也没说，从门后拿起了扫把。

妈妈奇怪了，站在一旁看着。

多多说："妈妈，你教我吧，我要从自己的事儿学起……"

（少白）

适用年龄 5～6岁

渗透教育 知道自己的事情要自己做，养成独立自理的生活习惯。

作品分析

小熊多多的故事让孩子们明白自己的事情要自己做的道理，知道如果什么事情都不愿意自己做，就会什么本领都学不到。

使用建议

1. 帮助幼儿理解故事。

2. 请幼儿说一说：平时在家里，自己的事情是自己做的吗？你们都会做哪些事？小熊多多要从自己的事学起，他会学哪些事呢？他会怎么学、怎么做呢？请幼儿分小组自由表达自己的看法，并鼓励幼儿用自己的语言对故事进行续编。

3. 鼓励幼儿将故事和续编的内容进行分角色表演。

今天我很忙

今天是星期天。

早上，我自己叠被。第一次自己叠，叠得很慢很慢，奶奶过来帮我，我说："让我自己来，我行！"

叠好被，我陪奶奶去遛弯，一路花，一路树，一路小鸟枝头唱。

中午全家包饺子，爸爸和面，妈妈擀皮儿，我往皮儿里放肉馅儿。我放得又快又好，奶奶越包越高兴。饺子刚上桌，我忙尝一口，里面有个好鲜好鲜的小肉团。

午睡起来，奶奶捧出好多大核桃，我帮爸爸砸核桃，乒一下，乓一下，乒乒乓乓好热闹。妈妈一会儿剥了一大碗，奶奶一会儿炸了一大盘，撒上蜜，全家吃，甜到心，香满屋。

晚上看电视，奶奶睡得早，一看被窝已经铺好了，看着我，我笑她也笑。奶奶一边钻被窝，一边对我说："好暖和！"

电话铃，丁零零，原来是咪咪打过来的："喂，今天怎么没来找我玩？"

我像大人一样说："呀，对不起，今天我很忙。"

（望安）

适用年龄 5～6岁

渗透教育 乐于学习做事，能够积极参与劳动，建立对自己能力的信心。

作品分析

故事以幼儿的口吻呈现,描绘出一幅小朋友积极参与家庭劳动,并乐在其中,一家人分工有序、其乐融融的温馨场景。孩子们从故事中不仅能体会到家庭的温暖,感受到劳动的快乐,更生发出成长的自豪。

使用建议

1. 为幼儿讲述故事,引导幼儿讨论:故事中的小朋友做了哪些事?为什么他叠被子叠得很慢很慢?为什么他不让奶奶帮忙?他是怎么说的?奶奶睡觉时他帮奶奶做了什么事情?为什么奶奶说"好暖和"?

2. 请幼儿谈论自己会做和想做的事。例如:你会做哪些事?在家里帮爸爸妈妈做过哪些事?发生过哪些有意思的事情?自己还想做什么事?

3. 鼓励幼儿画一画自己会做的事,请幼儿展示自己的作品,互相讲述、评价。

4. 幼儿希望做的事可能在家里,可与家长联系,安排幼儿独立做一做。如:让幼儿学着做包子、饺子、烙饼等。也可以委托幼儿办一件事,如到超市买一样东西,给邻居送一件东西等,家长可以暗中观察幼儿做的过程,可能的话用摄像机或手机偷拍下来,和幼儿一起看看他/她是如何处理自己遇到的问题的。所做的事情可以作为演讲的内容。

(三)歌曲

生活模仿动作

佚名 曲

1=D 2/4

[1] 5　5 3 | 5　5 3 | i　i　3 | [5] 2 3 2 1 |

2 1 2 3 | [7] 5　5 | 5　- | [9] 5　5 3 | 5　5 3 |

[11] 5　i　i　3 | [13] 2 3 2 1 | 2 5 3 2 | [15] 1　1 | 1　- ‖

动作说明

第一遍音乐——穿衣

[1] 小节：抓衣领。

[2] 小节：顶在头上。

[3] 小节：穿右手。

[4] 小节：穿左手。

[5]～[8] 小节：从下往上扣纽扣。

[9] 小节：套右裤腿。

[10] 小节：套右裤腿。

[11]～[12] 小节：拎好裤子，整理。

[13] 小节：穿右脚鞋子。

[14] 小节：穿左脚鞋子。

[15]～[16] 小节：拍手。

第二遍音乐——刷牙

[1]～[4] 小节：右手伸出食指做小牙刷，上下刷牙。

[5]～[8] 小节：喝水、吐出。

[9]～[16] 小节：重复前面动作。

第三遍音乐——洗脸

[1]～[4] 小节：搓毛巾，拧毛巾。

[5]～[8] 小节：右手伸出在脸上画圈。

[9]～[16] 小节：重复前面动作。

第四遍音乐——吃早饭

[1]～[4] 小节：剥鸡蛋。

[5]～[8] 小节：吃鸡蛋。

[9]～[12] 小节：喝牛奶。

[12]～[16] 小节：端碗吃早饭。

适用年龄　3～4 岁

渗透教育　愿意自己穿衣、刷牙、洗脸、吃早饭，学习自己的事情自己做。

使用建议

1. 听着音乐和老师一起做生活模仿动作：穿衣服、刷牙、洗脸、吃早饭。

2. 幼儿自己听音乐做动作，教师用语言给予提示。

3. 请家长配合，坚持让孩子每天自己穿衣、刷牙、洗脸、吃早饭。

小弟弟早早起

木青 词
汪玲 曲

适用年龄 5～6岁

渗透教育 养成良好的自理和卫生习惯。

使用建议

1. 教师和幼儿一起演唱歌曲。

2. 为歌曲创编新词。教师提问："小弟弟除了自己的事自己做以外，还应该有哪些好习惯？"根据幼儿的回答，教师帮助整理成歌词。如："看书写字坐端正，坐呀坐端正；保护眼睛很重要，很呀很重要。"又如："黑黑头发经常洗，经呀经常洗；小小指甲要常剪，要呀要常剪"等。教师引导幼儿把创编的新词填入原歌曲的曲调唱出来。

不再麻烦好妈妈

1=C 2/4

颂今、千红 词
颂今 曲

```
5  5 6 | 5 3 0 1 | 4.   3 2 0 | 5   5 1 | 5 3 0 1 |
妈  妈 妈 妈  您 歇   会 儿 吧，  自    己 的  事 情 我

4.   3 2 0 | 3 4 3 2 | 1 1 | 3 4 3 2 | 1 1 |
会    做 了。  自 己 穿 衣  服 呀， 自 己 穿 鞋  袜 呀，

3 2 3 4 | 5 5 | 3 2 3 4 | 5 5 | 1 - | 5 - |
自 己 叠 被  子 呀， 自 己 梳 头  发 呀， 不    再

4 3 2 | 6 - | 5 4 0 3 | 2 3 | 1 - | 1 0 ||
麻 烦 您   了，  亲 爱 的 好  妈 妈。
```

适用年龄 5~6 岁

渗透教育 愿意自己的事情自己做。

使用建议

1. 请幼儿说一说：在家里，哪些事情是你们自己做的？幼儿回答后，教师可表扬幼儿已经长大了，不再什么事都麻烦妈妈，是个爱妈妈的好孩子。

2. 教师范唱歌曲，帮助幼儿熟悉歌曲内容，并提问幼儿：歌中的小朋友是怎样关心妈妈的？他会做什么事？

3. 教师带领幼儿学唱歌曲。

4. 教师启发幼儿以爱妈妈、不愿意麻烦妈妈的心情来唱这首歌，引导幼儿用亲切、连贯的声音演唱。

5. 请幼儿回家后，将这首歌唱给妈妈听，并主动帮妈妈做一些力所能及的事情。

（四）图画书

名称 妈妈，我要自己来（共 8 册）

作者 加拿大舒爱特出版公司（著），童趣出版有限公司（编译）

版本 人民邮电出版社 2014 年版

内容简介

这套"小快活卡由"幼儿自理能力培养图书，包括《我会自己刷牙》《和妈妈一起做饭》《一起去超市》《乖乖睡午觉》《自己来，小心点儿》《洗澡真好玩》《我会配合医生》《不怕去托儿所》等共 8 册。小男孩卡由的形象生动可爱，在 8 个不同的故事中，表现出强烈的独立愿望，在妈妈的包容和鼓励下，不断探索、试错，终于逐渐掌握了自己刷牙、洗澡的方法，体验到跟大人一起做饭、买东西的自豪，享受到自己做事和参与家庭生活的乐趣，获得了独立、自信的宝贵品格。

适用年龄 2~4 岁

使用建议

1. 以小组共读、亲子共读等形式，为幼儿讲读图画书。

2. 将图画书投放到语言区，鼓励幼儿自由翻阅，教师随机指导。鼓励幼儿像卡由一样，学习自己的事情自己做。

3. 向家长宣讲幼儿学习自理的重要价值和指导建议；将这套图画书推荐给家长，鼓励家长向书中的妈妈一样，尊重幼儿渴望独立做事的愿望，为幼儿提供充分的练习机会，允许幼儿犯错，并给予足够的支持，陪伴幼儿成长。

（家向）

名称 自己的事情自己做

作者 朱小双

版本 海豚出版社 2014 年版

内容简介

小恐龙卡嘟啦总是不会自己收拾玩具，也从来不自己整理房间。直到有一天，他在梦里遇到了一只勤劳、独立的小狮子毛毛……接下来会发生什么事情呢？

适用年龄 3~5 岁

使用建议

1. 为幼儿讲述本书，引导幼儿观察画面，理解故事内容。

2. 和幼儿一起说一说：毛毛和卡嘟啦会做哪些事情？自己会做哪些事情？鼓励幼儿像毛毛和卡嘟啦一样，自己的事情自己做。

3. 在一日生活中，有意识地为幼儿创造自我服务的机会，如：鼓励幼儿自己穿脱外套、起床后自己摆好枕头，引导幼儿将玩具摆放整齐等，逐步帮助幼儿提高自理能力。

4. 将本书推荐给家长，请家长引导幼儿在家也能自己的事情自己做。

（王嘉玮　家向）

（五）游戏

给小熊穿衣服

游戏材料

1. 玩具熊及玩具熊穿各种衣服的图片（见图 2-14）。

2. 玩具熊的衣服若干套。

图 2-14

游戏玩法

1. 幼儿可按图片提示给小熊穿衣服。

2. 也可按自己的喜好，为小熊自由搭配衣服。

适用年龄　3～4 岁

渗透教育　锻炼动手能力，并逐渐掌握穿脱衣服的技巧。

我会用小勺

游戏材料

张大嘴的娃娃玩具（嘴部掏空），勺子，小半碗米或豆豆。

游戏玩法

幼儿用勺子把米或豆豆送到娃娃玩具嘴边,喂娃娃"吃饭"。

适用年龄　3~4岁

渗透教育　学习正确使用勺子的方法。

（家向）

喂喂小动物

游戏材料

筷子、泡沫做成的"大饼干",张开大嘴的动物形象。

游戏玩法

1. 使用筷子初期,幼儿用筷子夹取用泡沫做成的"大饼干",喂进小动物的嘴里。如掉落,重新夹取。

2. 待幼儿技能熟练后,可选用爆米花、花生豆、黄豆等小一些的物体进行游戏,增加游戏的难度。

适用年龄　4~5岁

渗透教育　学习正确使用筷子的方法,掌握使用筷子的技能。

（徐宏玉）

夹　食　物

游戏材料

夹子、水果、主食。

游戏玩法

1. 吃水果时,幼儿单手握夹子,从水果盆里夹出水果到自己的餐盘里。

2. 进餐时,幼儿如果还想吃馅饼、小馒头等可以夹的主食,可以到分餐桌上使用夹子将主食夹到自己的餐盘里。

适用年龄　5~6岁

渗透教育　提高自我服务的能力,体验成就感。

（王凡）

四、案例精选

（一）环境创设

自己整理衣服（4~5岁）

渗透教育 学习将秋衣塞到裤子里的方法。

创设说明

1. 结合儿歌《包饺子》（参见本书第151页）指导幼儿学习将秋衣塞到裤子里的方法。

2. 将整理衣服的方法分解成5步（分别对应儿歌的5句），用图片或照片的形式呈现在盥洗室墙面上（见图2-15）。

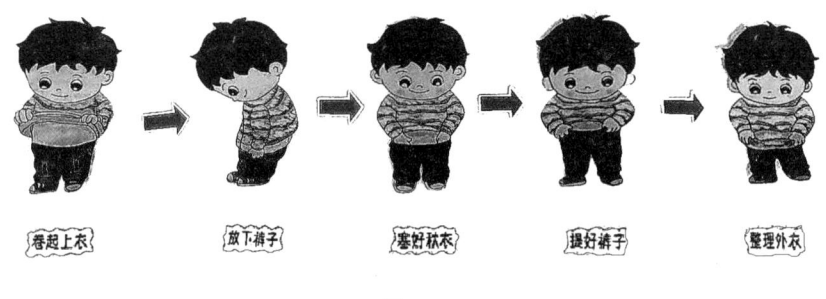

图 2-15

3. 提示幼儿如厕后要一层一层整理衣物，可以参看步骤图，注意前后衣摆都要塞进裤子里。

案例分析

儿歌帮助幼儿轻松记忆整理衣服的步骤，图片则在日常生活中随时提示。二者结合，共同帮助幼儿掌握整理衣服的方法。

（赵月）

我是值日班（5~6岁）

渗透教育 明确值日生的分工及职责，愿意自我服务和为同伴服务。

创设说明

1. 与幼儿共同讨论值日生可以做哪些事情，并将讨论结果进行提炼，图文并茂地呈现在生活区的墙面上（见图2-16）。

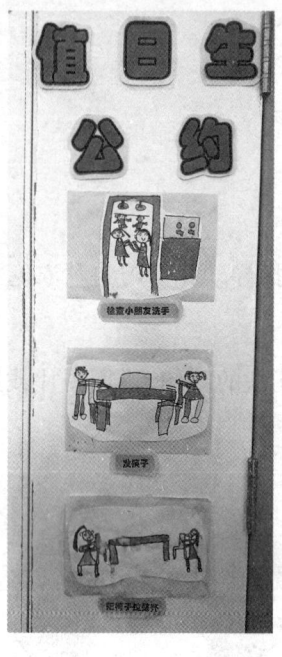

图2-16

图2-17

（照片提供：北京市西城区棉花胡同幼儿园）

2. 与幼儿商议好每天的值日生人选和分工；在墙面上留出空间，供第二天值日的幼儿在头一天离园前将自己的名字牌插到相应的位置（见图2-17）。

3. 组织幼儿对当天的值日生表现进行评价，引导幼儿及时对值日生表达感谢，并对有待改进的值日生提出积极的期望。

案例分析

将值日生的分工及职责具象化在环境中，能够有效地激发幼儿为同伴服务的热情，强化责任意识，并在积极的评价中不断提升自己的劳动质量，在为他人服务的同时，也提高了自我服务的能力。

（家向）

（二）生活与游戏中的教育

手指和小勺"碰碰头"
——游戏中的巩固练习

在入园初期，大部分幼儿不会使用小勺进餐，在进餐时总是拿起勺子在手里摆弄，不知怎么用；有的孩子还经常大把握勺铲饭，不是吃不到饭就是把饭菜洒得到处都是。于是，在娃娃家游戏中，教师设计了手指和小勺"碰碰头"，边演示边和幼儿一起玩"碰碰头"的游戏："大拇指和食指是好朋友，吃饭前要碰碰头；小勺子上有可爱的卡通图案，他们也想和卡通图案碰碰头；其他三根手指要到小勺下面来帮忙。"幼儿和老师一起通过游戏进行动作练习，渐渐地掌握拿勺、捏勺的要领，很快就能正确使用小勺了。

案例分析

由于幼儿的小肌肉动作还不够灵活，看似简单的用勺吃饭，对孩子来说却是一个不小的挑战。教师从幼儿兴趣入手，通过游戏逐步培养幼儿使用小勺的技能，经过不断练习，幼儿的进步非常明显。幼儿学会使用小勺吃饭，不但为自己吃饭提供了条件，更增强了他们独立做事的自信。

可爱的锦泰
——教师的随机指导

一次进行活动区游戏的时候，我发现锦泰正在玩"喂喂小动物"的游戏，只见他拿着勺子拧着手腕怎么也舀不上来，后来干脆直接用手抓蔬菜了。我走过去轻声问他："锦泰，你在玩什么呢？我可以和你一起玩么？"锦泰一边继续用手喂动物一边说："可以啊！"于是，我也拿起了勺子，一边说着"一手拿勺一手扶碗，轻轻舀起，慢慢喂到嘴巴里"，一边动手给锦泰做示范。果然锦泰的目光被我吸引过来了，他看着我用勺子熟练地喂动物，也拿起了勺子试着像我一样做。泰锦一手拿着勺子，一只手扶着碗边，尝试了几次，终于舀到食物了，再慢慢喂给小动物吃。有了一次的成功，他慢慢找到了诀窍，动作越来越熟练了。他一边喂小动物还一边说着："小白兔，你要多吃蔬菜，才能快快长大哦。"看着他认真的样子，好像把小兔子当成了自己的宝宝一样照顾，这样的锦泰真的是太可爱了！

案例分析

教师在发现锦泰不会用勺子舀东西的问题后，采用了随机参与幼儿游戏为幼儿做示范讲解的方法，帮助幼儿逐渐掌握了使用勺子的技巧。

（张琪）

冷了热了怎么办
——家园配合培养幼儿的自理能力

正值秋冬交替时节，孩子们穿上小外套在操场上自由地奔跑，不知疲倦。这时我发现轩轩满头大汗，我把他叫到身边问道："热了怎么办呢？"他用大眼睛看着我，仿佛不知道该如何回答。于是我轻轻地告诉他："热了该把衣服脱一件。"

下午起床后，太阳再也照不进教室，教室里阴阴的，但是没有小朋友主动去穿上自己的外套。这时我对他们说："小朋友们如果觉得冷了该怎么办呢？"涵涵说："冷了要把衣服穿上。"这时我特意注意轩轩，他还是没有主动去穿衣服。

后来我了解到，轩轩是由爷爷奶奶带大，平时对他的照顾无微不至，冷了热了都是以老人的感觉来决定，轩轩并没有主动选择的机会。于是我主动找到轩轩的家长，通过沟通，让家长意识到：能够根据冷暖主动穿脱衣物，是孩子生活自理能力培养的一个重要方面，在家要给孩子自主选择的空间。在幼儿园，我发现轩轩出汗后，不是走过去帮他脱衣服，而是先问他感觉冷还是热，如果热了怎么办？没多久，轩轩便能够根据冷热主动穿脱衣服了。

案例分析

教师能及时抓住生活中的教育契机，给予幼儿适时的帮助与引导，并主动与家长沟通，取得家长的配合，使幼儿能够根据自己的感觉做出判断，培养了幼儿的生活自理能力。

（毛毛）

（三）教学活动

送玩具回家（3~4岁）

活动目标

1. 懂得玩完玩具要将玩具收拾好，放回原处。
2. 学习按指定位置摆放玩具。

活动准备

1. 玩具娃娃，画有房子轮廓的图片2~3张（每个房门上贴有一个小动物的头像，表示这所房子是该小动物的家）。

2. 为活动区的每件玩具及其摆放位置贴上相同的标志。

活动过程

1. 情景表演：娃娃哭了

（1）教师手拿玩具娃娃，分别以娃娃及自己的口吻进行情景表演。

娃娃：呜呜……我找不到家了，我要回家。

教师：哦，我来帮你找家吧，你的家在哪里啊？

娃娃：我的家在娃娃家。

教师：那我送你回去吧。

娃娃：太好了，谢谢你！

（2）请幼儿说一说，娃娃为什么哭了，最后怎么又笑了。引导幼儿知道玩具也像小朋友一样有自己的家，跟小朋友做完游戏后一定要回家它才会高兴。

2. 游戏：请你告诉我

（1）教师拿着几张小动物家的图片走到幼儿面前问："请你告诉我，小猪的家在哪里？"幼儿边说边用手指："我来告诉你，小猪的家在这里。"引导幼儿知道每个小动物的家门上都贴有这个小动物的头像，理解对应的概念。

（2）教师去活动区拿一件已经贴好标志的玩具（如一套拼图玩具），问幼儿："请你告诉我，拼图玩具的家在哪里？"幼儿走到玩具架旁，用手指着一处与该套拼图贴有相同标志的位置，告诉教师："我来告诉你，拼图玩具的家在这里。"可以选择不同的玩具多练习几遍，帮助幼儿熟悉玩具的摆放标志。

3. 游戏：为玩具找家

（1）教师事先将玩具柜上的部分玩具调换位置，或散放在各处。

（2）请幼儿观察哪些玩具"迷路"了，然后将它们送回家。

活动建议

1. 可以设计小动物回家找妈妈的情景表演，使幼儿感受回家的温暖，进而体会玩具要回家的心情。

2. 在墙饰中布置小朋友送玩具回家的照片。每次区角活动结束后，注意提醒幼儿将玩具送回家。

3. 在识别玩具的分类标志中，可以渗透图形、颜色等方面的概念。

4. 教师和家长要以身作则，养成物品用完后及时放回原处的习惯，为幼儿起到榜样示范作用。

(选自《幼儿园领域活动课程 教师用书 语言·社会·健康 小班上册》，人民教育出版社2012年版)

蛋宝宝的衣服（4~5岁）

活动目标

1. 认识几种常见的禽蛋。
2. 会给煮熟的蛋剥壳。

活动准备

1. 煮熟的鸡蛋、鸭蛋、鹌鹑蛋若干，装到一个不透明的口袋里。
2. 有各种图案的画纸、糨糊、抹布。
3. 教师和幼儿都洗净双手。

活动过程

1. 摸一摸

教师请每一个小朋友在"神奇的口袋"里摸一摸，猜一猜是什么？

2. 说一说

（1）教师提问，引导幼儿认识、比较各种蛋。如：你摸到的是什么蛋？它们有什么一样？有什么不一样？

（2）教师小结：这些蛋都是椭圆的。鹌鹑蛋宝宝个子最小，穿着花衣服。鸡蛋宝宝个子中等，穿着有一点点红的粉色衣服。鸭蛋宝宝个子最大，穿着有点绿有点白的衣服。

3. 剥一剥

（1）鼓励幼儿自己剥蛋壳。
（2）引导幼儿相互讨论，交流剥蛋壳的方法。
（3）教师小结：先将煮熟的蛋敲裂，用掌心轻轻压着蛋在桌上来回滚一滚，再用大拇指拨开蛋壳，连着蛋壳内的膜一起剥掉。

4. 尝一尝

请幼儿品尝剥好的蛋，提醒幼儿吃蛋时喝点水。

5. 做一做

指导幼儿将碎蛋壳粘贴在有图案的画纸上,做成蛋壳拼画。

活动建议

1. 本活动可与幼儿吃点心环节衔接,剥好的鸡蛋作为点心供幼儿品尝。

2. 活动后,可以继续用蛋壳制作蛋壳拼画、不倒翁等,并布置在区角内。

3. 本活动可以和数学活动相结合,让幼儿给鸭蛋、鸡蛋、鹌鹑蛋等分类,数一数每种蛋有几个,谁多谁少;还可以将蛋按大小排序。

(选自赵寄石、唐淑主编《幼儿园渗透式领域课程 健康·语言·社会 教师用书 中班(上)》,南京师范大学出版社2005年版,有改动)

学习整理小书包(5~6岁)

活动目标

1. 初步了解要按课表整理书包,学习整理书包的方法。

2. 在自我服务中体验自我价值感。

活动准备

1. 课程表一张。

2. 与家长沟通,为幼儿准备简单的学习及生活用品,引导幼儿在家中尝试自己整理书包。

3. 幼儿每人带来一个装有书本、铅笔盒、水彩笔、水壶、纸巾等用品的书包。

活动过程

1. 导入活动

(1)教师:上次去小学参观,我们看到小学生都有自己的书包。他们的书包里都装有什么?在交流中帮助幼儿将书包里装的物品归类,如学习用品、生活用品等。

(2)小结:书包里要放的东西很多,但最重要的是放书本。

2. 了解课程表的作用

教师:小学生每天上的课都一样吗?他们是怎样知道每天要带哪些书本去学校的呢?引导幼儿回忆参观小学时的发现,并出示课程表,让幼儿知道每天晚上要根据课程表找出第二天需要的书本及其他学习用品装进书包。

3. 学习整理书包

（1）教师：从现在起我们要学着小学生的样子每天背着书包来幼儿园。想一想，你的书包里可以装些什么？怎样做才能使书包干净、整洁？

（2）教师带领幼儿学习如何正确地整理书包。如：先放书，后放本，再放铅笔盒，水壶、纸巾之类的物品放在书包侧面的口袋里。

（3）教师请幼儿按照要求从书包里拿出指定物品，体验自己整理书包后的愉快心情。

活动建议

1. 可在日常活动中请幼儿介绍自己的小书包，引出活动，引发幼儿关注书包内的物品。

2. 收集幼儿整理书包的照片，将其布置成整理书包步骤图，提示幼儿如何正确、高效地整理自己的小书包。

3. 利用每天入园、离园环节，鼓励幼儿整理自己的书包以及衣帽柜里的物品。

4. 提示家长每天晚上让孩子自己整理书包，准备第二天需要的物品。

（选自《幼儿园领域活动课程　教师用书　语言·社会·健康　大班下册》，人民教育出版社2012年版）

第三章　幼儿安全教育

幼儿安全教育是以帮助幼儿认识生命、珍惜生命为基础，旨在加强幼儿的安全意识，提高幼儿对潜在危险的认识和自我保护能力，以减少意外伤害发生，维护幼儿生命安全和身心健康为目的的教育。它是幼儿健康教育的重要组成部分。

《3—6岁儿童学习与发展指南》围绕幼儿安全生活能力的培养，提出了幼儿应"具备基本的安全知识和自我保护能力"的学习与发展目标，这是幼儿安全教育的总目标。

依据幼儿的年龄特点、幼儿学习与发展的目标以及幼儿生活的实际需要，幼儿安全教育的内容主要包括以下五个方面：①生活安全教育；②人际交往安全教育；③运动安全教育；④交通安全教育；⑤应对紧急状况和自然灾害的教育。

第一节　生活安全教育

一、概述

对幼儿进行生活安全教育，旨在引导幼儿掌握日常生活中最基本的安全知识和技能，学习辨别并避开生活中常见的危险因素，学会遵守活动中的安全要求与规则，树立一定的安全防范意识，培养自我保护能力。

（一）教育目标与内容要点

1. 了解饮食与药品安全的相关知识，养成安全饮食的习惯

例如：不随便捡食和饮用不明物体；不把纽扣、钱币、玻璃球等小物品放入耳、鼻或口中；进餐或饮水时先小口吃或喝以免烫嘴；吃鱼时能把鱼刺挑干净；进食时不说笑打闹以免发生危险；不吃有异味或变质的食物；不随便吃药，在成人的指导和监督下服药；等等。

2. 知道电的用途与危害，掌握防触电知识，并能遵守防触电的要求

例如：认识有电的标志并远离它们；不随便玩电器、插座、电线，不用湿手触摸电器开关，不将手指插到电源插座里；等等。

3. 了解防溺水的安全知识，遵守防溺水的安全要求

例如：认识"禁止游泳"的标志；不私自到河边、池塘、水洼等地玩耍或游泳；当同伴落水时知道要及时呼叫成人来抢救；等等。

4. 了解防烧伤、烫伤的安全要求并能遵守

例如：不玩火柴、打火机和蜡烛等物；不独自玩烟花爆竹；不动热水瓶，不摸开水、热汤、做菜做饭的锅；知道轻度烫伤后迅速用冷水冲或浸泡伤处；等等。

5. 了解防中毒的安全知识，遵守防中毒的安全要求

例如：不乱动煤气灶开关；学会辨认药物和干燥剂等物；不乱吃东西；认识防毒标志；等等。

6. 了解防跌落、摔伤的安全要求并能遵守

例如：不攀爬窗台，不把身子探出阳台或门窗外；在没有成人看护时，不从高处往下跳；等等。

7. 了解防戳伤、扎伤的安全知识，能遵守防戳伤、扎伤的安全要求

例如：知道尖锐的物体（如剪刀、刀具、针、笔尖、钉子、图钉、树枝等）会伤人；学会正确和安全地使用剪刀、铅笔、针等常用尖锐物品。

8. 了解防动物伤害的安全要求并能遵守

例如：不随便逗弄猫、狗等动物，被猫或狗咬伤后要及时告知大人并打狂犬病疫苗；遇到蜜蜂、毛毛虫、蜈蚣、蝎子、黄蜂、蛇等可能对自己造成伤害的动物时要主动躲避；等等。

（二）教育指导建议

1. 建立良好的班级安全常规

（1）帮助幼儿明确一日生活中各个环节的具体要求及原因。

例如，帮助幼儿了解进食、盥洗、如厕、睡眠、上下楼梯、户外活动、游戏等生活或活动时的安全要求。

（2）经常提醒幼儿，逐步引导幼儿形成自觉的安全行为，养成安全习惯。

2. 密切结合幼儿的日常生活，对幼儿进行随机指导和教育

在活动前，注意提醒幼儿遵守安全常规，活动中注意督促幼儿，逐步引导幼儿形成自觉的安全行为，养成安全习惯。

例如：遇到地上有水或者幼儿往地上洒水时，教师应及时提醒幼儿注意安全，绕开有水的地方，或告诉幼儿不要往地上洒水，以防滑倒；当班内幼儿因为意外伤害不能入园时，可结合实际情况，组织幼儿进行安全知识的讨论和学习；等等。随机教育的真实性和针对性都很强，能够引发幼儿强烈的情感共鸣，对幼儿掌握安全知识和技能、提高安全意识和能力都十分有意义。

3. 开展生活安全的专题教育活动

开展有计划、有目的、有组织的专题生活安全教育活动，全面提升幼儿的安全知识、安全意识以及自我保护技能。例如：小班可以开展"摸一摸与不能摸""有电危险""安全使用剪刀""我不认识你"等安全教育活动；中班可以开展"防烫伤""怎样与小动物相处""有毒危险""交通安全我知道""走丢了怎么办"等安全教育活动；大班可以开展"户外安全我知道""防煤气中毒""水中的安全""保护好自己的隐私部位"等安全教育活动。

二、知识窗

（一）良好的班级安全常规示例

1. 入园不带小刀、扣子、小石头等物品，带了应交给老师保管。

2. 进餐时要安静、细嚼慢咽，不大声说笑，以免将食物呛入气管导致窒息。

3. 搬椅子时一手握椅背，另一手托椅身，椅子腿朝下，走路时眼睛看地面，轻拿轻放。

4. 游戏活动时，正确使用玩具和活动器械，不争不抢，遵守游戏规则。

5. 区域活动结束时，有条理、有秩序地收放玩具。

6. 午睡时不把小玩具、小石头等杂物带到床上玩，更不含着东西睡觉。

7. 走路、上下楼梯时，要看路和避让他人，不猛跑以免撞人或者摔倒。

8. 活动中要有自我保护意识，身体不适时主动告诉老师。

9. 有秩序地盥洗，不拥挤，不打闹，不玩水，保持衣服、地面干爽。

10. 离园时和老师道别，拉好家长的手，安全离园。

（二）幼儿应该掌握的饮食自护方法[1]

1. 防烫

（1）喝水前先用手背轻轻试试水杯的温度，不烫手再喝。

（2）喝汤时一定要用勺舀一点儿尝尝温度，不烫嘴才能喝。

（3）刚出锅的油炸食品、鸡蛋羹、热豆腐等，吃前先吹一吹，小口尝试温度，不要上来就吃一大口。

2. 防呛

吃东西要专心，不边吃边玩。

3. 防噎

吃东西（特别是吃年糕、粽子、果冻、香蕉等黏、滑食物）的时候，小口吃，慢慢咽。

4. 防戳

（1）吃羊肉串、糖葫芦等带细签的食物时，要横着咬，吃的时候当心别被人碰到手，以防戳着嗓子。

（2）在人多拥挤的地方，别忙着吃，安全第一。

（3）不把筷子放在嘴里叼着，既不雅观又危险。

5. 防扎

吃鱼要吐刺，吃肉要吐骨，吃枣要吐核。嘴里含着的饭菜咽下后再夹鱼。单吃鱼便于吐刺。

6. 防过敏

（1）过敏体质的幼儿不要吃外人给的食物，不要自己买零食吃。

（2）如果清楚幼儿对什么过敏，要把该忌口的食物跟幼儿说清楚。

7. 防中毒

（1）不把花花草草叼在嘴里，也不叼铅笔。

（2）学会通过闻、看、摸辨别食物是否腐烂变质。

（3）学会看食品保质期和出厂日期。即使现在不会看，也要知道买食品时看

---

[1] 万钫. 幼儿卫生学（第三版）同步练习与测评［M］. 北京：人民教育出版社，2009：90-91.

保质期和出厂日期是必需的程序，培养关注保质期的意识。

（三）使用剪刀、颜料、铅笔等工具材料时需注意的安全事项

使用剪刀时，右手拇指放进剪刀上侧手柄，其余四指或三指同时放入剪刀下侧手柄，刀口朝前，向前方剪。剪刀的刀口处不能用小手去摸，否则会划伤手；也不能拿着剪刀挥来挥去，更不能用剪刀对着自己或别人。剪刀暂时不用时，应将剪刀口合好。递送剪刀时，应将剪刀口握在手心里，避免误伤别人。

使用颜料时，不能将颜料涂到脸上或放到嘴里。

使用铅笔时，铅笔尖不要对着自己或其他小朋友，也不要将铅笔头咬在嘴里或塞到鼻子、耳朵里面玩耍。

当幼儿从事这些活动时，教师不得无故离开班级。如果有急事需要离开，应该请别的教师代管。

（四）烫伤的紧急处理

幼儿烫伤后教师切勿惊慌，应立即进行冲、脱、泡、盖和送处理，以迅速降温、减轻烫伤程度、清洁伤面及止痛。其步骤如下。

1. 冲：用流动的自来水冲洗 10 分钟或更长时间；

2. 脱：在水中用剪刀剪开衣服；

3. 泡：在冷水中浸泡 10 分钟或更长时间；

4. 盖：用食物保鲜膜覆盖创面；

5. 送：送往有烧烫伤救治能力的医院。

烫伤造成的水泡不要弄破，尚未出现水泡的轻微烫伤可用京万红、獾油、湿润烧伤膏等外用药物涂抹烫伤表面。切忌使用酱油、黄酱、牙膏、菜叶、炉灰等涂擦，以免引起感染或使症状恶化。

（五）眼睛异物的处理[1]

幼儿在户外活动时，沙子、尘土、小飞虫等异物有可能会进入幼儿的眼睛。教师首先应告诉幼儿不要用手揉眼睛，然后立即用温开水或矿泉水清洗幼儿眼睛，或用手绢角、消毒棉签轻轻擦去眼结膜内的异物。若幼儿眼睛已红肿或异物

---

[1] 梁雅珠，陈欣欣. 幼儿园保育工作手册［M］. 北京：人民教育出版社，2016：301-302.

难以取出，应立即将幼儿送往医院救治。

教师千万不能任凭幼儿揉搓眼睛，这可能会造成幼儿的眼角膜擦伤，甚至会导致幼儿失明。不能用未经清洗的手直接翻开幼儿的眼皮，甚至用手指在幼儿的眼睑上擦抹，试图将异物取出来，这会造成幼儿眼睛严重擦伤或眼部细菌感染。也不能用有颜色的饮料给幼儿冲洗眼睛内的异物，这会导致幼儿眼睛被灼伤或感染。

（六）耳道异物的处理[①]

对于小异物，可用消毒棉签蘸一些凡士林，将小异物由里向外轻轻粘出；或边示范边指导幼儿把头歪向有异物的耳侧，单脚跳，异物有可能会掉出来。对于小昆虫，可用台灯光或手电光对准幼儿耳道，诱使小昆虫自行爬出。

若异物不能及时取出或硬性固体物卡在耳道当中，应将幼儿及时送往医院救治。

切忌让幼儿自己用手指在耳朵里掏，幼儿自己抠耳朵很容易损伤外耳道皮肤，也极有可能将异物推入耳道深处，损伤鼓膜，甚至将异物推入中耳，造成严重后果。

（七）气管异物的处理[②]

1. 海姆立克急救法

海姆立克急救法，也叫"海姆立克腹部冲击法"，是一种运用于呼吸道异物窒息的快速急救方法，其原理是利用肺部残留气体，形成气流冲出异物。针对不同年龄的急救对象，使用的方法有所差异。对于3～6岁幼儿来说，实施海姆立克急救法的方式如下。

（1）让幼儿坐、跪或躺下，用手掌根部拍打幼儿背部5下左右。

（2）若仍有呼吸阻塞，到幼儿身后，双臂绕过幼儿身体，一只手握拳紧靠在幼儿的胸骨下；另一只手放在拳头上，按住腹部向上挤压，重复操作5次。

（3）若仍有呼吸阻塞，检查幼儿的口腔内是否有可以清除的阻塞物。

（4）若有必要，从拍打背部开始重复以上步骤。

[①][②] 梁雅珠，陈欣欣. 幼儿园保育工作手册［M］. 北京：人民教育出版社，2016：303-306.

2. 催吐法

如果幼儿的气管异物靠近喉部，更适合采取催吐法，即用手指伸进口腔，刺激舌根催吐。还可用硬羽毛、压舌板、匙柄、筷子等搅触咽弓和咽后壁使之呕吐。如因食物过稠不能吐出、吐净，可让幼儿先喝适当的温清水或盐水，然后再促使呕吐，如此反复行之，直至吐出液体变清为止。

3. 气管异物处置的注意事项

（1）运用适宜的方法迅速对幼儿施救。

（2）在进行快速急救后，教师应检查幼儿口腔，让幼儿将口中的异物全部排出；不要马上让幼儿继续用餐，而是要安慰并稳定幼儿情绪，休息一会后再继续用餐。

（3）如果异物去除，阻塞缓解，但幼儿呼吸、心跳已停止，应立即进行人工呼吸和胸外心脏挤压。

（4）若多种方法都不能让幼儿将异物吐出，应立即将幼儿送往医院救治。

（八）鼻腔异物的处理

如果儿童年龄较大且异物较小，可用手按紧没有异物的鼻孔，让儿童做擤鼻动作，将异物擤出。也可用棉花或纸捻刺激鼻腔，使其打喷嚏将异物喷出。经上述处理无效者应送医院用鼻镜看清异物大小、位置和深浅度，然后用镊子或鼻异物钳将异物取出。

家长和老师一旦发现幼儿有一侧鼻堵现象或不明原因的流脓鼻涕，应及时到医院去检查；发现鼻子有臭味的更应及早检查。

（九）鼻出血的紧急处理

幼儿的鼻腔血管丰富且管壁较薄，在冬季、空气非常干燥时、发生过敏反应时、抠挖鼻子时、鼻子受到撞击后都比较容易出血。幼儿鼻出血很常见，只要不是大量出血或出血不止，大部分情况下，经过正确的紧急救助可以止血。止血步骤如下。

1. 首先要稳定幼儿情绪，安慰他/她不要紧张，消除恐惧心理。

2. 让幼儿取坐位，头略低，身体稍向前倾，张口呼吸。

3. 成人用拇指和食指捏住幼儿鼻翼两侧，向面部骨头方向轻轻地捏压住鼻子5~10分钟，同时可用毛巾裹住冰袋或冰块在鼻部和脸颊做冷敷。

4. 出血较少时，可将纱布、棉花等物卷起来塞入出血的鼻腔。

5. 如果经上述处理后鼻出血仍无法控制，应立即送往医院。

6. 鼻出血停止后，让幼儿至少保持30分钟的安静状态，避免擤鼻涕和剧烈活动，以防再度出血。

7. 幼儿如果经常鼻出血，应去医院查明原因和治疗。

（十）惊厥的紧急处理

儿童可因遗传性疾病、高热、颅脑损伤、危重疾病、感染、中毒、癫痫而引起惊厥发作。惊厥时可采取如下措施。

1. 患儿抽搐时，立即按压人中、合谷，止惊。

2. 拨打120急救电话寻求医生的帮助，并及时联系家长。

3. 保持患儿呼吸道通畅，防止窒息。抽搐时，应使患儿平卧，头转向一侧，如果其口、鼻、咽喉内有分泌物或呕吐物，应及时清除，以防吸入气管发生窒息。

4. 防止意外损伤。为防止舌后坠或舌咬伤，可将纱布裹好的压舌板置于患儿上下磨牙（即后面的大牙）之间。若牙关紧闭，不要强行撬开。

5. 注意监护。专人守护，详细观察患儿体温、神志、抽搐以及瞳孔变化等情况。

6. 高热者应及时松解衣服以利散热，并采取物理法降温。

三、素材集锦

（一）儿歌

小 剪 刀

小小剪刀尖嘴巴，

我会安全使用它。

一张一合慢慢剪，

嘴巴朝下送回家。

（刘倩）

适用年龄 3~4岁

渗透教育 学习使用小剪刀，知道安全使用剪刀的方法。

使用建议

1. 教师出示剪刀，请幼儿观察：剪刀长什么样子？向幼儿介绍剪刀口和剪刀把儿。告诉幼儿："剪刀长着尖嘴巴，碰到什么就吃什么，我们使用剪刀的时候一定要注意安全，保护好自己的小手"。

2. 教师一边说儿歌，一边示范使用剪刀的正确方法。

3. 引导幼儿讨论：剪刀哪里最危险？我们应该怎样使用剪刀？用完后的剪刀怎么放？

4. 请幼儿练习使用剪刀，教师根据幼儿的使用情况进行有针对性的指导。注意提醒幼儿别着急，慢慢剪，用完及时送剪刀回"家"，拿剪刀的时候要将剪刀口朝下，合好以后握在手心里。

汽车后面不能藏

小妞妞，捉迷藏，
汽车后面不能藏。
发现汽车要开动，
尽快走开不停留。

适用年龄　3~4岁

渗透教育　知道不能在汽车附近玩耍，更不能藏在汽车后面。

使用建议

1. 教师布置路边停车的场景，手持布娃娃，将儿歌内容进行简单扩展，以故事表演的形式呈现，请幼儿认真观看。

2. 引导幼儿讨论：小妞妞玩捉迷藏，为什么不能藏到汽车后面？汽车要开动了，小妞妞应该怎么做呢？

3. 教师朗诵儿歌，幼儿学说儿歌。

盥洗安全歌

排队盥洗别着急，
小心滑倒伤自己。
按照图示来盥洗，

节约用水要牢记。

适用年龄　4～6岁

渗透教育　了解盥洗环节需要注意的安全事项，能够安全、有序地盥洗。

使用建议

1. 组织幼儿讨论盥洗时的注意事项。例如：盥洗室人太多会有什么危险？没有空余水龙头的时候，可以怎么做？如果水洒到地上，小朋友容易滑倒。我们怎么做，就能不洒水到地上呢？

2. 将幼儿讨论出的安全做法以儿歌形式进行总结，可以根据实际情况对儿歌进行修改。在日常生活中，用儿歌提醒幼儿注意盥洗安全。

注意安全保平安

火柴棍，不能玩，
电插座，有危险。
煤气不能随便开，
离高压锅远一点。
回家就要把门关，
汽车面前不争先。
过马路时左右看，
注意安全保平安。

适用年龄　5～6岁

渗透教育　了解日常生活中自我保护的注意事项。

使用建议

1. 教师朗诵儿歌，幼儿认真倾听。请幼儿说一说：儿歌里提到日常生活中哪些需要注意的事情？你知道为什么要这样做吗？

2. 幼儿学说儿歌，在过渡环节朗诵儿歌，巩固对生活安全的认知。

饮 食 安 全

夏天到，知了叫，
按时午睡身体好。

冰激凌,真美味,
馋嘴多吃受不了。
买食品,看仔细,
不要过了保质期。
吃瓜果,洗干净,
灰尘细菌全灭掉。

(湘音)

适用年龄 5~6岁

渗透教育 知道夏天吃东西要注意些什么,培养良好的饮食、卫生习惯。

使用建议

1. 引导幼儿回忆:你们有没有吃坏肚子的经历?感觉怎么样?是什么原因造成的?请幼儿讨论:夏天吃东西要注意些什么?教师和幼儿一起小结。

2. 请幼儿分小组说一说:儿歌里提到的坚持午睡、少吃冰激淋、买食品看保质期、吃瓜果前洗干净这四件要注意的事情,哪些是你在日常生活中能做到的?哪些做起来有困难?做不到的时候可以怎么办呢?鼓励小组幼儿之间相互出主意。然后将本组的讨论结果分享给全班小朋友。

(二) 故事

在 停 车 场

乐乐在小区的停车场玩。忽然,他在一辆车后面发现了一个蚂蚁洞。乐乐高兴地把饼干末撒在地上,小蚂蚁们都来搬饼干末了,真好玩!这时,一位叔叔来开车了,他没看见蹲在汽车后边的乐乐。叔叔发动汽车开始倒车了……

还好,邻居黄爷爷及时发现乐乐,赶快叫叔叔把汽车停下来。黄爷爷对乐乐说:"以后不要在汽车屁股后面玩,这样做太危险了!"

适用年龄 3~5岁

渗透教育 知道不能在汽车后面玩。

作品分析

在孩子眼中,哪儿都可以成为游乐场,他们往往沉浸在游戏的快乐之中,意识不到身边可能发生的危险。这则短小的故事让孩子们意识到:生活中有些地方存在危险，不能逗留玩耍。

使用建议

1. 请幼儿听一听故事，说说发生了什么事情？想一想，乐乐做错了什么？帮助幼儿小结：不能在汽车后面玩，因为司机看不见自己，非常危险。

2. 进一步引导幼儿讨论：在小区里玩的时候，还要注意怎样保护自己？

小白兔去公园

小白兔蹦蹦对妈妈说："妈妈，我想上公园去。"

妈妈对蹦蹦说："去问你爸爸，看去不去。"

小白兔蹦蹦找到了爸爸，撒娇地说："爸爸，我要上公园去嘛！"

爸爸说："好吧，我们上公园去。"

小白兔高兴了，连连点着头，学着爸爸的腔调说："好吧。"

爸爸妈妈带蹦蹦上公园去。它们坐上了公共汽车，呜——嘀嘀！到公园了。

进到公园里，小白兔蹦蹦真高兴。公园里的树又高又大；公园里的花多好看哪，红的、黄的、紫的、蓝的，好多好多花呀！看那湖水，碧绿碧绿，水上还有好多船呢！

松鼠妈妈带着小松鼠，划着一只小船过去了。

鸡妈妈带着小鸡，划着一只小船过去了。

还有刺猬、熊猫都坐在船里呢。

小白兔蹦蹦也想坐船，就对妈妈叫了起来："妈妈，我喜欢坐船。"

妈妈对蹦蹦说："问问你爸爸，看坐不坐船。"

蹦蹦对爸爸说："爸爸，蹦蹦要坐船嘛！"

爸爸说："好吧，我们坐船去。"

爸爸妈妈带小白兔蹦蹦坐上了船。爸爸划桨，妈妈掌舵。小船在水面上漂呀，漂呀，好玩极了。小白兔蹦蹦高兴得又拍手又唱歌，还蹦着，跳着。

妈妈说："蹦蹦，坐好，不要跳，小心掉到水里去！"

小白兔坐下了，没一会儿，又跳起来。

爸爸说："蹦蹦不许跳，快坐好。"

小白兔正要坐下去，忽然看见一群小鱼，在湖水里游来游去。

蹦蹦跳到船边，趴在船帮上伸手去捞小鱼。唉呀，不好！小白兔蹦蹦扑通一声掉进水里去了。

蹦蹦不会游泳，哭着喊："抱抱我，抱抱我！"

爸爸妈妈也不会游泳，大声呼叫起来："蹦蹦掉水里啦，快来救命啊！"

划船的，都不会游水，小白兔蹦蹦直往水里沉下去，蹦蹦就要淹死啦。

哦，好了！一只鸭子呷呷呷地叫着，游到小白兔身边来了。鸭子从水里托起小白兔，对小白兔说："快爬到我背上来，我背背你。"

小白兔蹦蹦努力爬呀，爬呀，爬到鸭子的背上，鸭子把小白兔送到爸爸妈妈的船上去了。

爸爸妈妈一同对鸭子说："你真勇敢，太谢谢你啦！"

爸爸对蹦蹦说："坐好，在船上不许乱蹦乱跳的！"

小白兔蹦蹦说："好吧，我坐好。"

蹦蹦不再在船上乱蹦乱跳了，他不喜欢再掉到水里去。

爸爸又划起船来，妈妈掌着舵，小白兔蹦蹦坐着一动也不动，天上的白云、岸边的绿树，倒映在水里轻轻荡漾，小船在碧绿碧绿的湖面上轻轻地漂呀，漂呀……

(呆向真)

适用年龄　4～6岁

渗透教育　了解外出游玩（特别是坐船时）的安全注意事项，有初步的自我保护意识。

作品分析

小白兔在船上又蹦又跳，还趴在船帮上伸手去捞小鱼，结果掉进了水里，幸好被鸭子救了上来。故事虽简单，但非常生动，让孩子们懂得了"乘船时要坐好、不乱动"的道理。

使用建议

1. 为幼儿讲述故事，引导幼儿感受小白兔蹦蹦在落水前后的心理变化。

2. 引导幼儿分析讨论：为什么坐船时不能乱蹦乱跳？

3. 请幼儿说一说：外出游玩时，我们还要注意怎样保护自己？和幼儿一起讨论更多的安全要点，如：牵好爸爸妈妈的手、不单独去水边、不随意给动物喂食、在人多的地方不能使劲儿挤、过马路要看红绿灯等，帮助幼儿巩固生活经验。

黄狗大叔看粮仓

这是一个丰收年，忙碌了一年的小动物们可高兴了，它们推着小车，把从地里收来的粮食全部放在粮仓里，准备冬天再吃。一、二、三、四、五，五个粮仓都放满了。粮食放在粮仓里，老鼠也许会来偷，怎么办？谁来做仓库保管员？大花猫和黄狗大叔自告奋勇报了名，大家都同意了。

它们守了好几夜，及时发现想要偷粮食的老鼠，大花猫还捉到了一只大老鼠，吓得其他老鼠再也不敢出现。小动物们看见粮食保管得很好，都夸奖大花猫和黄狗大叔，还开了晚会慰劳它们。大家唱歌又跳舞，玩到了很晚。夜里，花猫困极了，就对黄狗大叔说："我先睡会儿，你看着，如果老鼠出现就叫我。"黄狗大叔答应了，它睁着大眼睛，走来走去，巡视敌情，可认真了。可是过了不久，它的眼睛就不听使唤，上下眼皮老打架，困极了，黄狗大叔只好掏出一支烟，点着了，提提神……"呼、呼、呼"，黄狗大叔太累了，睡着了。

哎呀，不好，黄狗大叔靠着粮仓睡着了，它的烟却没熄，一点一点地点着了粮仓，变成了呼呼的大火。大火把大花猫和大黄狗惊醒了，它们连忙大喊："救火呀，救火呀！"小动物们纷纷拎水跑来，经过一场奋战，把火扑灭了，可是一号粮仓里的粮食也全烧没了。

小动物弄清楚起火的原因后，纷纷批评黄狗大叔。黄狗大叔很难过，它想：粮仓不仅要防老鼠偷，还应该防火；要做保管员，我今后再也不抽烟了，而且到粮仓来的人都不能点火和抽烟；应该做一个标志，让所有来粮仓的人都知道。

（程霞　伊林）

适用年龄　5～6岁

渗透教育　认识公共场所"禁止烟火"的标志，了解烟火可能产生的危害。

作品分析

故事用拟人化的手法，生动地描写了黄狗大叔看粮仓时不小心引发火灾的经过，让孩子们了解了烟火可能产生的危害；又借助黄狗大叔的反思，让孩子们懂得了安全标志在生活中的重要作用。

使用建议

1. 讲述故事，提问帮助幼儿理解故事内容：为什么要选保管员？谁做了保管员？它们做了什么？后来发生了什么事？

2. 再次讲述故事，引导幼儿讨论：黄狗大叔做错了什么？它后来想怎样改错？我们可以怎样帮助黄狗大叔呢？（如：设计"禁止吸烟""禁止烟火"的标志，贴在粮仓内外；两只动物各睡半夜，轮换值夜班；等等）

3. 请幼儿思考"禁止吸烟""禁止烟火"标志可以是什么样的。幼儿讨论后，教师出示这两种标志，引导幼儿讨论在生活中的哪些场所应贴上这些标志。

4. 和幼儿一起收集生活中的其他安全标志，说一说：这些安全标志是什么意思？看见这些安全标志后，我们应该怎样做？

（三）游戏

安全游戏棋

游戏材料

1. 棋盘一个、棋子两个、色子一个。

2. 棋盘形状为一座大山，大山两边是有关幼儿安全行为的图片，图片分正确（安全行为）和错误（不安全行为）两种。

3. 在画有安全行为的图片格内标明前进格数；画有不安全行为的图片格内标明后退格数或停玩一次。

游戏玩法

1. 该游戏为双人游戏，幼儿可以通过"猜拳""掷色子"等形式决定游戏先后顺序。

2. 两名幼儿分别选择"山"的一侧作为自己的"登山"路线。游戏中轮流掷色子，以掷色子的数目为前进的格数。当棋子走完相应的步数时，按格内的提示前进、后退或停玩。之后，轮到下一人掷色子、走棋。

3. 先到达山顶的幼儿为胜利者。

适用年龄 5~6岁

渗透教育 巩固安全知识，培养安全意识和行为。

四、案例精选

(一) 生活与游戏中的教育

会"说话"的小图标
——创设安全的园所环境

在幼儿园里,各种安全图标随处可见,在幼儿眼中,它们个个都是会说话的安全小卫士。例如:教室门口有"小心门缝夹手"的图标,幼儿看到这个图标就知道轻轻关门、开门,不将手塞到门缝里;上下楼梯的地面上贴着不同方向的小脚丫,让幼儿知道从哪边上楼梯,从哪边下楼梯,不推挤;洗手池前的地板上也贴满了幼儿自己制作的小脚丫,提醒幼儿洗手要遵守秩序;教室里,电视机等电器上也贴上了幼儿自制的安全标识,提醒幼儿注意安全。

此外,该幼儿园还利用安全主题墙,将近期幼儿易发生的安全问题,用可互动的形式展现出来,供幼儿学习和操作。例如,小班幼儿容易出现排队推挤、争抢第一的现象,教师就会让可移动的小动物、小朋友形象出现在安全墙饰上,让幼儿给它们排排队。

案例分析

环境是无声的老师,能让幼儿在潜移默化中受到熏陶。案例中的幼儿园在班级的各个显要位置设置图片和标记,时刻提醒幼儿要注意行为安全。这样既增强了幼儿的安全意识,又有利于幼儿安全行为习惯的养成。同时,幼儿园创设的可操作、互动的安全墙饰,让直观、形象的物质环境发挥出最大的教育功能。

(王姗)

撑起手,护住头
——日常生活中的安全教育

户外活动归来,兜兜小朋友蹲在地上换鞋,被后面过来的小朋友不小心推倒了,由于兜兜小朋友自我保护意识较弱,不知道用手撑地护住头,结果头磕在了地板上,起了一个大大的包。教师借此机会,在接下来的环节中开展了"撑起手,护住头"的安全教育活动,告诉小朋友如何在快要摔倒时保护头部。

案例分析

小班幼儿的自我保护意识和能力都较差，在生活中总会出现磕磕碰碰，教师要善于抓住这些日常生活中偶发的事件，及时给予必要的、合理的指导，有针对性地对幼儿进行安全教育，能够起到事半功倍的效果。

（王姗）

受伤了怎么办
——日常生活中的安全教育

小杰是一个精力旺盛，想象力也比较丰富的孩子。平日父母工作忙疏于管教，孩子在家经常看电视，在幼儿园也常是"手舞足蹈"，嘴里念叨着"铠甲勇士""迪迦奥特曼"，很少能安静下来。有一次户外活动结束后，大家都进入教室，他还一个人在楼道里跑来跑去，差一点就要撞到前来送餐的食堂阿姨和餐车。我连忙拉住小杰，告诉他在楼道里跑来跑去是很危险的。他刚开始不以为然，后来我让他看餐车里热气腾腾的食物，他才意识到，如果刚才不是食堂阿姨及时躲避，自己可能已经摔倒，还被烫伤了。

案例分析

案例中的教师及时抓住日常生活中随机出现的"小事故""小状况"，对幼儿进行及时的个别教育，提醒和引导幼儿明确安全的行为界限，也可以借机让幼儿在冲突中反思自己的行为，进行自我教育。

（徐莎）

都是翘起的椅子腿惹的祸
——日常生活中的安全教育

吃午饭的时候，只听到"啊呀"一声，李老师应声摔倒在伟伟的身后。小朋友们都被这突如其来的事件吓了一跳，伟伟好像意识到了什么，神情有些紧张地说："不是我，不是我。"见此情景我并没有批评他，而是对小朋友们说："我们先把李老师扶起来吧！"经医生检查，李老师在摔倒的一刹那，由于怕砸着小朋友，身体往旁边一闪，造成了脚踝扭伤。造成老师摔伤的直接原因是伟伟翘起的椅子腿。事情发生后，我组织幼儿讨论李老师为什么会摔伤，随后又带伟伟和其他小朋友看望了李老师。当伟伟看到李老师红肿的脚时，他有些难为情了，小声地问李老师："您的脚还痛吗？"我悄悄对他说："你看一个翘起的小椅子腿，给别人带来这么大的伤害，多不安全啊！"这次事件发生后，小朋友之间相互提醒，大家既注意不翘椅子腿，也注意走路看脚下了。

案例分析

教师能及时抓住生活中的教育契机，给予幼儿适时的帮助与引导，使他们懂得安全行为的重要性，并逐步提高预见危险的能力。

（二）教学活动

快来帮助小猴子（4~5岁）

活动目标

1. 了解生活中可能存在的危险情况，不做危险的事。
2. 在遇到危险时知道躲避，会呼喊求救。

活动准备

1. 小猴子手偶一个。
2. 关于小猴子的情景图片三幅（见图3-1、图3-2、图3-3）。

活动过程

1. 导入活动

教师出示小猴子手偶：今天，小猴子在家遇到了一些情况，请小朋友来帮助它，告诉它应该怎样做。

2. 讨论

教师逐一呈现三幅情景图片，引导幼儿围绕问题讨论。

（1）呈现图3-1，教师提问题：小猴子发现了什么？它应该怎样做？引导幼儿讨论厨房安全的注意事项，如：不要动煤气、灶具等物品，发现危险要大声呼喊求救。

（2）呈现图3-2，教师提问：小猴子发现了什么？应该怎样做？引导幼儿讨论用电的安全注意事项，如：不要动电源插座，不要碰裸露的电线等。

（3）呈现图3-3，教师提问：小猴子遇到了什么危险？应该怎么做？引导幼儿讨论在河边和池塘边的注意事项，如：不要单独在河边和池塘边玩；如果东西掉到河里，可以请大人帮助捞出来，不要自己去捞；乘船要坐稳，不要摇晃等。

3. 角色扮演

请幼儿扮演小猴子，演一演在上述三个情景中怎样做、怎样说。引导幼儿学习躲避危险、会呼喊求救。

活动建议

1. 讨论时教师要给予幼儿充分的表达机会，也可以分小组讨论。

2. 安全教育的内容可以根据本班幼儿的生活实际进行调整，也可以结合班里、幼儿园可能存在的安全隐患确定安全教育内容。

3. 在日常生活中，家长要注意消除家庭环境中的不安全因素，并对幼儿进行安全教育，让幼儿知道哪些事情有危险，一定不能做。

附图片

图 3-1　　　　　　　　　图 3-2　　　　　　　　　图 3-3

（选自《幼儿园领域活动课程　教师用书　语言·社会·健康　中班下册》，人民教育出版社 2012 年版）

安全用药（5～6岁）

活动目标

1. 知道药的种类很多，不同的药有不同作用。

2. 了解用药的安全常识，不随便吃药。

活动准备

1. 把部分幼儿分成能力水平大致相当的 4 个组，每组 4 人作为选手准备参加知识竞赛；其他幼儿当观众。

2. 毒药标志，每组 1 个记分牌。

3. 几种不同类型的药物（可用空包装盒代替）。

4. 两名教师提前排练好情景表演的内容。

活动过程

1. 观看情景表演

（1）两名教师进行表演，表演完三种情景后，提问：刚才老师的表演中，哪种做法对？为什么？

（2）教师小结：人生病了要吃药，但是不能随便吃。对于怎么吃药，你知道多少呢？今天咱们一起来进行一个关于安全用药的知识竞赛。

2. 了解游戏玩法

教师：今天我们进行一场知识竞赛。小朋友分4个组，每组有4个人、1个记分牌。竞赛开始是必答题，然后是抢答题；答对得分，答错不记分；得分最多的组获胜。我当主持人，也当评委；其他小朋友都是观众，选手答不出来的问题，观众可以举手回答，观众也可以帮助主持人判断对错。

3. 必答题竞赛

主持人依次向4组幼儿提出以下问题，每组一次机会，答对得1分，答错不计分。

（1）你吃过药吗？为什么要吃药？药是什么味道的？

（2）人生病了不吃药行吗？

（3）生病的人都吃一样的药吗？为什么？

（4）大人和小孩能吃一样的药吗？

4. 抢答题竞赛

向4组幼儿提出以下问题，答对得1分，答错不计分。

（1）生病了能自己随便找药吃吗？

（2）除了吃的药以外，还有什么药？

（3）除了给人吃的、用的药以外，还有别的药吗？

（4）树木、庄稼和蔬菜生了病，怎么办？

（5）小动物生病了，怎么办？

5. 小结用药的安全常识

（1）幼儿答题完毕后，选出优胜组。

（2）教师以主持人的身份小结：药的种类很多，主要用来治病和预防疾病。生病吃药时，应按医生的要求，或者请爸爸妈妈或老师取来药，不能自己随便吃药。要知道，随便吃药，不仅不能治病防病，有时还有生命危险。农作物和动物生病了，也可以用药来治，但这些药小朋友不能动，特别是标了有毒符号的药，小朋友更不能碰，一定要注意安全用药。

（3）认识毒药标志。

活动建议

1. 在角色区提供"小医生"的游戏用具，供幼儿进行角色扮演，巩固安全用药的认识。

2. 和家长交流，请家长将家中的药品收在幼儿拿不到的地方，并教育幼儿不能随便吃药。

附情景表演内容

（一）

一个小朋友生病了，医生对他说："你生病了，要吃药。"小朋友一边摇手，一边哭着说："药不好吃，我不吃。"

（二）

一个小朋友生病了，医生对他说："你生病了，要吃药。"小朋友高高兴兴地接过药，说："谢谢！"并按要求去吃药。

（三）

一个小朋友在家里的抽屉里找到几种药，自言自语地说："这种药像糖，很甜，我可以吃。"说完，拿了药就吃。一会儿又说："很好吃，我再吃点吧。"便又一片接着一片吃起来。

（选自《学前一年入学准备课程 教师用书 语言·社会·健康 下册》，人民教育出版社2012年版）

打雷下雨我不怕（5~6岁）

活动目标

1. 知道打雷、闪电、下雨是自然现象，不必害怕。

2. 了解打雷下雨时的安全常识，知道一些自我保护的方法。

活动准备

1. 提前录制好的雷声；反映夏天雷雨的视频或图片（图 3-4、3-5、3-6）。

2. 录有轻松音乐的磁带或光盘。

活动过程

1. 听听这是什么声音

（1）播放提前录制好的雷声，请幼儿听一听这是什么声音。

（2）教师引导：打雷了，下雨了，小乌龟赶紧把头缩进自己的壳里。小鹰说："别害怕，轰隆隆的雷声是云彩上的巨人在打鼓。"小狐狸说："别害怕，闪电是巨人们在吊灯上荡秋千。"小朋友，你觉得打雷下雨是什么？你害怕吗？

2. 看看夏天的雷雨

（1）教师播放夏天雷雨的视频或图片。请幼儿看一看，说一说：雷雨的雨前（图 3-4）、雨中（图 3-5）、雨后（图 3-6）是什么样子的？

（2）小结雷雨时的天气特点。雨前闷热，起风，大风，天变黑，闪电，打雷；雨中打雷下雨；雨后天空明亮，彩虹高挂，树叶碧绿，地面干净，空气清新。

3. 说说应该怎么办

（1）请幼儿讨论：打雷、下雨的时候，应该注意哪些问题？怎样保护自己？

（2）出示图片，和幼儿一起小结打雷下雨的时候应该怎么做。如：尽量在家待着，关好门窗；打雷时，应该切断电源，提醒大人不要接打手机；如果正好在外面，不要在大树或塔下避雨，在空旷的地方不要打伞，也不要把高尔夫球杆、羽毛球拍等背在背上；在积水中行走要注意观察，防止跌入井中；在野外遇到雷雨时，要摘下身上的金属物品；等等。

4. 玩游戏

播放音乐，小朋友随音乐自由走动，突然转换"打雷下雨"的音乐。教师说："打雷了，下雨了，快快找个地方躲躲吧。"然后，说一种躲避的方式，请幼儿判断是否正确。

活动建议

1. 可与艺术领域渗透，学唱歌曲《夏天的雷雨》；在区角中播放《夏天的雷雨》的音乐，投放一些打击乐器、节奏谱等，供幼儿演唱、伴奏使用。

2. 可与科学领域渗透，让幼儿了解雷雨形成的原因，了解相关的科学常识，有助于幼儿克服恐惧。

3. 教师可自制一个雨中的游戏棋。通过掷色子决定行棋步数，游戏中，如遇到雨中的有趣游戏，或是雨中的安全行为，可前进若干步；如遇到不安全行为，则后退若干步。最先到达终点者为胜。

4. 暴雨对环境的危害非常大，家长可通过书籍、视频等为幼儿做简单的介绍，帮助他们丰富相关的知识经验，知道大暴雨来临时的必要防范措施。在雷雨天随时提示幼儿注意安全，提高幼儿防雷电的意识。

附图片

图 3-4　　　　　　　　图 3-5　　　　　　　　图 3-6

（选自《幼儿园领域活动课程　教师用书　语言·社会·健康　大班下册》，人民教育出版社 2012 年版）

（三）主题活动

食 品 安 全

全园规划

主题说明

"吃"是孩子们最感兴趣的事情之一。香香的水果、好吃的蔬菜、美味的佳肴固然受孩子们喜欢，膨化的薯片、刺激的辣条、甜甜的饮料也受到他们的追捧。随着生活水平的提高，爱吃零食、挑食偏食的幼儿也越来越多。幼儿年龄尚小，缺乏食品安全知识和自我保健意识。为了丰富幼儿对食品的认知，提升他们对健康食物的辨识和选择能力，培养健康的饮食习惯，我们在全园开展了"食品安全"主题活动。

活动目标

1. 了解食品安全的基本常识，提升食品安全意识。
2. 养成健康、安全的饮食习惯。

活动形式

以"食品安全"为主线，融合五大领域关键经验，紧密结合幼儿生活，让幼儿在讨论、游戏、唱诵、实践等活动中，提高食品安全意识，养成良好的饮食习惯。

活动内容

1. 食品药监员进校园

邀请食品药品监督管理局的专业人员来园，为全体教师、大班幼儿及家长宣讲食品安全相关知识，提升教师、幼儿和家长对食品安全的认识。

2. 班级教学活动

（1）寻找、发现生活中的"安全食品"和"垃圾食品"。

◇ 开展"什么东西不能吃"的活动，引导幼儿初步了解什么是腐烂变质食品，知道吃了这些食品会危害身体健康。

◇ 开展"我知道的安全食品""我知道的垃圾食品"等活动，帮助幼儿认识垃圾食品对身体的危害，引导幼儿自觉抵制垃圾食品，主动选择安全食品，培养健康自护意识。

（2）养成安全饮食行为

◇ 开展"食品包装上的秘密"等活动，帮助幼儿了解食品的保质期及其作用、食品安全标志的含义，引导幼儿运用所学的知识判断食品是否在保质期内，知道过期食品、"三无"食品不能吃。

◇ 通过相关故事的讲述、讨论和表演，引导幼儿知道饭前便后要洗手，清洁卫生要做好，培养良好的饮食卫生习惯。

◇ 开展"好喝的白开水"等活动，引导幼儿知道白开水是最好的饮料，可乐、雪碧等碳酸饮料要少喝。

（3）宣传食品安全知识

◇ 学说有关食品安全的儿歌两三首。

◇ 欣赏或学唱有关歌曲一两首。

◇ 开展"我心中的食品安全"主题意愿画活动，鼓励幼儿将自己了解到的食品安全知识、健康行为用绘画的方式表现。

◇ 亲子共同制作食品安全"小贴士"，布置在公共餐厅、楼道或 DIY 厨房里。

◇ 亲子共同制作食品安全宣传海报，到小区广场上向社区居民讲解和宣传。

3. 家园共育

(1) 在"科学育儿"栏目中，开办一期关于食品安全教育的专栏。

(2) 每班推荐 3~5 名家长义工来为孩子讲故事。

(3) 每个家庭推荐一本食品安全的图书，在图书漂流站中进行漂流。

大班活动

主题说明

在食品安全主题活动中，我们结合大班幼儿的前期经验和年龄特点，开展了"食品包装上的秘密""什么东西不能吃""我身边的安全食品"等活动，请幼儿将自己喜欢吃、不喜欢吃的食物拍成照片，向小朋友介绍自己日常吃的食物；与家长一起收集食品包装袋，通过实际观察，一起找出包装上的秘密，学会识别生产日期、保质期、质量安全标志并知道它们的含义，知道"三无"食品不能买，过期食品不要吃；借助图片，讨论健康食物、垃圾食物的益处与危害；让幼儿观看食品安全教育视频并展开讨论，知道饭前便后要洗手，清洁卫生要做好；我们还邀请了食品药品监督管理局的专业人员，向幼儿和家长讲解了垃圾食品对身体的危害，让家长通过讲座了解了更专业的食品安全知识。

通过一系列的活动，使幼儿、家长和教师共同加深了对食品安全卫生重要性的理解，增强了食品安全卫生意识，更好地保证幼儿安全健康成长。

主题活动一览表

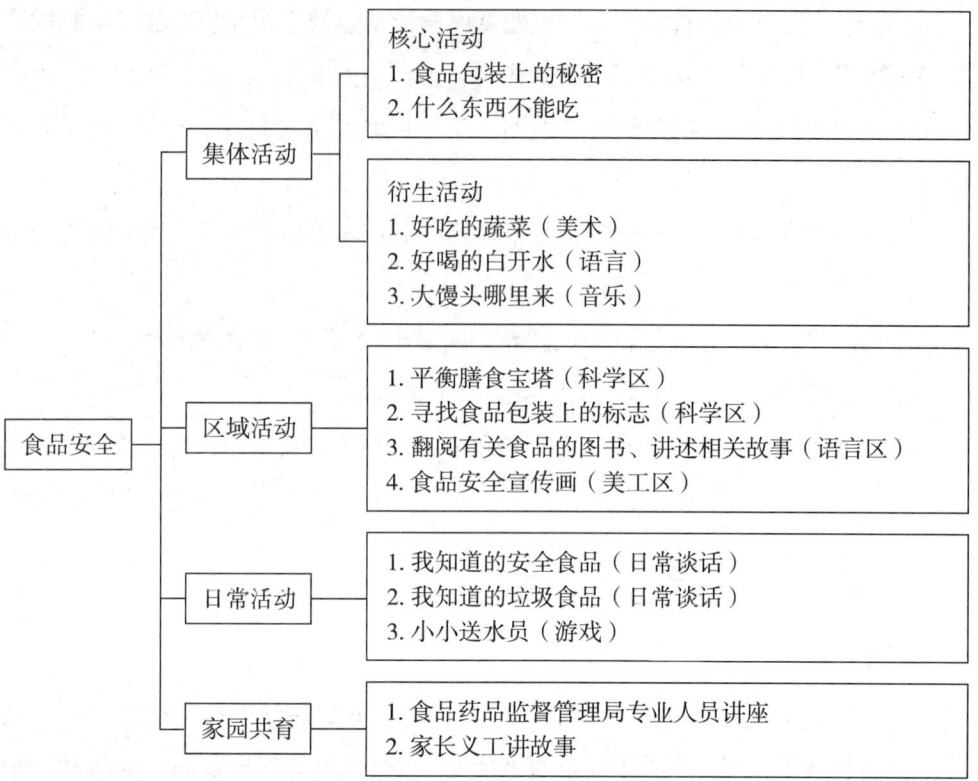

区域规划

区域名称	投放材料	活动参考
角色区	◇ 创设小医院环境 ◇ 投放幼儿尺寸的白大褂、听诊器、诊断单、玩具注射器、空药瓶、点滴瓶、输液管等材料	小医院角色游戏
表演区	◇ 提供头饰、手偶及背景	故事表演
科学区	◇ 投放各种薯片桶、饮料盒等食品包装 ◇ 投放"平衡膳食宝塔"操作材料（包括：谷物、蔬菜、水果、肉类、蛋奶、油等各类食物图片；空的宝塔框架；参考图例等）	◇ 寻找食品包装上的生产日期、保质期、质量安全标志等相关信息 ◇ 拼摆"平衡膳食宝塔"

续表

区域名称	投放材料	活动参考
美工区	◇ 水彩笔、油画棒、颜料、排笔、绘画纸、纸盘等绘画工具和材料 ◇ 橡皮泥、竹签、泥工板、一次性纸盘等泥工用品	◇ 食品安全宣传画 ◇ 用橡皮泥制作平面或立体的蔬菜、水果等健康食物的造型 ◇ 自制食品安全小书
语言区	投放食品安全相关的图书，如： ◇ 自制食品安全小书 ◇ 故事《洋洋为什么肚子疼》情节图片（参见本书第86页） ◇ 儿歌《食物不能随便吃》情节图片（参见本书第206页）	◇ 自主阅读 ◇ 小组阅读 ◇ 看图讲述

核心活动

食品包装上的秘密

活动目标

1. 知道食品包装上有一些关于食品安全的信息，初步学会识别这些信息。

2. 关注食品安全，知道选购食品时要留意相关信息。

活动准备

1. 面包包装袋大图；质量安全标志图片、中国营养学会标志图片；几种安全食品包装与三无食品包装的大图。

2. 幼儿与家长一起收集各种食品包装袋、盒、罐等。

活动过程

1. 故事导入，引出主题

故事大意：小猪肚子疼，去看医生。医生检查后，发现小猪是吃了过期的面包，吃坏了肚子。小猪决定，以后再也不吃过期的东西了。

重点提问：过期是什么意思？吃了过期的东西会怎么样？我们怎么才能知道吃的东西过没过期呢？

小结：过期就是过了保质期。所有的正规食品包装上都印着一个日期，日期前还标明了贮存条件，告诉我们这个食品在标明的贮存条件下，要在哪天之前吃掉；过了保质期，就可能变坏，不能吃了。

2. 寻找保质期，了解保质期的基本知识

（1）呈现面包包装袋上印有保质期的部位（大图），请幼儿观察。

重点提问：请你帮小猪看一看，这块面包应该在哪天之前吃掉？你是怎么知道的？

（2）幼儿分小组，观察本组带来的包装袋，寻找保质期，并展开讨论。

重点提问：请你找一找，你带来的包装上保质期在哪里？你是怎么知道的？当我们分不清楚的时候，可以怎么办？

（3）小组代表依次分享本组观点，教师帮助小结。

小结：不同包装袋上标明保质期的方法不同，有的印着生产日期和保质期，有的直接印有过期的时间。我们自己很难分清，可以请大人帮忙看一看。买食物或吃食物之前，一定要看一看保质期，过期的食物就不要买、不能吃了。

3. 出示质量安全标志和中国营养学会标志图片，启发幼儿观察包装袋上的其他标志或信息

重点提问：你能在包装袋上找到这些标志吗？猜一猜，这些标志代表什么意思？

小结：这两个标志分别是质量安全标志和中国营养学会标志。如果包装袋上有这两个标志，就说明这个食品是合格的，只要不过期，就可以放心吃。如果包装袋上连质量安全标志都没有，就说明这个食品质量不合格，不能吃。

4. 依次出示几种安全食品和三无食品包装的大图，请幼儿观察、判断

重点提问：小猪又饿了，这回它决定，在吃之前要先看包装。请你帮它看一看，哪些食品可以吃，哪些食品不能吃？为什么？

5. 活动自然结束

什么东西不能吃

活动目标

1. 理解儿歌内容，体验听说儿歌的乐趣。

2. 知道腐烂、变质的食物不能吃，增强食品安全的意识。

活动准备

毒蘑菇、烂白菜、黑心苹果、发芽马铃薯等有毒食物的图片；剩饭剩菜的图片；可食用蘑菇、新鲜白菜、新鲜苹果、新鲜马铃薯等安全食物的图片；食品安全分类操作材料每组一套（每套材料含各种能吃和不能吃的食物小图、一个食盒、一个桌面用小垃圾桶）。

活动过程

1. 教师朗诵儿歌《食物不能随便吃》，导入主题

重点提问：请你仔细听一听，儿歌里说了一件什么事情？

2. 提问帮助幼儿理解

重点提问：谁背着篮子扛着锄？它本来要去做什么？后来它怎么了？为什么会吐？小白兔是怎么说的？

小结：小猪吃了有毒的花蘑菇，中毒了，所以肚子直咕噜，还吐得自己都迷糊了。中毒是很危险的事情，会让我们呕吐、拉肚子，严重的还会昏迷，甚至死亡。所以平时我们吃东西一定要小心，不吃有毒的食物。

3. 提问激发幼儿创造性思考

重点提问：当我们想吃一样食物时，怎样才能知道它有没有毒呢？你有什么好办法？

小结：除了你们说的好办法，还有一些有毒的食物我们用眼睛就能看出来。只要你用心观察，多想一想，就能保护好自己。

4. 看一看，猜一猜

（1）出示毒蘑菇和可食用蘑菇的图片，请幼儿观察、对比。

重点提问：请你看一看，猜一猜，哪种蘑菇能吃？哪种蘑菇不能吃？

小结：小黑猪就是吃了花蘑菇才中毒的。我们经常吃的蘑菇有平菇、香菇、草菇、鸡腿菇、金针菇、口蘑，这些都没有毒，而且含有很丰富的营养。如果看见了不认识的蘑菇，一定要先问问大人，确认安全才能吃。

（2）出示烂白菜、黑心苹果、发芽马铃薯、剩饭剩菜的图片，请幼儿观察、自由猜想。

重点提问：你觉得这些食物能吃吗？为什么？

（3）出示新鲜的白菜、苹果、马铃薯、新鲜饭菜的图片，请幼儿观察、

对比。

重点提问：这些食物能吃吗？和刚才的图片有什么不一样？

小结：烂白菜、黑心苹果、发芽了的马铃薯都坏了，里面长出了毒素和霉菌，吃了就会中毒。剩饭剩菜，特别是隔夜菜，会产生对身体不好的东西，最好不吃。蔬菜、水果和饭菜都要吃新鲜的才对身体有好处。

5. 分一分，说一说

给每组幼儿发一份食品安全分类操作材料，请组内的幼儿相互合作，尝试将能吃的食物图片放在食盒里，不能吃的食物图片放到小垃圾桶里，并说一说理由。

附作品

食物不能随便吃

小黑猪，胖乎乎，
背着篮子扛着锄，
走一路，唱一路，
南山坡下刨红薯。
忽然看见花蘑菇，
蘑菇上面有露珠，
馋得小猪吧哒嘴，
一口吃下花蘑菇。
哎哟肚子直咕噜，
哇哇哇哇开始吐，
吐得小猪直迷糊，
再也不能刨红薯。
跑来一只小白兔，
快快扶起小黑猪：
"食物不能随便吃，
一不小心会中毒！"

（主题提供：西安交通大学第一附属医院幼儿园）

第二节 人际交往安全教育

一、概述

对幼儿进行人际交往安全教育，旨在帮助幼儿学习与人交往的友好方式与安全知识，培养幼儿与人交往时的安全防范意识，掌握基本的自我保护技能。

（一）教育目标与内容要点

1. 了解与同伴交往时的安全要求，学会与同伴友好相处

例如：学会与同伴友好相处，如轮流玩、分工与合作、分享玩具；学习控制自己的冲动行为以及寻找适宜的问题解决方法，寻求成人的帮助；知道咬人、抓人、踢人、打人都是不对的；等等。

2. 了解与陌生人和其他成人交往时的安全要求，知道怎样保护自己

例如：不轻信陌生人的话，不吃陌生人给的东西，不拿陌生人给的玩具或其他物品，不跟陌生人走，不轻易给陌生人开门；知道没有家人的许可不能跟不认识的人或熟人走；知道除了父母和医生外，不让其他人看或触摸自己的隐私部位（男孩裤衩遮盖的地方，女孩裤衩和背心遮盖的地方）；学会大胆地拒绝陌生人或其他认识的人，并及时向可靠的人（父母、老师或小区门卫、银行保安等穿制服的工作人员）寻求帮助；记住父母的电话或家庭住址，当发生走失、被骗、被伤害事件时备用；知道父母或其他家人打自己是不对的，如果出现家庭暴力，是可以向老师和警察叔叔寻求帮助的。

（二）教育指导建议

1. 在日常生活和活动中渗透安全引导

教师在幼儿进行区角活动前，应指导幼儿怎样选择区角活动，怎样安全地游戏，怎样与同伴友好地玩，遇到矛盾怎样解决（如轮流、合作），对幼儿需要学习的交往方式和方法做积极的引导。

当幼儿表现出良好的交往行为时，教师应给予及时的肯定与表扬，促使幼儿学习和形成良好的交往行为。

当幼儿因争抢玩具等原因与同伴发生争吵、相互攻击时，教师应抓住契机进

行友好交往的教育，引导幼儿采用适宜的表达方式，学习解决问题的方法。

2. 通过游戏活动引导幼儿进行体验和学习

（1）在区角活动中，有意识地引入某些游戏情节。例如，在娃娃家、表演区等区角，教师应有意识地发展出"不吃陌生人给的东西""不跟陌生人走""不给陌生人开门""与同伴友好相处"等游戏情节，使幼儿形成鲜明的记忆，练习和巩固亲社会行为。

（2）以游戏的形式，开展"遇到陌生人怎么办"的专题安全教育。可以采用模拟情境和角色扮演的方法，开展"遇到陌生人怎么办"的安全教育活动，使幼儿体验和学习怎样与陌生人进行交往，引导幼儿掌握相应的交往方法，提高幼儿的防范意识和自我保护的能力。

3. 加强家园合作

幼儿园应与家长做好沟通和交流，相互合作，在幼儿的日常生活中进行正确的引导，支持和鼓励幼儿良好的交往行为，共同帮助幼儿建立起与人交往的安全意识，提高幼儿对陌生人的防范意识和技能。

二、知识窗

（一）有陌生人主动搭讪时的应对方式

保持警惕，不相信陌生人的话，不吃陌生人给的东西，不接受陌生人送的礼物，不跟陌生人走，不乘坐陌生人的汽车或其他车辆，不给陌生人开门，对陌生人跟踪自己保持警觉。

（二）有陌生人敲门时的应对方式

1. 自己独自一人在家时，千万要关好窗，锁好门。

2. 有人敲门时，先从猫眼往外看看或隔门问清楚来人的身份。不认识的绝不开门。即使是认识的人，最好也不要开门，可请其等家长回家后再来。

3. 如果陌生人不肯离去，坚持要进入，可以声称要打电话报警，或到阳台、窗口高声呼喊，向邻居、行人求援，以震慑迫使其离去。

（三）有陌生人跟踪时的应对方式

1. 千万不能到人烟稀少或荒凉的地方去，以免给坏人可乘之机。

2. 应赶紧跑到附近人多的地方，如商场、饭店等地找大人求救，也可以找警察帮助，或者随便找一户人家，在门口大声叫："爸爸妈妈，我回来了。"这样坏人就会吓跑了。

（四）被陌生人抱住时的应对方式

1. 平时可以在脖子上挂一个口哨，万一被陌生人抓住，可以对着他的耳朵使劲吹口哨，然后伺机逃跑。

2. 可以紧紧抱住身边的树干或抓住铁栏杆等固定的物体，又哭又闹就是不走，同时大声向身边的人求助，这样逃脱的机会很大。

三、素材集锦

（一）儿歌

独 自 在 家

爸爸妈妈出了门，

小宝在家要留神。

生人叫门不要开，

任何借口都不行。

坏人强行要进入，

赶快拨打110。

记住警察叔叔的话：

关好窗，锁好门，

慎重对待陌生人。

（安子琴）

适用年龄 4~6岁

渗透教育 了解独自在家时容易遇到的安全问题和求救方法，学习保护自己。

使用建议

1. 出示小朋友独自在家时坏人敲门的情境图片，请幼儿看图说一说：发生了什么事情？应该怎么做？

2. 鼓励幼儿充分表达自己的观点，互相学习，总结最佳的应对方法。

3. 和幼儿一起学习儿歌，帮助幼儿梳理认知，提高独自在家时的自我保护意识。

4. 鼓励幼儿分小组表演当陌生人敲门时的安全做法。

(二) 故事

小 兔 乖 乖

兔妈妈有三个孩子，一个叫红眼睛，一个叫长耳朵，一个叫短尾巴。

有一天，兔妈妈对孩子们说："妈妈要到地里去拔萝卜，你们好好看着家，把门关得紧紧的，谁来叫门都不开，等妈妈回来了才开。"

兔妈妈说完，就拎着篮子，到地里去了。小兔子记住妈妈的话，把门关得紧紧的。过了一会儿，大灰狼来了，他想把小兔子当点心吃呢！可是小兔子把门关得紧紧的，进不去啊！

大灰狼坐在小兔子家门口，眯着眼睛，正在想坏主意，看见兔妈妈回来了，连忙跑到一棵大树背后躲起来。

兔妈妈走到家门口，推了推门，门关得紧紧的，就一边敲门，一边唱歌：

小兔子乖乖，

把门儿开开！

快点儿开开，

我要进来。

小兔子一听是妈妈的声音，一齐叫起来："妈妈回来了，妈妈回来了！"

他们抢着给妈妈开门，抢着帮妈妈拎篮子。嗬！妈妈拔了这么多红萝卜回来了。

兔妈妈亲亲红眼睛，亲亲长耳朵，又亲亲短尾巴，夸他们是好孩子。

那只大灰狼呢？躲在大树背后，偷偷地把兔妈妈的歌学会了。他说："哼！我有办法了，我有办法了。明天我再来。"说完就回老窝去了。

第二天，兔妈妈到树林里去采蘑菇，小兔子把门关得紧紧的。过了一会儿，大灰狼又来了。他一边敲门，一边用那又粗又哑的声音唱歌：

小兔子乖乖，

把门儿开开！

快点儿开开，

我要进来。

红眼睛一听，以为是妈妈回来了："妈妈回来了，妈妈回来了！"

短尾巴一听，也以为妈妈回来了："快给妈妈开门哟，快给妈妈开门哟！"

长耳朵一听，拉住红眼睛和短尾巴："不对，不对！不是妈妈的声音。"

红眼睛和短尾巴从门缝里一看："不对，不对！不是妈妈，是大灰狼。"小兔子齐声说：

　　　　不开，不开，

　　　　我不开！

　　　　妈妈没回来，

　　　　谁来也不开。

大灰狼着急了："我是你们的妈妈，我是你们的妈妈！"

小兔们说："我们不信，我们不信！要不，你把尾巴伸进来让我们瞧一瞧。"

"好咧，我就把尾巴伸进来，让你们瞧一瞧。"

小兔子把门打开一点儿，大灰狼就把自己的尾巴伸了进去。嘿！一条毛茸茸的大尾巴。一、二、三，嘭——小兔子们一使劲，把门关得紧紧的，大灰狼的尾巴给夹住了。

大灰狼痛得哇哇直叫："哎哟，哎哟，痛死我了……放了我，放了我！"

这时候，兔妈妈回来了。她放下篮子，捡起一根木棍，朝着大灰狼的脑袋狠狠地打。

大灰狼受不了啦！使劲一拉，把尾巴拉断了。他扔下一大段尾巴，逃走了。

兔妈妈这才松了一口气，扔了木棍，捡起篮子，一边敲门，一边唱歌：

　　　　小兔子乖乖，

　　　　把门儿开开！

　　　　快点儿开开，

　　　　我要进来。

小兔子听见妈妈的声音，抢着给妈妈开门，抢着帮妈妈拎篮子。兔妈妈高兴地说："你们真是好孩子。"

适用年龄　3～5岁

渗透教育　初步了解独自在家时，怎样应对陌生人。

作品分析

《小兔乖乖》是幼儿耳熟能详的经典故事，三只小兔子用自己的谨慎、勇敢和智慧，保护了自己，赶走了大灰狼。兔妈妈唱的歌儿像是一个"暗号"，给家长们一些启发；小兔子们的做法，则让幼儿更加直观地了解陌生人敲门时安全的应对方法。

使用建议

1. 提问帮助幼儿理解故事：为什么小兔子不给大灰狼开门呢？给陌生人开门会有什么危险？假如陌生人来敲门，应该怎么办呢？小结：应对陌生人敲门，最简单、最有效的办法是坚决不开门。

2. 鼓励幼儿在表演区进行故事表演，增强孩子的自我保护意识。

3. 可开展"安全大挑战"活动。将幼儿带到小区中，提前和社区工作人员沟通，请他们假扮陌生人和幼儿搭讪，教师观察幼儿的表现，然后进行有针对性的教育。

4. 家园共育，家长树立安全意识，不管是在家还是在户外，尽量不让孩子在没有成人陪伴的情况下独处或与其他小朋友在一起。

（三）图画书

名称 门

作者 陶菊香（文·图）

版本 明天出版社 2010 年版

内容简介

一位叔叔的绿外套被风吹下来，落在了"我"家的窗台外。叔叔来敲门，想进来捡衣服。可是，"我"不认识这位叔叔。妈妈也说过，不可以给陌生人开门。"我"该怎么办呢？

适用年龄 3～6 岁

使用建议

1. 和幼儿一起阅读图画书，感受故事中的"我"从一开始紧张不安，警惕观察，到慢慢尝试行动，努力在局限的空间中帮助陌生人，最终成功地取回衣服的心理变化过程。

2. 画面平和温暖的色调让人觉得这位陌生的叔叔是可信的。可以和幼儿一起讨论：为什么"我"不给这位叔叔开门？引导幼儿认识到：不给陌生人开门，是小朋友保护自己的好办法。

3. 和幼儿一起观察画面，回忆故事情节："我"后来是怎样帮助叔叔取回衣服的？和幼儿一起体会"我"在保护自己的同时尽力想办法帮助别人的心情，保护幼儿的善良愿望。

4. 向幼儿讲述一些真实发生过的骗局案件，让幼儿明白：陌生人里，有好人，也有坏人。当我们不知道谁是坏人的时候，要保护自己，就要提高警惕，不相信陌生人说的话，不跟陌生人走，不拿陌生人的东西，不给陌生人开门。

5. 假想几个可能的场景，和幼儿一起讨论怎么办。如：在路边遇见一个陌生的阿姨向你求助，说自己的脚扭伤了，请你帮忙扶她回家。阿姨看起来很难受。你该怎么办？让幼儿明确地知道：不可以独自一人去帮忙。和幼儿一起讨论几种安全可行的办法，如：回家叫上爸爸妈妈帮忙；或者请旁边的保安叔叔、警察叔叔等人帮忙送阿姨回家；等等。让幼儿进一步理解：在帮助别人之前，要先保护好自己。

（家向）

名称 学会爱自己（全3册）

作者 ［美］克雷文（著），［美］柏斯玛（绘），刘敏（译）

版本 青岛出版社2010年版

内容简介

这是一套主题特别的图画书，包含《不要随便摸我》《不要随便亲我》《不要随便跟陌生人走》等3册。通过贴近生活的故事，激发孩子面对危险敢于说"不"的勇气，并教给孩子保护自己的重要知识和实用方法。

适用年龄 4～6岁

使用建议

1. 逐本为幼儿讲读，引导幼儿思考：你有没有碰到过这样的情况？你会怎么做呢？

2. 讲读《不要随便摸我》时，和幼儿一起讨论：泳衣覆盖的地方是哪里？

要是有人想要把手伸进你的衣服摸你的身体，你会怎么做？鼓励孩子勇敢地表达自己的不满，反抗让自己不舒服的行为，不要害怕对方的恐吓和威胁。引导幼儿明确遇到这类危机时的正确应对方法：①大声说"住手！不要！"②快快离开；③及时告诉大人。

3. 讲读《不要随便亲我》时，和幼儿一起观察画面，讨论故事情节：莱娜不喜欢别人亲吻自己的时候，是怎么做的？她说了什么？大家是怎么回答的？引导幼儿了解：莱娜能够勇敢地对自己不喜欢的事情说"不"，让大家都明白自己的感受和好恶，这一点非常重要。幼儿一起讨论：你有没有不想让别人亲吻的时候？是什么时候？你可以怎么做呢？鼓励幼儿勇敢说出自己的想法和意愿。

4. 讲读《不要随便跟陌生人走》时，可以随着情节的发展暂停讲读，问问幼儿："如果车里的人真的是坏人，我们可以怎么办？"鼓励幼儿结合自己的生活经验说出应对的方法。继续讲读绘本，请幼儿看一看：主人公雷娜和她的同学想出了什么样的办法？如果你遇到了这样的情况，你愿意使用哪个办法？如果有陌生人找你说话或给你吃的，你会怎么做呢？

5. 对中大班的幼儿，可以和幼儿一起，想象出面对陌生人的不同危险情境，并提出应对办法。鼓励幼儿将自己的好办法画下来，做成安全小书或安全宣传海报，并向小中班的弟弟妹妹做安全宣传。也可以编成安全小故事，排演成小的情景剧，表演给弟弟妹妹看。

（家向）

四、案例精选

（一）生活与游戏中的教育

防拐家长来支招

——家园合作对幼儿进行安全教育

伊伊的妈妈看到报纸上幼儿被拐卖的报道，不仅在家对孩子进行了安全教育，还将这个活动带到游戏小组，和幼儿一起讨论如何保护自己。

以下是她的日志：

来到北京五年，一直以为北京的治安很好。可今天看到《新生活》报道说北京有很多小孩子被拐走。我在家也常教导孩子不要吃陌生人的东西，不要跟陌生人走,还让他背了我们的电话号码。但是为了让孩子更加深刻地体会这一点,我决定用表演的方式进行一次安全教育。我发现表演的方式比我平时说教有用,于是我和老师沟通,将这个表演带到游戏小组,让更多的孩子看到,以提高他们的警惕性。

案例分析

案例中,这位家长不仅能够意识到周围生活环境存在的安全隐患,采用幼儿喜欢且易于接受的方式进行安全教育,而且将活动带到游戏小组,和更多的幼儿一起讨论如何保护自己。在这个案例中,游戏小组充分发挥了家长的作用,鼓励家长为幼儿安全教育献言献策,充分发挥家园的合力,共同帮助幼儿提高安全意识,是家园配合的典范。

(徐莎　选自四环游戏小组案例)

我们一起玩
——借助偶发事件引导幼儿与同伴友好相处

到了亲子秋游活动的目的地了。家长、孩子、老师围坐在草地上,孩子们说着、唱着、笑着。这时,洋洋从书包里拿出一个塑料袋玩起来,坐在旁边的浩浩看见了,一把抢过来也想玩,洋洋追过来又拿了回去。浩浩不愿意,哭了起来。菲菲从洋洋手里一下把塑料袋夺了下来,说:"浩浩都哭了,赶紧给他吧!"洋洋的爸爸也说:"不就是一个塑料袋吗?给他吧!"洋洋却不乐意,大哭了起来。草地上一时乱成一片。

我连忙说:"可以给老师看看这个塑料袋吗?"接过洋洋手中的塑料袋,我说:"来,咱们一起玩个游戏吧!你们想想,怎样玩才能让大家都开心呢?"孩子们说:"一起玩!"我说:"好,今天我们一起玩一个新的游戏。"我把塑料袋吹得鼓鼓的,找了根绳子把口收紧,让大家像击鼓传花那样传着玩,并说清楚了玩法:所有的人都要坐好不得起立,家长负责传,孩子负责唱歌,我负责说"停",歌声停下来的时候,袋子传到谁那儿,谁就说个儿歌或讲个故事。游戏开始了,我故意在传到自己手上时喊"停",给孩子们讲起了《我们一起玩》的故事。讲完后,我请孩子们说一说应该怎样和小朋友相处。这时,洋洋和浩浩都不好意思地说:"我再也不抢了。我们以后一起玩,要不就让他玩一会儿,我玩一会儿。"话音刚落,四周响起了掌声,又恢复了欢乐的氛围。

案例分析

浩浩妈妈平时特别惯孩子，结果养成了浩浩用哭来解决一切问题的习惯；洋洋是父母老来得子，也是比较娇惯。所以两人产生矛盾时，谁也不懂得谦让或协商。教师借助这一偶发事件，首先用游戏转移孩子的注意力，稳定情绪，然后有意识地通过故事教育幼儿与同伴相处的正确方法，充满智慧地解决了问题，并不留痕迹地实现了引导幼儿与同伴友好相处的教育目标。

（刘冬梅）

（二）教学活动

不跟陌生人走（3～4岁）

活动目标

1. 知道外出时不离开成人，不接受陌生人的东西，不跟陌生人走。
2. 萌发关心他人的情感。

活动准备

1. 在日常户外活动中强化幼儿不离开老师、不离开集体的意识。
2. 故事《小猪找妈妈》Flash 动画，"聪明小猪"奖章若干，摄像机一台。
3. 请两名社区人员参加活动，假扮哄骗小孩的"坏人"。活动前告诉参加人员活动的内容、方式及过程，让参加人员知道如何配合。请幼儿园后勤人员配合，在社区中帮助保护幼儿安全。

活动过程

1. 观看 Flash 动画片

教师播放动画，声情并茂地给幼儿讲故事。

2. 讨论

（1）提问：小猪遇到了什么危险，它应该怎样做呢？它应该对狐狸说什么？引导幼儿充分讨论，想办法。让幼儿知道外出时不应该离开成人，不接受陌生人的东西，不跟陌生人走，否则就找不到爸爸妈妈，也回不到家了。

（2）表演。教师扮演狐狸，请幼儿扮演小猪。表演狐狸骗小猪的片断，并请幼儿按照讨论好的办法来应对狐狸，如：大声叫妈妈、找商场的警察、坚决不跟狐狸走等。

3. "聪明小猪"大挑战

（1）全班幼儿扮演小猪并分为两组，由教师带领去幼儿园门口的社区"探险"。

（2）"坏人"出现，"哄骗"幼儿（假扮"坏人"的社区工作人员拿玩具及零食"哄骗"幼儿，或以带幼儿去玩、去找爸爸妈妈等借口"哄骗"幼儿），教师要倾听并观察当事幼儿的表现，需要时帮助和指导幼儿解决遇到的问题。

（3）将幼儿在活动中的表现用摄像机录制下来，活动后组织幼儿看活动的录像，教师给予相应的讲解。

（4）活动后小结：在外面玩时，应该跟随成人，不接受陌生人的东西，不轻易相信陌生人。

4. 颁发奖章

通过看录像，引导幼儿评选出几名聪明的"小猪"，并奖励"聪明小猪"奖章，鼓励全体幼儿向"聪明小猪"学习。

活动建议

1. 如果没有Flash动画片也可以用图片代替。

2. 若找社区人员帮助有困难，可以请食堂的叔叔阿姨帮助。

3. 若没有摄像机也可以用照相机代替。

附故事大意

小猪找妈妈

一天，小猪和妈妈到商场去买东西，商场里有好多好多好吃的，小猪看看这个又看看那个。这时，一只狐狸手里拿着一包吃的走到小猪面前对它说："小猪，我给你好吃的，跟我走吧！"小猪高兴地跟着狐狸走了。狐狸把小猪带出了商场，去了很远很远的地方，小猪感到不对，开始大声哭喊："我要妈妈！我要妈妈！"可是……

第三节 运动安全教育

一、概述

对幼儿进行运动安全教育，旨在帮助幼儿建立起运动中的安全防护意识，引导幼儿掌握运动安全的基本常识，学会遵守有关运动的安全要求和规则，提高自我保护能力，预防和减少运动中的伤害。

（一）教育目标与内容要点

1. 了解基本的运动安全知识，掌握基本的安全运动方法

例如：走动或跑动时能注意躲避障碍物，不与他人相撞；掌握投掷、骑车、滚铁环、跳绳、抽陀螺等运动的正确方法，能注意躲闪，避免被器材砸伤、撞伤、碰伤、甩伤等，并能考虑到他人的安全，避免器材伤及他人；运动中能穿适宜的衣服和鞋子；运动中感觉累时，能注意休息；不做危险的动作，不盲目冒险；等等。

2. 知道运动中遵守安全要求和规则的重要意义，并能主动遵守

例如：玩滑梯、秋千、荡船、转椅、攀登架、跷跷板等运动器械时，能有秩序地玩或轮流玩，不相互拥挤或推拉，能按照安全要求和正确方法去做，不做危险动作；户外运动时不擅自离园出走；等等。

（二）教育指导建议

1. 幼儿运动前，需要做好各项安全检查工作

幼儿园由专人负责运动场地和运动器械的安全检查工作，发现问题及时解决。

教师在带领幼儿运动前，需要对使用的场地和器械再做仔细检查，排除安全隐患。同时，需要检查幼儿所穿的衣服和鞋子是否适合运动需要。

2. 提出运动中的安全要求和规则，加强安全保护和指导

（1）在幼儿初次参与运动时，有意识地进行安全教育。例如，在幼儿玩滑梯、秋千、荡船、转椅、攀登设备、跷跷板、铁环、陀螺、跳绳等器械前，教师就要对这些器械的玩法提出明确的安全要求，强调安全活动的重要性，并逐个指导幼儿进行尝试和体验。

（2）经常提醒幼儿，督促幼儿遵守安全规则，逐渐帮助幼儿养成安全使用运动器械的行为和习惯。

3. 以运动促发展，同时渗透安全指导

（1）开展丰富多样、适合于幼儿的体育活动，有目的地发展幼儿走、跑、跳跃、投掷、攀登、钻、爬、推、拉、搬运、悬垂等基本动作，逐渐提高幼儿的平

衡能力、动作的协调性与灵敏性、力量、耐力等身体素质。

（2）教师进行正确的动作示范和指导，帮助幼儿掌握安全的运动技能。

（3）指导幼儿在运动中保证自己的安全以及顾及到他人的安全。

二、知识窗

（一）户外活动器械的安全检查标准[①]

在户外运动前，教师应提前检查所需器械，确保安全。

1. 滑梯：着地处地面有安全保护措施，滑梯台阶无破裂或松动。

2. 跷跷板：两端着地点松软，或设有缓冲物；板面没有断裂变形的迹象；扶手处没有松动。

3. 大型塑料玩具：无变形、开裂、或者容易卡住幼儿的地方。

4. 障碍轮胎：轮胎固定稳妥，轮胎表面平整无破损，轮胎内槽无积水和脏物。

（二）幼儿应当了解的运动安全知识

1. 要听从教师的指令并在指定的范围内活动。

2. 运动中要穿适宜的衣服和鞋子。

3. 走动或跑动时要注意躲避障碍物，不与他人相撞。

4. 掌握从较高处往下跳的安全方法（即前脚掌先着地，落地的时候要屈膝，上体稍直，两臂平举以得到缓冲和维持平衡），知道不能随便从太高处往下跳。

5. 掌握运动器材的正确使用方法，能注意躲闪，避免被器材砸伤、撞伤、碰伤、甩伤等，并能考虑到他人的安全，避免器材伤及他人。

6. 跳绳时要注意前后左右，和别人保持一定的距离，避免碰到其他小朋友。

7. 玩滑梯时要扶好扶手，坐着从上往下滑，不能在滑梯上做危险动作。

8. 跳跃或快速奔跑时不说笑、不伸舌头。

9. 遇到危险时，用向左右跑开、抱头、抱肩、蹲下等方法进行躲避。

10. 运动中感觉累时，能注意休息。

11. 活动中如果身体出现不适或损伤，要及时告诉老师等。

---

① 梁雅珠，陈欣欣. 幼儿园保育工作手册[M]. 北京：人民教育出版社，2016：186.

（三）运动时的着装安全要求

1. 衣服的大小、厚薄、松紧要适宜；不穿有绳带的衣服，衣服上也不要佩戴纪念章、胸针等饰物，口袋内不能放尖锐的小物品；衣服扣子要系好；在寒冷的季节要检查秋衣是否塞在裤子里，避免在运动中露出小肚皮。

2. 鞋子要合脚、轻便，有一定的弹性，最好是运动鞋，不要穿皮鞋、凉鞋参加运动；鞋带要系好系牢，避免在运动过程中被鞋带绊倒。

（四）运动中的安全要求

1. 运动前，做好身体各个关节的准备活动，消除肌肉及关节的僵硬状态，预防受伤。

2. 向幼儿强调活动的规则与安全注意事项，让幼儿知道如何安全地玩，以免身体受到伤害。

（五）运动后的安全要求

运动结束后，教师要带领幼儿做放松操、散步等整理活动，减小运动后的心脏负担，有益于精神的放松和体力的恢复。

教师要引导幼儿知道，剧烈活动后要稍作休息再喝水并要控制水量，因为一次性喝下大量的水会增加心脏负担，严重的还会引起肠胃痉挛。

（六）幼儿应避免参加的活动[①]

在户外活动中，教师应避免带领幼儿进行有损身体的比赛与活动，如：

1. 静力性活动：玩扩胸器、拔河比赛等；

2. 急骤性的静止活动：如疾跑中突然静止、疾跑中突然转身等；

3. 有损骨骼关节的活动：如"斗牛"游戏（膝盖和膝盖碰撞）、掰手腕、从高处往硬地上跳等；

4. 过量的耐久性活动，如距离过长的跑步、距离过长的"小兔跳"比赛等。

（七）磕破伤的紧急处理

磕破伤多发生在膝盖、肘部和手掌。

1. 轻微的擦伤，可用清水清洗伤口，再用消毒棉球蘸生理盐水擦洗伤口周围并清理异物，然后涂抹碘伏预防伤口感染。

---

① 梁雅珠，陈欣欣. 幼儿园保育工作手册［M］. 北京：人民教育出版社，2016：191.

2. 较为严重的伤口在经过消毒处理后可用消毒纱布包扎；特别严重的要及时送往医院救治。

三、素材集锦

（一）儿歌

做 操

小朋友，听信号，

排好队伍来做操。

不推挤，不打闹，

天天锻炼身体好。

（刘冬梅　根据网络资源改编）

适用年龄　4～5岁

渗透教育　了解做操时的安全要求。

使用建议

1. 学说儿歌。可以组织幼儿讨论：为什么做操的时候不能推挤、不能打闹？

2. 可以在做操前伴着儿歌进行热身或队列练习，帮助幼儿巩固做操时的安全要求。

滑 滑 梯

滑滑梯，滑滑梯，

你先我后别着急。

上去好像爬高山，

爬了一级又一级。

下来好像坐飞机，

忽忽悠悠飞到地。

（吴扬）

适用年龄　3～5岁

渗透教育　了解玩滑梯的安全常识，知道互相推挤会发生危险。

使用建议

1. 请幼儿说一说：自己是怎样玩滑梯的？喜欢玩滑梯吗？玩滑梯的时候，有什么感受（体会儿歌中的形象表达）？有没有遇到过不开心的事情？怎样避免这些不开心的事情发生？

2. 引导幼儿小结：玩滑梯时不能推挤，要排好队，一个接一个地滑；滑下来以后要迅速离开，避免后面的小朋友滑下来撞到自己。

3. 带领幼儿到户外玩滑梯，并请幼儿遵守规则，注意安全。

(二) 故事

橡皮膏小熊

小熊有许多好朋友，它最喜欢和好朋友一起做游戏了。

第一天，小熊和小狐狸一起玩皮球。小狐狸把皮球抛给了小熊，小熊没有用手去接，"咚"的一声，皮球碰在了鼻子上。鼻子碰得又红又肿，小熊"呜"地哭了起来。小狐狸连忙说："别哭别哭，贴上膏药就不痛了。"说着，小狐狸就在小熊的鼻子上贴上了橡皮膏。

第二天，小熊和小花猫一起滑滑梯。小熊没有扶好扶手，一下子从上面滑下来，"咚"的一声，屁股撞在了地上，被撞得又红又肿，小熊"呜"地哭了起来。小花猫连忙说："别哭别哭，贴上膏药就不痛了。"说着，小花猫就在小熊的屁股上贴上了橡皮膏。

第三天，小熊和小猴子一起爬攀登架。小熊没有抓紧攀登架，摔了下来，"咚"的一声，膝盖撞在了地上，撞得又红又肿，小熊又"呜"地哭了起来。小猴子连忙说："别哭别哭，贴上膏药就不痛了。"说着，小猴子就在小熊的膝盖上贴上了橡皮膏。

小熊的鼻子上、屁股上、膝盖上都贴上了膏药，小伙伴说："哎呀，小熊变成'橡皮膏小熊'了。"

适用年龄　3~4 岁

渗透教育　知道游戏时要注意安全，了解相关的安全知识。

作品分析

故事中的小熊俨然是一个不会保护自己的小班幼儿的典型例子。因为不会保护自己，本来有趣的游戏变得充满了疼痛，最后小熊自己也变成了"橡皮膏小熊"。孩子们在忍俊不禁的同时，悄悄滋生出"我可不要像小熊一样"的想法，水到渠成地激发出孩子们在游戏中保护自己的愿望。

使用建议

1. 教师出示贴满橡皮膏的玩具熊，请幼儿说说它是谁？它怎么了？你是怎么知道的？鼓励幼儿根据自己的生活经验，猜猜小熊受伤的原因，并大胆讲述。

2. 教师完整地讲述故事，引导幼儿讨论：小熊是怎样受伤的？

3. 教师分段讲述故事。讲述故事第一段，师幼共同找出小熊第一次受伤的原因：小熊没用手接球；讲述故事第二段，找出第二次受伤的原因：滑滑梯没扶好；讲述故事第三段，找出第三次受伤的原因：爬攀登架没抓紧。

4. 请大家一起告诉小熊游戏时应该怎样才不会受伤。

游泳池里的故事

夏天，天气真热呀！丁丁和洋洋一起去游泳池里游泳。他们俩换好了游泳衣，来到了游泳池边。洋洋"扑通"一声跳进了游泳池里，而丁丁却在游泳池边做起了准备运动。丁丁伸伸胳膊、动动腰，扭扭脚踝。洋洋在一边哈哈大笑："你在干嘛？"丁丁说："我在做准备活动！不做准备活动很容易抽筋的！"洋洋说："我才不信呢！"说完，他就朝前面游去。丁丁也跟着进了游泳池。突然，洋洋叫了声"哎哟"就喊脚疼。丁丁赶忙游过去，把洋洋带到池边，原来，洋洋的脚真的抽筋了。丁丁说："你看，我说的没错吧！"

游泳池里的人真多呀！洋洋游了一会儿后对丁丁说："人太多，我们到前面的小河里去游吧！那里的水又清，人又少！"丁丁却说："那可不行！在小河里游泳多危险呀！如果我们遇到危险，连帮忙的人都找不着！我才不去呢！"洋洋撇了一下嘴说："真是一个胆小鬼！"

又玩了一会儿，洋洋觉得真没劲，就偷偷地对着丁丁泼水。丁丁不甘示弱，他俩在游泳池里打起了水仗！这时，救生员叔叔走过来说："小朋友，你们不能这样！既影响其他人游泳，也会给自己造成危险！不能在游泳池里打水仗！"丁丁和洋洋吐了吐舌头，赶紧游到旁边去了。

（朱蓉）

适用年龄　4～5 岁

渗透教育　知道在游泳活动中要注意安全，了解一些游泳时的安全知识。

作品分析

炎热的夏天，游泳池成了孩子们最喜爱的去处。故事通过两个小男孩丁丁和洋洋的经历，生动地让孩子们知道了在游泳里里玩耍需要注意什么，以及怎样做才能保护自己的安全。

使用建议

1. 教师讲述故事。

2. 提问帮助幼儿了解一些游泳过程中的自我保护方法。如：丁丁在下水前做了什么事？洋洋有没有做？后来发生了什么事情？谁做得对？游泳池里的人太多了，洋洋想去哪里游泳？为什么不能去郊外的小河里游泳？在游泳池里，丁丁和洋洋又玩起了什么游戏？救生员叔叔为什么制止了他们的游戏？

3. 教师再次讲述故事，让幼儿了解在游泳时注意安全的重要性。

4. 请家长带幼儿去游泳之前，帮助幼儿做好准备工作（如：游泳前不要空腹或吃得太饱，下水前做好准备活动等）。

（三）图画书

名称　排好队，一个接一个

作者　［日］佐佐木洋子（文·图），蒲蒲兰（译）

版本　连环画出版社 2007 年版

内容简介

大象滑梯真好玩，排好队，一个接一个；企鹅秋千真好玩，排好队，一个接一个；小汽车真好玩，排好队，一个接一个；咦，大家捂着肚子，是在排队做什么呢？

适用年龄　3～4 岁

使用建议

1. 和幼儿一起阅读图画书，体会小熊宝宝和好朋友们玩什么都"排好队，一个接一个"的秩序感。

2. 每幅画面中排队的小动物都神态动作各异，有焦急扬着头盼望的，有赶紧跑到队尾的,也有因为马上就要轮到自己而高兴的。可以引导孩子观察画面,体会小动物排队时的心情,知道就算很着急,想早一点轮到自己,也要排好队,轮流玩。

3. 给幼儿充分的时间观察画面。可以和幼儿一起讨论画面中小动物排队的顺序,如:小熊宝宝滑下来以后,下一个该谁滑了?帮助幼儿理解排队的顺序含义。

4. 在幼儿和同伴一起玩游戏时,引导幼儿像小熊宝宝一样,排好队,轮流玩。

(家向)

四、案例精选

在生活与游戏中渗透指导,是对幼儿进行运动安全教育的最有效途径。因此,这里只呈现在生活与游戏中发生的教育案例,以供参考。从以下案例中,我们可以看到教师如何时刻心系安全,并有意识地通过游戏规则、亲身示范和随机指导,让幼儿掌握安全运动的技能。

换一种玩法
——制定适宜的游戏规则

户外活动时,我带着孩子们玩新游戏"瞎子摸鱼"。所有孩子手拉着手围成一个圈扮作"鱼",圈内请几个孩子蒙上眼睛扮作"瞎子"。儿歌念完后,所有的"鱼"可以自由地去碰触"瞎子",当"瞎子"捉过来时,还要迅速躲闪,避免自己被捉到。这个游戏既能锻炼孩子们的身体协调性,又能提高速度和灵活性,更有有趣的游戏情境,马上得到了孩子们的喜爱。

"池塘里面鱼虾多,瞎子快来摸一摸。摸到你,来替我,看谁能够躲得过!"童稚的声音念完儿歌,扮演"鱼"的孩子们争先恐后地上前去逗"瞎子",然后马上嘻嘻哈哈地躲闪开;"瞎子"左摸摸、右摸摸,顺着声音冷不防地去抓一条"小鱼";眼看就要抓到了,"小鱼"却往旁边侧一侧身子,灵巧地挣脱……孩子们玩得很投入,一张张小脸写满了红扑扑的快乐,作为老师的我,也被这种快乐感染,不由得沉浸其中。

但是，玩着玩着，我发现了一个危险的趋势：扮演"小鱼虾"的孩子去碰触"瞎子"的时候，很容易沉醉在游戏幻想中，很多孩子不知不觉就伸手大力打一下"瞎子"，同时很容易发生挤、堵现象。

安全是一切的基础，孩子的身体和生命健康是所有教育活动的前提和保障。如果任由孩子们这样撒开玩下去，一定会出现极大的安全问题。我意识到：必须马上采取措施。一瞬间，我的脑中闪过千万种想法。暂停游戏，告诉孩子们不能拥挤吗？可是，简单的说教能起什么作用呢？当孩子沉浸在游戏之中时，这些枯燥的说教就会被抛之脑后。强行停止游戏吗？更不可取，我无权剥夺孩子们游戏的权利。看到孩子们脑门上因为运动而渗出的汗珠，我突然有了决定。

我用孩子们熟悉的手势引导暂停游戏，请他们原地休息一会儿，然后调整游戏规则：儿歌念完后，所有的"鱼"在规定的圈上蹲下不动，请"瞎子"自由走动，捉到一条"鱼"后，通过触摸、以及他人的语言提示，猜出被摸的幼儿名字。改变规则后，拥堵现象不见了，孩子们玩得同样投入，所不同的是，不再像刚才那样吵闹，每张小脸上，除了高兴，还有紧张，还有猜中之后掩藏不住的快乐。

案例分析

在这个案例中，教师能够及时发现幼儿在游戏中的安全隐患，并根据孩子的运动量需求及时调整，换一种玩法，不但没有损害孩子们游戏的权利，还能为他们提供一个更为安全的游戏环境。除了需要随机应变的教育智慧，更需要老师高度的安全意识，时刻将幼儿的安全放在心上。

（家向）

坐上"汽车"去游玩
——制定适宜的游戏规则

户外游戏时间到了，几个小朋友坐上了非常喜欢玩的转椅。大宝、冰冰自告奋勇要求当司机，推着转椅跑起来。转椅转得很快，孩子们玩得可开心了。突然，萱萱说有点晕，让他们放慢速度。冰冰想减速却一下没站稳，一个趔趄差点摔倒在地上。我在旁边吓出一身冷汗，心想，这要是摔在地上，很容易把脸摔伤。我赶紧上前一步把转椅拉住停下，请孩子们从转椅上下来。孩子们恋恋不舍地说:"老师,再让我们玩一会儿吧!"

看着孩子们渴望的表情,我想:怎样让孩子们玩得既高兴又避免危险呢?我把这个问题抛给了孩子们。大宝说:"老师,你帮我们推吧!"萱萱说:"别推得太快就行了。"冰冰说:"可是太慢了没意思呀!"孩子们你一言,我一语,却始终没有提出一个大家都认可的方案。

我想了想,也许加入游戏情境会安全一些。于是,我问孩子们:"你们坐过公共汽车吗?""坐过!"大家齐声回答。我追问:"公共汽车是怎么开的呀?"辰辰说:"公共汽车有站,不能开得太快。要不警察该罚款扣车了。"接着孩子们的话,我建议他们玩起了"开汽车"的游戏,并共同明确了游戏规则:两圈为一站,到站要停车,乘客可以换乘,有上有下。孩子们一起设计站名,动物园站、海洋馆站、游乐场站等名一提出就得到了认可。这样两圈一停,速度自然慢了下来。再请一个小朋友当警察,监督"汽车"不能超速。

新的游戏开始了。小警察认真地指挥,小司机报着站名:"动物园站到了,有下车的吗?先下后上……"孩子们又开心地玩起转椅来。

案例分析

在这个案例中,当教师看到游戏中的危险后,没有简单地叫停,而是和孩子们一起讨论,设计出有趣的情境和适宜的游戏规则,真正发挥了孩子们的主动性,让他们去发现危险、远离危险,让孩子们知道怎样玩更安全。

(刘冬梅 郭莉)

我会蹲一蹲
——在运动游戏中随机指导

幼儿园的户外场地上,有一片小土坡,深得男孩子们的喜爱。他们喜欢从斜坡上跳下,还喜欢骑着小车往下冲。今天,在自由活动时,我又发现豪豪、辰辰等几个男孩子从斜坡上跳下,但跳下时腿是直着落地,很容易摔倒甚至骨折。我心里一惊:这样危险的游戏,应该马上制止他们!但是我又看到他们玩得那样投入,似乎这种"跳跃"的游戏给了他们极大的满足。我停下了制止的脚步,而是用尽量轻松的口吻,请求参与他们的游戏:"你们在玩'小伞兵'的游戏吗?我可以一起玩吗?"看见我的加入,孩子们更兴奋了。"小伞兵落到地上的时候,腿要弯一弯,这样能保护膝盖和骨头不受伤哦!"说完,我也跳下,并在落地时夸张地蹲了蹲。孩子很快就掌握了。豪豪更是兴奋地跑回斜坡上,玩起了"跳——蹲"的游戏,动作一次比一次熟练。

案例分析

在这个案例中,教师细心观察到了幼儿在运动游戏中的危险行为,但没有采取限制和禁止的消极干预方式,而是顺应幼儿的兴趣,通过加入游戏的方式,对幼儿进行动作示范和行为指导,让幼儿在快乐的运动中自然而然地掌握了运动安全的小方法。

(家向)

小飞机过独木桥
——用游戏化的方式进行安全指导

户外活动时,孩子们来到了平衡区,热切地想要尝试、挑战这里难度不一的平衡木(孩子们称它们为"独木桥")。有的"独木桥"直直的、宽宽的,有的"独木桥"高高的、窄窄的,孩子们小心翼翼,却遇到了重重困难。

有的孩子因为重心不稳,在"独木桥"上左摇右摆;有的孩子眼看就要掉下来了,赶紧扶一下附近的同伴,却不小心撞在一起,两个小朋友一起掉下来;还有的孩子侧着身子,像小螃蟹一样横着走过去。

怎样才能在支持孩子挑战和探索的同时,让他们学会保护自己呢?结合孩子们对飞机的极大兴趣和有较多前期经验的实际情况,我请孩子们扮演小飞机,要飞过独木桥去加油。在游戏前,我问:"小飞机是怎么飞的?它怎样才能安全飞过独木桥呢?"孩子们都抢着说:"飞机有一对很厉害的翅膀,如果没有翅膀,飞机是飞不起来的!""哦!原来是这样啊,快来找一找咱们的小翅膀在哪里。"孩子们都张开双臂学着飞机飞翔的样子。我接着问:"飞机的翅膀有一个非常厉害的功能,你知道是什么吗?"孩子们思考一会儿后,我们一起梳理经验:飞机的翅膀还有保持平衡的作用。"那一会儿小飞机过独木桥时,可要用小翅膀保持好平衡哦!"我们学着小飞机的样子尝试走过独木桥,看到许多孩子都能初步用双臂保持平衡,我又趁热打铁,问道:"小飞机已经有了小翅膀,还需要什么东西才能过桥?"孩子们说:"飞机下面有两个小轮子,要帮助飞机滑翔,飞机才能起飞。""那我们也把小脚丫变成轮子试试吧!"说完,我便边说儿歌边过独木桥:"我们都是小飞机,张开翅膀别着急。小脚前后交替走,勇敢过桥真欢喜。"孩子们听到朗朗上口的儿歌,也一边学着说儿歌一边过桥了。"小飞机如果飞不稳了怎么办呢?""那就轻轻地从独木桥上下来,再轻轻地走上去,不要撞到其他小飞机。"

在以后的走平衡游戏中,孩子们都喜欢边说着儿歌边走,不仅掌握了走平衡木的基本方法,也减少了在游戏过程中推碰别人的现象。

案例分析

在这个案例中,教师能够及时发现幼儿在运动中的安全隐患和教育契机,根据幼儿"玩中学"的特点,将幼儿感兴趣的内容与安全教育相结合,最后以儿歌的形式帮助幼儿掌握走平衡木的基本方法,在平衡游戏中培养安全的行为和意识。

(李蕊 家向)

第四节 交通安全教育

一、概述

对幼儿进行交通安全教育,旨在帮助幼儿掌握交通安全知识,养成遵守交通规则的习惯,提高幼儿的交通安全意识和自我保护能力。

(一)教育目标与内容要点

1. 认识常见的交通安全标志(人行通道标志、红绿灯标志、地下通道标志、过街天桥标志等),知道这些交通标志的含义和作用

2. 了解基本的交通规则和安全要求并能遵守

例如:红灯停、绿灯行;过马路走人行横道或过街天桥、地下通道;在路上行走时靠右行;不单独过马路,过马路时要跟着成人;走路时要注意力集中,不东张西望,注意避开过往车辆和路面障碍物等危险因素;不在马路上奔跑、踢球、玩滑板车、做游戏;等等。

3. 知道乘坐交通工具时的安全要求,并能学会遵守

例如：上下车时先下后上、不推不挤；乘车时要坐在座位上，不能四处走动；要扶好车上的把手或系好安全带；不可将头或手伸出车外；等等。

（二）教育指导建议

1. 结合生活中发生的交通事故开展专门的交通安全教育

将身边发生的安全事故，或者电视新闻、报纸中报道的安全事故，图文并茂地呈现给幼儿，并组织讨论。如：为什么会发生这样的安全事故？你还见到过哪些安全事故？我们要怎样做才不发生安全事故？等等。借用生动的案例来激发幼儿学习交通安全知识的兴趣，懂得交通事故的危险，产生强烈的遵守交通安全规则的愿望。

2. 通过多种形式的活动，增进幼儿对交通安全的认识

（1）通过角色表演来帮助幼儿掌握交通安全知识，使幼儿在愉快生动的角色游戏中掌握交通安全知识，提高自我保护意识。

（2）围绕交通安全主题，组织生动有趣的交流活动，如邀请交通安全警察来园为幼儿讲解安全知识等，加强幼儿对交通安全知识的理解。

（3）鼓励幼儿通过粘贴、绘画等方式，将自己对交通安全的认识表达出来，增进幼儿对交通安全知识的认识和记忆。

3. 加强家园合作

（1）教师将幼儿应当理解和掌握的交通安全知识向家长进行宣教。

（2）家长与幼儿一起外出时，随机提示幼儿乘车安全、过马路安全的注意事项。

（3）家长树立好遵守交通规则的榜样。

（4）带领幼儿参观交通博物馆等，深化幼儿对交通安全知识的理解，了解交通规则对自身与他人安全的重要性。

二、知识窗

（一）交通安全的主要知识

1. 基本的交通规则，如"红灯停，绿灯行""上路要靠右边行"等。

2. 过马路时要由成人带领，走人行横道、过街天桥或地下通道。

3. 在马路上追逐玩耍、跨越护拦和隔离墩很危险。

4. 行人须在人行道内行走，如果没有人行道要靠路边行走。

5. 在户外活动时不能乱动汽车、摩托车，更不能在汽车旁玩耍，避免车辆启动时伤害自己。

6. 在阴雨天时，不管是来幼儿园还是外出，要尽量穿色彩鲜艳的衣服，以便引起其他行人和车辆的注意，保护自己的安全。

（二）乘车安全的主要知识

1. 在车停稳后按顺序上、下车，不要拥挤；乘车时不要把头、手伸出窗外；不能在车内打闹、跑动，避免在紧急刹车时发生撞伤；乘车不要吃东西，尤其不能吃带棍的食物（雪糕、棒棒糖）或硬质的干果（花生、瓜子、炒豆）等，避免颠簸或紧急刹车时，造成刺伤、气管堵塞等危险。

2. 如果家长骑自行车接送幼儿，应在自行车上安装幼儿专用座椅，以免幼儿脚踝被车轮辐条刮伤。

3. 如果家长开私家车接送幼儿，应使用儿童安全座椅和专用安全带，坚决不能由家长将幼儿抱在怀中或让其独自乘坐成人座位，可有效避免幼儿受伤。

三、素材集锦

（一）儿歌

交 通 灯

交通灯，会说话。

黄灯说："请注意！"

红灯说："快停下！"

绿灯说："请走吧！"

适用年龄 3~4岁

渗透教育 知道过马路要看交通灯，按照交通灯的信号行动。

使用建议

1. 教师准备三种颜色的纸质信号灯，和幼儿一起说儿歌。

2. 用纸质信号灯，组织幼儿玩"开汽车"的游戏。

过 马 路

过马路，不要跑，

大手小手要抓牢。

斑马线，过街桥，

平平安安过去了。

适用年龄　3~4 岁

渗透教育　了解过马路时要注意的安全事项。

使用建议

1. 教师朗诵儿歌，请幼儿认真听，说一说儿歌里提到了怎样过马路。引导幼儿了解过马路时要拉好大人的手、不乱跑；要走斑马线、过街天桥或地下通道，避让车辆，才能保护自己平平安安。

2. 家园共育，在日常生活中引导幼儿，增强过马路时注意安全、保护自己的意识。

开 汽 车

小汽车，嘀嘀嘀，

开到东来开到西。

看到红灯停一停，

看到绿灯向前行。

看见行人按喇叭，

——嘀嘀！

（沈清）

适用年龄　4~5 岁

渗透教育　知道汽车、行人在马路上要遵守交通规则，听从红绿灯的指令。

使用建议

1. 教师朗诵儿歌，幼儿安静聆听，并说一说，儿歌里小汽车看到红灯应该怎么办，看见绿灯应该怎么办，看见行人应该怎么办。

2. 幼儿边说儿歌边手持"方向盘"（可用飞盘、剪成圆形的硬纸板或泡沫地垫等代替）做开车行驶状，说到相应句子即做出开车、停车、按喇叭的动作。

乘 车 安 全

大汽车，跑得快，
扶手一定要抓牢。
身坐稳，不打闹，
安全到达最重要。
到站停稳再下车，
人人夸我好宝宝。

（家向）

适用年龄　3～5岁

渗透教育　知道乘车的安全要求，并能学会遵守。

使用建议

1. 学说儿歌，引导幼儿讨论：乘车时有什么需要注意的事情？怎样才能安全到达？

2. 在组织幼儿乘车出游前，和幼儿一起朗诵儿歌，提醒幼儿在车上遵守要求，安全乘车。

注意交通安全

交通安全很重要，
交通规则要记牢：
从小养成好习惯，
不在路上玩游戏；
行走要走人行道，
没有行道往右靠；
天桥地道横行道，
穿越马路离不了；
一慢二看三通过，
不和车辆去抢道。

适用年龄　5～6岁

渗透教育　了解基本的交通规则和安全要求。

使用建议

1. 学说儿歌，引导幼儿讨论：你知道哪些交通规则？为什么要遵守交通规则？

2. 有条件的幼儿园，可以开展"交通安全小卫士"活动。在户外开辟"交通安全岛"，设置人行道、车行道、斑马线、红绿灯、安全岛、各种交通安全指示牌等，让幼儿在游戏中巩固交通规则和安全要求。

3. 家园合作，请家长在日常生活中，随机引导幼儿注意交通安全，遵守交通规则。

（二）故事

小汽车出门

一辆小汽车刚从工厂出来，它第一次来到马路上，对一切都很好奇。看到马路上这么热闹，开心得"嘀嘀"直叫。它一会儿开到东，一会儿开到西，可自在了！突然，它看到路口有样东西在不停地眨眼睛，一会儿红，一会儿绿，觉得非常奇怪。

小朋友，你能告诉小汽车这是什么东西吗？

适用年龄　3～4岁

渗透教育　认识红绿灯，知道过马路要看红绿灯。

作品分析

故事以幼儿喜闻乐见的小汽车为主人公展开，并以提问的方式结束，能够极大地激发幼儿的兴趣，让幼儿自然而然地关注到红绿灯，进而认识红绿灯，学习看红绿灯过马路。

使用建议

1. 教师讲述故事，鼓励幼儿告诉小汽车红绿灯有什么用。

2. 听完故事后，邀请幼儿手持自制方向盘作开车行驶状，听教师发出"红灯""绿灯"或"黄灯"的指令，分别做相应的停止、前行、等待等动作。

乐 乐 乘 车

乐乐和妈妈一起坐公共汽车去外婆家。

乐乐想吃零食了,就从小背包里拿出饼干和饮料。

乐乐在喝果汁时,汽车突然刹车。

果汁呛入乐乐的气管里,乐乐好难受呀。妈妈告诉乐乐:"以后别在车上吃东西、喝饮料,这样容易出危险。"

适用年龄 3~4岁

渗透教育 知道乘车时的注意事项,能够安全乘车。

作品分析

乘车时吃零食,是许多孩子都会做的事情。这样做有什么危险呢?乐乐的经历让小朋友明白了乘车时不能吃零食的原因,并进一步思考乘车时还有哪些要注意的问题。

使用建议

1. 听故事说一说,乐乐乘车出现了什么状况?可以怎样避免?

2. 引导幼儿说一说,怎样乘车才安全?教师帮助幼儿小结,了解乘坐不同的车需要注意的事项。如:乘车时一定要抓好扶手,不要在车上吃东西;乘地铁候车时,要站在安全线内;坐火车、地铁时不要在车厢内乱跑;乘小汽车时要坐在安全座椅上,系好安全带;不将头、手臂等伸到车窗外;乘坐自行车也要小心,把脚放到脚踏板或指定的地方;等等。

十字路口的大眼睛

春天来了,美丽的小花开了,小鸟也叽叽喳喳叫着。贝贝今天真高兴,因为爷爷答应要带他去公园玩!

一路上,贝贝拉着爷爷的手,蹦蹦跳跳说个不停,一会儿说:"等到了公园,我要去看湖里的鸭子比赛游泳!"一会儿又说:"等到了公园,我还要去石子路上捡漂亮的小石头!"一会儿又回头催道:"爷爷,爷爷,你快点儿啊!"到后来,贝贝实在忍不住了,索性松开了爷爷的手,自己往前跑去,恨不得一下子就能飞到公园里。爷爷在后面大声喊着:"贝贝,慢点儿,等等我!"可是贝贝哪里听得见,他已经跑远了。

不一会儿，贝贝就来到一个十字路口。公园的大门就在马路对面，贝贝心里可高兴了，他赶紧朝马路对面冲过去，压根儿也没看到路口正亮着大大的红灯呢！

突然，马路上响起了一阵急促的"嘀嘀"声和刹车声，贝贝往左边一看，呀，一辆小汽车眼看就要撞到自己了！贝贝吓得腿一软，再也跑不动了，一下子摔在地上，大哭起来。开小汽车的司机叔叔赶紧下车，看到贝贝没事，这才松了一口气。这时，爷爷也赶到了，他对贝贝说："以后可不能自己乱跑了，特别是过十字路口的时候，有一双大眼睛看着你呢！当它亮绿灯的时候，才能过马路呀！"

（家向）

适用年龄 4～5岁

渗透教育 知道"红灯停、绿灯行"的交通规则，过马路小手牵大手，不猛跑、猛拐。

作品分析

故事情节生动，细节丰富，能够让幼儿身临其境地感受到主人公贝贝在马路上奔跑时的急切心情，以及差点被小汽车撞到的危急和惊险，从而轻松地理解、接受过马路的安全要求。

使用建议

1. 为幼儿讲述故事，并通过提问帮助幼儿理解：贝贝为什么会摔在地上？爷爷说的"十字路口的大眼睛"是什么？你们见过吗？

2. 教师出示红绿灯照片或图片，引导幼儿观察。结合儿歌《交通灯》，让幼儿明白交通灯不同颜色的灯亮，表示什么意思，我们可以怎么做。

3. 在日常生活中，成人要以身作则，遵守交通规则。

4. 家长带孩子过马路时，引导孩子观看红绿灯，观察其变化，等到绿灯亮了，才可以过马路。

（三）歌曲

交通安全歌

吴　静　词
张永清　曲

1=C 4/4

```
|: 5  5 6 5  - | 6  3 2 1  - | 1.  6 1  2 | 5  2 3 2  - |
   红 绿 灯，    看 分 明，     绿  灯不 亮  我  不 行，
   围 护 栏，    保 安 全，     违  章翻 越  最  危 险，

   1  6 6  -  | 1  6 5 3  - | 2.  3 6  5 | 5  2 3 1  - :|
   左 看 看，   右 看 看，     小  心走  在  斑  马 线。
   遵 交 规，   守 法 纪，     才  是优  秀  好  少 年。
```

适用年龄　4~6岁

渗透教育　关注交通安全，了解并遵守基本的交通规则。

使用建议

1. 听音乐，学唱歌曲。请幼儿说一说：歌里唱了什么？我们要怎样注意交通安全？

2. 在过渡环节唱一唱这首歌，巩固交通安全意识。

（四）游戏

小　司　机

游戏材料

小塑料圈、红绿灯指示牌。

游戏玩法

1. 幼儿扮演司机，手持小塑料圈，模仿开车的动作，在指定的场地范围内跑动。

2. 教师手持红绿灯指示牌，适时分别出示"红灯""绿灯""黄灯"，给幼儿发出不同的信号。

3. 幼儿根据信号灯，分别做出对应的"停下""跑动""慢走"等动作。

4. 幼儿跑的速度不宜过快，停止时脚步逐渐放慢停下。

适合年龄　3~4 岁

渗透教育　理解红绿灯的含义，愿意遵守交通规则。

（李国雯　马玉竹）

信 号 灯

游戏材料

1. 用红、绿硬纸做成一个信号灯。

2. 场地两端各画一条起点线和终点线，相距 15 米左右。

游戏玩法

1. 幼儿扮各种车辆，呈一横队站在起点线后面（场地小的可分为两组）。教师扮信号员，手拿信号灯，面对幼儿站立。

2. 游戏开始，幼儿一起说儿歌《交通规则记得清》。

3. 教师说"火车"，同时出示绿灯，幼儿就向前快走并发出"呜——"的声音。教师举起红灯，幼儿就停步。

4. 教师说"自行车"，同时出示绿灯，幼儿就向前慢走并发出"丁零丁零"的声音。教师举起红灯，幼儿就停步。

5. 教师不断变换信号，幼儿听信号向前快走、慢走或停止。看谁先到达终点。

6. 幼儿必须按信号行动。违者退到起点重新开始前进。

7. 先到达终点的幼儿可以代替教师当信号员。

适合年龄　4~5 岁

渗透教育　巩固对交通规则的认识。

附作品

交通规则记得清

大马路，宽又平，
各种车辆跑不停。
绿灯亮了向前行，
红灯亮了停一停。

（五）图画书

名称 红绿灯眨眼睛

作者 ［日］松居直（文），［日］长新太（图），猿渡静子（译）

版本 新星出版社 2012 年版

内容简介

每天清晨，在警察叔叔的叫醒下，红绿灯开始一天的工作，让马路上来来往往的车辆安全有序地行驶。突然有一天，红绿灯的信号变得乱糟糟的，车辆挤得排成一条长龙了……这是怎么回事呢？

适用年龄 3～6 岁

使用建议

1. 为幼儿讲读图画书，引导幼儿感受画面中人物表情的滑稽、场面的热闹，体验阅读的乐趣。

2. 引导幼儿在阅读过程中，关注红绿灯对车辆行驶的指挥作用，明确"绿灯——前进；黄灯——减速；红灯——停下"的交通规则，感受各种车辆都遵守规则行驶时的秩序感。

3. 读到红绿灯开始"犯晕"时，可以引导幼儿观察画面，感受画面的混乱与拥堵，并与之前的井然有序进行对比，体验到交通规则的重要作用。

4. 启发幼儿思考：红绿灯坏了的时候，交通发生混乱，这时我们可以怎么做呢？再往下读，让幼儿从画面和故事中了解到：没有红绿灯或红绿灯坏了时，要听从警察叔叔的指挥。

5. 与幼儿一起玩"红绿灯"的游戏，一人扮演红绿灯，其他人扮演司机或汽车，按照红绿灯的指示行驶。让幼儿在游戏中巩固对交通规则的认知。

（家向）

四、案例精选

（一）生活与游戏中的教育

做个文明小司机
——游戏中的交通安全教育

早饭后，安安和轩轩兴高采烈地选择了小汽车，放在地上玩了起来。突然，

"哐当"一声,只见一辆小汽车滑出好远,侧翻在地。轩轩急得瞪大了眼睛,叫道:"陈老师,他的车撞我,我的车都坏了!"我望向一旁的安安,他还兴奋地笑着。我心平气和的问安安:"你为什么要撞别人的车呢?"安安说:"他不给我让道,我就拿车撞他。他也撞我的车了。"我追问道:"那要是马路上真正的车辆,都不让道,互相撞来撞去,会怎么样呢?"安安和轩轩陷入了思考,不一会儿,安安严肃的说:"那就出事故了!"轩轩也应道:"就会撞死人的!"我认真的说:"是啊,后果会很严重!那司机应该怎样做,才能保护自己和乘客安全呢?"安安想了想,似乎意识到了自己的不对,小声地说:"不能撞。"轩轩也说:"应该互相让一让。"我点点头:"你们说得很对,陈老师相信你们都能做一个文明的小司机,遵守交通规则,开车时也能注意互相谦让。"

安安和轩轩的眼神闪过一丝明亮,使劲儿地回答:"嗯!"我会心一笑,走到一旁,继续观察着。很快,两个小伙伴和好了,你一条车道,我一条车道,在"交叉路口"相遇时,还相互让让:"你先走吧!""你先走吧!"

借着这个契机,我又趁热打铁,在接下来的几天,组织多种游戏,让幼儿在情境体验中进一步深化交通安全意识。如在表演游戏"公共汽车"中,使幼儿懂得"上下车不拥挤,不把头、手伸出窗外,不在车内乱跑"等乘车常识;通过体育游戏"红绿灯"让幼儿了解"红灯停,绿灯行"的交通规则;通过情境体验"安安全全过马路"引导幼儿懂得绿灯亮了才能过马路,而且要走人行横道,外出要跟随大人,不能在马路上玩耍,形成安全意识。

案例分析

小班幼儿喜欢假想,在游戏情境中体验真实世界。案例中的教师利用这一特点,在幼儿发生冲突时,将游戏中车辆的碰撞延伸到现实生活中车辆的碰撞,并启发幼儿思考,不仅巧妙地化解了冲突,还以此为契机,有意识地跟进了交通安全教育,加强了幼儿的交通安全意识。

(陈烁)

小手拉大手,安全一起走
——安全意识的培养需要家园同步

幼儿园要组织小朋友一起去"比如世界"参加社会体验活动。看见好多辆大汽车停在幼儿园门口,小朋友兴奋地跳了起来。按照计划,由各班老师说明安全要求后,孩子家长陆续上车。其中,有一个班的汽车停在了马路对面,没等汽车掉过头,家长们已经不听从老师的指挥,也不管路口的红灯,纷纷带着孩子躲着车流跑到了车上。看着家长躲避着过往的汽车,我的心揪成一团,这样太危险了!我赶紧安排一个老师截住过往的车辆,让已经冲上马路的家长和孩子安全通过;又安排一个老师截住还没冲上马路的家长,请他们等绿灯亮起再通过。

事后我脑海中还不停地闪现着这危险的一幕。我们总说家长以身作则,才能让孩子潜移默化地遵守交通规则,可怎样才能让家长做出好的榜样呢?像今天这种情况,直接向家长进行说教好像并不能起到立竿见影的效果。如果"小手拉大手",让孩子做家长的交通安全老师,效果可能更好。

在幼儿园里,孩子们也常玩"红绿灯"的游戏,可是"红灯停,绿灯行,黄灯亮了停一停"的交通规则似乎并未真正转化成孩子在生活中的行为。怎样让孩子们在更真实的游戏情境中巩固交通安全知识,养成遵守交通规则的习惯呢?经过园里的讨论,我们在操场的南侧专门开辟了一个"交通安全岛",模拟真实的马路,用黄、白颜料为他们画出不同的交通标线,包括斑马线、双黄线、车道线、不同方向的指示箭头等,并设置了红绿灯,还为孩子们配备了不同玩法的车。操场上回荡着孩子们游戏的声音:"现在是红灯,我要停车啦!""你的车是往那边开的,不能越过这条线!"……孩子们从游戏中学习着基本的交通规则,并自觉内化为自己的行为。

在以后的活动中,不用老师提醒,孩子们已经做起了家长的"小老师",提示着家长遵守各种交通规则。这样让孩子的小手拉起家长的大手,让交通安全意识深深地扎根在孩子的心里。

案例分析

教师在发现危险后,能够积极思考,创设有针对性的游戏环境,将交通安全教育的目标蕴含在环境和游戏之中,取得了很好的效果。更为难得的是,幼儿园能够发挥幼儿的作用,将安全教育的效果通过幼儿传达给家长,让幼儿成为纽带,在日常生活中不断地提醒家长遵守交通规则,实现了对幼儿和家长的双重教育。

(刘冬梅 鲁建平)

（二）教学活动

交通规则要记清（4~5岁）

活动目标

1. 巩固关于交通规则和交通标志的经验。
2. 培养遵守交通规则的意识和习惯。

活动准备

1. 教师和幼儿一起收集各种交通玩具和交通标志。
2. 用建筑玩具等材料布置交通游戏区。

活动过程

1. 发现问题

教师和幼儿一起在交通游戏区玩游戏。在游戏过程中启发幼儿发现问题并关注以下几点。

（1）为什么我们的车总撞在一起？

（2）我们的交通游戏和我们平时在马路上看到的情景比较，缺少些什么？

（3）行人过马路的时候，如果汽车不让路，怎么办？

2. 讨论

根据幼儿的表述，教师为幼儿提供交通标志，并组织幼儿讨论。

（1）这些交通标志放在游戏区的什么地方最合适？

（2）红绿灯应该摆放在马路的哪个地方？

（3）人行横道应该怎么画？

（4）车道线能不能一会儿往左，一会儿往右？应该怎么画？

3. 制定交通规则

在讨论的基础上，教师和幼儿一起制定交通规则，完善交通游戏区。

4. 模拟游戏

幼儿自选角色进行游戏，教师参与，并提醒幼儿注意以下问题。

（1）汽车司机应该怎么开车？

（2）汽车司机看见行人应该怎么办？

（3）行人应该怎么过马路？

5. 完善游戏规则

（1）幼儿把在游戏中自己感觉不合适的地方告诉老师和同伴，大家一起想办法解决，最后形成游戏区规则。

（2）幼儿可以用绘画的形式把这些规则记录下来，为以后的游戏提供经验。

活动建议

1. 继续开展交通游戏区的游戏，根据需要不断丰富游戏材料，抓住契机组织幼儿讨论，不断完善游戏规则，提升游戏水平。

2. 家园配合，引导幼儿在日常生活中养成遵守交通规则的习惯。

（选自《幼儿园活动体验课程　教师参考书　中班下册》，
人民教育出版社 2005 年版）

第五节　应对紧急状况和自然灾害的教育

一、概述

对幼儿进行应对紧急状况和自然灾害的教育，旨在帮助幼儿了解和学习遇到紧急状况（如与家人走失、遇到恐怖事件）时或遇到突发的自然灾害（如地震、火灾、台风、雷雨）时进行自我保护以及寻求帮助的知识和方法，最大限度地减少伤害的发生。

（一）教育目标与内容要点

1. 了解防走失的安全做法和安全要求

例如：知道外出时要紧跟成人，不随便乱跑，以防与家人走失；知道在公共场所不远离成人的视线单独活动；知道万一与家人走失后，应该怎样安全地向他人求助；等等。

2. 了解防火灾的安全要求以及逃离火场的自救方法

例如：知道火灾的危害，知道不能随便玩火柴、打火机和蜡烛；遇到火灾发生时，能呼救并迅速逃离；初步掌握简单的自救技能（如用湿毛巾捂住口鼻，弯下腰，从应急通道有序撤离）；等等。

3. 知道遇雷电、地震等紧急情况时的自护和求救方法

例如：知道打雷下雨时，不能在高大的建筑物或大树下避雨，不在户外的水中游玩；知道地震时简单的自护和自救措施，如地震时怎样保护头部，在哪里躲避相对安全，怎样求救；等等。

4. 遇到紧急或危险状况时能听从成人指挥，按照要求进行疏散和撤离

5. 牢记自己的个人信息和重要电话

例如：能牢记自己及父母的姓名、家庭住址、电话号码、幼儿园和班级名称等，以备必要时使用；会使用电话，会根据情况拨打110、119、999、120等紧急电话。

（二）教育指导建议

1. 通过创设模拟情境和角色扮演开展安全教育

教师应根据幼儿的年龄特点与安全需要，通过创设模拟情境和角色扮演，对幼儿进行防走失、防地震、防雷电等方面的安全教育。例如，模拟商场、马路情境（如在马路上与父母走失、在商场里与父母走失等），引导幼儿通过角色扮演来体会相应的感受，学习怎样向他人寻求帮助，对幼儿进行防走失的教育以及万一走失后如何求助的指导。

2. 定期组织幼儿进行各种安全演习

幼儿园应开展常态化的模拟演习活动，如防火逃生演习、紧急疏散演习、地震演习等，帮助幼儿熟悉有序撤离的路线和方法，提高幼儿在紧急情况下的自救意识、自救能力以及一切行动听指挥的能力。

3. 加强家园合作

幼儿的安全教育需要家园合作。例如：家长要引导幼儿记住家庭主要成员的姓名和家庭住址，记住常见的求助电话，以备在紧急情况下使用；家长应结合幼儿的日常生活，对幼儿进行防走失的教育；教师应向家长进行安全教育的宣传工作，让家长了解和掌握有关防火逃生以及应对自然灾害的正确方法，增强家长自我保护的意识和能力，并正确地指导幼儿。

二、知识窗

（一）预防走失的安全做法

1. 和家长或教师外出时，不要随便离开成人。在人多拥挤的地方行走时，最好紧紧拉着成人的手。在集体外出时，要确认并紧跟前面的幼儿或教师，不掉队，不随便离队。有事应告诉家长或老师，请其帮忙处理，千万不要自己不声不响地走开。

2. 牢记自己父母的姓名、联系电话以及家庭住址（包括小区名字、楼房号、单元号、门牌号等），以便走失时能及时求助，请其联系自己的父母或送自己回家。值得注意的是，教师应叮嘱幼儿平时不要将这些信息告诉陌生人，以免被某些居心不良的人利用。

3. 会根据情况拨打110等紧急电话；知道这些电话只能在紧急的时候拨打，平时不能乱拨。

4. 观察并记住自己家附近的明显标记，如有哪些标志性的建筑，有哪几路公共汽车可以到达等，万一走失，也能比较容易自己找回家。

（二）火场自救和逃生知识

1. 火灾发生在活动室时

教师应安慰幼儿不要大声哭叫，并立即将幼儿每日所用的小毛巾用水浸湿。情况紧急来不及给幼儿浸湿毛巾时，也可要求幼儿直接将衣袖用水浸湿，用湿毛巾或湿衣袖捂住嘴和鼻孔，让幼儿紧随自己弯腰逃离烟火险区。

2. 火灾发生在睡眠室时

教师可迅速将枕巾、幼儿的衣服弄湿或设法将床单撕成小块后再浸湿并分发给幼儿。不断安慰幼儿不要害怕，告诉幼儿不要躲藏在睡眠室的桌子下、床下，更不要拿任何喜爱的玩具，以免延误逃生的时机。

3. 被围困时

在火势、烟雾越来越大，不能立即扑灭，被围困的危险情况下，教师要沉着冷静，充分利用室内的一切水源（如花瓶、水壶、鱼缸里的水等）将毛巾、衣服等浸湿，提醒幼儿要用湿毛巾捂住嘴和鼻孔，防止吸入有毒气体和烟雾，跟随自己趴在地上爬出浓烟地区，爬行时要将手、肘、膝盖紧靠地面。辨清着火地点和方位，并通过观察烟雾的浓淡及滚动方向，选择逆风方向（上风向）及逃生出口

（慌张中可想一想平常演练时的逃生途径），并沿着墙壁边缘逃生。要注意收听幼儿园的广播，根据自己对幼儿园环境的熟悉情况和对幼儿园平时的疏散演练经验，带领幼儿找准逃生方向，迅速有序地逃离火区。

如果门窗、通道、楼梯已被烟火封住，或者触摸房门感到房门发热，千万不要打开房门。如果没有办法逃离，要紧闭房门，用衣物将门窗堵住，并不断向门窗和衣物上泼水。设法报警，请求救援，并在阳台或窗台边俯身呼救。如果自己的呼救声不容易被人听见，白天可以挥动鲜艳的衣服及往楼下扔轻而显眼的东西，夜间可用手电筒灯光晃动引起营救人员的注意。

（三）遇雷电时的安全做法

1. 打雷下雨时，不在高大的建筑物或大树下避雨，不在户外的水中游玩。

2. 最好摘下身上的金属物品，比如金属手表、项链、手镯等，因为这些金属物品容易导电，让人们更容易遭受雷电的袭击。如果雨伞的伞柄是金属质地的，也会导电，最好使用塑料质地的雨具。

3. 回到家以后，最好不要开电视，可以玩其他的玩具。还要提醒身边的大人，最好不要使用手机，要把手机关掉。

（四）遇台风和暴雨时的安全做法

1. 关注天气预报，如果有台风和暴雨即将到来，尽量不出门。

2. 储备水和够吃一两天的食物，还有手电筒和常用药物。

3. 关闭门窗，移走窗边种植的盆栽，室外容易被吹动的东西要加固。

4. 台风发生时，记住防雨、防风和注意安全。

（五）幼儿园地震时的安全做法

1. 听到警报声，幼儿要严格听从老师的指挥，有序下楼，快速跑到平坦开阔的操场。

2. 幼儿按要求进入集合地点后，按平时做操队形站立后双手抱头下蹲，由教师清点人数后报告到应急领导小组，并立即设法救助被困幼儿及教师。

3. 地震停止后，教师不要急于带幼儿返回教学楼和活动室，以防余震。

（六）溺水时的自救方法

1. 万一溺水，一定不要慌乱。放松身体，水的浮力会让自己浮在水面上。如果一直挣扎，反而会越来越往下沉。这需要幼儿具有很强的心理素质，教师一定要叮嘱幼儿，告知幼儿这是保命的关键一步。然后要大声呼救，吸引别人的注意，才能得救。

2. 会游泳的幼儿一旦溺水，要马上采用仰泳的姿势，把头向后仰，把脸部（鼻子）露出来，这样才可能保持呼吸，等待救援。同时，呼吸要采用深吸浅呼的方式。

3. 如果发生抽筋现象，要用手抓住抽筋部位的远端，反复做肢体运动以缓解不适。

4. 发生溺水时，体力是关键，所以一定要保存体力，不要做无谓的挣扎。同时注意身边有没有泡沫或木棍之类可浮在水面的物品，抓住它们往往能救命。

三、素材集锦

（一）儿歌

迷路能回家

小娃娃，爱问话，

问爸这，问妈那，

电话号码刚问过，

又问爸爸名叫啥，

爸爸说——

你问这个干什么？

小娃娃忙回答：

如果迷路能回家。

适用年龄 3～5岁

渗透教育 树立自我保护的意识，了解迷路的应对措施。

使用建议

1. 幼儿学说儿歌。

2. 请幼儿说一说：小娃娃为什么问这问那？你问过爸爸妈妈这些问题吗？你的爸爸妈妈是怎么回答的呢？如果真的迷路了，可以怎么办？

遇 地 震

遇地震，先躲避，
桌子床边找空隙。
黄金三角保平安，
书包护头曲身体。
余震来了不要慌，
抱头蹲在开阔地。

适用年龄 5～6岁

渗透教育 了解地震自护的基本知识。

使用建议

1. 和幼儿一起搜集关于地震的新闻，观看地震后的图片。引导幼儿思考：地震的危害很大，如果遇到地震，我们可以怎样保护自己呢？

2. 学说儿歌，和幼儿一起讨论每句儿歌的意思是什么，我们要怎么做。

3. 进行模拟的地震演习，教师根据幼儿的实际表现进行指导，帮助幼儿更好地掌握地震时的自救方法。

紧急情况应对歌

地震来了不要慌，
跑到屋外空地上。
如果逃跑来不及，
躲在桌子或床边。

洪水会往低处流，
躲避洪水高处走。
高山大树要抓牢，
天气预报要看好。

火灾来了真无情，
千万不要玩火星。
发现拨打119，

远离火源再呼救。

适用年龄　5～6岁

渗透教育　了解地震、洪水、火灾时的基本自救知识。

使用建议

1. 学说儿歌。和幼儿一起讨论：地震来了要怎么做？洪水来了怎么办？怎样预防火灾？发现火灾以后怎么做？

2. 经常朗诵儿歌，加深对地震、洪水和火灾时自救知识的印象。

3. 在表演区提供相关道具，鼓励幼儿进行地震、洪水和火灾来临时的情景表演。

安全拍手歌

你拍一，我拍一，父母姓名要牢记。

你拍二，我拍二，报警电话学会按。

你拍三，我拍三，家庭住址记心间。

你拍四，我拍四，牢记电话和名字。

你拍五，我拍五，寻求帮助找制服。

你拍六，我拍六，失散要原地等候。

你拍七，我拍七，荒凉偏僻不要去。

你拍八，我拍八，信息资料随身挂。

你拍九，我拍九，公共场所拉紧手。

你拍十，我拍十，安全自护小常识。

（关玖月）

适用年龄　5～6岁

渗透教育　了解安全自护防走失的知识。

使用建议

1. 请幼儿讨论：你从儿歌里知道了应该怎样保护自己？

2. 教师可以帮助幼儿作以下小结：小朋友要记住自己和家人的名字、电话和家庭住址；如果走散了要原地等候或找工作人员帮助，不能跟着陌生人离开人群，最重要的是在人多的地方不要离开父母的视线；一般情况下，穿着制服的人都是工作人员，如警察、保安或者司机，他们是可以帮助小朋友的人；遇到坏人时，可以拨打报警电话 110 寻求帮助。

3. 在日常生活中的过渡环节，鼓励幼儿两人一组，边拍手边说儿歌，不断巩固相关安全知识。

（二）故事

大家在一起

羊妈妈生了几只小羊，大家天天在一起，只有一只小黑羊总是离开大家。

一天，羊妈妈对小羊们说："孩子们，今天妈妈带你们去吃嫩青草，你们吃草的时候，谁也不能离开，要跟大家在一起，当心大灰狼。"说完，就带着小羊们来到草地上，这里有许多嫩青草。小羊们都在一起吃青草，只有小黑羊忘记了妈妈的话，吃着，吃着，就偷偷地离开了大家，走到很远很远的地方去了。

小黑羊跑到一片树林里。突然，从树背后窜出一只大灰狼。小黑羊吓坏了，它大声喊："妈妈！妈妈！"转过身拼命地跑。它跑着跑着，听见"砰"的一声，抬头一看，原来是猎人把大灰狼打死了。

猎人对小黑羊说："小黑羊，你妈妈呢？快回家吧！"小黑羊摇摇头说："我忘记了妈妈的话，离开了妈妈，离开了大家，现在我不认识回家的路了。"说着，它急得"咩咩"地哭了起来。这时羊妈妈带着小羊们也在找小黑羊，找呀找，找到树林里来了，听到"咩咩"的哭叫声，它们顺着声音找过来，找到了小黑羊。

小黑羊见到羊妈妈和小羊们，心里又高兴又难为情。他低下了头，说："妈妈，我错了，以后，我要和大家在一起，再也不离开大家了。"

（李想）

适用年龄 3~5 岁

渗透教育 知道外出时，不要随便离开集体，独自行动。

作品分析

故事中的小黑羊不听妈妈的话，离开了大家，结果遇到了危险，最终认识到了自己的错误。小黑羊的经历满足了孩子们爱冒险的心性，并友好、温情地对孩子们发出了警示：外出时，一定要和大家在一起，要是离开集体，可能会有危险。

使用建议

1. 有感情地讲述故事，引导幼儿体会小黑羊的感受和心理变化。

2. 引导幼儿讨论：听完这个故事以后，你明白了什么道理？鼓励幼儿结合自己的生活经验，互相交流。

面包店着火了

丁当狗和糊涂猫是好朋友，它们爱帮助小朋友，对人很有礼貌，喜欢做事，就是有一点不好：太喜欢玩火了。

有一天，丁当狗和糊涂猫去熊大叔的面包店里玩儿，看到熊大叔烤面包，它们可想烤了。可是熊大叔说："这儿有火，太危险，你们就帮我端端盘子吧。"过了一会儿，熊大叔出去接一个电话，丁当狗和糊涂猫一看机会来了，就开始玩起火来。玩着玩着，突然闻到一股烧焦的味道，一看，原来熊大叔放在旁边的围裙着起来了。丁当狗和糊涂猫一着急，把烤面包用的油也碰倒了，火上浇油越烧越旺。在外面接电话的熊大叔看见屋子里冒出浓烟，知道不好了，立刻拨打电话"119"。一会儿，消防车"哇鸣哇鸣——"地开了过来，消防队员冲进屋里救出了丁当狗和糊涂猫，然后用一根很长的管子使劲喷水，终于把火扑灭了。

看到烧得黑黑的面包店，丁当狗和糊涂猫难过地对熊大叔说："熊大叔，对不起！你的面包全没了。"熊大叔摸摸丁当狗和糊涂猫的脑袋说："面包没了不要紧，你们没了才是大事。以后可别玩火了，要不是消防队员及时赶来救火，你们就出不来了。"

适用年龄 4～5 岁

渗透教育 知道玩火很危险、有了火情要打 119。

作品分析

丁当狗和糊涂猫不听熊大叔劝告，玩火引起了火灾，幸亏被消防队员及时救了出来。相信孩子们听完故事，也会得到警示，暗暗下定"不玩火"的决心。

使用建议

1. 教师讲述故事，提问帮助幼儿理解：故事里讲了一件什么事？为什么面包店会着火？想一想，如果消防队员不来救火，结果会怎样？

2. 出示消防队员灭火场景的图片，请幼儿观察消防队员穿什么服装，消防队员怎样救火等。再请幼儿认一认灭火器、消防车、火警电话等，说说这些都是做什么用的。

3. 引导幼儿讨论：发生火灾很危险，我们怎样避免火灾的发生？假如发生了火情怎么办？启发幼儿了解：平时注意不玩火、不燃放烟花爆竹等；一旦发生火情，首先要逃离，赶快报告成人以便拨打火警电话。

4. 启发幼儿利用废旧材料，制作一些简单的消防器材，如灭火器、火警电话提示牌、消防队员的头盔、消防车等。鼓励幼儿在自由活动或区角活动时间，利用自制的消防器材玩消防队员的游戏。

（三）歌曲

迷路的小花鸭

1=E 2/4

王　森　词
谢白倩　曲

亲切地

6　1　| 3　0 | 3　1 | 6　0 |
池　塘　　边，　　　柳　树　　下，
小　朋　　友，　　　看　见　　啦，

6·　1　| 3　6 6 | 5　6 | 3　— |
有　　只　迷　路　的　小　花　鸭，
抱　　起　迷　路　的　小　花　鸭，

5　4 3 | 2　— | 4　3 2 | 1　— |
嘎　嘎 嘎 嘎，　　　嘎　嘎 嘎 嘎，
啦　啦 啦 啦，　　　啦　啦 啦 啦，

2·　2 | 3　1 | 6·　— | 6　0 ‖
哭　着　叫　妈　妈。
把　它　送　回　家。

适用年龄 4～5 岁

渗透教育 关注外出安全,了解保护自己的基本常识。

使用建议

听音乐,引导幼儿想一想:小花鸭为什么会迷路?小鸭后来找到它的妈妈了吗?是谁帮助了它?说一说:怎样才能不迷路?

(四) 图画书

名称 大红狗当消防员

作者 [美]诺尔曼·伯德韦尔(文·图),杜可名(译)

版本 明天出版社 2013 年版

内容简介

大红狗克里弗的哥哥尼诺是一只火灾救援狗,它不光会救火,还会给孩子们讲解消防安全常识。克里弗也想像哥哥一样,但是他太大了,有时候会给大家带来困扰。有一天,火灾真正来临了……

适用年龄 4～6 岁

使用建议

1. 讲读后,和幼儿一起回忆:尼诺教小朋友如果身上着火了要怎么样?书里说的火警电话是多少?你知道中国的火警电话是多少吗?要是家里着火了怎么办?帮助幼儿巩固火灾发生时的应急自救知识。

2. 和幼儿一起观察书中的画面,感受火灾发生时人们焦虑、紧张的心情,激发幼儿安全用火、预防火灾的愿望。和幼儿一起讨论:怎样才能预防火灾,不让火灾发生呢?

(腾宇)

四、案例精选

(一) 生活与游戏中的教育

小箭头的提示

——在故事和演习中渗透安全教育

幼儿园的楼道里设置了许多安全出口的标志。一天散步时,然然突然问:

"老师，这是干什么用的？"孩子们也被吸引了，纷纷围了过来。我正要回答，就听到阳阳说："这是安全出口的标志，我爸爸说过，顺着箭头的方向就能走到安全的地方。""噢！"然然沉吟了一会儿，又问："为什么要画成箭头的样子呢？"这可难住了阳阳。孩子们纷纷将目光投向了我。我忽然意识到：对大人来说习以为常的箭头，对孩子来说，却是全然陌生的抽象符号。怎样才能让孩子们了解箭头的作用呢？于是我给孩子们讲了一个《哥俩打狼》的故事。

"有一天，村子里来了一只大灰狼，它经常把村民们养的小动物抓走，带回大森林里吃掉，让人们烦恼不已。有一对勇敢的小哥俩商量好要到大森林里去打狼。他们背着弓箭走呀走，突然看到一只凶猛的狼，哥哥赶紧拉弓射箭，一箭就射中了狼！狼疼得'嗷嗷'直叫，赶紧往森林里逃去。哥俩赶紧追了上去。哥哥跑得快，紧紧地跟着狼；弟弟跑得慢，在后面慢慢追。当哥哥跑到岔路口时，怕弟弟找不到自己，就留下一支箭，箭头指向自己跑去的方向。弟弟追到岔路口时，顺着箭头所指的方向，很快就找到了哥哥。最后，小哥俩一起抓到了狼。"

通过这个故事，孩子们一下就明白了箭头是可以用来指示方向的，如果在公共场所遇到紧急情况，一定要按照箭头所指的方向找到安全出口，才有可能顺利逃生。

为了让孩子们更好地掌握紧急情况下安全逃生的知识，我还设计了一系列延伸活动，如：鼓励孩子们在建筑区搭建百货商场，在商场里搭建安全通道和安全出口；带着孩子们找一找幼儿园里的安全出口标志，走一走安全逃生路线；给孩子们讲解火灾时逃生的方法，并在全园的安排下，进行了多次消防演习。当消防警报响起时，孩子们渐渐能够紧张有序地用湿毛巾捂住口鼻，按照箭头指示的方向，一个跟着一个，弯腰撤离到安全场所。

案例分析

安全教育理应从细微处着手。案例中的教师从幼儿的一个小小疑问中，发现了幼儿的学习兴趣和发展需求，不仅借助故事让幼儿明白了箭头的指向作用，解答了幼儿的疑问，更在日常生活中为幼儿创造游戏化的学习机会，并模拟火灾现场逃生。通过这些活动，孩子们不仅学习到了安全逃生知识，更在动手操作和实地演练的过程中巩固、强化了自救技能。

（刘冬梅）

(二) 教学活动

小熊走丢了（4～5岁）

活动目标

1. 知道外出时不乱跑，初步了解走失后寻求帮助的方法。

2. 能大胆地说出自己的想法，萌发关心他人的情感。

活动准备

1. 故事《小熊走丢了》图片（见图3-7）。

2. 小朋友在公园里走丢的情境图片。

活动过程

1. 小熊走丢了

（1）教师出示故事《小熊走丢了》图片，引导幼儿看图讲故事，说说小熊是怎么走丢的。

（2）引导幼儿讨论：小熊走丢了，它应该怎么做呢？鼓励幼儿大胆地说出自己的想法。

（3）教师和幼儿共同小结：小熊可以找售货员或保安人员帮忙，还可以通过广播让妈妈知道它在哪里，然后去找它，等等。

2. 假如我走丢了

（1）出示小朋友在公园走丢的情境图片，请幼儿看图说一说：假如自己在公园里走丢了，会怎么做？

（2）教师和幼儿共同小结：可以在原地等，也可以找公园里的保安或工作人员，让他们给爸爸妈妈或家里人打电话，等等。

（3）引导幼儿讨论：怎样才能不走丢呢？让幼儿知道：跟爸爸妈妈一起出门时，一定要紧紧跟着他们；遇到好玩的，一定要与爸爸妈妈一起去看，千万不要自己乱跑。

3. 表演故事

将幼儿分成几组，分别表演《小熊走丢了》的故事。可以启发幼儿根据自己的想象，编出不同的小熊找到妈妈的方法，提高幼儿表演的积极性。

活动建议

1. 在活动的开始环节，可以先请幼儿观看情景表演《小熊走丢了》，然后再引导幼儿讨论，找出帮助小熊找到妈妈的方法。

2. 教师可以结合本地区情况，有选择地确定走失的地点，然后引导幼儿讨论，找出解决的方法。

3. 可与社会领域渗透，引导幼儿了解家及幼儿园等周边的环境，熟悉自己家的地址、电话和父母的姓名等。

4. 在表演区投放相应的道具，鼓励幼儿自由结伴，表演故事《小熊走丢了》。

附图片①

图 3-7

（选自《幼儿园领域活动课程　教师用书　语言·社会·健康　中班上册》，人民教育出版社2012年版）

帮助小乐乐（5～6岁）

活动目标

1. 了解异物入体、鼻子流血、手指划伤等意外情况的自救方法。

2. 掌握简单的自救常识，树立自我保护意识。

活动准备

1.《帮助小乐乐》情境图片（见图 3-8 至图 3-11）。

---

① 人民教育出版社课程教材研究所，学前教育课程教材研究开发中心. 幼儿园领域活动课程　幼儿操作材料　社会·健康　中班上册［M］. 北京：人民教育出版社，2012：26-27.

2. 体现鼻子出血了、手被烫伤了、手指划破了等其他危险情况的情境图片。

活动过程

1. 危险的小豆粒

（1）小豆粒进到鼻子里啦。

①幼儿观看图 3-8，了解到乐乐因为边看书边玩，出现了把小豆粒塞进鼻子里的紧急情况。

②请幼儿讨论：假如小豆粒进到鼻子里了，应该怎么办？

③教师出示图 3-9，请幼儿看一看，说一说：乐乐的爸爸是怎么帮助乐乐处理进到鼻子里的小豆粒的。

④试着做一做。请幼儿表演处理进到鼻子里的小豆粒的办法，即：用手压住没有异物的鼻子，用力擤鼻子，有可能把小豆粒擤出来；如果还不掉出来，一定要找医生。千万要记住：不要用手抠鼻子，因为越抠，小东西可能越往里走。

（2）小豆粒进到耳朵里啦。

①幼儿观看图 3-10，了解乐乐不小心把小豆粒塞到耳朵眼里了，请幼儿讨论应该怎么办。

②幼儿讨论，教师肯定其中正确的做法，请幼儿继续观看图 3-11，看一看，说一说：乐乐的爸爸是怎样帮助乐乐处理塞进耳朵的小豆粒的。

③试着做一做。请幼儿表演处理进到耳朵里的小豆粒的办法，即：把头歪向有异物的一边，连续单脚跳，小东西往往会掉出来。如果不能掉出来，一定要找医生。

（3）小结：一定不能往耳朵、鼻子里塞东西，如果发生了意外，不要慌张，按照今天学到的办法试一试。如果不行，赶快告诉爸爸妈妈，去医院找医生处理。

2. 鼻子出血了

（1）教师出示鼻子出血的情境图片，请幼儿说一说：小朋友遇到了什么危险？

（2）讨论：假如鼻子出血了，应该怎样做？

（3）教师和幼儿共同看图小结，了解处理鼻子出血的办法。

（4）请幼儿试着做一做，假如鼻子出血了可以怎么办。

3. 其他危险情况的处理

（1）教师和幼儿一起，采用上述办法，看手被烫伤了、手指被划破了等情境图片，讨论应该怎样处理。

（2）小结：遇到危险情况，不要慌张，赶紧请大人帮助；如果情况比较严重，赶紧去医院。要做一个会保护自己的孩子。

活动建议

1. 本次活动的操作重点在于帮助幼儿掌握排除耳鼻内异物的方法与技能，可以让幼儿多做几次练习。

2. 不同的危险情况以及处理办法，除了看图片学习和讨论以外，教师还可以播放动画，或事先排练不同情境，让幼儿参与表演，给幼儿留下更深刻的印象。

附图片

图 3-8

图 3-9

图 3-10

图 3-11

（选自《幼儿园领域活动课程　教师用书　语言·社会·健康　大班下册》，人民教育出版社 2012 年版，有改动）

地震了怎么办（5～6 岁）

活动目标

1. 学习、了解地震逃生及自救的正确方法。

2. 提高应对突发灾难时的应急反应能力，培养不怕困难、勇敢坚强的心理素质。

活动准备

1. 教师为幼儿讲述地震时的情况。

2. 体现地震危害的图片（参见图 3-12）。

3. 体现地震时正确应对方法的图片。

活动过程

1. 观看地震图片

（1）教师播放地震图片，请幼儿说说图中展示了什么情景。

（2）讨论：地震会给人们带来哪些灾难？

2. 讨论：遇到地震怎么办

（1）教师：地震有危险，危害那么大，但是也不要过于惊慌，如果应对得当，能将损失减到最低。

（2）请幼儿围绕以下问题进行讨论。

假如发生了地震，哪些地方安全一些？（引导幼儿了解到空间小一些的地方、管道集中的地方更安全，如卫生间）

什么时间可以逃生？（在地震发生时，地面开始摇晃后，有很短的时间可以用来躲藏,如果在这很短的时间内躲到安全的地方,就不会被砸伤;两次地震之间有一个相对平静的时期,可以抓住机会,用书包或枕头保护头,逃出建筑物)

地震应该准备哪些逃生用品?(矿泉水、巧克力、饼干等)

地震逃生的正确方法是什么?(走楼梯,千万不能走电梯;用手或防护用品护头)

3. 学习正确方法

出示地震时正确应对方法的图片,请幼儿看图小结地震的应对方法。

4. 地震演习

(1)教师预先设计演习预案,划分好逃生区域及逃生路线。

(2)警报响起,教师引导幼儿选择防护材料,用正确的方法逃生。

(3)小结演习中的情况,表扬表现冷静、应对方法正确的幼儿。

活动建议

1. 地震图片要考虑到幼儿心理水平和承受能力,不要太过惨烈和刺激。

2. 教师组织幼儿地震演习时,要观察孩子逃生方法是否正确,点评以后再练习。

3. 教师和幼儿一起搜集有关地震和预报地震的资料放到区角,鼓励幼儿和同伴讨论和分享。

附图片

图 3-12

(选自《幼儿园领域活动课程 教师用书 语言·社会·健康 大班下册》,人民教育出版社 2012 年版)

第四章　小肌肉动作的发展与指导

小肌肉动作也称精细动作，主要是指个体运用手及手指等部位的小肌肉或小肌肉群的动作。幼儿小肌肉动作发展的教育旨在鼓励幼儿使用手来操作物体，学习使用生活中的常用物品和工具，进行自我服务，以提高幼儿手部动作的灵活性、协调性以及生活自理能力，为今后的学习与独立生活奠定能力基础。它是幼儿健康教育的重要组成部分。

《指南》围绕幼儿小肌肉动作的发展，提出了幼儿"手的动作灵活协调"的学习与发展目标，这是幼儿小肌肉动作发展与教育的总目标。

依据幼儿的年龄特点、幼儿在小肌肉动作发展方面的总目标、以及幼儿生活与发展的实际需要，幼儿小肌肉动作发展教育的内容主要包括以下两个方面：①手眼协调的指导；②使用工具的指导。

第一节　手眼协调的指导

一、概述

对幼儿进行手眼协调的指导，旨在引导和鼓励幼儿使用手部的小肌肉来进行操作和探索，提高幼儿视觉—运动整合能力，发展幼儿的手眼协调能力以及手部动作的灵活性与协调性，以促进幼儿脑功能的发展，并为幼儿手部进行更为复杂的操作活动奠定基础。

幼儿手眼协调的动作可分为两个方面：一是手的单独动作的手眼协调，二是双手配合动作的手眼协调。幼儿手的单独动作是手部动作发展的基础。

（一）教育目标与内容要点

1. 体验和练习用单手摆放或操作物体

例如，使用单手来摆放或操作物体与用具，如搭积木或垒高物体、用手拿取或摆放物体、用勺吃饭、用筷子吃饭、翻书、弹弹子、拼图、套圈、拍球等。通过这些活动，可以有效地促进幼儿手的单独动作能力的发展。

2. 体验和练习双手的配合动作

例如，使用双手来摆弄或操作物体与用具，如扣纽扣、穿脱鞋、穿脱袜子、穿脱衣服、串珠子、拉拉链、系带子、系鞋带、打开盖子、拧盖子、拧毛巾、玩拼插玩具、粘贴图案、玩橡皮泥、折纸、穿针引线、双手滚球或抛接球、双手交替拍球等。通过这些活动，可以有效地促进幼儿双手配合运用能力的发展。

（二）教育指导建议

1. 在日常生活中结合生活自理能力的培养，为幼儿提供独立操作的机会

幼儿生活自理能力的培养，是幼儿健康教育的重要内容，也是促进幼儿手部动作发展的重要途径。穿脱鞋袜、穿脱衣服，需要双手的配合；扣纽扣、系鞋带更是手部小肌肉动作协调配合完成的；进餐过程中，使用勺子、筷子、夹菜、勺饭，都需要手眼协调配合。此外，用餐巾擦嘴、刷牙、漱口、梳头等，每一个生活自理的环节，对于幼儿小肌肉的发展来说，都蕴含着丰富的锻炼价值。因此，无论是幼儿园还是家庭，都应为幼儿提供更多自我服务的机会。

2. 引导和鼓励幼儿参与食品准备、制作，参加适当的家务劳动

幼儿在参与食品准备和制作或参加其他琐碎的家务劳动时，都需要动手来操作，因此也是发展小肌肉动作的良好机会。例如：捏馒头、包饺子时，需要用手来团、揉、挤压、捏面团；择菜时，需要用手来摘去黄叶和坏叶，或将长长的菜折成小段。这些活动，既能锻炼幼儿小肌肉的力量和协调性，又能让幼儿了解和接触更多的食物、体会到食堂工作人员以及家长的辛劳，有助于养成劳动的习惯，在劳动中体会浓浓的亲情。

3. 让幼儿学习丰富多彩的手指游戏和手指歌谣

许多传统的手指游戏（如翻绳游戏）和手指歌谣蕴含着丰富多样的锻炼内容，如单指动作、多指配合动作以及双手配合动作，有趣易学，深受幼儿的喜爱，能有效地提高幼儿手指之间、手掌和手腕之间以及两手之间的灵活性和协调性，并有助于促进幼儿认知能力和社会性的发展，是便于推广和利用的资源。

4. 在区角活动中提供丰富多样的手部活动玩具和材料

幼儿动作的发展是在与周围物质材料的相互作用中实现的，幼儿园许多区角中的玩具和活动材料都具有发展幼儿小肌肉动作的功能，如美工区、积塑区、建

构区、棋类区、阅读区、娃娃家、表演区等。

例如：在美工区，绘画类、手工类材料都能锻炼幼儿手眼协调能力，可以用冰棍棒、扣子、橡皮泥、彩色线、彩色纸、手工纸，配合各种辅助材料，开展折、粘、贴、装饰等活动，使幼儿在美术活动中促进小肌肉动作的发展；在积塑区，幼儿可以玩积塑、插片等玩具，在发展空间想象力和造型能力的同时，提高手眼协调能力、手部肌肉的力量和精准性；在积木区，幼儿在搭建各种建筑物、桥梁的过程中，其垒高拼接、围合的技能在不断发展，这有利于手眼协调精准性的提升。

二、知识窗

（一）手眼协调动作的发生[①]

手眼协调，是指眼和手的动作能够配合，手的运动能够和眼球运动——视线一致，按照视线去抓住所看见的东西。手眼协调动作的发生，大致经历以下几个阶段。

1. 动作混乱阶段

出生后头几天，除了一些本能动作以外，儿童动作往往是混乱的。但是相对来说，儿童眼球运动的发展和协调，要比手的动作发展早得多。出生后半个月，儿童已经能够做到视觉集中，而3个月时，手的动作仍然无目的、不协调。

2. 无意抚摸阶段

2~3个月的孩子，当手偶然碰到被子或别的东西时，他会去抚摸物体。这时手的动作特点是，只会沿着物体边缘移动；或者用手拍拍物体，不会抓握。

3. 无意抓握阶段

3~4个月的孩子，如果有人将玩具或物品放到他手掌上，他会去抓握。但是，这不是孩子的有意动作，只是偶然、无意的动作。

4. 手眼不协调的抓握

婴儿看见挂在他眼前的东西，会伸手去抓。但是总在物体周围打转，并不能准确达到目标。这时手的动作还不能与视线协调起来。

[①] 选自陈帼眉. 学前心理学（第二版）. 北京：人民教育出版社，2015：74-75.

5. 手眼协调的抓握

4～5个月以后的婴儿,手眼协调动作发生了,动作具有以下特点。

(1) 能够按照视线去抓所看见的东西。

(2) 动作有了简单的目的性和方向,并且能够做出一些简单但是行之有效的动作。

(3) 动作虽然有目标,但是还伴随很多不相干的动作。

(4) 当手里有一件东西,想拿另外一样东西时,会把手里的东西丢掉,去拿别的东西。左右手之间有个"神秘的中线屏障"。

(5) 坐起来的姿势有助于手眼协调动作的发展。因为坐起来的姿势使视线容易落在自己的手上,使手的活动范围和视线的范围重合。

手眼协调动作的发生对于儿童心理发展有着至关重要的作用,它是用手的动作有目的地认识世界和摆弄物体的萌芽,是儿童手成为认识器官和劳动器官的开端。

(二) 小肌肉动作与幼儿认知发展

小肌肉动作又称精细动作,它作为动作的重要组成部分,对幼儿认知发展有着举足轻重的作用。精细动作水平具有较强的年龄特点,国内外研究一致表明,幼儿手精细动作发育的重要时期是3～6岁,其中3～4.5岁发育速度最快,此后速度虽有降低但仍然很快。

董奇(2002)等人的研究团队对精细(小肌肉)动作做过细致深入的分析,他们研究了儿童精细动作发展及其与学业成绩之间的关系。其中精细动作能力的测查项目主要包括线条填画任务、图形临摹任务以及筷子技能测验。研究之后得出结论,基本的精细动作能力是复杂工具性技能发展的基础,同时在小学低年级阶段,精细动作能力对儿童的学习活动产生重要影响,他们之间存在密切联系。

三、素材集锦

(一) 手指游戏

乒板儿

儿歌	动作
乒板儿	双手自拍一下,双方右手对拍一下
乒板儿	双手自拍一下,双方左手对拍一下

续表

儿歌	动作
乒乒板板	双手自拍两下，双方同时对拍两下
上上下下	双手分别在自己的头部、腿部自拍两下
前前后后	双手分别在自己的胸前、背后自拍两下
左左右右	双手分别在自己的左右侧自拍两下
轱辘轱辘锤	双手在各自的胸前做绕线动作后，伸出右手拳头
轱辘轱辘叉	双手在各自的胸前做绕线动作后，伸出右手食指和中指
轱辘轱辘一个	双手在各自的胸前做绕线动作后，伸出右手食指
轱辘轱辘仨	双手在各自的胸前做绕线动作后，伸出右手三个手指
学好本领为国家	双手自拍六下后，同时伸出大拇指

适用年龄 4～6岁

玩　　法 幼儿两人一组，自主游戏，看看谁的儿歌说得又快又好，谁的动作做得又快又对。

渗透教育 锻炼小肌肉动作的灵活性。

手　指　谣

儿歌	动作
爷爷睡觉了	幼儿五指伸直、张开，大拇指向手心弯曲
奶奶睡觉了	食指向手心弯曲
爸爸睡觉了	中指向手心弯曲
妈妈睡觉了	无名指向手心弯曲
我也睡觉了	小拇指向手心弯曲
全家都睡觉了	手成拳头状晃两下
爷爷起床了	大拇指向外伸直
奶奶起床了	食指向外伸直
爸爸起床了	中指向外伸直
妈妈起床了	无名指向外伸直
我也起床了	小拇指向外伸直
全家都起床了	五指张开晃两下

适用年龄 3～4岁

玩　　法

1. 教师伸出一只手，提问：你们知道这些手指的名字吗？然后将五个手指分别命名为：爷爷、奶奶、爸爸、妈妈和我，在说名字的同时将指偶套在相应的手指上。

2. 教师快速地伸出不同的手指，幼儿说出其名称。如教师伸出大拇指，幼儿说出：爷爷。

3. 教师边说儿歌边做相应的动作，幼儿边学说儿歌边做动作。

4. 幼儿两人面对面，边说儿歌边做动作。

5. 幼儿在家中与爸爸妈妈一起玩这个游戏，最后比比谁说得快而且做得好。

渗透教育　提高五根手指单独活动的灵活性。

手　指　操

儿歌	动作
一个指头按电钮	依次用左右手食指做按电钮动作两次
两个指头捡豆豆	依次用左右手拇指和食指做捡放动作一次
三个指头解纽扣	依次用左右手拇指、食指、中指做解纽扣动作一次
四个指头提网兜	依次用左右手做提网兜动作一次
五个指头握一起	手握拳
攥成拳头有劲头	左右臂依次伸于胸前一次

适用年龄　3～4岁

玩　　法　说儿歌做动作。

渗透教育　训练手指动作的灵活性。

美丽的花园

儿歌	动作
花园里百花开	双臂前伸合拢作圆圈状，然后双臂上举摆动手腕
万紫千红	再左右摆动手腕两次
多姿多彩	双臂屈肘于胸前，手心合拢成没开的花苞状
菊花张开小嘴巴	大拇指翘起

续表

儿歌	动作
兰花扬起小下巴	双手做兰花指、由里到外绕腕一周,最后手心向外
鸡冠花真神气	手腕对在一起,一只手成花状直立
喇叭花儿早早起	手腕相对成花状,依次在左上、胸前、右上、胸前晃动
什么花开最喜庆	食指伸出放大脑旁,边绕边想问题
烟花开来最喜庆	手指握拳猛的张开分合四次

适用年龄 5~6岁

玩　　法 边说儿歌边做动作。

渗透教育 锻炼幼儿手指的协调能力。

悄 悄 话

儿歌	动作
小鸟小鸟住树上	双手五指伸开,手心面向自己,交叉拇指相勾做鸟飞状,双手由下至上抖动五指
田鼠田鼠住树下	双手五指并拢呈"爪子"状,双手轮流交替由上至下
喇叭花儿爬呀爬呀爬	双手手腕相靠360度翻转手腕,由下至上伸到头顶
喇叭花儿变成小电话	从头顶边转动手腕边向两侧打开,最后停在耳旁,拇指小指伸出,其余三指收拢呈打电话状,在耳旁晃动两下
喳喳喳,吱吱吱……	左右手交替晃动表示轮流打电话
小鸟和田鼠	双手一起在耳旁晃动
说着悄悄话	双手手掌呈喇叭状在口前,小声音表示悄悄的意思

适用年龄 5~6岁

玩　　法 边说儿歌边做相应的动作。

渗透教育 锻炼幼儿的手指协调能力。

找 朋 友

儿歌	动作
找,找,找朋友	双手五指分开,手心朝前,左右摆动四下

续表

儿歌	动作
找到我的好朋友	双手手心相对,双手手指尖对在一起碰四下
点头,鞠躬	双手手心相对,弯手指一次,握拳一次
点头,鞠躬	同上
我们都是好朋友	双手手心相对,双手手指尖对在一起碰四下
好朋友	双手交叉握在一起,向前摆三下

适用年龄 3~4岁

玩　　法 边说儿歌边作相应动作。

渗透教育 能听口令做动作,锻炼手指灵活性。

（刘情）

点 点 虫

儿歌	动作
点点虫	双手食指有节奏地轻轻相碰
虫会飞	有节奏地弯曲双手食指,并朝两侧分开
点点鸡	双手拇指、食指有节奏地轻轻相碰
鸡会啼	双手相握,伸出拇指,食指相对做"小鸡嘴巴"状,有节奏地轻点
点点鸟	双手五指有节奏地相碰
鸟会飞	双手掌心向内,拇指交叉相勾作"鸟"状,有节奏地扇动双手
呼啦啦	双手有节奏地轻轻扇动,同时可朝任何地方"飞"去

适用年龄 3~4岁

玩　　法 边说儿歌边做动作。

渗透教育 尝试灵活地用手指做游戏,锻炼手指的灵活性。

手 指 歌

儿歌	动作
一个手指点印章	伸出一个手指在身上轻点

续表

儿歌	动作
两个手指敲小鼓	伸出两个手指在身上轻敲
三个手指捏饺子	伸出拇指、食指和中指在身上轻捏
四个手指挠挠痒	伸出四个手指在身上轻挠
五个手指拍拍手	两只手对拍
五个兄弟爬上山	伸出五指从自己的腿向上做爬山状
叽里咕噜滚下来	五指从身上从上往下滑

（富军）

适用年龄 3～4岁

玩　　法 边说儿歌边做动作。

渗透教育 感知手指数量的变化，增加师幼或亲子互动、情感交流。

幸 福 的 家

儿歌	动作
我有一个幸福的家	拍手双手举过头顶做房顶
有爸爸、有妈妈	左手、右手分别出示在胸前
我们相亲又相爱	左右手胸前摆动两次，五个手指头依次对碰
快快乐乐笑哈哈	双手对拍四次

适用年龄 3～4岁

玩　　法 边说儿歌边做动作。

渗透教育 活动小手和小臂，增加师幼或亲子互动、情感交流。

一 家 人

儿歌	动作
大拇指是爸爸，爸爸开汽车	双手大拇指单伸出来
嘀嘀嘀	向下按
爸爸旁边是妈妈，妈妈洗衣服	双手食指单伸出来，双指对碰
刷刷刷	做搓衣服的动作

续表

儿歌	动作
个子最高是哥哥，哥哥打篮球砰砰砰	双手中指单伸出来 向上做投篮动作
哥哥旁边是姐姐，姐姐剪窗花嚓嚓嚓	双手无名指单伸出来 做绕圈动作
个子最小就是我，我在敲小鼓咚咚咚	双手小指单伸出来 做敲小鼓动作

适用年龄 4～5岁

玩　　法 边说儿歌边做动作。

渗透教育 锻炼手指的协调能力。

手指宝宝来上课

儿歌	动作
手指宝宝来上课	两手五指相顶
大门快快打开来	两手拇指分开
小门也要快打开	两手小指分开
二门一二打开了	两手食指分开
后门一二打开了	两手无名指分开
中门一二也开了	两手中指分开
小朋友都进来	两手十指交叉抱拳
教室门，全开了	两手拇指分开
老师走进来	左手食指竖起
全体起立	交叉的十指全部伸展
坐下	两手交叉抱拳
报数1	手形同上，右手拇指伸出，然后立即放下
2	左手拇指伸出，然后立即放下
3	右手食指伸出，然后立即放下
4	左手食指伸出，然后立即放下
5	右手中指伸出，然后立即放下
6	左手中指伸出，然后立即放下
7	右用无名指伸出，然后立即放下

续表

儿歌	动作
8	左手无名指伸出，然后立即放下
9	右手小指伸出，然后立即放下
10	左手小指伸出，然后立即放下
大家一起来游戏	双手打开，对拍四下

适用年龄　4～5岁

玩　　法　边说儿歌边做动作。

渗透教育　提高五个手指单独活动的灵活性。

手 指 眼 镜

儿歌	动作
一勾金	两手背对，小指相勾
二勾银	无名指相勾
三勾铜	中指相勾
四勾铁	食指相勾
一勾出来个老先生	两手由里外翻，中间抱着一个大拇指
老先生不见了，到哪儿去啦	两手撒开，摆手
商店里面买眼镜	用食指指向前方
老先生选了一副好眼镜	两手拇指与食指分别围圆圈做成眼镜状，放置眼前

适用年龄　4～5岁

玩　　法　边说儿歌边做动作。

渗透教育　锻炼手指的灵活性，增加师幼或亲子互动、情感交流。

大象盖房子

儿歌	动作
大象卷起木棍子	两手十指交叉，然后双手相握小臂向上卷起，学大象

续表

儿歌	动作
要盖一幢新房子	双手十指指尖相碰做顶指，慢慢举起至头顶
它请朋友来参观	双手缓缓向下至胸前，手腕相碰
第一个来的是小耗子	双手伸食指，合在嘴前，学耗子
第二个来的是小兔子	双手伸食指和中指，放在头顶，左右各跳一下，学兔子
第三个来的是猫妈妈	双手伸食指、中指和无名指放在嘴边学小猫
带着它的猫孩子	左右各做一次小猫捋胡子的动作
第四个来的是小鸭子	双手伸食指、中指、无名指和小指，上下相叠，学鸭子嘴巴张合两次
摇摇摆摆进了院子	手上动作不变，身体左右摇摆四下
第五个来的是小朋友	双手五指全部伸出，手指伸缩四下
大家一起真开心	双手一起拍

适用年龄 4～5岁

玩　　法 说儿歌，做动作

渗透教育 锻炼手指灵活性。

小　手　指

儿歌	动作
（预备）	（两手放到腿上准备）
一只小手出来了	举起一只手
另一只小手也出来了	举起另一只手，两手手心相对
大拇指见面点点头，点点头	左右手大拇指一起弯曲两次
"你好，你好"	左右手大拇指各弯曲一次
食指见面弯弯腰，弯弯腰	左右手食指一起弯曲两次
"你好，你好"	左右手食指各弯曲一次
中指见面顶顶头，顶顶头	左右手中指相碰四次
"你好，你好"	左右手中指碰两次
无名指见面亲亲脸，亲亲脸	左右手无名指碰两次
"你好，你好"	左右手无名指轻轻摩擦
小拇指见面勾一勾，勾一勾	左右手小拇指勾在一起拉两次

续表

儿歌	动作
"你好,你好"	小拇指勾住拉两次
两只小手要回家	两手相对
"再见,再见"	手指全部弯曲,左右手各一次
一只小手回家了	将一只手放在腿上
另一只小手也回家了	将另一只手也放在腿上

适用年龄 5~6岁

玩　　法 说儿歌,做动作。

渗透教育 提高五个手指单独活动的灵活性。

(二) 儿歌

模 仿 歌

两个手指竖起来,

把它立到头上来,

把你的身子蹲下来,

叭哒叭哒跳起来。

(仿兔子)

两个手指勾起来,

把它立到头上来,

把你的身子弯一弯,

咩——咩,慢慢走起来。

(仿山羊)

十个手指张开来,

把它立到胸前来,

把你的身子蹲下来,

呱呱呱呱跳起来。

(仿青蛙)

十个手指伸出来，

把它伸到胸前来，

把你的身子立起来，

咚——咚，慢慢走起来。

(仿熊)

适用年龄 3~6岁

渗透教育 利用手指、手掌的形态变化，配合具有典型特征的声音和动作，模拟动物的动作姿态，在明快的节奏中锻炼手部肌肉，体验游戏的快乐。

使用建议 边说儿歌边做动作。

(选自《幼儿文学》，人民教育出版社2005年版)

五 指 转 转

一根手指转转转，

变成一支小牙刷，

刷刷刷，

牙齿刷得白又白。

两根手指转转转，

变成一只小白兔，

跳跳跳，

跳到草地吃青草。

三根手指转转转，

变成一把小叉子，

叉一叉，

插起一根大香蕉。

四根手指转转转，

变成一只小花猫，

喵喵喵，

啊呜一下捉住它。

五根手指转转转，

变成一只大老虎，

嗷嗷嗷，

吓得大家躲起来。

适用年龄 3～4 岁

渗透教育 锻炼手部肌肉动作，增加师幼或亲子互动、情感交流。

使用建议 边说儿歌边做动作。

手指变变变

一根手指变变变，

变成一条毛毛虫，

上爬爬，下爬爬，

左爬爬，右爬爬。

两根手指变变变，

变成一把小剪刀，

上剪剪，下剪剪，

左剪剪，右剪剪。

三根手指变变变，

变成一把小叉子，

上叉叉，下叉叉，

左叉叉，右叉叉。

四根手指变变变，

变成一把小铲子，

上铲铲，下铲铲，

左铲铲，右铲铲。

五根手指变变变，

变成一双小小手，

上拍拍，下拍拍，

左拍拍，右拍拍。

适用年龄 4～6 岁

渗透教育 增强手指动作灵活性，认识方位名称，增加师幼或亲子互动、情感交流。

使用建议 边说儿歌边做动作。

手 指 歌

两个大拇指，
比比一样高，
互相点点头，
接着弯弯腰。
两个小拇指，
一对都灵巧，
拉钩做朋友，
人人都夸好。
食指、中指、无名指，
样样事情不能少。
伸出指头数一数，
一二三四五，
六七八九十，
都是我的好朋友。

适用年龄 4～6 岁

渗透教育 增强手指动作灵活性。

使用建议 边说儿歌边做动作。

（李玉洁）

夹 豆 豆

拇指食指碰一碰，
变成一个小夹子，
夹出一个红豆豆，
夹出一个黄豆豆，

夹出一个绿豆豆，

宝宝小手真能干！

适用年龄　3～4岁

渗透教育　练习捏的动作，提高小肌肉动作的准确性。

使用建议

1. 教师边说儿歌边示范捏豆豆（可用彩色串珠代替）的步骤和方法。

2. 边说儿歌边做动作。

（刘丽华）

翻　花　绳

一根绳儿，两个人儿，

两个朋友玩翻绳儿。

先翻一张蹦蹦床，

再翻面条一根根儿。

你翻一张小渔网，

我翻一个洗澡盆儿。

翻呀翻，玩翻绳儿，

翻出花样多又多。

翻呀翻，玩翻绳儿，

翻绳游戏真快乐！

适用年龄　4～6岁

渗透教育　学习多种翻绳方法，提高小肌肉动作的灵活性和协调性。

使用建议

1. 向幼儿介绍翻花绳游戏，演示"手指脱环""降落伞"等简单的玩法（参见本书第283～284页），激发幼儿兴趣。

2. 在活动区提供各种翻花绳的方法图解，鼓励幼儿看图解学习翻花绳。

3. 请幼儿每人准备一根花绳，鼓励幼儿在过渡环节玩翻花绳。

4. 观察幼儿翻花绳的动作和进度，请翻得好的幼儿当小老师，教大家玩翻绳。

系 鞋 带

先打一个结，

再弯两个圈，

交叉绕一绕，

鞋带系得牢。

适用年龄 5～6岁

渗透教育 学习系鞋带的方法，提高小肌肉动作的灵活性。

使用建议

1. 教师边说儿歌边示范系鞋带的步骤和方法。

2. 提供粗细、长短适宜的带子，鼓励幼儿在鞋板上、布娃娃的头发上练习系带子。教师用儿歌提示幼儿系带子的方法，特别是交叉绕一绕时，提醒幼儿两只小手要抓紧带子不能放松。

3. 请幼儿使用球鞋来试试自己系鞋带的技能，比一比谁先系好鞋带。教师对有困难的幼儿进行指导。

4. 在日常生活和游戏中鼓励幼儿经常练习。

（闫晶华）

（三）游戏

系 纽 扣

游戏材料

布制成的水果树（上面缝有纽扣），各种布制水果（上面缝有纽扣眼），带扣眼的布数字（见图4-1）。

游戏玩法

1. 将各种水果上面的扣眼分别系在树上的扣子上，练习系纽扣技能。

2. 将相同水果扣在同一棵树上，或将相同颜色的水果系在同一棵树上，练习配对。

3. 和布数字卡片配合使用，在树上挂上数字几，就系上相同数量的水果，学习按数系物。

图4-1

适用年龄 3~4 岁

渗透教育 锻炼幼儿手部小肌肉动作的灵活性，练习系扣子、配对、按数取物。

（田茹）

撕"面条"

游戏材料

红色、绿色、橙色、黄色、紫色彩纸及皱纹纸；大碗

游戏玩法

1. 幼儿将各色彩纸撕成小细条，做成"面条"（红色的西红柿面、绿色的菠菜面、橙色的胡萝卜面、黄色的玉米面条、紫色的紫甘兰面等），放到大碗里，供角色区"小吃店"卖给客人。

2. 教师在彩纸上画好不同间距的直线、折线、曲线，幼儿沿线撕成各种新式面条，供给"小吃店"。

适用年龄 3~5 岁

渗透教育 锻炼小肌肉的灵活性，提高动作的精准度，体验动手操作的乐趣。

（家向）

拼 贴 水 果

游戏材料

红色、绿色、橙色、黄色、紫色彩纸，画有各种水果轮廓图的作业纸，胶棒。

游戏玩法

1. 幼儿将彩纸撕成小碎片。

2. 选一张作业纸，将彩纸小碎片粘贴在水果轮廓图内。

适用年龄 3~5 岁

渗透教育 练习撕、贴的动作，发展小肌肉的灵活性，提高动作的精准度。

（湘音）

撕 贴 水 果

游戏材料

画有水果轮廓的红色、绿色、橙色、黄色、紫色彩纸，画有水果盘（篮）的作业纸，胶棒。

游戏玩法

1. 选一张画有自己喜欢的水果的纸，将水果沿轮廓撕下。
2. 将水果粘贴在水果盘（篮）内。
3. 再选几个水果，继续操作。一盘（篮）香香的水果准备好啦。

适用年龄　3～4 岁

渗透教育　练习撕、捏、粘贴的技能，提高小肌肉动作的灵活性和准确性，体验动手操作的乐趣。

（苏丽）

丢"小玉子"

游戏材料

用橘子皮做原料，用笔帽在橘子皮上压出大小相同的圆形小橘子皮块，用线穿成圈即可成"小玉子"。

游戏玩法

把四五个"小玉子"抓在手心，抛起，再接住被抛起的"小玉子"，全部接到了继续玩，如果没有全接到就得让对方玩。

适用年龄　5～6 岁

渗透教育　锻炼小手肌肉的灵活性，体验民间游戏的乐趣。

抛 接 沙 包

游戏材料

沙包

游戏玩法

幼儿把沙包放在手背上，用手背把沙包往上扔，然后快速翻转手掌，在沙包掉下来的时候用手心抓住沙包。动作熟练的小朋友，可以在沙包上升的过程中快速拍一下手,再去接住掉下来的沙包。

适用年龄 5~6岁

渗透教育 练习抓的动作,发展小肌肉动作的灵活性和反应能力。

(李佳玲)

种 西 瓜

游戏材料

田地卡片(上面画有数量不同的格子),西瓜籽图片若干。

游戏玩法

1. 以任务激发幼儿游戏的愿望:帮助小熊种西瓜。

2. 每个幼儿一张田地卡片,若干西瓜籽图片,幼儿用二指捏起一张瓜籽图片,放在一个格子里,表示种下一个西瓜籽。要把西瓜籽稳稳地种在土地中,种满所有的格子,完成任务。

适用年龄 3~4岁

渗透教育 练习二指捏拾物体,锻炼小手精细动作。

注意事项

1. 教师可根据幼儿实际水平,通过改变格子的数量、果子的形状,变换手指等,调节游戏的难易程度。

2. 鼓励幼儿做事有始有终,有坚持性。

(张宇)

好吃的蔬果

游戏材料

扭扭棍、纸、画笔

游戏玩法

1. 认识各种蔬菜、水果,观察它们的形状,用扭扭棍进行创作(见图4-2)。

2. 对于能力较弱的幼儿,可先在纸上画出图样,再依图制作。

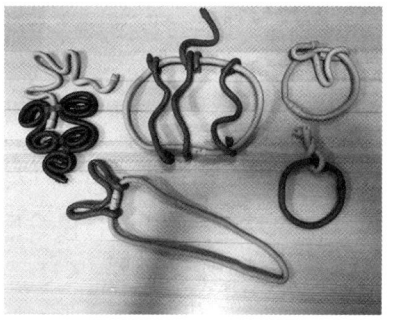

图4-2

适用年龄 4～5岁

渗透教育 锻炼小肌肉动作的灵活性和造型能力。

（赵月）

开心田地

游戏材料

子母扣"蔬菜"、自制按规律排序题卡。

游戏玩法

1. 幼儿按题卡在相应格子里按上有子母扣的"蔬菜",发现其规律。

2. 幼儿按规律排序,将有子母扣的"蔬菜"种到"田地里"(见图4-3)。

图 4-3

适用年龄 4～5岁

渗透教育 发展小肌肉动作的力量和灵活性,学习有规律排序。

（王凡）

搭建游戏

游戏材料

弹珠轨道玩具

游戏玩法

幼儿可按照图册摆出相似或类似造型进行游戏,也可以将造型扩展,任意自由发挥(见图4-4)。

适用年龄 5～6岁

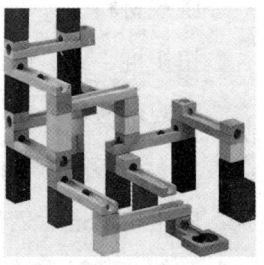

图 4-4

渗透教育

1. 锻炼动手能力和手眼协调能力。

2. 学习看步骤图，能按图搭建。

（任倩）

翻 绳 游 戏

游戏材料

约 50 cm 长的软绳

游戏玩法

用绳子翻出不同的花样（见图 4-5、图 4-6、图 4-7）。

适用年龄　5～6 岁

渗透教育　发展小肌肉动作的灵活性。

注意事项

1. 幼儿第一次玩时，教师可示范"绳子变魔术"等简单的玩法，激发幼儿兴趣。

2. 可投放翻绳图解，引导幼儿观察图解，自主学习；也可鼓励同伴间互相学习新的翻绳玩法。

3. 根据幼儿实际水平更换翻绳图解，不断提高难度，以适应幼儿的发展需求。

附翻绳图解

1. 绳子变魔术

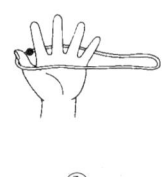 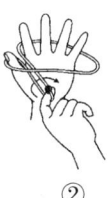 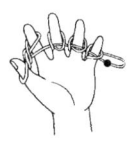

① ② ③ ④

将绳子套在手上。

向下拉带·的部分，并按箭头方向翻转后，套在食指上，成图③状。

依次拉带·的部分，并用图②的方法，将绳子分别套在其他手指上，成图④状。

将大拇指上的绳套脱落，拉带·的部分，整条绳子便从手上脱落下来。

图 4-5

2.降落伞

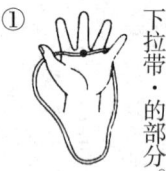 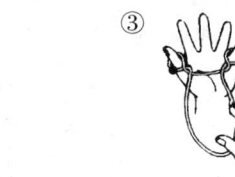

① 下拉带·的部分。 ② 再下拉带·的部分。 ③ 右手翻入下面的绳套,用拇指和食指钩住带·的部分向下拉出。

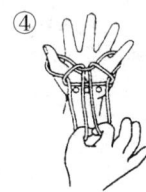 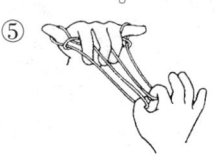 

④ 将左手的食指、中指、无名指插入下面的套内和套间,将勾住的部分向左手后翻出,成图⑤⑥状。 ⑤ ⑥ 用右手食指拉带·的部分。 ⑦

图4-6

3.手指脱环

  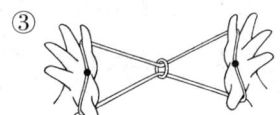

① ② 穿绳过环。 ③ 将绳子挂在拇指和小指上,用中指互挑带·的绳。

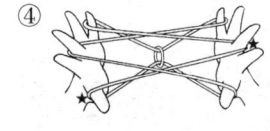 

④ 除带★的手指外,脱落其他手指上的绳子。 ⑤ 环脱落。

图4-7

乒乓球拍托球走

游戏材料

乒乓球拍、乒乓球

游戏玩法

手持乒乓球拍托球走过指定的距离(见图4-8)。

适用年龄 5~6岁

图4-8

渗透教育

1. 锻炼手和腕部肌肉的协调性、稳定性。
2. 培养专注力和平衡能力。

（任倩）

纸 杯 拼 摆

游戏材料

不同大小的纸杯、硬纸板

游戏玩法

用纸杯进行自由组合、拼搭（见图4-9）。

适合年龄 5～6岁

渗透教育

1. 发展手眼协调能力和空间感知觉。
2. 大胆想象，发展创造力。

图4-9

（任倩）

吸 管 拼 摆

游戏材料

不同颜色、粗细的吸管，剪成小段；画有动物、水果的纸样；308胶水

游戏玩法

用不同的吸管自由组合，拼摆出不同的造型（见图4-10）。

适合年龄 5～6岁

渗透教育 发展手眼协调能力和想象力。

图4-10

（任倩）

穿　绳

游戏材料

不锈钢蒸屉、彩绳

游戏玩法

用不同的彩绳在蒸屉孔上穿绳，也可自己设计不同图案穿绳（见图4-11）。

适合年龄　4～5岁

渗透教育

1. 发展手部精细动作。
2. 能大胆设计，培养创造力。

图4-11

（任倩）

撕 纸 粘 贴

游戏材料

各色彩纸

游戏玩法

1. 用撕下来的大小纸片进行粘贴、组合。
2. 可先画好图案再撕纸粘贴，也可一边撕粘一边设计图案（见图4-12）。

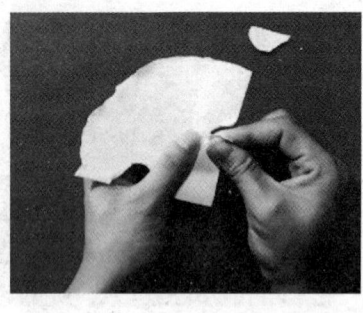

图4-12

适用年龄　5～6岁

渗透教育　练习撕、捏、粘等技能，发展手眼协调能力。

（任倩）

揉 纸 画

游戏材料

各色皱纹纸，动物或水果图样，胶水

游戏玩法

将皱纹纸撕成小片，再揉成小团，进行组合、粘贴，制作成一幅完整的画（见图4-13）。

适合年龄 5～6岁

渗透教育

1. 练习撕、搓、揉、粘、团等动作，发展手部小肌肉动作的协调性。

2. 有一定构图意识，做事有耐心。

图4-13

（任倩）

马赛克贴画

游戏材料

马赛克贴纸、胶棒、空白图案

游戏玩法

用胶棒将不同颜色的马赛克贴纸粘贴到空白图案内部，组成美丽的装饰画（见图4-14）。

适合年龄 4～6岁

渗透教育

1. 练习揭、抹、贴的动作，提高手部动作的精细程度。

2. 提高对色彩组合和搭配的美感认知。

图4-14

（任倩）

沙　画

游戏材料

画好的动物、水果或景物的纸样；各种颜色的细沙，分颜色摆放；胶水

游戏玩法

1. 选定纸样上图案的一个部分，抹上胶水，再铺上相应颜色的沙子，将沙子按住，固定在纸样上。

2. 换另外一个部分再涂胶水，铺沙子，固定。

3. 用同样的办法，将纸样填满彩色的沙子，最后晾干。

4. 漂亮的沙画做好啦（见图4-15）。

适合年龄　5～6岁

渗透教育

1. 发展手部精细动作。

2. 培养做事细心、耐心的品质。

图4-15

（湘音　胡亚丽）

蛋　壳　画

游戏材料

毛笔、广告色；装鸡蛋的底座或橡皮泥；食堂做鸡蛋时，让师傅将蛋壳敲碎一头，流出蛋液，保留蛋壳，然后清洗干净

游戏玩法

用毛笔为蛋壳涂色；摆放在鸡蛋座上，或者将鸡蛋壳固定在橡皮泥上。

适合年龄　5～6岁

渗透教育

1. 提高手眼协调能力。

2. 做事有耐心，能持续一段时间专注地做一件事。

（李玉洁）

衍 纸 画

游戏材料

衍纸纸条、衍纸器

游戏玩法

将不同的彩色纸条卷成卷状,再组合、拼摆成不同的图案(见图4-16)。

适用年龄 5～6岁

渗透教育 培养手眼协调能力,增进手部小肌肉的力量和精细度。

图 4-16

(任倩)

纸 条 编 织

游戏材料

宽1 cm、长10 cm的彩色手工纸条;剪成水果轮廓的手工纸(长宽都大于12 cm),轮廓内每隔1 cm剪出一条直线,共剪6～8条平行线。

游戏玩法

1. 选择一个水果轮廓,拿起一根纸条,从左侧开始穿插编入。
2. 再拿另外一根纸条,紧挨着第一根编织,编织的上下方向与第一根正好相反。
3. 用同样的方法继续编织,直到将水果轮廓编满。
4. 将作品写上名字,展示在活动区中。

适用年龄 5～6岁

渗透教育 学习间隔编织纸条,增强手部小肌肉的力量和动作的精细程度。

(湘音)

拼 插 游 戏

游戏材料

棒骨架模型拼插玩具(见图4-17)

图 4-17

游戏玩法

依据步骤图进行拼插，也可进行创意拼插。

适合年龄 5~6 岁

渗透教育

1. 锻炼小肌肉动作的灵活性。

2. 学习看步骤图，能按图拼插。

（黄原）

四、案例精选

（一）环境创设

帮娃娃穿衣服（3~6 岁）

创设说明

在活动室一角或娃娃家附近，挂上几个自制娃娃、自制的开衫外套、小袜子等，引导幼儿帮助娃娃系扣子、系拉锁、穿袜子（见图 4-18）。

根据幼儿年龄和发展水平的不同，娃娃衣服的扣子可以有差别。小班的扣子

图 4-18

要大一些，扣眼比较松，粘扣、搭扣都可以采用。中班的扣子和扣眼可以稍小一点；大班可以增加带拉锁的衣服，还可以增加鞋带式扣子和扣眼，供幼儿学习系鞋带。变化的衣服和形式，可以保持幼儿的活动兴趣。

（王凡）

案例分析

该区域既可以锻炼幼儿的生活自理能力，提升自我服务意识，又可以使幼儿在系扣子、拉拉锁、穿袜子的过程中，发展手指小肌肉动作的灵活性和手眼协调能力。

我会擦嘴（3～4岁）

创设说明

在幼儿餐后送餐具的地方，布置"我会擦嘴"墙饰。提供擦嘴步骤图、擦嘴纸巾、小老虎垃圾桶，引导幼儿按正确步骤擦嘴（见图4-19），并请值日生检查小朋友是否坚持饭后擦嘴，方法是否正确等。

小老虎垃圾桶制作方法：垃圾桶上面粘贴小老虎图片，把小老虎的嘴巴剪成一个小洞，提醒幼儿将擦完嘴的纸巾攒成小球，喂到小老虎的嘴巴里（见图4-20）。

图4-19

图4-20

（柴潇依）

案例分析

擦嘴需要幼儿双手配合完成。配上小老虎垃圾桶以后，还增加了攒球、"喂食"的动作,提供了更多锻炼手眼协调能力的机会。

毛巾架(4~6岁)

创设说明

在洗手池附近提供毛巾架、绣有幼儿姓名的毛巾,请幼儿根据需要自己取、挂毛巾,并在幼儿园一天的活动结束后,自己将毛巾取下,放回置物处(见图4-21)。

图4-21

案例分析

该环境设计渗透了发展幼儿的手眼协调能力,尤其是单手取放物品能力的内容。

(深圳莲花北幼儿园)

小衣柜(4~5岁)

创设说明

很多幼儿园有供幼儿存放衣服和物品的小柜子,教师可以组织幼儿进行"整理小衣柜"的活动,引导幼儿将常见物品,如书包、大衣、马甲等进行分类整理。

提示幼儿:将手套之类的物品放在大衣兜里,不容易丢失;将马甲和大衣等叠好;将衣服放在衣柜左侧,将书包放在衣柜右侧(见图4-22)。

第四章 小肌肉动作的发展与指导

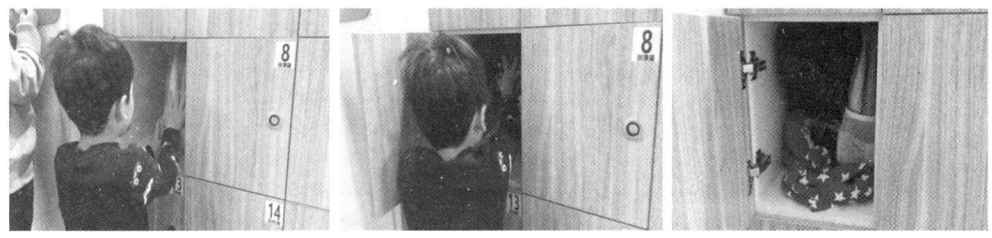

图 4-22

(陈婧)

案例分析

整理衣服和玩具等活动，看似简单，实际上是锻炼小肌肉动作、提高手眼协调能力的好机会。多样活泼的生活环境，成为了课程的有效组成部分。

挂衣架（3～6岁）

创设说明

如果班级里没有挂衣服的小柜子，教师可以在适当的地方提供挂衣架。教师在衣架上张贴照片标识，幼儿在来园、户外活动后需要脱衣服的，可以自主拿取自己的衣架并挂上衣服，然后将衣架挂回去（见图 4-23）。

图 4-23

案例分析

这一环境设计可发展幼儿取放衣架、挂好衣服的基本操作能力以及手眼协调能力。

(深圳莲花北幼儿园)

美工区（3～6岁）

创设说明

美工区的材料有很多：不同质地的纸、画笔、蜡笔等绘画工具；各种手工纸、泥等手工制作材料，剪刀等制作工具；胶棒、不干胶贴等辅助材料。根据季节的不同，教师还可以收集采用不同的自然物进行制作。因此，美工区是幼儿动手操作活动最丰富的区域。以下列举几种材料及活动。

1. 彩纸粘贴镯（3~4岁）

提供材料：塑料质地的手镯，彩色粘贴纸、小亮片若干

指导要点：任务是为爱莎公主制作水晶手镯，方法是在手镯上有规律地粘贴彩钻（贴纸），也可以粘贴自己喜欢的小亮片。

2. 制作拉花（5~6岁）

提供材料：幼儿已提前剪好的纸条若干、胶棒、压花器

指导要点：

◇ 请幼儿在纸条上随意压出镂空纹路，将纸条首尾相粘，做成一个纸环

◇ 再取出一根纸条，压花后，穿过做好的纸环，再首尾相接粘贴。

◇ 再用同样的方法继续制作，直到制作出一串拉花。

3. 折纸游戏（3~6岁）

提供材料：各色彩纸

指导建议：根据不同的年龄，选择难易不同的内容，按照相应步骤图进行折纸（见图4-24）。

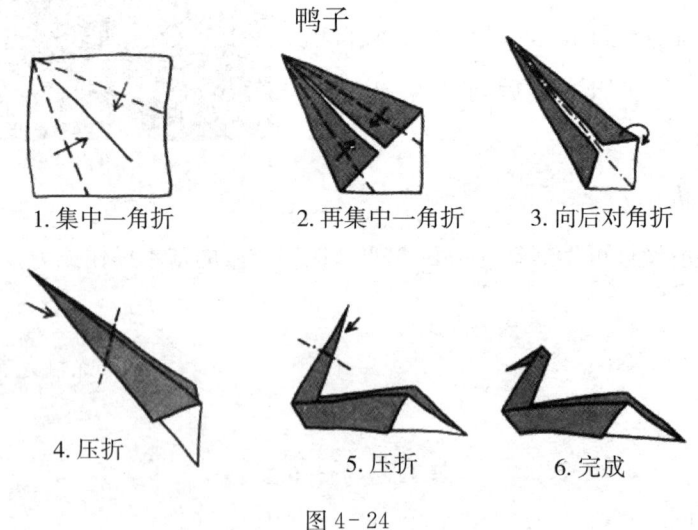

图4-24

（谭蕾　任倩）

案例分析

美工区是幼儿动手操作活动最丰富的区域。这一组主要列出了不使用工具的

纸片粘贴、手环制作、折纸等。旨在让教师了解，美工区的各类活动都是发展幼儿小肌肉动作的资源。教师应充分重视和利用美工区的活动，根据不同的年龄特点，提供难度不同的任务，选择多样的材料，指导幼儿活动。

积木区（3~6岁）

创设说明

积木是幼儿最喜欢玩的玩具之一。它具有很强的可变性，利于发展幼儿的空间想象能力；在搭建过程中，幼儿手部肌肉的控制能力、手眼协调能力都能得到发展，合作、交往能力也得到提高。根据幼儿的年龄特点，可提供不同种类的积木、不同的辅助材料，提出不同难度的任务，引导幼儿游戏。

1. 彩色积木搭楼房（3~4岁）

提供材料：彩色积木

指导建议：指导幼儿先用积木搭出楼房的地基；再用手中所有的积木搭高楼房。

2. 搭大桥（4~5岁）

提供材料：基本积木、薯片桶

指导建议：运用积木和辅助材料建造大桥，练习垒高、架空、平衡等技能（见图4-25）。

3. 立交桥（5~6岁）

提供材料：立交桥图片，木质积木，纸盒、拼插玩具、玩具汽车、树、各种动物模型等辅助材料（见图4-26）。

图4-25

图4-26

指导建议：
◇ 请幼儿观察立交桥的图片，讨论环形立交桥的结构。
◇ 告诉幼儿任务是分组搭建立交桥，体会"立""交""桥"分别是什么意思，想一想怎样用积木来表现。

案例分析

同样是积木游戏，为小班、中班、大班提供的积木的种类、数量不同，要求幼儿运用的技能也不一样。在小班，为幼儿提供彩色积木，以学习延长、围合技能为主，开始学习垒高；对中班幼儿，应以完成单一任务为主，以基本积木配合辅助材料进行；对大班幼儿，可提出组合的复杂任务。案例较好地展示了积木在小、中、大三个年龄段运用的不同要求。在活动中促进幼儿动手能力、空间想象能力、合作和交往能力的提高。

（高雯　刘婧　田茹　湘音）

积塑区（3~6岁）

创设说明

插片和积塑是积塑区的主要材料，具有和积木相近的功能，但是由于它们体积小，对于小肌肉动作的准确性和灵活性要求很高，是发展幼儿小肌肉动作必不可少的材料。提供的积塑玩具的种类、大小，提出的结构任务的难度和梯度，都应该依据幼儿的年龄特点来确定。以下是几个积塑区材料的使用和活动示例。

1. 滑梯乐园（3~4岁）

提供材料：乐高玩具插块、滑梯模型

指导要点：

◇ 先用积木块将滑梯立起来，固定住。
◇ 引导幼儿发现：通过垒高垫滑梯的积木块，可以将滑梯变高、变长。
◇ 鼓励幼儿继续玩乐高玩具，垒高拼搭（见图4-27）。

 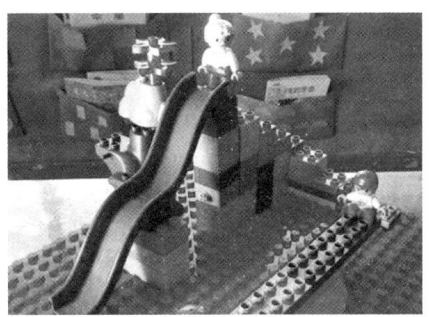

图 4-27

2. 雪花插片立体造型（3～6 岁）

提供材料：雪花插片

指导建议：

◇ 该玩具适合 3 岁以上幼儿，可以根据不同年龄孩子的拼插经验，提出不同要求。

◇ 小班幼儿从学习单层拼插开始，中大班幼儿可以学习看实物、玩具及图示进行模拟搭建。

◇ 先将简单的几何形体组合起来表现单个物体的主要框架，再将已插好的几何形体组合成立体造型。

◇ 学会将单层连接成双层或多层的技能，会使用多向插头向上、向下、向前、向后、向左、向右等各个角度拼插（见图 4-28）。

图 4-28

◇ 当幼儿拼插出各种各样的造型后，教师可引导他们进行分类，并合理布局，把毫无关系的单个造型连结成相互联系、相互衬托的有情节的主题插塑游戏。

案例分析

积塑游戏对于发展幼儿手眼协调能力和空间想象能力具有重要的作用。案例提供了两种最主要的积塑玩具的玩法，并呈现了怎样由简单到复杂的活动和指导过程。

（闫晶华　黄原）

送玩具回家（3～4岁）

创设说明

在幼儿园的玩具柜、玩具筐上贴好对应的标记。引导幼儿先拆放玩具，再根据玩具柜和玩具筐上面的标记，一一对应摆放（见图4-29）。

图4-29

（王凡）

案例分析

幼儿园玩具的收放和整理，既是活动常规的要求，更是教育的需要。一方面，它能够培养孩子的自我服务意识和规则意识；另一方面，充分利用这一环节，可以发展孩子的多种能力。从案例中可以看到，活动结束后，幼儿把玩具拆分，分类装筐，既是发展小肌肉动作的机会，也是发展观察分类能力的时机；教师在玩具筐和玩具柜上粘贴好标志，还能让幼儿根据图形和数量进行一一对应练习。教师还可以根据不同时期、不同年龄班的要求，更换标志，进行不同内容和形式的练习。如：小班可进行颜色、形状配对；中班可以进行颜色和数量、形状配对；大班可以进行数字、加减配对；等等。

（二）活动案例

剥花生（3～4岁）

活动目标

1. 尝试用教师提供的各种辅助工具将花生壳剥下来，提高手部小肌肉动作的协调性。

2. 乐意参加探索活动。

活动准备

1. 煮熟的花生若干，幼儿人手一个小碗。

2. 小锤子、塑料小刀、小棒子、勺子等辅助工具若干。

活动过程

1. 不用辅助工具剥花生

（1）请幼儿观察花生，发现一些有关花生的秘密。如：花生是煮熟的，花生是有壳的。

（2）幼儿尝试不用辅助材料将花生剥开。

2. 尝试使用工具剥花生

（1）教师观察哪些幼儿剥开了花生壳，哪些幼儿没有剥开。请幼儿说说自己在剥花生的过程中遇到的困难。

（2）教师出示各种工具，告诉大家：如果你刚才没有剥开花生，使用这些工具试试，也许可以帮助你剥开花生壳。

（3）幼儿再次尝试剥花生。教师如果发现幼儿还有困难，可以引导幼儿在活动室中寻找适合自己的工具，尝试剥开花生壳。

3. 幼儿将自己剥好的花生送到厨房。

活动建议

午饭时，让幼儿品尝一下用自己剥的花生做的菜，体验劳动成果。

（选自《幼儿园活动体验课程教师参考书小班上册》，

人民教育出版社2005年版）

好吃的早餐（3~4岁）

活动目标

1. 初步学习用搓圆、压扁的方法做汤圆和烧饼。

2. 知道彩泥用完后要放回盒子中。

活动准备

1. 教师已经搓好的汤圆若干个。

2. 幼儿人手一个泥工板、一块彩泥。

活动过程

1. 导入活动

（1）请幼儿说一说早餐吃了什么？

（2）教师告诉幼儿自己早餐吃的是汤圆和烧饼，请大家帮助做汤圆和烧饼。

2. 做汤圆

（1）出示已经做好的汤圆，请幼儿观察，说说汤圆的形状和表面的光滑程度。

（2）教师讲解并示范搓汤圆的要点。可利用口诀：捏一捏、捏一捏，搓呀搓、搓呀搓。帮助幼儿记忆动作要领。

（3）幼儿边念口诀边空手做捏搓的动作。

（4）幼儿尝试做汤圆。

3. 做烧饼

（1）教师提出还要吃烧饼的要求，提问：怎么把汤圆变成小烧饼呢？

（2）幼儿尝试动手制作。

（3）请个别做得好的幼儿进行示范表演。

（4）大家集体练习将汤圆压扁成小烧饼的本领。

4. 展示作品

幼儿展示自己做好的烧饼，教师逐个"品尝"。

活动建议

如果幼儿有兴趣，还可以在以后的美术活动中（或另找时间），引导幼儿做更多的食品。如：圆圆的鸡蛋、面包，扁扁的大饼，长长的面条、油条等。

（选自《幼儿园活动体验课程教师参考书小班上册》，

人民教育出版社 2005 年版）

第二节　使用工具的指导

一、概述

对幼儿进行使用工具的指导，旨在引导和鼓励幼儿用手来操作和使用生活中的常用工具和书写工具，提高幼儿视觉—运动整合能力，发展幼儿手部动作的灵活性与协调性，促进幼儿生活能力以及前书写能力的发展。使用工具是个体维持生存、适应社会生活所必须具备的基本能力。

幼儿使用工具的动作可分为两个方面：一是操作常用工具与用品，二是用笔绘画与写字。

（一）教育目标与内容要点

1. 学习和练习操作常用工具与用品

例如，用勺吃饭、用筷子吃饭、使用剪刀剪纸、用小铲子铲土、用喷水壶给花浇水、用抹布擦桌子和小椅子、用小锤子钉钉子等。

2. 学习和练习用笔绘画与写字

例如，用彩色笔涂涂画画，用彩色笔画各种图案、人物和动植物，用铅笔写简单的数字和自己的名字等。

（二）教育指导建议

1. 在日常生活和劳动中引导幼儿学习使用常用的工具与用品

操作和使用日常生活用品是幼儿必须学习和掌握的基本生活技能，这些日常生活用品包括勺子、筷子、剪刀等。幼儿最先接触的工具是勺子，家长和教师在幼儿学习使用勺子的过程中应有足够的耐心；随着幼儿年龄的增长，在幼儿熟练使用勺子的基础上，成人应细心引导幼儿学习使用筷子；指导幼儿学习使用剪刀时，应选择安全性较强的剪刀，在确保安全的前提下，教会幼儿使用剪刀的方法，引导幼儿耐心、专注地练习剪纸，并尽可能将剪纸活动与绘画、粘贴以及装饰环境等活动有机地结合起来，以提高幼儿使用剪刀的乐趣。

此外，可以鼓励幼儿学习使用简单的劳动工具，如喷水壶、小铲子、抹布、小扫帚、小簸箕、小锤子、小钉子等；鼓励幼儿参与玩水、玩沙活动以及种植活动、园艺活动、值日生活动、家务劳动、小木工活动等。使幼儿在体验、感受生活的过程中，逐渐掌握常用工具的安全使用方法，提高幼儿的生活能力。

2. 提供丰富的纸、笔等材料，鼓励幼儿大胆练习

教师可为幼儿提供丰富多彩的绘画材料与书写工具（如蜡笔、水彩笔、彩色铅笔、毛笔），提供不同材质的绘画纸（如普通画纸、宣纸）等，激发幼儿绘画和书写的兴趣，鼓励幼儿大胆创作、自由作画，学习书写自己的名字；指导幼儿

学习正确的握笔姿势、书写姿势和用眼卫生，促进幼儿小肌肉动作能力的发展，并为幼儿入小学做准备。

二、知识窗

（一）使用勺子动作的发展

勺子是一种最常用的餐具，是幼儿最早使用的工具之一。学会勺子的使用经历四个阶段。

1. 被动使用阶段

当婴儿6个月大以后，成人常会选用勺子来给孩子喂食。最初，婴儿对勺子的反应是被动的，不久以后，他们就知道张开嘴巴等着勺子喂入。但是，只有成人操作勺子，将食物喂给他们，他们才能将食物吃下。

2. 玩弄勺子阶段

一周岁左右，婴儿能够用多种方法来玩弄勺子，比如，将勺子从一只手换到另外一只手，或者将勺子放入嘴中。

3. 手掌式抓握阶段

12~15个月，大多数幼儿开始自己吃饭，采用的普遍方式就是手掌式抓握，即掌心向下，勺柄位于拇指和食指之间。此时，幼儿还需要成人帮助才能吃饭。

4. 自如使用阶段

随后，幼儿用勺经历了各种不同的抓握模式，越来越受自己意识的支配，逐渐走入自如阶段，会根据需求的不同改变自己的动作。随着经验的增长，进食行为越来越熟练，并受到视觉的直接监控。

当然，要想熟练地使用勺子，还需要相当长时间的练习，使动作越来越精细。

（二）使用筷子动作的发展

在我国，很多家长将孩子使用筷子的水平高低作为衡量孩子能力的标准之一。

在一项关于使用筷子的研究中，wong（2002）和他的同事根据儿童进食行为的独立程度定义了进食动作分数。其中7代表能够完全独立使用餐具，1代表完全需要成人帮助。结果表明，能够用筷子独立吃完一餐的幼儿的平均年龄是

4、6岁，大多数幼儿在 5 岁时可以用筷子进餐。

有趣的现象是，成人握筷子的方式千差万别，但是这种差异与智力水平和精细动作能力的强弱似乎并没有关系。但是，也有研究表明[①]，在学校成绩好的学生，精细绘画及使用筷子的能力较强。这似乎从一个角度证明了精细动作发展与认知发展的相关性。

（三）握持书写工具动作的发展[②]

握持书写工具的成熟姿势是动态的三脚架式。这种姿势要在 7 岁左右才会出现。儿童利用拇指、中指和食指将手摆成三角架的形状来固定书写工具，可以完成细小的、高度协调的手指动作。

儿童早期，握持书写工具（如蜡笔）并画出有意义的符号，是今后书写的基础。从开始出现握持书写工具动作到成熟，经历了一个发展过程。

1. 全手掌抓握

最开始，婴儿用整个手抓住书写工具，即用四指和拇指将笔完全围住。以后随着年龄和经验的增长，幼儿开始学习根据不同任务来调节拇指和其他手指。

2. 肩、肘带动和协助控制笔的阶段

最初，幼儿动作尚未分化，大肌肉动作发展先于精细动作的发展，握笔书画时，幼儿往往利用靠近躯干的肩关节来协助控制笔；随着书写能力的进步，肘关节产生必要动作带动笔。

3. 成熟的三脚架握持姿势

4～6 岁间，幼儿握笔时，手逐渐靠近笔的尖端，同时，拇指和四指能够控制笔的运动。7 岁左右出现正确的三脚架式书写握持姿势。

但是，对这种动态三脚架式姿势的精细控制练习会继续到 10～14 岁以后。这种动作发展研究，证明了学前期不宜过多进行书写练习。

（四）绘画动作发展

对于大多数儿童来说，绘画的发展开始于 15～20 个月大时。他们会利用书写工具涂鸦。Kellog（1969）将幼儿的绘画能力发展划分为四个时期。

---

① 李蓓蕾，林磊，董奇（2002）. 儿童精细动作能力的发展与其学业成绩的关系. 心理学报. 34：494-499.
② Greg Payne，耿培新，梁国立. 人类动作发展概论. 人民教育出版社，2008：177.

1. 涂鸦期

儿童通过做出一些随机或重复的动作,主要画出类似圆形和重复的直线。

2. 组合期

儿童尝试画出基本的几何图形,如螺旋线、圆、正方形、长方形以及这些图形的组合。

3. 整合期

儿童可以组合至少三种不同的图形。

4. 绘画期

儿童可以画出更准确和复杂的图形,他们开始用笔来表现自己生活的世界,如人物、动物和房屋等。

大多数孩子绘画都会经历这四个阶段,但是很难确定这些阶段在哪个年龄出现,这主要与孩子的绘画经验相关。

三、素材集锦

(一)儿歌

小 勺 子

大拇哥,

二拇弟,

带着一个高个子,

一勺一勺舀饭吃,

一口一口往下咽。

(李佳玲)

适用年龄 3~4 岁

渗透教育 练习使用勺子,增强小肌肉动作的灵活性。

使用建议

1. 在进餐环节,教师观察幼儿使用勺子的情况,使用儿歌帮助幼儿掌握正确的拿勺姿势。

2. 鼓励幼儿在娃娃家使用勺子喂娃娃吃饭,在活动区投放小勺子和大小不一的珠子、小球,供幼儿练习拿勺舀的动作。

小　夹　子

一张大嘴紧闭，

两只耳朵竖起，

一捏耳朵张开，

看见什么都咬。

适用年龄　3~4岁

渗透教育　练习使用夹子，增强手指肌肉的力量和协调性。

使用建议

1. 教师说谜面，请幼儿猜谜语。

2. 在活动区投放"晾衣服""鳄鱼长牙""小刺猬长刺"等自制玩具，供幼儿练习使用夹子。

小　镊　子

小小镊子用处大，

夹起东西都靠它。

拇指食指捏捏紧，

一张一合慢慢夹。

豆子纸片都能用，

小小镊子本领大。

（赵月）

适用年龄　3~5岁

渗透教育　练习使用镊子，增强小肌肉的力量和灵活性。

使用建议

1. 教师一边说儿歌，一边演示镊子的用法，用慢动作突出拇指和食指捏紧、一张一合夹起来的动作要领。

2. 在活动区投放小镊子和纸片、纸团、豆子等不同材质、大小的材料，鼓励幼儿练习使用镊子夹物（注意不能使用小豆子、小钮扣，以免造成安全隐患）。

筷　子

姐妹两人一样长，

厨房进出总成双。

千般苦辣酸甜味，

总让她们第一尝。

适用年龄　4～5岁

渗透教育　认识筷子，激发使用筷子进餐的积极性。

使用建议

1. 用猜谜的方式说出儿歌，请幼儿猜一猜谜底。

2. 出示筷子，提问帮助幼儿梳理生活经验：这是什么？它们长得什么样？你在哪里见过它们？生活中什么时候会用到筷子？

3. 鼓励幼儿用筷子进餐。

筷子兄弟本领大

小小筷子两兄弟，

个子高高长又细。

五个手指分分工，

一开一合把菜夹。

不乱翻，不乱扒，

不让饭菜洒满地。

（胡亚丽）

适用年龄　5～6岁

渗透教育　学习使用筷子，培养文明进餐的习惯；锻炼手指动作的协调性。

使用建议

1. 教师一边说儿歌，一边演示使用筷子的正确方法。重点强调：下面的筷子是固定的，基本不动；而拇指、食指、中指夹住的上面这根筷子可以上下自由移动。通过五指分工合作，让两根筷子能夹住食物。

2. 请幼儿尝试自己使用筷子。感受五指的分工，体验到：如果只用大拇指和食指捏住筷子的上端是拿不稳的，没力气。

3. 在活动区投放筷子和粗细不一的纸条、纸棍、软棒等材料，供幼儿练习。

4. 鼓励幼儿在进餐环节使用筷子，鼓励同伴间的相互学习。

螺 丝 刀

细细身子长又长，
扁扁嘴巴像把刀，
好像陀螺转呀转，
螺丝见了转身跑。

（刘丽华）

适用年龄 4～5岁

渗透教育 掌握螺丝刀的基本用法，提高小肌肉动作的协调性和灵活性。

使用建议

指导幼儿使用螺丝刀拆、装、组合一些可爱的小动物、玩具车等，锻炼小肌肉动作和逻辑思维能力。

小 喷 壶

小朋友，爱劳动，
拎着喷壶把水浇。
小花小草都喝饱，
仰起笑脸把"手"招。

（闫晶华）

适用年龄 3～4岁

渗透教育 正确使用小喷壶，锻炼小臂力量及手腕的灵活性。

使用建议

鼓励幼儿使用小喷壶给种植园地或草地浇水。

小 扫 把

脚下有毛浓又密，

个子高高长又细。

哪里脏了呼唤它，

一下两下都扫掉。

（李佳玲）

适用年龄 3～4岁

渗透教育 学习使用小扫把，发展手指与手臂肌肉力量与灵活性。

使用建议

1. 教师说谜面，请幼儿猜谜底。

2. 在娃娃家投放小扫把，鼓励幼儿每天帮娃娃打扫房子，让幼儿通过抓、挥等动作发展手指与手臂肌肉的力量与灵活性。

握 笔 歌

一棵大树站不住，

手指全家来帮助，

拇指食指夹住它，

其余三指顶住树。

适用年龄 4～6岁

渗透教育 掌握正确的握笔姿势。

使用建议

1. 教师一边说儿歌，一边演示握笔的正确姿势。

2. 平时留意观察幼儿的握笔姿势，及时提醒、纠正。用儿歌内容帮助幼儿掌握正确的握笔姿势。

剪 刀

小小剪刀真神奇，

大大嘴巴有魔力。

大拇哥，二指弟，

钻进两边洞洞里。

剪纸材料喂给它，

嘴巴开，嘴巴闭。

咔嚓咔嚓咬下去，

食物吃进肚子里。

（王新蕊）

适用年龄　3~6岁

渗透教育　掌握使用剪刀的正确方法，锻炼手部肌肉群。

使用建议

1. 教师一边说儿歌，一边演示使用剪刀的正确方法。

2. 提供纸张，鼓励幼儿练习使用剪刀。待幼儿熟悉后，可用画好直线、折线、螺旋线的彩纸，请幼儿沿线剪出"面条""门帘""小蛇"等，增加趣味性。

（二）游戏

筷 子 拔 河

游戏材料

1. 幼儿每人一双筷子，每两人一根绳子。

2. 在桌子正中画一条直线。（见图4-30）

游戏玩法

将绳子放在桌子正中的直线上，两名幼儿分坐在桌子两端。游戏开始，两名幼儿各手持一双筷子

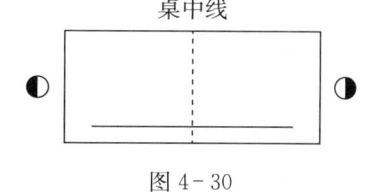

图4-30

分别夹住绳子两头，听到"开始"的口令后，两人迅速地使劲地往自己身边拉绳，谁先把绳子拉过直线谁就获胜。

适合年龄　4~6岁

渗透教育　锻炼手部小肌肉的力量。

（选自《学前班教师用书　下册》，人民教育出版社2006年版）

工具游戏

游戏材料

智慧椅

游戏玩法

使用各种小工具，如：小改锥、小扳子等，使用旋、拧等方法，利用螺丝零件将玩具材料组装（见图4-31）。

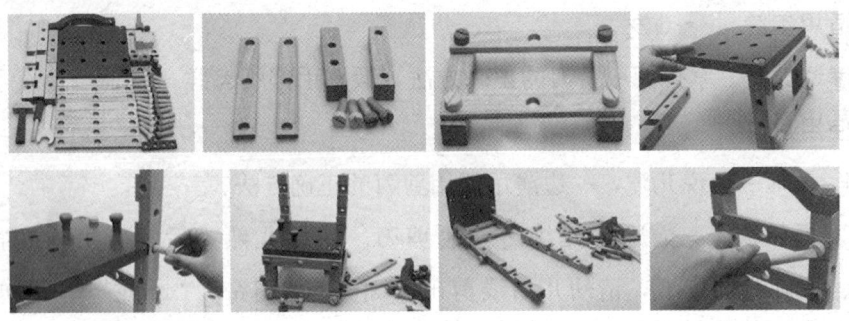

图4-31

适用年龄 5～6岁

渗透教育 学习旋、拧等多种方法，学习使用各种小工具。

（赵月）

皮筋DIY

游戏材料

各色细皮筋、U形架、安全钩针（见图4-32）

游戏玩法

1. 拿起U形架（凹槽面向自己），开始起头。

2. 第一根皮筋"8"字形，挂在U型架上；第二根、第三根平（见图4-33-1）。

3. 使用钩针将第一根皮筋挑到第三根上（见图4-33-2）。

4. 平行加一根，再将最下面的皮筋挑到最上面的皮筋上（见图4-33-3）。

5. 重复上面步骤，直到编到想要的长度后，将

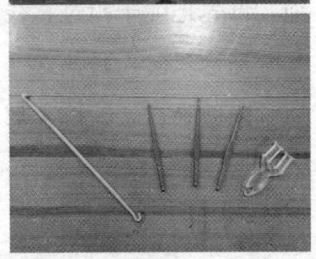

图4-32

最下面的皮筋用S钩勾住（见图4-33-4）。

6.可自愿添加自己喜欢的小饰品。

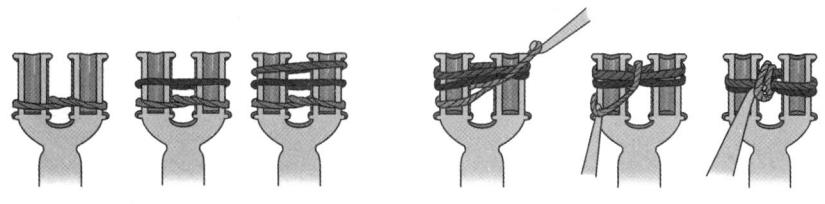

图4-33-1　　　　　　　　　图4-33-2

图4-33-3　　　　　　　　　图4-33-4

适合年龄　5～6岁

渗透教育　促进手部小肌肉发展，增强手眼协调能力。

（谭蕾）

勺子舀玻璃球

游戏材料

碗、勺每人一套，大盘子三个（内装大、小玻璃球若干）。

游戏玩法

1.幼儿两三人一组，围坐在大盘子周围，观察盘里的玻璃球：玻璃球是圆圆的，有大的，有小的。

2.自由地用勺子舀弹子放到自己的小碗中，看一看，说一说：哪个大，哪个小；哪个多，哪个少。

适用年龄　3～4岁

渗透教育　练习使用勺子，锻炼小肌肉动作。

（周艺）

勺子托乒乓球

游戏材料

勺子、乒乓球（见图 4-34）

游戏玩法

手拿勺子将乒乓球托到指定的位置，可计时进行游戏，也可进行小组比赛。

适合年龄 5~6 岁

渗透教育 锻炼手部和腕部肌肉动作的协调性。

图 4-34

（任倩）

筷子夹豆

游戏材料

筷子、豆子、盘子（见图 4-35）

游戏玩法

用筷子将豆子夹到指定的位置，可计时进行游戏，也可多人进行比赛。

适用年龄 5~6 岁

渗透教育 练习使用筷子，发展手眼协调能力。

图 4-35

（任倩）

滚　　画

游戏材料

玻璃球，纸盒，小勺；颜料几种，分别放入小盘中

游戏玩法

1. 将玻璃球放入颜料中蘸满颜料。

2. 用勺子将玻璃球舀出来，放在纸盒里。

3. 手持纸盒轻轻晃动，玻璃球滚动留下颜料痕迹。

4. 换几种颜色反复进行，不断丰富画面。

适用年龄 3～6岁

渗透教育 发展手部肌肉群动作的灵活性和协调性。

（周艺）

刮　　画

游戏材料

刮画笔、刮画纸（见图4-36）

游戏玩法

用刮画笔在刮画纸上画不同的图案，可模仿绘画作品，也可自己设计后绘画。

适合年龄 5～6岁

渗透教育 练习握笔的正确方法，锻炼手部小肌肉的精细动作。

图4-36

（任倩）

考 古 游 戏

游戏材料

考古玩具若干套（含石膏模块、玩具小锉刀）

适用年龄 5～6岁

游戏玩法

用玩具小锉刀挫、磨石膏块，石膏块中能挫动的部分变成粉末，将其倒出；不能挫动的部分，即为"考古发现"，是动物化石等。

渗透教育

1. 学习使用小锉刀，锻炼手部小肌肉的力量，发展手眼协调能力。
2. 培养耐心细致的学习品质。

（闫倩华）

四、案例精选

（一）环境创设

我有一双勤劳的手（4~6岁）

创设说明

教师在生活区布置墙面"我有一双勤劳的手"，形状为盛开的花，由花心和几个花瓣组成。花心分几个部分：分别写上擦桌子、扫地、叠被子、给植物松土等（贴上代表性的照片），每个部分对应一个花瓣。哪位幼儿有相应的劳动行为，就在对应的花瓣上贴上自己的名字牌或照片。列举几个活动如下。

1. 小布擦桌子（4~5岁）

提供材料：小布、小盘子（见图4-37）

图4-37

指导要点：

◇ 在幼儿进餐、加餐、午点前消毒好桌面，在桌面上放一块清水小布，便于幼儿餐后整理自己桌面。

◇ 指导幼儿进餐后，用小布把自己的桌面擦干净，并用小盘子接住擦下来的残渣。

◇ 幼儿擦好桌子后，把小布叠好放在桌子中间位置，便于其他幼儿使用。

◇ 学会使用抹布的幼儿，可将自己的名字牌或照片贴在墙面对应的花瓣内。

（黄原）

2. 照顾自然角（4~6岁）

提供材料：小铲子、小水壶等

指导要点：指导幼儿定期给自然角的植物浇水、用小铲子松土，去除黄叶，照顾自然角的植物。经常记得给植物松土的幼儿，可以将名字牌或照片贴在墙面对应的花瓣内。

案例分析

日常生活中的劳动，使幼儿自然地学会了使用工具。和墙饰的配合，增加了幼儿学习的积极性和主动性，使墙面变得活了起来。

（张宇　黄原　闫晶华　湘音）

种植园地（4~6岁）

创设说明

在幼儿园选择一块土地，作为幼儿园的种植区。选择一些幼儿常见的、种子颗粒较大（便于观察）、生产周期短（最好在一学期内完成从发芽到开花再到结果的全过程）、易于生长、有种有收的花卉、蔬菜等（比如向日葵）。和幼儿一起挖土、种植、观察发芽、记录长大，最后收获。在此过程中，定期带领幼儿浇水、松土、收获，观察植物生长过程，做好观察记录。

案例分析

种植活动总会延续一段时期，带领幼儿参加种植活动，不仅使幼儿对生命成长过程有完整认识，产生对大自然的亲近感，还有利于培养幼儿长期系统观察的能力，养成做观察记录的习惯。在种植活动中，幼儿用小铲子、小桶、小水壶参与松土、浇水、施肥等活动，掌握使用工具的方法，锻炼了动手能力，培养了劳动的习惯。

（湘音）

美工区（3~6岁）

创设说明

美工区最常使用的工具是画笔、剪刀和水彩笔，除此之外，还可以提供手工纸、绘画纸以及其他辅助材料，有目的、有步骤地培养孩子使用工具的能力。以下列举几个美工区使用工具的活动。

1. 切切切（3~4岁）

提供材料：塑料（或木质）小刀、彩泥（见图4-38）、菜叶、小盘子。

指导要点：

◇ 引导幼儿将彩泥搓成长条，用小刀切成小块，放进小盘里；

◇ 引导幼儿用小刀将菜叶切成小块，放进小盘；

◇ 提示幼儿使用小刀注意安全。

图4-38

2. 小鱼吐泡泡（4~5岁）

提供材料：蜡笔、绘画纸（见图4-39）。

图4-39

指导要点：

◇ 提醒幼儿保护蜡笔外面的那层彩色画纸：小蜡笔身上穿着漂亮的衣服，它既可以保护小蜡笔也可以防止弄脏小朋友的手；

◇ 教给幼儿正确的握笔姿势：握笔时候要记住，食指大拇哥来捏住，中指来顶住；

◇ 指导幼儿涂色的方法：涂颜色时要注意，一笔挨着一笔涂，不出边不留白；

◇ 提醒幼儿涂完颜色保护作品：颜色真漂亮，要保护好作品，不要把颜色蹭到手和衣服上；

◇ 引导幼儿保护蜡笔：蜡笔身体细细小小的，小朋友太用力了，就会把小蜡笔弄断。

3. 剪窗花（5～6岁）

提供材料：剪刀、手工纸、剪纸步骤图（见图4-40）。

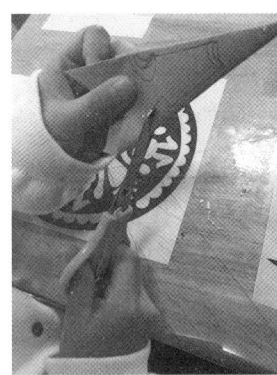

图4-40

指导要点：

◇ 引导幼儿观察剪纸示例中的折叠方法，了解怎样折叠才能剪出一个完整的作品；

◇ 引导幼儿发现折叠后的彩纸哪条边不能剪断，剪断以后会发生什么；

◇ 剪纸过程中，提示幼儿拿剪刀的正确方法，剪纸时要转纸而不转剪刀；

◇ 提示幼儿使用剪刀要注意的安全事项。

（刘倩、王昕、徐宏玉）

（二）生活和游戏中的教育

娃娃家里的小扫把（3～4岁）

孩子们很喜欢去娃娃家玩。在娃娃家里，孩子们有的扮演爸爸，有的扮演妈妈，有的扮演宝宝。他们自发地给每个角色都分配了任务：妈妈负责做饭，爸爸负责扫地，宝宝负责指挥。每当这个时候，扮演爸爸的小朋友就犯了难。扫地对于他们来说太难了，最多只能拿着小扫把轻轻挥舞几下。但是这丝毫不影响孩子们对于娃娃家的热情。

针对这个现象，我首先教会孩子们如何正确地拿小扫把，告诉他们要让小扫把头朝下。然后告诉他们要一下一下轻轻地扫，一下一下挨着扫。我还扮演小客人，请负责扫地的小朋友帮忙把我"不小心"洒在地上的"垃圾"扫干净。刚开始他们还不能准确地控制小扫把，经常是扫着扫着，不是扫到别的地方去了就是让小扫把从手中脱落了。于是我就手把手地带，让他们自己感觉应该怎样去扫地。我"不小心"洒在地上的"垃圾"也从刚开始的一点点到越来越多，越来越分散。渐渐地，每个小朋友对于给娃娃家扫地已经非常熟悉，游戏时总是努力地把自己脚下的"一亩三分地"扫干净。

通过坚持不懈的努力，终于，孩子们能够做到拿稳小扫把，尽量准确地控制小扫把来打扫娃娃家的地面了。

案例分析

教师通过观察幼儿游戏过程，及时发现问题，并结合幼儿年龄特点，创设有趣的游戏情景，激发幼儿参与游戏的积极性，帮助幼儿在游戏中学习使用小扫把。

（李佳玲）

在游戏中学用筷子（4~5岁）

中班第二学期，孩子们开始使用筷子进餐。虽然孩子们已经利用假期在家练习过使用筷子，但通过观察，我们发现：多数孩子使用筷子的方法不正确，有的甚至还不会用筷子夹取食物。因此，我们利用活动、游戏时间，提供丰富的材料，以游戏的形式帮助幼儿学习正确使用筷子。

我们在益智区投放了筷子和各种形状的物体（如：花生、纸球、手揉纸搓的长条等）。游戏时，经常几个小朋友在一起进行比赛。游戏开始了，只见坤坤双手握着筷子努力地夹花生，汗都快出来了，可花生依然老老实实地呆在酸奶盒里。坤坤看到同伴都有了成果后着急了，于是开始用手拿花生往碗里放。"为什么不用筷子夹呢？"坤坤不好意思地摸摸自己的头说："我夹不上来！"针对这一现象，我对坤坤进行了个别指导："大拇哥、二拇弟在上夹住筷子，三姐姐在中间，牵着两兄弟，两个小兄弟跟在姐姐后面。"慢慢地，坤坤经常成为了玩夹取物品游戏的获胜者了。我们及时鼓励坤坤，让他成为我们中三班的"用筷子小标兵"。通过游戏竞赛的形式，越来越多的孩子喜欢上了筷子"夹物大比拼"的游戏，渐渐也学会了正确使用筷子的方法。

可是只有个别指导就可以了吗？通过观察孩子日常使用筷子的情况，我们发现班上有三分之二的孩子不会正确使用筷子夹物，于是我们开展了集体学习活动。与幼儿一起观察讨论：右手五个手指兄弟拿筷子的时候是怎样分工与合作的？这样，幼儿更清楚地了解每根手指的位置与相互关系。通过示范及讲解，大部分幼儿学会了使用筷子。

案例分析

教师通过观察发现幼儿普遍存在的问题，并结合幼儿年龄特点，提供丰富的游戏材料，以个别指导和集体教学相结合的方式，使幼儿在愉快的活动中逐渐掌握了正确使用筷子的方法。

（石砚硕）

我会用转笔刀（5~6岁）

升入大班，铅笔成了孩子们的新朋友。孩子们在使用铅笔的时候，断铅或者笔用到快没有铅的情况时有发生，怎么办呢？孩子们说："我们一起来学习削铅笔吧！"就这样，孩子们从家中带来了各式各样的转笔刀，有最简易的圆形转笔刀，有立体带把手的转笔刀。孩子们自发地介绍起了自己的带来的转笔刀，一下激发起了小朋友学习削铅笔的兴趣。

介绍完自己的转笔刀，接下来我们来试试削铅笔吧！孩子们兴奋地削起了铅笔。用过了自己的转笔刀，再交换不同的转笔刀试一试。通过不断地尝试，孩子们发现：如果转的时间太长，铅会断在转笔刀里；在削铅笔时，使劲压铅笔，也容易断铅；有的铅笔带塑料皮，带着塑料皮削铅笔，塑料皮容易绞入转笔刀……就这样，孩子们通过分享、尝试，渐渐学会了自己削铅笔。

案例分析

教师能够抓住教育契机，激发幼儿学习削铅笔的欲望，通过体验和分享，使幼儿了解了各种不同转笔刀的使用方法，从而学习自己削铅笔，既锻炼了手部肌肉的协调性，又增强了学习自理能力。

（黄原）

皮筋 DIY（5~6 岁）

最近，班里几位女孩子手上、头上都带着用小皮筋自制的头绳、手链，样子十分好看，激发了其他幼儿的兴趣。经过考虑，我们在美工区内增加了新的游戏：皮筋 DIY！

在编织皮筋前，我请编过皮筋的幼儿将自己的成品带到美工区供小朋友们观察、试戴，还利用网络为孩子们找出了更多的成品照片。孩子们还未动手制作，就已经兴奋地告诉我："谭老师，快开始吧！我要送给关老师一个！""我要送给妈妈一个！""我要送给我的好朋友妮妮！"可见，孩子们都很期待这个新的游戏。

孩子们聚集在这里，我请已经有过编织经验的幼儿为大家进行讲解和示范：怎样开始第一步？然后要怎样做？过程中要注意什么呢？孩子讲述得非常清楚，听的孩子们也是认认真真的。孩子们一边编织，一边你一言、我一语地交谈，十分开心！经过几次开始、失败、又开始，几次下来，孩子们玩得不亦乐乎。看着自己编织的皮筋越来越长，他们兴奋得不愿撒手，好像捧着一个很重要的宝贝。

美工区有了这个游戏，每天都座无虚席。经过几天的游戏，我发现孩子们编织的速度越来越快。于是我提出了更高的要求：能不能试着让自己编织的作品在颜色上有规律呢？能不能试着给自己编织的皮筋加一些小铃铛或者小饰品？我刚刚提出要求，孩子们就有了想法，并且赶快去实施。经过几次三番的尝试，孩子们编织的皮筋越来越漂亮，越来越结实。并且，不仅女孩子热衷于此，男孩子也很乐意参与其中，想把自己亲手制作的小礼物送给爱自己的人。

在游戏的过程中，孩子们不仅发展了手眼协调能力，还互相交流、分享体验到了成功！

案例分析

教师抓住幼儿生活中感兴趣的活动，并使用信息技术手段给予幼儿帮助和引导。幼儿之间经验的分享让参与游戏的幼儿互相学习，制造了很好的活动氛围。制作完的成品，不仅可以自己佩戴还可以赠与他人，更加激发了幼儿参与游戏的积极性。幼儿在编织皮筋的过程中，需要用到钩、拉、挑、扣等多种精细动作技能，同时需要调动语言、艺术、科学等多领域的经验进行协调合作和同伴学习，在愉快的游戏中获得综合的发展。

图 4-41

（谭蕾）

（三）教学案例

笔宝宝跳舞（3~4岁）

活动目标

1. 认识蜡笔或彩色水笔，尝试用笔在纸上任意涂画。

2. 体验绘画活动的乐趣。

活动准备

1. 笔、绘画纸，幼儿每人一份。

2. 舞曲音乐磁带，录音机。

活动过程

1. 欣赏

（1）出示大班哥哥姐姐的绘画作品，引发幼儿的绘画兴趣。

（2）教师介绍新朋友——笔宝宝：看一看笔宝宝长得什么样？穿着什么样的衣服？它的小脑袋在哪里？

（3）教师演示：笔宝宝要为大家表演，它能听着音乐用小脑袋在纸上跳舞。教师随着音乐移动笔，让幼儿注意纸上留下的线条。

2. 操作

（1）发给幼儿每人一支笔：笔宝宝和大家做朋友。

（2）教师播放音乐，鼓励幼儿在纸上任意涂画。

（3）引导幼儿为自己的涂鸦作品命名，并将个别幼儿的发现介绍给大家。如：幼儿发现自己画了一个苹果，教师即可向周围的小朋友介绍："现在笔宝宝在跳苹果舞，你们会跳苹果舞吗？"并可进一步启发："笔宝宝又想换个舞蹈，换什么呢？"

3. 展示作品

互相观赏作品，看看笔宝宝跳了些什么舞？哪些笔宝宝的舞蹈节目多？哪几个笔宝宝老是打瞌睡？

（选自《幼儿园活动体验课程　教师参考书　小班上册》，

人民教育出版社2005年版）

夹夹乐（4~5岁）

活动目标

1. 学习拿筷子、握筷子的正确姿势和方法，发展小肌肉动作，锻炼手眼协调能力。

2. 培养生活自理能力和自我服务意识。

活动准备

儿童筷，3个小碗，分别装有海鲜壳（海螺、蛤蜊）、大豌豆、花生米，用3个大可乐瓶制作的3个不同小动物的头饰（嘴部开口）

活动过程

1. 谈论用筷子的正确方法

教师和幼儿谈谈平时怎样用筷子吃饭，应该怎样正确用筷子。可以让幼儿边试边说，明确用筷子夹食物时的正确方法：夹食物时，活动食指、中指、拇指三者所夹的上面那根筷子，下面的筷子保持不动，就可以夹拢食物。

图4-42

2. 介绍游戏：夹夹乐

两三名幼儿一起游戏，在规定时间内比赛谁夹的东西最多。

提醒幼儿注意使用筷子的安全要点。

3. 讨论筷子的使用方法和注意事项

（1）讨论总结使用筷子的方法：什么东西容易夹？什么东西不容易夹？为什么？怎样用筷子能夹得又快又稳？

（2）小结使用筷子的注意事项：筷子不能指别人的脸，以免划伤人；不能拿着筷子玩耍，以免碰伤同伴和自己；不能把筷子含在嘴里，以免戳伤喉。

活动建议

活动后，将材料放在活动区，鼓励幼儿练习、比赛。

（富军）

大家来聚餐（5~6岁）

活动目标

1. 主动探索生活中常用的餐饮工具的操作方法，体验工具给生活带来的诸多方便。

2. 使用工具时注意保护自己，不伤到他人，有安全意识。

活动准备

1. 请家长配合，在日常生活中，为孩子提供学习使用餐饮工具的机会。

2. 活动前一天与幼儿共同制订聚餐计划。引导幼儿按意愿分组，结合活动内容有计划地进行组内分工，共同制订简单的计划表（明天先做什么、谁负责什么）。

3. 请幼儿园后勤人员和家长代表参加活动，并在活动前向参加活动的人员说明活动目的、内容以及引导的方法。

4. 各种物质准备如下。

各种工具：去皮器、塑料水果刀、剪子、瓶起子、核桃夹、锤子、改锥、钳子、筷子、勺，引导幼儿将这些工具分类放在不同的筐里。

食物：水果及沙拉酱、坚果、饮料。

用具：桌子、案板、餐盘、牙签、塑料箱、餐巾纸、擦桌布等。

活动过程

1. 交代任务

（1）教师：为了欢庆六一儿童节，我们班今天要进行一个聚会。请小朋友按照昨天的计划自愿结合分成三组，共同准备聚餐的食物。

（2）幼儿分组，教师提醒各组幼儿想一想：准备使用什么工具？使用这种工具要注意一些什么问题？

（3）教师提醒幼儿要注意安全，保护自己不受伤。

2. 我们来做小厨师

（1）操作前，教师引导各组幼儿自选工具进行操作。注意加强对个别幼儿的指导，特别是对那些因过于兴奋而忽略自己任务的幼儿和胆小不敢动手操作的幼儿。

（2）教师针对幼儿使用的各种工具进行指导。

水果沙拉组：重点指导幼儿打开沙拉瓶盖，大胆使用水果去皮器、塑料水果刀和瓶起子等工具。

坚果组：重点指导幼儿砸坚果时掌握好力度，尽量不砸碎果肉；引导幼儿相互合作，选择适当的工具固定和砸开坚果。

饮料组：引导幼儿自己想办法，或是请小朋友帮忙，合作打开瓶子，或是请成人帮忙。

3. 我找到的"小窍门"

引导幼儿进行组内交流：在制作当中，遇到了什么困难，是怎样解决的？使用工具时找到了什么窍门？是和谁一起制作的，你是怎样与小朋友合作的？

4. 聚餐开始啦

（1）幼儿开始品尝食物和饮料。在品尝完本组的食物后，欣赏、品尝其他组制作的食物。

（2）品尝活动结束后，幼儿一起动手，将餐具、用具收拾整齐。

5. 介绍我的好经验

（1）由各组推选的代表向全班幼儿介绍自己组内的制作经验。

（2）教师抓住共性问题引导幼儿讨论：除了今天用的餐饮工具外，你还会用哪些工具？使用时应该注意什么问题？

活动建议

1. 将去皮器、瓶起子、塑料水果刀、核桃夹等工具放在活动区，供幼儿在日常生活中练习。

2. 请家长为幼儿创造动手操作的机会，并教会幼儿使用工具的方法。

（选自《幼儿园领域活动课程　教师用书　语言·社会·健康　大班下册》，人民教育出版社2012年版）

第五章 心理健康教育

幼儿心理健康教育旨在培养幼儿良好的情绪、个性以及社会适应能力，以促使幼儿逐步形成良好的心理品质和素质，增进幼儿的心理健康。它是幼儿健康教育的重要组成部分。

幼儿心理健康教育的目标和内容很广泛，在健康领域和社会领域都有涉及。《指南》在健康领域中提出了幼儿应"情绪安定愉快""具有一定的适应能力"的学习与发展目标，同时在社会领域中又进一步提出了幼儿在"人际交往"与"社会适应"两个子领域的学习与发展目标。可见，幼儿的发展是一个整体，各领域之间、目标之间具有密切的关联，需要相互渗透和整合。但是，为了避免与社会领域教育资源的过多重复，也为了与《指南》健康领域的目标相适应，本书将幼儿心理健康教育的重点确定为以下三个方面：①情绪健康教育；②集体环境适应的指导；③性教育。

第一节 情绪健康教育

一、概述

情绪健康是心理健康的重要内容，约有85%的心理问题与情绪不健康或情绪障碍有关[①]。现代医学和心理学的研究表明，情绪不仅对人的心理健康有影响，而且对人的身体健康也有直接影响。情绪状态及其所伴随的生理反应直接影响免疫系统功能。因此，引导幼儿了解、理解自己及他人的情绪，并学习控制和调节情绪，对于幼儿一生的健康发展具有重要的意义。

对幼儿进行情绪健康教育，旨在激发幼儿愉快的情绪，引导幼儿认识和理解自己与他人的情绪，帮助幼儿学会用适当的方式表达自己的情绪，逐步提高幼儿

---

① 乔红霞. 情绪劳动及其对维护心理健康的意义［J］. 解放军艺术学院学报，2010（1）.

控制情绪和调节情绪的能力。

（一）教育目标与内容要点

1. 情绪安定、愉快

良好的情绪表现是心理健康的重要标志，快乐的情绪体验对培养幼儿良好的情绪具有重要的价值。快乐源自于温馨、自由、平等、和谐的环境氛围，而成人则是环境中的首要因素。教师的言行、情绪都对幼儿产生着重要的影响，因此教师要尽量以愉快、健康、喜悦的状态与幼儿交往。幼儿所处的环境氛围也很重要，温暖、和谐的氛围能让幼儿感觉舒适并具有安全感。开展适合于幼儿的游戏活动，支持和鼓励幼儿的自主学习与自由探索，可以使幼儿在轻松、愉悦的状态下生活和学习，从而使幼儿获得良好的情绪体验，感受到快乐。

2. 认识自己的情绪

受认知水平影响，幼儿常常难以觉察并控制自己的情绪，因而容易陷入狂喜或是悲伤的心境当中。帮助幼儿有效管理自己情绪的前提就是让幼儿认识它，弄清楚自己处于什么样的情绪状态，了解常见情绪的特点。例如，帮助幼儿认识和理解快乐、生气、伤心、害怕等常见情绪。

3. 理解他人的情绪

幼儿已经开始能够较好地理解他人的情绪，但他们对积极情绪的理解能力要比对消极情绪的理解能力强，因此在教育过程中需要帮助幼儿觉察他人（尤其是交往同伴）的消极情绪。帮助幼儿学会理解他人的情绪，就是要促使幼儿能关注他人的感受，并站在他人的角度考虑问题，这对于维持良好的交往行为具有重要的意义。

4. 恰当表达自己的情绪

在与他人交往的过程中，恰当地表达自己的情绪很重要，但幼儿通常还不会、不善于或不敢表达自己的情绪。引导幼儿恰当表达情绪，就是要帮助幼儿学会将自己的情绪用适当的语言大胆、清晰地表达出来。快乐的情绪要表达，生气、害怕、悲伤等情绪也需要表达出来，这有助于让他人了解自己的想法、感受以及理解自己的情绪状态，同时，也能培养幼儿开朗的性格，此外，对减少幼儿不适当的行为也具有一定的帮助。

5. 化解消极情绪

情绪需要正常的抒发渠道,因此切不可对幼儿的负面情绪进行强行禁止,这将导致幼儿长期压抑自己的情绪,进而产生心理问题,严重的甚至引发生理问题。帮助幼儿化解消极情绪的方法很多,可以是表达、转移,也可以是以适当的方式来疏导或发泄,其目的就是给幼儿一个不良情绪的宣泄渠道,并逐渐引导幼儿学会运用适宜的渠道来自觉化解自己的消极情绪,不断提高幼儿控制与调节情绪的能力。

(二)教育指导建议

1. 营造温暖、轻松和支持性的心理环境,使幼儿形成安全感和信赖感

教师应为幼儿提供一个温暖、轻松、支持性的环境,使幼儿感受到来自于教师的尊重、接纳、理解和关爱,使他们能愉快地生活和活动,并逐渐形成安全感和对他人的信赖。

教师应保持良好的情绪状态,以积极、愉快的情绪影响幼儿,为幼儿做榜样。

教师应以欣赏的态度对待每个幼儿。注意发现幼儿的优点,接纳幼儿的个体差异,关注幼儿自身的进步,不做简单的横向比较。

当幼儿做错事时,教师要冷静处理,不厉声斥责。

2. 通过语言和肢体动作主动表达对幼儿的喜爱

幼儿喜欢模仿教师的言行,教师的情绪也能够感染幼儿。当教师主动表达对幼儿的喜爱时,幼儿会受到教师情绪的感染,并能积极地给予教师正面的回应,共同推动情绪的正向循环。

例如:积木区里的幼儿把房子搭好了。依依跑去叫老师来看她们的"房子"。老师走过来,看着房子,关心地问:"是要我和你们住在一起吗?那我可得抱抱你。"说着,老师蹲下身子和依依拥抱在一起。也许是依依搂着老师的脖子太紧了,老师笑着说:"哎哟,抱一下就要把我勒死吗?哈哈!"老师和孩子抱在一起,哈哈大笑。

3. 与幼儿讲话时,应注意结合情境使用丰富的语言,以便于幼儿理解

教师说话时应注意语气、语调,让幼儿感受语气、语调的作用。对幼儿的不合理要求以比较坚定的语气表示不同意;讲故事时,尽量把故事人物高兴、悲伤的心情用不同的语气、语调表现出来。

教师可以结合童话和图画书，让幼儿透过故事中的人物，感受并理解自己和他人的情绪，鼓励幼儿将故事情节与自身经验结合，使幼儿的情绪在阅读过程中得到共鸣和疏解。

4. 多关注情绪不良的幼儿

（1）采用"共情"的策略理解幼儿

教师在面对情绪不良的幼儿时，首先应接纳他们的情绪，多采用"共情"策略。例如，当幼儿发脾气时，教师应站在幼儿角度，接纳幼儿的情绪并表示出对幼儿情绪的理解，等幼儿平静后再告诉幼儿什么行为是可以接受的。又如，当幼儿表示想妈妈时，教师需要明白幼儿将想法告诉老师的目的在于寻求他人对自己情绪的理解和认同，因此，教师应采用共情的方式搂抱并安慰幼儿，如"嗯，小衡想妈妈了！妈妈怎么还不来呢？妈妈快点儿来接小衡吧！""老师一定要告诉妈妈下次早点儿来接小衡"等，这会让幼儿真正在心理上得到安慰。

（2）陪伴幼儿也是一种理解

理解幼儿有时就是默默地陪伴幼儿，教师的陪伴可以帮助幼儿快速地平复不良情绪。例如，中班的乐乐和小朋友跑闹时不小心划伤了手，哭了起来，老师蹲下，扶起乐乐，拿来冰袋坐在乐乐身边，平和地说："我在这陪你敷一会儿吧。"老师抱着乐乐，乐乐偎依在老师怀里渐渐安静了下来。

（3）使用游戏的方法帮助幼儿建立积极情绪

游戏是幼儿的天性。游戏在建立正向情绪、转移负面情绪上有着独特的作用。当教师采用游戏的方式方法回应幼儿的情绪问题时，往往能取得非常好的效果。

例如，中班下午自由活动时间，力力在奔跑中不小心摔倒了，坐在地上哇哇大哭起来。老师看到了快步走过去，把力力抱起来，确认他没有受伤，然后帮他拍了拍裤子。老师建议力力："要不，我们玩一个游戏吧。说'ok'就可以动，听到'停'就不许动。"力力一边抽泣，一边看着老师。这时，老师自己开始说："ok!"说完便开始手舞足蹈，没一会儿又自己说："停!"然后固定了一个搞笑的姿势。力力理解了游戏的规则，也慢慢开始"指挥老师"，玩了几轮下来，力力破涕为笑。

5. 帮助幼儿学会恰当表达和调控情绪

（1）积极引导，分享情绪

教师可以和幼儿一起谈论自己高兴或生气的事，鼓励幼儿与他人分享自己的情绪，引导幼儿学习恰当地表达自己的情绪。

（2）通过多种方式，帮助幼儿学习调整不良情绪

教师可以通过绘画、音乐、运动、游戏等多种方式，帮助幼儿学习调整不良的情绪，引导幼儿学习一些控制情绪的方法和技能。

例如：引导幼儿用绘画的方式表达自己的"悲伤""生气"等情绪；让幼儿通过听欢快的音乐、到户外做一些身体运动等，来转移不良的情绪，疏解内心的压力；通过"把害怕赶走""安全的小乌龟"等游戏活动，引导幼儿学习一些控制情绪的方法和技能；给幼儿创设一个可以让自己"躲一会儿"的小角落，或是一个可以尽情发泄自己不良情绪的地方；安排一小段时间，让幼儿和老师说说悄悄话，引导幼儿将负面情绪表达出来；等等。

二、知识窗

（一）幼儿情绪的特征——脱缰的野马

与孩子们相处，通常会有这样的感觉：他们高兴时会手舞足蹈、兴奋地又蹦又跳、大喊大叫，使劲儿拥抱亲吻你，仿佛用尽全身的能量也无法表达自己内心的喜悦之情；而当他们不高兴时，又经常可见一哭、二闹、三发飙，满地打滚或是沉默不语，任你百般劝说和哄抱也完全置之不理。

情绪之于幼儿常常像一匹脱缰的野马，让幼儿从"萌哒哒的天使"变成"任性的恶魔"。相比成人来说，幼儿对情绪的掌控能力极弱，这主要与他们"思维"和"自我控制力"的发展水平有关。幼儿期处于思维和自我控制能力逐步发展和完善的时期，使得幼儿的情绪具有了易冲动、不稳定和情绪外露的特点。也正是由于幼儿期思维和自我控制能力处于发展期，也使得成人有可能引导幼儿的情绪发展，使幼儿的情绪更具积极倾向。

1. 情绪容易冲动

幼儿的情绪较为强烈，且常常不能进行自我控制。幼儿年龄越小，冲动倾向也就越明显。比如，幼儿看到一个自己极为喜欢吃的东西，表示想要，但这时如

果成人拒绝，幼儿很可能就会大哭大闹。

2. 情绪极不稳定

"六月天，娃娃脸"，俗语常将变幻莫测的天气比作孩童的脸，说的就是幼儿情绪的不稳定性。幼儿的情绪很容易发生变化，两种对立的情绪在短时间内可以互相转换，幼儿年龄越小越是如此。比如，一个因为得不到玩具正在声嘶力竭、大哭不止的幼儿，只要成人给他好吃的东西，他就会立刻破涕为笑，好像全然没有哭过一样。虽然通常情况下幼儿的消极情绪表现往往不会持续太长时间，但却会在一定程度上影响幼儿接下来的其他活动。

3. 控制和隐藏情绪的能力开始发展

随着年龄增长和认知策略的不断发展，幼儿晚期开始具备了控制和隐藏自身情绪的能力，能较多地调节自己情绪的外部表现。幼儿开始掌握情绪管理和控制技能，控制消极情绪的爆发，表现出不同于真实感受的"情绪外壳"。例如，大班幼儿在打预防针时，能够抑制想哭的冲动，在别人面前表现得很勇敢，甚至说"一点儿也不疼"。这是幼儿社会情绪发展的重要表现，是个体适应社会生活的必要技能。

（二）幼儿情绪的作用——头脑特工队

1. 情绪对幼儿心理活动和行为的动机作用

情绪直接引导着幼儿的行为，愉快的情绪往往使孩子更愿意参与各项活动，负面的情绪则有可能引发幼儿的消极行为。例如，一名幼儿搭的"大楼"不小心被碰歪了，他很生气，气呼呼地冲到碰到自己大楼的孩子面前，把他玩的玩具打散在地。

2. 情绪对幼儿的认知活动及发展起着激发、促进作用或抑制、延缓作用

一方面，情绪状态是幼儿参与认知活动的重要背景，兴趣和愉快的情绪最有利于幼儿的认知发展，惧怕和痛苦则不利于幼儿认知发展。另一方面，情绪还是幼儿认知活动的动因，激发幼儿的学习。例如，帆帆的姨妈问她："这只手风琴是谁送给你的？"帆帆答："朱老师送给你的。"姨妈立即说："啊，送给我的。"随即将手风琴拿走了。帆帆大叫起来说："送给我的，送给我的。"此后，帆帆回答此类问话时非常小心，有时说了"给你的"，立即改正为"给我"，有时干脆先

说"给我",再说"××给我的"。①

3. 情绪的外部表现是幼儿社会交往的工具

在掌握语言之前,幼儿主要的交往工具就是表情。这一情绪的外部表现能帮助他呼唤和影响成人,比如婴儿因为不舒服而哭泣,就会使自己得到成人的关注和照料。对于幼儿来说情绪往往是具有表达作用的,比如幼儿因为妈妈把他正在玩的手机收起来了,而跑到奶奶那里哭。这里的"哭"就不仅是情绪的释放,而且是代替了语言的社会交往——"告状"。

4. 当情绪与认知相互作用形成一定倾向时,可以促进幼儿个性的形成

情绪在个体的个性特征形成中起着重要作用。心理学家埃里克森对个性发展阶段的研究就围绕着情绪的冲突和变化展开的。随着幼儿年龄增长,其情绪的稳定性和调节能力逐渐提高,并逐渐形成了对不同人和物的不同情绪态度。例如,生活在宽松、愉悦氛围下的幼儿,经常体验到安全感和信任感,从而逐渐形成活泼开朗的个性特征。反之,如果长期生活在充满敌意、愤怒、冷漠的情感氛围中,幼儿长期处于不愉快的情绪状态下,很容易形成不安、焦虑、缺乏信心的个性特征。

(三)幼儿的基本情绪

1. 兴趣

兴趣和快乐是人的两种最基本的情绪状态,它处在动机的最深水平,对人的行为具有驱动作用。

除睡觉和身体不适外,儿童的看、听、发出声音和动作都是由兴趣这种基本情绪所激起和指引的。兴趣还支配着感觉与运动之间的协调和运动技能的发展。研究表明,缺乏兴趣这种情绪能导致儿童严重的智力迟钝或冷漠无情。确切地说,没有稳定兴趣,儿童任何能力的发展都是不可能的。

2. 快乐

快乐是人在生理和心理需要得到满足时所产生的心理状态。例如,当幼儿从事某些有意义的、创造性的、有成就的活动时,会感到快乐。

---

① 武进之,朱曼殊. 影响儿童语言获得的几个因素 [J]. 心理科学通讯,1982 (5):23-28,64.

快乐对于幼儿的心理发展具重要的意义。快乐的笑容是最有效的社会交往工具，是人际关系的纽带；快乐可以激发幼儿活动的动力，具有动机的作用；快乐使儿童感到轻松自如，有益于身体健康；儿童经常在成功中得到快乐，有助于形成儿童乐观、开朗的性格。

3. 痛苦/悲伤

痛苦一般是与悲伤同步发生的，悲伤往往是痛苦的表现形式，它们的体验是一致的。生理上和心理上的不良感受都能引发幼儿的痛苦和悲伤。与家庭和亲人分离是最常见的分离，被认为是最基本和最普遍引起痛苦的原因。幼儿在集体活动中被排斥也会体验痛苦。

痛苦和悲伤有时也具有积极意义，它们既是幼儿自我保护的一种途径，也可以成为幼儿摆脱不良情绪的动力。痛苦和悲伤的表现，能引起别人的同情和帮助；痛苦还有可能激起幼儿为了减轻痛苦而改善自己处境的愿望。但是痛苦和悲伤是消极情绪，如果幼儿长期体验这种情绪，不仅影响幼儿的身体发育，也会影响幼儿的心理发展。

4. 害怕/恐惧

害怕和恐惧是因受到威胁而产生并伴随着逃避愿望的情绪。幼儿害怕和恐惧时会对发生的威胁表现出高度的警觉。凡能引起危险的威胁都能引起惧怕。

害怕和恐惧具有压抑作用，因而对幼儿具有伤害性。惧怕会使幼儿退缩和逃避，形成胆小和怯懦的性格特征，成人切不可吓唬幼儿，要避免把自己的胆怯感染给幼儿；要通过解释来帮助幼儿克服恐惧，如怕黑、怕动物等。

5. 生气/愤怒

生气和愤怒是愿望不能实现或受挫时引起的一种紧张而不愉快的情绪体验，二者的差异主要表现在情绪体验的强度上。幼儿在强烈的愿望受到限制时就会产生愤怒反应。

生气和愤怒的诱因有：

（1）幼儿不能表达自身的合理需求和愿望，或合理需求和愿望遭到成人拒绝；

（2）成人不理解或误解幼儿的意思；

（3）遭遇挫折，比如用筷子夹面条，却总是夹不住；

（4）疲倦和无所事事。

6. 嫉妒

嫉妒是一种较为复杂的混合情绪，是当别人某方面比自己优越时产生的一种愤怒、羡慕的情绪反应。嫉妒中常含有焦虑、悲哀、恐惧、消沉、猜疑、敌意、报复、怨恨、羞耻等成分，因而往往伴随攻击、报复、自卑等不良心理状态。

一般嫉妒心理属正常现象，若处理好会转化为成长发展的良性内动力，在缓解幼儿所面临的关系冲突，发展幼儿社交技能，调节幼儿的情绪方面有积极意义；但是过分的嫉妒如果任其滋长，就会影响幼儿的行为习惯，久而久之形成不良的性格。

（四）屏气发作

屏气发作是婴幼儿常见的一种心理行为问题，指学前儿童在剧烈哭闹时突然出现呼吸暂停的现象。一般发生于婴儿和学步儿阶段，表现为情绪受挫时突然出现急剧的情感爆发，剧烈哭叫，随即呼吸暂停，伴有口唇发绀和全身强直，甚至意识丧失，抽搐发作，随后才哭出声来。持续时间多为30秒~1分钟。3~4岁以后随着幼儿语言表达能力的增强与剧烈哭闹现象的减少，屏气发作自然缓解。有该行为的婴幼儿往往与环境或父母之间存在明显的矛盾冲突，通常是初次发作后受到父母不适当的抚育方式的强化而持续存在下来。孩子气质特点对该行为的出现也起重要作用，往往困难抚育型的孩子更多出现屏气发作。

矫正的重点是解决幼儿与父母及环境之间的冲突上。帮助父母分析引起发作的原因并有效地消除、避免各种诱发因素，纠正不良的抚育方式。发作时注意防止发生意外，要让孩子平躺，保持呼吸通畅，防止异物吸入和头部受伤。

三、素材集锦

（一）儿歌

高　兴

小鸟儿高兴，喳喳叫；
小兔子高兴，蹦蹦跳；
小朋友高兴，哈哈笑！

适用年龄　3~4岁

渗透教育 增加表现力,利于发展动作技能;培养良好情绪,促进社会性发展。

使用建议 边唱儿歌边做动作。

好生气的小庆庆

小庆庆,脾气大,
爱生气,噘嘴巴。
一开始,
小嘴噘得像朵花。
到后来,
小嘴噘成了大喇叭。
有多大,有多大?
请听河马咋回答:
"太好了,太好了,
从此我有弟弟啦。"

(张玉庭)

适用年龄 4～5岁
渗透教育 感受生气的表情和儿歌的幽默,引导幼儿调节生气的情绪。
使用建议 边唱儿歌边做动作。

谁　高　兴

下小雨,谁高兴?
满山蘑菇最高兴,
举起花伞把雨迎。
下小雨,谁高兴?
山间小溪最高兴,
唱着歌儿赶路程。
雨停啦,谁高兴?
河边青蛙最高兴,

呱呱呱呱齐欢送。

（盖尚铎）

适用年龄　4～5岁

渗透教育　体验儿歌开心、快乐的情绪，增加师幼或亲子互动、情感交流；培养儿童表现力及反应能力。

使用建议　以问答方式进行儿歌演唱。

颠 倒 歌

忽听门外人咬狗，
拿起门来开把手。
拾起狗来打砖头，
又被砖头咬了手。
骑了轿子抬了马，
吹了鼓，打喇叭。

（传统儿歌）

适用年龄　4～5岁

渗透教育　学说儿歌，体会颠倒歌的乐趣，促进活泼开朗性格的形成。

使用建议　说儿歌，模拟情境进行表演。

清水塘边真热闹

风儿吹，柳儿摇，
清水塘边真热闹。
青蛙敲起小皮鼓，
鸭子吹响扁嘴号。
白鹅戴顶小红帽，
唧嘎唧嘎唱小调。
乐得小鱼摇尾巴，
咕噜咕噜吐泡泡。

适用年龄　4～5岁

渗透教育　认识各种动物，感受愉快情绪；增强表现力，丰富情感。

使用建议　制作动物头饰，进行角色扮演，说唱儿歌。

捉 迷 藏

妈妈和小犁犁，
做捉迷藏的游戏。
小犁犁找哇找哇，
不知妈妈藏在哪里。
小犁犁大声地喊：
"妈妈，妈妈，
您在哪里？"
妈妈说：
"白天，我在你心里，
晚上，我在你梦里。"

（圣野）

适用年龄　3～6岁

渗透教育　学说儿童诗，锻炼语言表达能力；体会、表达对妈妈的爱。

使用建议　分角色表演。

西 瓜 船

一只西瓜切两半，
变成两艘月亮船！
一船开到爸身边，
爸爸、爸爸尝尝看！
一船开到妈面前，
妈妈、妈妈尝尝鲜！
爸爸边吃边说好，
妈妈边吃边说甜。

适用年龄　4～5岁

渗透教育　增强表现力；丰富儿童对父母的情感；提高语言表达能力。

使用建议　边说儿歌边做动作。

小 老 鼠

小老鼠，上灯台。

偷油吃，下不来。

喵喵喵，猫来了，

叽里咕噜滚下来。

适用年龄　3～4岁

渗透教育　在说唱、表演儿歌中获得愉悦体验，培养良好情绪。

使用建议　制作老鼠头饰，边说儿歌边做动作。

一 群 鹅

一只鹅，走来走去多寂寞；

两只鹅，拍拍翅膀唱唱歌；

三只鹅，排着队伍去游水；

一群鹅，嘎嘎嘎嘎真快活。

适用年龄　4～5岁

渗透教育　认识数字，激发对鹅及其他小动物的喜爱之情；感受和朋友一起游戏的愉快心情。

使用建议　边说儿歌边做动作，进行表演。

扮 老 公 公

老公公，出来了，

白胡子，白眉毛，

点点头，弯弯腰，

脚一滑，摔一跤，

一摸胡子掉下了，

乐得大家哈哈笑。

（圣野）

适用年龄　4～5 岁

渗透教育　在说唱、表演儿歌中获得愉悦体验，培养良好情绪。

使用建议　边说儿歌边做动作，进行表演。

（二）故事

小荷花找朋友

一朵荷花孤零零地站在池塘里，她感到很孤单，因为没有朋友和她玩。一条小鱼游过来，小荷花说："小鱼弟弟，咱们一起玩吧。"小鱼说："不行，我还要去参加游泳比赛呢。"说完，小鱼就游走了。一只青蛙跳到荷叶上，小荷花说："青蛙哥哥，青蛙哥哥，咱们做朋友吧。"小青蛙说："不行，不行，我还要练唱歌呢！"天渐渐黑了，小荷花很伤心。月亮看见了，问小荷花："荷花妹妹，你为什么不高兴呢？"小荷花说："因为没有朋友和我玩。"月亮说："那我和你做朋友吧。"小荷花看了看月亮说："可你在天上，我在地上，怎么和我玩呢？"月亮说："不要紧，我可以陪你说话呀！可以唱歌、讲故事给你听呀！"于是，月亮天天晚上陪小荷花说话，她们俩成了好朋友。

适用年龄　3～4 岁

渗透教育　学会调节不良情绪。

作品分析

小荷花没有好朋友感到孤独，她想和小鱼、小青蛙交朋友都被拒绝了，所以很伤心。只有月亮主动要求和小荷花成为好朋友，小荷花变得开心，不再孤单了。小朋友们在交朋友过程中可能也会遇到这种情况，要学会调节伤心的情绪，一直保持乐观心态，最后也一定会像小荷花一样，找到好朋友的。

使用建议

1. 学习故事《小荷花找朋友》，让幼儿学会遇到挫折不气馁，保持乐观心态，主动和其他小伙伴交往。

2. 组织"交换礼物"活动，鼓励幼儿将自己准备的礼物与其他小朋友交换，学习表达内心想法。

3. 向幼儿提出问题，例如：小荷花都想和谁交朋友呢？最终和谁交了朋友呢？引导幼儿联系自身情况，说一说找到好朋友的快乐。

松鼠的眼泪

小松鼠特别爱哭。每回哭完它都用尾巴擦眼泪，所以尾巴总是湿乎乎的。松鼠妈妈没办法，只好带小松鼠去看医生。医生说："小松鼠这种病叫爱哭病。眼泪要是流得太多，个子就会越变越小，最后会变成刚出生的小宝宝那么小。"

小松鼠一听又哭起来了："好不容易才长到三岁，我可不愿意变成小宝宝。"

"医生，有什么药能治这病吗？"松鼠妈妈问。

"这倒是个难题。治这种病，没什么好药。"医生答道。

听医生这么一说，小松鼠又是捶胸又是跺脚地大哭起来。

回到家里，小松鼠还是不停地哭，眼泪把地毯都快浸湿了。

突然，"哇，呜呜——"有谁也在哭？这可把小松鼠吓了一跳。抬头一看，不得了，原来妈妈也哭了。

"妈妈，不能哭，哭了会变小的。"小松鼠说。

松鼠妈妈还是一个劲儿地哭："哇，呜呜——"

"妈妈，我给你捶肩，求求你别哭了！"

松鼠妈妈还是不停地哭："哇，呜呜——"

"妈妈，我唱歌给你听。"

可是，妈妈还在哭。小松鼠开始担心了：这样一直哭下去，妈妈很快会变小，也许最后会变成像刚出生的小宝宝那么大。这回麻烦了。小松鼠也想哭，可它忍住了，它得赶紧去找医生。

"医生，我的爱哭病传染给妈妈了。"

"这可麻烦了。"医生的眼珠滴溜溜地转。

"我这里有一种特别好的药……"医生对着小松鼠说起了悄悄话。

"唔，知道了！"

"妈妈！哈哈哈，哈哈哈……"小松鼠抱住妈妈笑个不停。因为医生告诉小松鼠，笑是最好的药。真神，妈妈笑了。小松鼠高兴得又想哭了，但它马上忍住了——再不能把爱哭病传染给妈妈了!

（[日] 角野荣子）

适用年龄 4~6岁

渗透教育 尝试认识不良情绪并学会调节。

作品分析

小松鼠特别爱哭，总是哭个不停，有一天它将这种不好的情绪传染给了妈妈，最后医生给了小松鼠一种特别好的药——笑。终于小松鼠和妈妈一起开心地笑了。故事字里行间洋溢着浓浓的亲情，让幼儿在爱的体验中知道情绪是可以传染的，要尝试认识自己的不良情绪并学会调节。

使用建议

1. 有感情地讲述故事，帮助幼儿理解故事内容。可启发幼儿思考：松鼠妈妈为什么会哭起来？小松鼠也想哭，为什么忍住了？后来是怎么将爱哭的毛病治好的？引导幼儿感受小松鼠和妈妈之间的爱。

2. 依次为幼儿播放悲伤、高兴的表情照片，请幼儿说一说：看到这些表情，你有什么感受？引导幼儿体会到情绪是会传染的，自己不高兴，也会让关心自己的人不高兴；自己开心，也会让身边的人开心。

3. 可进一步引导幼儿讨论：遇到不高兴的事情时，可以怎么做？你有什么好办法让自己感觉舒服一些？鼓励幼儿与同伴一起充分讨论、分享，并小结。如：可以找找亲近的人（爸爸、妈妈、洋娃娃等）说一说或抱一抱，找个没人的地方大喊一阵或哭一阵，或赶紧想一想高兴的事情，等等。通过讨论、分享，让幼儿明白：每个人都会有不高兴的时候，要学会自己排解，保持积极心态。

刺猬妈妈和狮子爸爸

今天，爸爸妈妈吵架了。

妈妈变成了一只好斗的刺猬。

爸爸变成了一头不说话的狮子。

好斗的刺猬妈妈叉着腰，对不说话的狮子爸爸说："来呀，来咬我呀！怎么不敢啦？"

狮子爸爸把脑袋抬得高高的，意思是说：我才不把你放在眼里呢！

刺猬妈妈很生气，她说：她要去找她的妈妈。我可不能让刺猬妈妈走掉，她得留下来陪我玩。当然喽，还有不说话的狮子爸爸。

于是，我悄悄溜回了自己的房间。

刺猬妈妈很快就收拾好了她的东西，然后冲进我的房间喊道："儿子，我们到外婆家去！"

我没有回答。我变成了一只小老鼠藏在床底下。

"啊，老鼠！"刺猬妈妈终于发现了我，尖叫着向狮子爸爸扑过去——好怪呀，她身上的刺一下子全没了！

狮子爸爸说："别怕，有我呢！"他"咚咚咚"跑过来，大声问："老鼠在哪儿呀？"

"床……床底下。"妈妈躲进狮子爸爸的怀里，胆战心惊地回答。

狮子爸爸可真够勇敢的，他毫不犹豫地向床边冲过去。

"咚！"他的脑袋撞到了床腿上，撞出了一个好大的包。

狮子爸爸捂着脑袋喊："我受伤了！"妈妈马上冲过来，把药水轻轻地擦在狮子爸爸的头上。就在这时，狮子爸爸一点儿一点儿地变成了爸爸。

我从房间里走出来，对妈妈说："我们走吧。"

"到哪儿去？"妈妈看上去莫名其妙。

"去外婆家呀！"我说。

"今天去不成了，儿子。"妈妈说，"我得照看伤员。"

爸爸一下子就不疼了。我们一家玩起了"颠花轿"的游戏。

爸爸妈妈手拉着手搭成一座花轿，我坐在花轿上快活地唱着："颠——颠——颠花轿，颠出一颗小金豆！"

一切又变回了原来的样子，这多好哇！

（吕丽娜）

适用年龄 3～6岁

渗透教育 了解情绪表现、情绪变化对自己和他人的影响。

作品分析

故事充满了温情。先展示了爸爸妈妈吵架、生气后，家里人情绪的变化。妈妈变成了刺猬，爸爸变成了狮子。而"我"由于害怕，变成了小老鼠，钻到床底下。形象地将情绪带给人的变化展现在幼儿面前。之后，故事巧妙转接，表现了家人之间的爱，让每个人的情绪回复到原来的状态："一切又变回了原来的样子，这多好哇！"故事不仅让人感受到家人的爱，也让幼儿体验和了解了他人和自己的情绪的表现，了解情绪变化带给自己和他人的影响。

使用建议

1. 讲述故事前半段，和幼儿一起讨论：爸爸妈妈吵架了，家里人都变成了什么样子？

2. 讲故事后半段，讨论：妈妈发现老鼠后，爸爸妈妈都做了什么？发生了什么变化？结果呢？

3. 可以和幼儿一起玩"颠花轿"的游戏，体验愉快情绪。

胆 小 先 生

胆小先生有一座可爱的房子。

一天，一只母老鼠闯入了他的房子，胆小先生马上去捉，结果在地下室捉住了她。

"你放了我，"母老鼠挣扎着说，"我要是一跺脚，整个房子就塌了。"胆小先生害怕了，赶忙放了母老鼠，还允许她住在地下室里。

地下室里，好吃好喝的东西真不少，母老鼠美滋滋的。后来，母老鼠生了一窝小老鼠，小老鼠长成大老鼠，大老鼠又生小老鼠，小老鼠又长成大老鼠……很快，地下室住满了老鼠。

"不行！不行！"母老鼠（如今她是老鼠曾祖奶奶了）冲着胆小先生嚷嚷，"这么多老鼠住在一个小小的地下室，而你一个人住这么多房间，太不合理了，得换房子。"

"换房子?"胆小先生大吃一惊。

"对，换房子！"老鼠们齐说。

房子换成了，胆小先生住入地下室，老鼠们住进各个房间。他们在宽大的客厅里跳呀唱呀，在温暖的卧室里躺呀睡呀，在喷香的厨房里吃呀喝呀，每天都像在过节。

"你应该搬出去！"母老鼠又冲着胆小先生嚷嚷，"你干吗老住在地下室，这么好的地下室你配住吗？"

"什么？"胆小先生着急地跺了一下脚，"咚——"整个房子猛烈地摇晃了一下。

老鼠们害怕了，他们个个抱头乱窜，以为地震了。

哦，原来我是很有力量的。胆小先生抓起一把旧扫帚，这儿一扑，那儿一打，这儿一戳，那儿一捣，打得老鼠吱吱乱叫，乱逃……

胆小先生夺回了自己的房子："唉，老鼠的胆子那么小，我有什么好怕呀！"

胆小先生常为自己的胆小行为感到好笑。

（王铨美）

适用年龄 4~5岁

渗透教育 感受勇敢的力量，克服害怕的心理。

作品分析

胆小先生连老鼠都怕。退让并没有让他获得安宁，反而要被老鼠赶出去了……当他着急"发威"后，看到老鼠抱头乱窜的样子，才认识到自己的力量。只要自己变得勇敢，原来困难并不可怕。

使用建议

1. 教师讲述故事，问一问幼儿：你有没有遇到过害怕的事？是怎么做的？

2. 待幼儿熟悉故事内容以后，鼓励幼儿进行故事表演。教师准备表演场地，设置两个标志，分别代表房间和地下室；准备大老鼠头饰一个，小老鼠的头饰若干。幼儿分配角色、分组表演，教师指导幼儿用动作、语言、表情等表现出胆小先生、老鼠们前后的变化。表演重点在于让幼儿感受、体会胆小先生前后心态的变化，不用过于强调表演的技巧。

3. 和家长配合，结合实际生活培养幼儿不怕困难、独立自强的心理品质。如：独立入睡，敢于尝试新事物，敢于探索自然界，等等。

鼹鼠弟弟不害怕

轰隆隆——打雷啦！

鼹鼠哥哥叫醒了弟弟："喂，喂！春天来了，我们去地面上玩儿吧！"

"地面上有妖怪吗？我怕……"鼹鼠弟弟又缩进被窝。

哥哥不说话，拉着弟弟钻出泥洞。

叮咚——叮咚——"你是绳子妖怪吗？"鼹鼠弟弟发起抖来。

"嘻嘻嘻！我是小河妹妹。小鼹鼠，你们要去哪儿呀？"

"我们旅行去！"鼹鼠哥哥说。

"快来，快来！让小乌龟送你们去吧。"

呼——呼——"你是绿头发巫婆吗？"鼹鼠弟弟发起抖来。

"咯咯咯！我是森林姐姐。小鼹鼠，你们要去哪儿呀？"

"我们旅行去！"

"快来，快来！让小红马送你们去吧。"

哗啦——哗啦——"你是蓝眼睛魔鬼吗？"鼹鼠弟弟发起抖来。

"呵呵呵！我是大海弟弟。小鼹鼠，你们要去哪儿呀？"

"我们旅行去！"

"快来，快来！让大鲸鱼送你们去吧。"

咣当——不好，要撞上啦！"咦，你是无头大鬼吗？为什么拦住我们？"鼹鼠弟弟发起抖来。

"哈哈哈！我是高山哥哥。小鼹鼠，你们要去哪儿呀？"

"我们旅行去！"

"快来，快来！让老鹰送你们去吧。"

"地面上真好玩，有那么多的好朋友！"

他们还听见——嘻嘻嘻——咯咯咯——呵呵呵——哈哈哈——绿绿的原野上，蓝蓝的天空下，清清的河水里，大家在快乐地游戏。

鼹鼠弟弟再也不觉得害怕了。

适用年龄 4～5岁

渗透教育 培养敢于尝试、不怕困难的精神。

作品分析

鼹鼠通过旅行逐渐克服了自己害怕的情绪。鼓励幼儿也要学习鼹鼠，通过丰富的活动，丰富自己的情感体验，培养能敢于尝试、不怕困难的品质。

使用建议

1. 了解故事梗概，鼓励幼儿简单描述自己印象最深的场景、人物、细节，说出自己的感受。

2. 开展"我来画结局"绘画活动，请幼儿边读边想象画面，猜测情节发展，绘画出故事结局，丰富自己的精神世界。

3. 注重幼儿的情感体验，引导幼儿感受小鼹鼠的情绪，联系自身，学会如何将害怕这种不良情绪转化为积极情绪。

开 心 商 店

小朋友你去过商店吗？

商店里都卖什么呀？

小狐狸新开了一家商店，这家商店可特别啦！它卖什么呢？卖"开心"！这家商店的名字就叫"开心商店"。

如果谁不开心，就赶快去小狐狸的商店里逛一逛吧！

这不，小熊来啦！小熊是一位拳击运动员，因为拳击比赛输了，正不开心呢。小狐狸笑脸相迎，问："熊大哥，你为什么不开心呢?"小熊说："我拳击比赛没拿冠军，所以不开心。"小狐狸说："有办法！你对着沙袋练一练拳击，给我看看吧！"他让小熊对着沙袋使劲儿敲打，小熊打了一会儿，出了一身的汗，心里感觉舒服多了。小狐狸说："熊大哥，你的拳击技术真是一流，如果能加强练习，下次肯定能得第一名。"小熊做了运动，出了一身的汗，又听了狐狸的鼓励，高兴地走了。

有一天，两个小朋友气呼呼地走进商店。他们俩为了抢一个玩具生气啦。小狐狸搬来两把椅子，请他们坐下，然后打开收音机，开心商店里响起了美妙的音乐声，他们觉得舒服极了，情不自禁地手拉着手跳起舞来。原来音乐也能让人变得开心呢！

开心商店的名气越来越大，大家都喜欢到小狐狸的商店来，寻找开心的办法。

小狐狸又有了一个新主意。他打算修一间漂亮的小房子，房前种上美丽的花，再铺上柔软的地毯，摆上舒服的靠垫和小沙发。小朋友们来到这间小房子里，一定也会很开心的！

（改编自《消气商店》）

适用年龄　4～5岁

渗透教育　知道调节不良情绪的方法。

作品分析

开心商店是小狐狸帮助小伙伴消除不开心的地方，让不开心的小朋友变得开心，使小狐狸也觉得高兴。这个故事让幼儿获得许多愉悦体验，知道开心的情绪是有益处的。

使用建议

1. 讲述故事，引导幼儿了解让自己和其他人变得开心的方式，以积极乐观的心态面对生活。

2. 鼓励幼儿进行故事表演，体验故事人物的经历，获得更愉悦的体验。

3. 组织幼儿围绕话题"还有什么让自己开心的好办法？"展开讨论，帮助幼儿丰富处理不良情绪的经验，并鼓励幼儿自主创编故事情节进行表演。

笑　气

玛丽阿姨是淘气包姐弟俩家里的小阿姨。玛丽阿姨可厉害呢！她会从空箱子里面，变出很多东西——白围裙、大香皂、牙刷、香水、小椅子和糖果；会让一瓶饮料变出不同的味道，弟弟尝一口，是甜甜的"冰草莓汁"；姐姐喝一口，是滑滑的"香浓的牛奶"。

这不，玛丽阿姨又带着姐弟俩，拜访她的叔叔——贾透法先生呢！玛丽阿姨敲敲贾透法叔叔家的门……"真高兴你们来！"一个洪亮的声音欢迎他们说。玛丽阿姨打开门，姐弟俩马上四面张望，想看看贾透法叔叔的样子。可是，房间里一个人也没有。抬头一看，天哪！不得了了，一个秃顶大胖子悬在半空中。

"贾透法叔叔！"玛丽阿姨对着大胖子叫了一声。天哪！这该不会就是——玛丽阿姨的叔叔吧？两个孩子惊讶坏了。贾透法先生看出了姐弟俩的惊讶，就说："是这么回事儿，我是一个快乐的人，非常爱笑。只要我一笑过了头，就会像气球一样，飞起来，非得想出一件伤心的事儿才能回到地上。"

贾透法叔叔说着，就开始笑得发抖。他的样子滑稽透了，在空中一跳一跳的，像个人形大气球，有时抓住天花板，有时碰到日光灯管。姐弟俩看到他这样子，也忍不住笑了，笑得滚来滚去，笑得又叫又喊。

"我忍不住！我忍不住！"姐弟两个一边笑，一面大叫，因为他们发现了一件怪事：他们觉得自己越来越轻，好像打足了气，接着猛地一蹦，飞起来了，飞到了房间顶上，头顶在了天花板上。他们两个在空中打滚，两手乱抓，笑得上气不接下气。"噢，天呐！""别再让我笑了。我受不了啦！我要炸了！""噢，噢，噢！""噢，我的老天，我的老天爷！"

"该回家了！"在一片哇啦哇啦的大笑声当中，响起了玛丽阿姨的声音，像吹大喇叭一样。姐弟两个一下子"嘭"地一声落到地板上。想到要回家，他们伤心极了，听见这么伤心的事儿，自然就掉下来了。

（[英] 帕·林·特拉芙斯）

适用年龄 5~6岁

渗透教育 感受、体验愉快情绪。

作品分析

玛丽阿姨带着姐弟俩去了贾透法叔叔家，经历了笑到天花板上的美妙时光。《笑气》虽然幻想奇特，但又植根于现实生活。这篇童话在超越现实的同时又反映现实，具有深刻的思想内涵。作品以幽默夸张的内容，让幼儿获得愉悦体验，培养良好情绪。

使用建议

1. 为幼儿讲述故事，使幼儿能理解故事的内容，并试着有表情地复述故事。请幼儿讨论：为什么贾透法叔叔会飞起来？为什么姐弟俩也会这么高兴呢？

2. 引导幼儿思考、体会：情绪可以互相感染，自己的快乐也可以带给他人。小朋友们要学会调节自己的情绪，成为爱笑的人。

3. 请幼儿将生活中让自己感到快乐的事情记录下来，并讲给同伴听，体验分享快乐的愉悦。

农夫的三个愿望

有一个天使来到农庄中一对老爷爷和老奶奶的家中，对他们说："由于你们的纯真善良，我决定要让你们许三个愿望，但是不论你们许下什么愿望，你们的邻居也都会同时得到双倍的回报。"

老爷爷和老奶奶听了很高兴，便说："给我一座小山似的现成稻谷，这样今年我们就不用耕种了！"第二天一早，果然，门前积了一座小山似的稻谷，又多又饱满，老爷爷高兴极了！但想想谷仓一定不够放，便准备到镇上买木材以扩建谷仓。

才走到一半，就碰到他的邻居，一问才知道他也准备去买木材来盖谷仓，他手舞足蹈地说："哇！今天我家门前突然多出了两座小山似的稻谷，我今年、明年都不用耕作了！"老爷爷一听，就开始嫉妒，巴不得眼前这个邻居马上消失。

一个星期以后，天使又来了，老爷爷和老奶奶于是许下第二个愿望。他们对天使说："我们希望能有一个可爱的宝宝。"十个月后，他们果然生下了一个宝宝，正当他们准备告诉亲朋好友这个好消息的时候，就看到他们的邻居带着红鸡蛋走了进来，兴奋地说："我太太生了一对双胞胎呢！"

老爷爷和老奶奶听了很不是滋味，看着邻居送来的红鸡蛋，根本吃不下。那天晚上，天使又来到老爷爷和老奶奶的家里，要他们说出第三个愿望。老爷爷激动地说："我要你砍掉我的一条手臂！"天使吓了一跳！老爷爷接着恨恨地说："我要让隔壁那个志得意满的家伙双手尽失，一辈子不能做事，哈哈。"

老爷爷跪在地上，等着天使拿去他一条手臂，却久久不见回应，猛一抬头，只看到天使泪流满面地说："你这个要求我是不会答应的，因为我爱世上的每一个人。愚蠢的人啊！你何必要伤害别人，把痛苦留给自己呢？"

适用年龄　5～6岁

渗透教育　了解嫉妒是一种不好的情绪，会使人痛苦。

作品分析

农夫可以对天使许三个愿望，但是当农夫看到邻居比自己好时，却向天使提出拿走自己一条手臂，是嫉妒心让他变成这样。通过农夫的三个愿望，让我们看到了嫉妒是如何让人变得痛苦的。这个故事告诉幼儿不要嫉妒别人，这样会使自己变得痛苦。

使用建议

1. 学习故事《农夫的三个愿望》，理解故事内容。讨论：农夫三次都分别提出什么要求了呢？最终是因为什么使农夫变得痛苦？让幼儿学会保持积极心态，不嫉妒其他小朋友，不伤害别人。

2. 讨论：如果你可以向天使许三个愿望，你会许哪三个呢？

（三）图画书

名称　山田家的气象报告

作者　［日］长谷川义史（著），李瑾伦（译）

版本　河北教育出版社 2014 年版

内容简介

这是一本关于认识和理解情绪的图画书。

山田家今天是晴天，但一不小心就有可能淹大水，也有可能突然刮起台风，要是再来一下龙卷风，该怎么办呢？心情不好的人，会形成低气压，生气的人在办公室造成狂风暴雨……本书将心情与天气联系起来，让我们认识情绪变化的前因后果，让幼儿学会以乐观态度表达情绪，控制情绪。

适用年龄　3～6 岁

使用建议

1. 和幼儿一起在 A4 纸上绘制"情绪天气表"，尝试用不同的天气表示情绪状态，比如：当小朋友开心的时候可以用怎样的天气表示呢？

2. 注意培养幼儿以积极乐观的态度去认识各种情绪，可以通过提问的方式让儿童了解情绪变化，例如：山田家的天气为什么会变得这么快呢？你觉得打雷的天气说明山田家的人的情绪是怎样的呢？

3. 可采用"价值澄清"的方式，引导幼儿说出自己当下的情绪，并学会认识和控制情绪。

名称　鳄鱼怕怕，牙医怕怕

作者　［日］五味太郎（图/文），上谊编辑部（译）

版本　明天出版社 2008 年版

内容简介

一条鳄鱼患了蛀牙，他只能去看牙医，一路上他都在嘀咕："我真的不想看到他……但是我非看不可。"诊所里的牙医其实也很害怕，谁愿意替鳄鱼看牙呢？可是他们必须鼓足勇气，面对对方。鳄鱼张开了大嘴巴，牙医撸起了袖子……最后，可怕的治疗过程终于完成了，鳄鱼和牙医都再也不想见面啦。于是他们说出了共同的那句话……

适用年龄　4～5岁

使用建议

1. 阅读这本图画书，幼儿可以得到情绪上的释放。打针吃药的就医体验总是伴随着紧张和疼痛，这对很多孩子来说都是情绪上的压力。这本书里的鳄鱼恰恰是一个很好的"共情"者，鳄鱼的体验也许和很多孩子的经历有类似之处，于是，孩子在阅读过程中有一种找到知音的感觉，情绪的压力随之被释放。

2. 这本图画书最大的特点就是让鳄鱼和牙医这两个角色说出几乎一样的话。话虽一样，两个角色之所以这样说的原因却不同：鳄鱼怕疼，牙医怕咬。这就使故事情节在紧张之余平添一份幽默。讲读时，可以让幼儿分别模仿鳄鱼和牙医说的话，尽量表达出他们各自的情绪，加深对角色的理解。

3. 在面对困难时，牙医和鳄鱼虽然都很害怕，但是，他们还是坚持去做了，教师可以引导幼儿说一说他们在为自己打气时说的话，或者通过"加油"的方式与故事中人物进行互动，感受他们是如何克服困难的。

4. 4～5岁的幼儿情绪调控能力还有待提高，在日常生活中，可以引导幼儿学习识别并说出自己的心情，并且想办法控制自己的一些消极情绪。同时，也鼓励孩子分享自己高兴和愉悦的心情。

（选自陈晖主编《幼儿的图画书世界（4～5岁）》，
人民教育出版社2017年版，有改动）

名称　《菲菲生气了》

作者　［美］莫莉·卞（著），李坤珊（译）

版本　河北教育出版社2014年版

内容简介

菲菲生气了，非常、非常生气！她感觉自己像一座火山，马上就要爆发了！这时，她会怎么办呢？让我们跟随菲菲一起，学着了解生气这种情绪，并试着调节、处理它吧。

适用年龄　3～6岁

使用建议

1. 为幼儿讲读这本图画书，请幼儿说一说：菲菲生气时是什么样子？她是怎么做的？后来怎么样了？让幼儿了解主人公从表达愤怒、渲泄不良情绪，到渐渐缓和，最终恢复平静的过程。

2. 引导幼儿观察画面，感受画面颜色随菲菲情绪的变化而产生的变化，请幼儿说一说：这些颜色让你有什么感受？你觉得现在菲菲心情怎么样？启发幼儿了解不同的颜色可以表达不同的心情。

3. 与幼儿讨论：当你生气时可以怎么办？根据讨论结果，在教室里创设"消除愤怒画室"或"平静角落"等功能区，供幼儿在生气、愤怒时，通过绘画或自己待一会儿等方式，将不良的情绪发泄出去，从而让情绪恢复平静。

（家向）

名称 输不起的莎莉

作者 ［美］弗兰克·希洛（文），卡里·派罗（图），袁蕾（译）

版本 化学工业出版社 2014 年版

内容简介

这是一本关于悲伤的图画书。

莎莉是一个做什么事情都要争第一的小朋友，无论是排队还是玩游戏。莎莉讨厌输，她认为赢才是这个世界上最重要的事。一定要赢的做法让其他小朋友很反感并叫她"输不起的莎莉"，这让莎莉很难过。在老师和母亲的帮助教导下，莎莉试着享受游戏，明白了"玩得开心就是赢！"同时，这也是一本教会孩子如何正视输赢的书。

适用年龄 3～6 岁

使用建议

1. 在带领幼儿阅读完这本图画书之后，设计几个故事情节，分别有正确的和错误的做法，请幼儿说说喜欢这样的莎莉吗？莎莉应该怎么做呢？帮助幼儿体会正确的输赢观。

2. 组织一场友谊比赛，可以让幼儿进一步体会到游戏的快乐。

名称 第五个

作者 ［奥］杨德尔（文），［德］荣格（图），三禾（译）

版本 南海出版公司 2010 年版

内容简介

五个残缺不全的玩具在一个昏暗的走廊里忐忑不安地等待着。门开了，企鹅出来了，小鸡进去了；门开了，小鸡出来了，小熊进去了；门开了，小熊出来了，青蛙进去了；门开了，青蛙出来了……它们一个接一个地走进去，又焕然一新地走出来。排在第五个的小木偶越来越害怕。门后面是什么呢？

适用年龄 3~6 岁

使用建议

1. 这个故事的情节设置奇特，悬念性非常强。画面上的细节非常丰富，每个小玩具在进诊室之前和从诊室出来的画面相互呼应，讲读者可以引导幼儿认真观察，通过对比发现这些变化，并以此为线索，猜测情节的发展，猜测诊室里面有谁，小玩具在诊室里面发生了什么事情。

2. 故事中的小玩具的情绪变化也非常明显，讲读者可以引导幼儿观察坐在椅子上的小玩具的表情，说一说它们的心情，或者它们心里在想些什么；对于从诊室里面出来的小动物，讲读者可以引导观察它们的动作和表情，说一说它们的心情，讲读者也可以鼓励幼儿模仿画面上小玩具的表情和动作，增加对故事角色内心活动的理解。

3. 可以适当呼应孩子看病时的体验，引导幼儿更勇敢地面对生活的困难和挑战，将绘本阅读体验和生活经验加以连接，并将绘本中获得的认识整合到生活内容之中。

（选自陈晖主编《幼儿的图画书世界（3~4 岁）》，
人民教育出版社 2017 年版）

（四）游戏

捏 柠 檬

游戏玩法

教师请幼儿坐在自己的座位上，听教师的指令做游戏。教师指令及动作如下。

请小朋友们调整好自己的姿势，坐舒服，后背靠在椅子背上，两脚平放在地上，两臂轻松地放着。好，这样很好。现在请闭上眼睛，仔细听，跟着老师一起做：

假装你的双手各握着一个柠檬，现在请小朋友们用力挤压它，把柠檬汁挤出来。挤出来了吗？使劲儿地把柠檬丢掉吧！

现在再拿一个柠檬来挤，不过这一次要比上一次挤得更用力一些。对，更用力。好，现在请把它也丢掉，放松下来，体会一下你的手现在的感觉有多舒服。

好，再来一次，拿起一个柠檬，用力挤压，把汁全部挤出来，再用力些。好，把柠檬丢掉。

好，睁开眼睛，有什么感觉呢？

游戏结束，幼儿睁开眼睛。

适用年龄 4～6岁

渗透教育

带领幼儿练习，放松紧张情绪。

懒猫伸腰

游戏玩法

教师请幼儿坐在自己的座位上，听教师的指令做游戏。教师指令及动作如下。

假装自己是一只毛茸茸的懒猫，想伸个懒腰。先把手臂伸展出去，并把它们拉高直到超过头部，到了背后，感受一下肩部的伸展，再往后拉，一直到完成一个画圆圈的动作。好，很快地让手臂回到身体的两侧。

游戏结束，可以换一个方向画圆圈。

适用年龄 5～6岁

渗透教育

带领幼儿练习，放松紧张情绪。

水池触底

游戏玩法

教师请幼儿坐在自己的座位上，听教师的指令做游戏。指令及动作如下。

孩子们，假装咱们正光脚站在一个很大的游泳池里，伸直脚趾一直到碰到游泳池的底，把脚放进去，把腿伸直，这样就可以更深入一点。用力！把脚趾头伸展开来，感觉到脚趾碰到池底啦。脚收回来了放松一下，舒服一下。然后再来一遍（重复前面的指令和动作），感觉到脚伸长和用力的感觉了吗？好，现在放松你的脚、你的腿、你的脚趾头，觉得放松实在很好，不是吗？你现在一点都不紧张了，很温暖而且很轻松！

适用年龄　4~5岁

渗透教育

带领幼儿活动，放松紧张情绪。

安全的小乌龟

游戏玩法

教师请幼儿坐在自己的座位上，听教师的指令做游戏。指令及动作如下。

假装自己是一只乌龟，坐在一个美丽的水池旁的石头上，晒着温暖的太阳，觉得好棒、好暖和呀。

蝎子！蝎子！你发现有危险了，赶快把头缩进屋子里，把肩膀拱起来盖住自己的耳朵。把头埋进肩膀中，紧紧地包着自己吧，做只乌龟真是不容易啊！

啊，危险终于过去了，咱们回到温暖的太阳下了！

啊，小心！危险又来了，赶快钻进自己的壳中，紧紧闭起来。

好！你可以再放松了，把头露出来，放松肩膀吧！

适用年龄　4~5岁

渗透教育　克服恐惧和害怕心理。

可爱的肚宝宝

游戏玩法

教师请幼儿坐在自己的座位上，听老师的指令做游戏。指令及动作如下。

嗨，现在来了一只很可爱的小象宝宝，但是它走路时并没有看路，它没看到你正躺在草地上，却把脚放到你的小肚子上面来了。不要动，你已经来不及逃走了，赶快准备好吧，深呼吸一下把小肚子尽量变硬。

等一下，它好像走了，你现在可以放轻松，把肚子（胃部）放软吧，嗯，这种感觉很舒服。且慢，怎么它又走回来了？赶快准备好，把肚子紧缩起来。

反复几次，深呼—深吸，放松。

适用年龄　4～5 岁

渗透教育　跟着老师做练习，克服紧张心理。

四、案例精选

（一）环境创设

安静角（3～4 岁）

渗透教育　学习疏解情绪。

创设说明

选择活动区或睡眠室比较隐秘的角落，布置一个"安静角"（见图 5-1）。"安静角"的环境创设以柔和的淡色调为主，目的是引导幼儿平静下来。可以在地上铺设蓝色的泡沫地垫，放几个绒毛玩具和软靠垫。

教师可以制定规则：

（1）如果你很生气，控制不住地想要发脾气，可以到这里来安静一会儿。

（2）想一个人待一会儿的时候，你可以脱下鞋子在这里坐坐、躺一会儿、发发呆。

（3）来到这里的小朋友不能彼此妨碍，更不能大喊大叫。

（4）别的小朋友需要知道这里的小朋友心情不好，不要打扰他，因为他想静下来。

也可以和幼儿通过讨论，一起制定安静角的规则。

案例分析

幼儿生气、情绪不好时，可能只是想有一个角落，自己躲起来，让自己安静下来。因此，创设一个"安静角"（也可以使用废旧帐篷、很大的纸箱作为独立空间），让幼儿可以躲进去独处一会儿。也让其他

图 5-1

幼儿知道，不去打扰这里的小朋友。

心情墙（4～5岁）

渗透教育 认识、调整心情。

创设说明

选择近美工区的一块墙面，在低处粘贴上全班幼儿的名字和照片。准备一些代表快乐、悲伤、愤怒等主要情绪的表情卡片，让幼儿根据自己的心情放在名字和照片下面的透明口袋里。

（1）可以让幼儿在入园后、离园前在心情墙上记录下自己的心情。

（2）也可以让幼儿在自己情绪发生转换时，去调整自己的心情图片。

（3）幼儿可以自由地浏览心情墙，了解其他小朋友的情绪状态。

（4）幼儿可以在调整完心情卡片后，用画笔把自己的感觉或者发生的事情画出来。

案例分析

设置心情墙，一方面让幼儿能够正视自己的内心，帮助幼儿理解和认识情绪，并且将情绪表达出来。同时也有利于教师及时地了解幼儿的心理感受，以便进行个别指导。

心情信箱（5～6岁）

渗透建议 学习宣泄情绪。

创设说明

可以选择一个小角落，设置一个倾诉和喜悦分享的信箱。让幼儿将自己感觉特别高兴或者感觉不舒服、不满意、生气、愤怒、委屈的事情画或写出来，"寄"给他想告诉的人，包括老师、同伴和家长。这样做的好处在于：

（1）可以让信箱成为隐性的听众，在幼儿需要情绪分享的时候有处诉说。

（2）为避免幼儿难以启齿的尴尬，教师可以在幼儿离园或午睡后看看信箱里幼儿的倾诉，了解幼儿的心理状态。

（3）了解幼儿的情绪变化后，教师可以及时地进行疏导。

案例分析

幼儿的情绪若缺乏合理的宣泄途径，就会以别的方式，如发脾气、无理取闹、捣乱、攻击、精神压抑、退缩等方式表现出来。倾诉是宣泄情绪的重要方式。心情信箱可以提供相应的渠道。同时教师也可以鼓励幼儿以"和老师说悄悄话"的方式，让幼儿在有强烈情绪变化的时候及时与他人分享喜悦或是倾诉烦恼。

（二）生活与游戏中的教育

飞 行 棋
——认识自己的情绪

中班活动区活动时间，两个小朋友都选择了对战的飞行棋游戏。小群几次把棋摆到自己想走的地方，可是卓依总是把他的手拨开，把棋子拿回来。终于，小群生气了，一下子就把棋盘掀翻，棋子撒了一地。两人争执起来。教师这时候主动介入，她分别问两个孩子："发生什么事儿了？"两个孩子分别阐述了事情的经过。

老师问小群："应该掀棋盘吗？"

小群说："不应该。"

老师接着问："那你为什么还这样做了呢？你心里感觉怎么样？"

小群说："我很生气。"

老师说："你想跟卓依一起玩，但是她不跟你玩，你感觉有些难过，你生卓依的气了。"小群点点头。

老师说："你一怒之下掀了棋盘，但是这样做有点儿不好。"小群低着头不说话。

老师接着对卓依说："飞行棋应该两个人按规则一起玩，对不对？""如果你不想和小朋友一起玩，就应该去其他区域。"

老师开始和小群一起玩棋。小群很积极，卓依一直在旁边观看，不时地加入一下。

5分钟后，有其他小朋友过来找老师，老师对卓依说："你能不能替我接着下？"卓依同意，并且参与进来。

案例分析

小群和卓依在玩飞行棋的时候发生了争执，小群不高兴了。教师采用"价值澄清"的方式，引导幼儿自己说出当时的情绪状态和感受，并逐步学会控制情绪。

谁动了我的玩具
——认识他人的情绪

积塑区一共有5位小朋友一起玩，大家互相炫耀自己插的"枪炮"。牛牛和小宇邻座，牛牛不小心碰到了小宇的玩具。小宇大喊一声，然后打了牛牛的胸口一下。牛牛立刻大哭起来。

老师问："怎么了？"

牛牛说："小宇打我了！"另外几个小朋友纷纷议论起来，都认为小宇不对。

老师把小宇叫过来。

小宇说："他（牛牛）动了我的玩具！"

牛牛说："我是不小心的！"

小宇继续喊："他动了我的玩具！"

老师对小宇说："牛牛动了你的玩具，所以你生气了？"

小宇低着头不说话了。

老师对牛牛说："你不小心动了他的玩具，他生气了，你该跟他说什么？"

牛牛小声回答："我不小心的，你别生气了。"

老师又接着对小宇说："牛牛不是故意的，而且给你道歉了。可是，你动手打了牛牛，牛牛哭得很伤心，怎么办呢？"

小宇低着头小声地咕哝了一句："对不起。"孩子们开始继续插积木去了。

案例分析

幼儿在社会交往中往往以自我为中心，难以觉察他人的情绪变化，在同伴交往中强调自己的利益和感受，导致同伴间产生矛盾和冲突。

案例中的教师在发现幼儿间产生冲突时，能积极引导幼儿觉察同伴的情绪变化，理解他人行为的原因，从而逐步帮助幼儿通过同伴交往摆脱自我中心思维，学会从同伴的角度思考问题。

气 呼 呼
——学习恰当地表达情绪

小满来到幼儿园后一直不大高兴，区域活动的时候她也有些气呼呼的，脸涨得通红，一会儿把娃娃家的衣服扔在地上，一会儿又使劲儿地摔一下凳子。

李老师走过去，柔声地说："小满在家吗？我是芳芳啊，我来你家做客啦！"

小满把李老师迎进娃娃家。

李老师开始和小满拉家常。"哎呀，你怎么把衣服扔在地上啦？谁惹你生气了吗？"说着李老师把衣服捡起来，叠好。

小满撅着嘴说："我就是要穿靴子，妈妈就是不让我穿！"

李老师说："哎呀，你的靴子一定很漂亮吧！"

小满说："是啊！我的靴子是红的。"

李老师说："你这双鞋也很漂亮啊！谁给你买的……"

……

两个人聊了一会儿，小满的情绪明显好多了。

李老师说："我得走了，还得给我家宝宝买好吃的去呢！下次你有不开心的事儿，记得跟你的好朋友说啊！可别再拿衣服撒气了。"

案例分析

幼儿的情绪具有冲动性，因而当幼儿遇到挫折、失败和不顺心的事情后，非常容易陷入悲伤、愤怒的情绪之中，一旦幼儿缺乏恰当的表达和宣泄情绪的方法时，就会出现"攻击""挑衅"等行为表现，不利于幼儿个性和良好同伴关系的形成。因此在日常生活中，教师应帮助幼儿转移不良情绪，学会通过和朋友分享等方式疏解不良情绪。

黑 色 大 山
——用颜色表达情绪

乐乐和秀晨因为争抢摆放自己小椅子的空间而发生了冲突。他们都说这个地方是自己的，因而相互争执不下。最后，秀晨仗着自己力气大，强行将自己的椅子摆上。乐乐十分生气，气呼呼地到美工区去画画，生气地拿着画笔戳来戳去，在纸上乱画一通。

老师走过来对他说："你生气了吗？发生了什么事儿？"

乐乐将经过诉说了一遍。

老师说："那你把生气的感觉画出来吧，画出来心里就会舒服些。"

乐乐说："我不会。"

老师引导他:"你生气的心情是像天上的白云一样轻飘飘,还是很沉重?"

乐乐说:"很重,像大山。"

老师问:"沉重的大山,用什么颜色画呢?"

乐乐说:"黑色。"

老师说:"那你是有点儿生气,还是非常生气?"

乐乐说:"有点儿。"

老师说:"那应该怎样涂黑色,表示有点儿生气呢?"

在老师的启发下,乐乐画了一座黑色的大山。

案例分析

绘画是一种无功利、有感情投入的艺术形式,其中的表征符号甚至比语言符号更能表达丰富的意义和内容。在绘画中,幼儿可以毫无顾忌地"宣泄"对这个世界的看法,有助于将内隐情绪向外表露。教师引导乐乐用颜色表达情绪,通过绘画宣泄了自己的情绪,这是引导幼儿宣泄情绪的有效途径。

(三)教学案例

我不想生气(3~4岁)

活动目标

1. 阅读图书,观察画面,能通过表情、动作等线索理解故事。

2. 知道生气是一种人人都会有的情绪,能说出生气时的状态。

3. 通过阅读及同伴交流,掌握几种积极面对生气情绪的方法。

活动准备

图画书《我不想生气》,相应的幻灯片。

活动过程

1. 观察封面上的兔子,猜测故事内容

请幼儿观察封面,猜测故事的主人公、主人公的心情和要讲的故事。通过这个过程了解幼儿能否根据情绪的表情线索识别情绪。

2. 表演生气的样子

请幼儿表演自己生气的样子,提高他们对阅读和后续活动的参与程度。

3. 讲述故事中小兔子生气时的感受这一部分,建立情感共鸣

(1) 教师讲述故事，幼儿倾听。

(2) 教师提问，启发幼儿在图书与个人经验间建立联系：

小兔子生气时会怎样？（理解图书内容）

你生气的时候是怎样的？（帮助幼儿建立图书与个人经验之间的联系，比如哇哇大叫，很难受，吃不下饭了，很烦恼，不想和别人说话，等等）

4. 讲述故事中小兔子为什么生气这一部分，理解每个人都有生气的时候

(1) 教师讲述故事，幼儿倾听。

(2) 教师提问，启发幼儿在图书与经验间建立联系：

小兔子因为什么生气？你遇到过这样的事情吗？你还遇到过哪些让你生气的事儿？

5. 讲述故事中小兔子处理生气情绪这一部分，学习积极面对生气情绪的办法

(1) 教师讲述故事，幼儿倾听。

(2) 教师提问，启发幼儿在图书和经验间建立联系：

为什么小兔子说生气大火球会烫伤自己？小兔子生气了是怎么做的？怎样可以让自己不那么生气？你还有什么好办法？

活动建议

活动结束后，教师可鼓励幼儿在表演区创造性地将故事内容表演出来。

附作品

我不想生气

当我生气的时候，我的肚子里像装着一个大火球，马上就要爆炸啦！

当我生气的时候，我想使劲叫，使劲踢，使劲跺、跺、跺……我跺得脚都发麻了，我跺得地球都发抖。

我还想不停地跑，跑，永远跑下去……一分钟也不歇息。

哦，每个人都有生气的时候——

我好生气，因为有人在笑话我；

我好生气，盖得好好的城堡被人毁掉了；

我好生气，根本不是我的错，可偏偏怪到我的头上。

唔，生气并没有错，不过，千万别让生气的大火球烫伤自己哦！

当我生气的时候，最好静静地做点什么——

比如来一次深呼吸吧，呼——吸——

比如安安静静地独自待着，在一个我喜欢的地方。

又比如，去和关心你的人说说你这么生气，到底是为了什么？

也许连你自己也不知道，大火球在你不知不觉的时候会自己瘪掉。因为嘛，你生气得连为什么生气都忘记了呀！

哈哈，真的好可笑！

（故事来源：［新西兰］特雷西·莫洛妮著，《我不想生气》，广州出版社2007年版）

小真的长头发（5～6岁）

活动目标

1. 理解故事，理解小真的心理感受。

2. 面对自己与他人所拥有的东西的差异，学会用欣赏和乐观的态度面对。

活动准备

将图画书《小真的长头发》内容制作成幻灯片。

活动过程

1. 猜故事内容，激发幼儿阅读的愿望

请幼儿看图画书中三个女孩坐着聊天的画面，告诉幼儿这本书的名称叫《小真的长头发》，请幼儿猜测谁是小真。

2. 播放幻灯片的前几页，调动阅读兴趣

（1）教师提问，引发幼儿认知冲突：

小叶、小美和小真仨人谁的头发最短？和你们猜的一样吗？

（2）提出问题，讨论小真的心理：

为什么小真说自己的头发才叫长？小真看到小叶和小美的长头发，心里是什么感觉？小真想拥有长头发吗？

3. 了解小真是怎样表达自己对别人的羡慕的

（1）请幼儿说说小真如果有长头发都想做什么？为什么她要这样做？

（2）提问，引导幼儿思考怎样表达自己的羡慕：

你有没有羡慕或者有点儿嫉妒别人的时候？除了直接告诉他"我很羡慕你"

以外，你还可以怎样表达自己的羡慕？

4. 同伴交流，抒发情绪

请幼儿自由组合，直接向自己曾经羡慕过的小朋友说说自己曾经羡慕他什么；或者跟同伴说说自己曾经的愿望，抒发情绪。

活动建议

活动后，开展主题绘画"如果我有……"

附故事简介

小真的长头发

小真留的是短短的妹妹头，可是她却说，我的头发呀，能长得老长老长：要是从桥上把辫子垂下去，就能钓到鱼；要是从牧场上的栅栏外面把辫子"嗖"的一下甩过去，连牛都能套上呢；只要把头发卷在身上，就成了暄腾腾的被子，要是把辫子紧绷了拉在树上，家里洗的所有衣服就能一次全晾完啦。可是，那么长的头发，怎么洗，怎么梳呢？"这太简单了。"小真说，"抹上香波一揉，那泡沫呀，高得能够着云彩；躺在岸边，让河水冲洗头发；只要悠闲地坐在椅子上，十个妹妹就会卖劲儿地给我梳头。"那么长的头发，平常不是很碍事吗？"没关系，那到时我就把头发烫起来。我的头发会变成树林，小鸟、松鼠、小虫子们都来到这里，这座森林别提有多棒了。"关于长头发的想象无穷无尽。

（故事来源：［日］高楼方子著，《小真的长头发》，新星出版社2014年版）

表情歌（5~6岁）

活动目标

1. 学唱歌曲，有表情地进行演唱。

2. 学会创编歌曲，体验高兴与生气时身体的不同变化。

活动准备

1. 钢琴及录音机。

2. 观察生活中所见到的各种表情，用绘画和拍照的形式记录下来。

活动过程

1. 快乐的小动物

幼儿随欢快的音乐模仿各种小动物的动作进入活动室，当听到音乐变化时教师提示幼儿想一想，这会是什么动物来了呢？

教师重点引导幼儿根据音乐的性质编排动物的模仿动作。

2. 欣赏歌曲

请幼儿说一说自己高兴和生气时都是什么样的，并进行模仿。教师引导幼儿观察在做表情时脸上的五官都是什么样的，都会发生哪些变化。例如："我们高兴时眼睛是什么样的？嘴巴是什么样的？"

教师示范演唱"表情歌"，请幼儿欣赏，激发其学习的兴趣。

3. 学唱歌曲

教师带领幼儿完整学唱歌曲，并能注意表情大胆去表现。引导幼儿学习掌握2/4拍的节奏特点，以及附点二分音符的唱法。

4. 大家一起做

全体幼儿起立，边唱歌曲，边自己创编动作，比如：我高兴，我高兴，我就吐吐舌……我生气，我生气，我就叫两声……

教师引导幼儿大胆创编，用五官及身体动作的变化来表现不同的情绪。

活动建议

1. 在学习歌曲之前，教师可以利用日常时间经常播放"表情歌"。

2. 幼儿练习的方式可以多种多样，如小组表演，男孩、女孩分别表演唱，等等。

附作品

表 情 歌

1=C 2/4

张友珊 词
汪 玲 曲

中速 有表情地

(1 3 4 | 5 4 3 2 | 1 3 | 1 —) |

```
%  1 6    6    | i i    6   | i  6 6 4 | 5  6  | X  X  X |
```

1. 我 快 乐， 我 快 乐， 我 就 拍 拍 手， （拍手）
2. 我 着 急， 我 着 急， 我 就 跺 跺 脚， （跺脚）
3. 我 幸 福， 我 幸 福， 我 就 拍 拍 肩， （拍肩）
　　　　　　　　　　　　　　　　　　　　（X　　X）
4. 我 生 气， 我 生 气， 我 就 噘 噘 嘴， （噘嘴）
5. 我 难 过， 我 难 过， 我 就 轻 轻 哭， （轻哭）
　　　　　　　　　　　　　　　　　　　　（X X　X）
6. 我 高 兴， 我 高 兴， 我 就 大 声 笑， （大笑）

```
5  3    3  1   | 2      3   | X X  X  | i  3    4    5   4 |
```

1. 我 就 拍 拍 手， （拍手） 看 大 家 一 起
2. 我 就 跺 跺 脚， （跺脚） 看 大 家 一 起
3. 我 就 拍 拍 肩， （拍肩） 看 大 家 一 起
　　　　　　　　　（X　　X）
4. 我 就 噘 噘 嘴， （噘嘴） 看 大 家 一 起
5. 我 就 轻 轻 哭， （轻哭） 看 大 家 一 起
　　　　　　　　　（X X　X）
6. 我 就 大 声 笑， （大笑） 看 大 家 一 起

```
                    |1.2.3.              |4.5.   |6.
3  2   1  | X X  X  X X X  X  0 :‖ X - :‖ X   X. ‖
                                          D.S.
```

1. 拍 拍 手。 （拍手）
2. 跺 跺 脚。 （跺脚）
3. 拍 拍 肩。 （拍肩）
4. 噘 噘 嘴，　　　　　　　　　　　　　　　（噘嘴）
5. 轻 轻 哭，　　　　　　　　　　　　　　　（轻哭）
6. 大 声 笑。　　　　　　　　　　　　　　　（大笑）

（四）主题活动

心情预报（大班）

主题说明

每个人都会有开心、愤怒、悲伤等情绪。有的孩子整天快快乐乐，喜欢与人交往，有不愉快的事也善于排解，会以适当的方式表达自己的情绪和情感；有的孩子郁郁寡欢，畏缩胆怯，遇到一点挫折就爱掉眼泪，还不愿意告诉别人；有的孩子情绪起伏不定，顺心时兴高采烈，生气时，常对家人同伴大发脾气，打人骂人……

幼儿正处于个性品质和情绪情感形成的重要时期，积极乐观的情绪有利于幼儿身心的健康发展，为此，我们开展了"心情预报"主题活动。在活动中，我们通过创造宽松温暖的环境，关心和爱护每一个孩子，激发他们乐观向上的情感和

行为；鼓励孩子们用多种方式去认识和表达自己的心情，学会以积极的态度去面对成长中的不愉快，做一个不怕挫折的阳光娃娃。

主题目标

1. 关注自己和他人的心情、情绪变化，了解积极情绪和消极情绪对人们的影响。

2. 尝试用多种方式去感受和表达自己的心情。

3. 初步学会调控自己的情绪和行为，遇到挫折和困难时会想办法解决。

4. 能用语言表达自己的选择和需要。

5. 认识、了解自己和他人的长处，体验积极向上的情绪和行为、学习对自己和别人进行鼓励和赞扬，具有同情心，乐于助人。

主题活动一览表

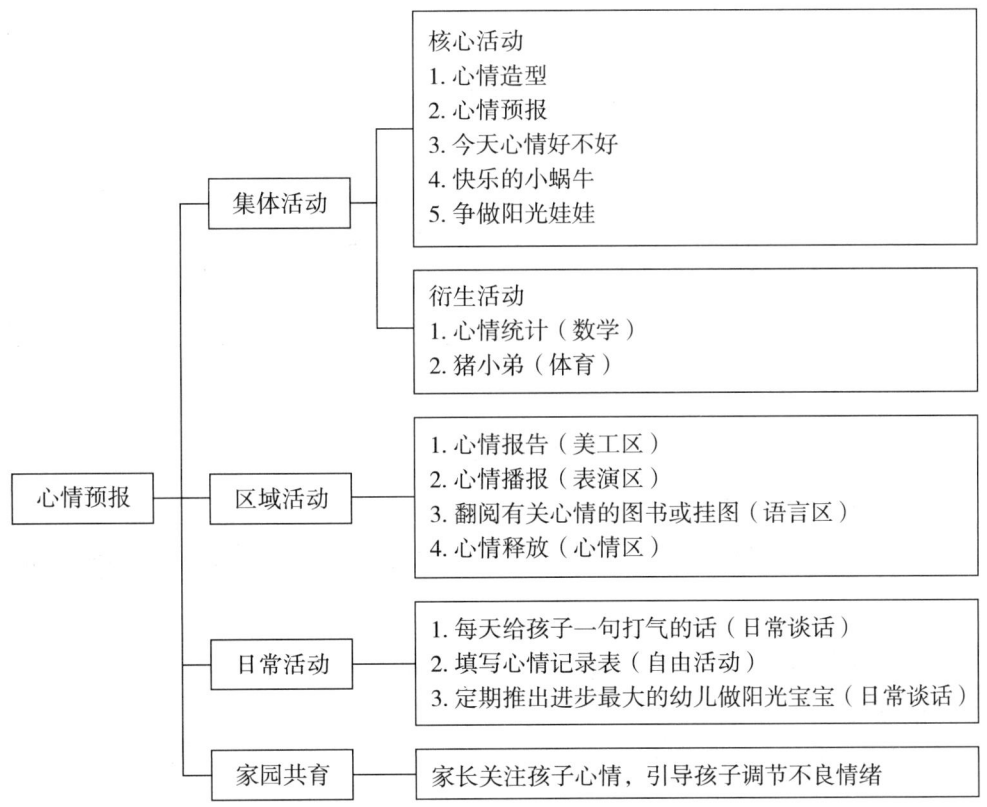

主题墙展示（部分）

在墙面上设置《心情报告表》，幼儿每天选用符合自己心情的心情图案或表情卡片插在上面。

区域规划

区域	投放材料	活动参考
美工区	◇ 空白卡片 ◇ 红、黄、蓝等不同颜色的即时贴，剪刀	◇ 幼儿每天在卡片上画出自己的心情符号，表现自己的心情；也可画出更多不同的心情符号，供其他幼儿选用 ◇ 剪出不同颜色的花或星星图案（以幼儿讨论为准），供播报心情使用
语言区	提供《心情预报》《快乐的小蜗牛》的挂图和有关心情的故事书	阅读故事，学习描述故事人物的心情及心情变化
益智区	设计有关不同心情的游戏棋（如：走到开心的、微笑的格子时就前进二格，走到愤怒的、生气的格子时就后退二格等）	玩下棋的游戏，进一步了解心情好坏对人的影响
心情区	为幼儿准备漂亮的小靠枕、空的易拉罐、棉花包等	当幼儿心情不好时可以到心情区通过对物体的锤打敲击放松心情，释放不良情绪，或与好朋友讲悄悄话

核心活动

心情造型

活动目标

1. 了解每个人都有开心、伤心、生气等多种心情，学习用语言表达自己的心情。

2. 能大胆设计，运用符号、颜色表现不同的心情。

活动准备

一个小朋友开心笑的图片，纸、彩笔若干。

活动过程

1. 观看图片，进行谈话

教师提问：图片上的小朋友怎么了，你是怎么知道的？小朋友的心情是怎样的，你觉得他为什么很开心？

鼓励幼儿大胆想象和讲述。

教师小结：遇到高兴的事，我们会心情愉快、开心，脸上也是笑嘻嘻的。

2. 谈论自己的心情

教师请几名幼儿说说自己在不同情况下的心情，如：老师表扬了自己，自己会是什么心情？妈妈批评了我，我是什么心情？小朋友把我的玩具拿走了，心情是怎样的？通过讨论，幼儿了解每个人都有各种各样的心情。

教师请几名幼儿谈论各种心情的表现是怎样的？如：开心时你是怎样的？生气时你是怎样的？等等。

教师小结：我们每个人都有开心、伤心、生气等多种心情，开心时我们会笑，伤心时我们会哭，生气时我们会发脾气……心情是会不断的变化的。

3. 表现自己的心情

教师启发幼儿大胆想象：我们的心情可以用颜色来表示吗？什么样的心情可以用什么颜色来表示？启发幼儿运用符号、颜色大胆想象、设计，表现自己的不同心情。

幼儿将自己的开心、伤心、生气等心情分别画在纸上。

4. 欣赏和评价

教师与幼儿共同欣赏幼儿设计、表现的心情，相互猜测画的是什么心情。

心 情 预 报

活动目标

1. 理解故事内容，了解人遇到不同的事情，心情会发生变化。

2. 能初步体验他人的情绪情感，懂得相互关心鼓励。

活动准备

自制纸盒电视机，木偶小熊；森林背景图；小兔等几种小动物的桌面教具。

活动过程

1. 听故事的前半部并讨论

教师讲述故事第一段，提出问题与幼儿共同谈论：

电视机里是谁？它在预报什么？（理解什么是心情预报）

森林里的小动物心情是怎样的？晴天表示心情如何？

大灰狼的心情是怎样的？雨天表示心情如何？

你什么时候有过什么样的心情？

2. 思考前半段的故事与谈话

教师提问：小兔子们不明白大灰狼的心情为什么会不好。你们知道吗？（鼓励幼儿大胆想象）

3. 听故事后半段，体验他人的情绪情感

教师讲述故事后半段。提出问题与幼儿共同谈论：

大灰狼的心情为什么不好？

小动物知道后是怎么做的？

大灰狼的心情转晴了吗？为什么？

4. 完整听故事并小结

教师朗诵故事，幼儿完整欣赏。教师请幼儿说说小动物每天做的心情预报有什么用。最后小结：有了心情预报就可以了解朋友的心情，当朋友心情不愉快时可以去帮助他，大家一起快乐。

附作品

心 情 预 报

"各位观众，大家好！欢迎收看《心情预报》，我是主持人波波熊。"电视机里的波波熊可神气了。兔妈妈一家围坐在电视机前，收看着每天的《心情预报》。《心情预报》太重要了，小动物们谁也离不了。主持人波波熊又接着说："今天森林里的大部分动物心情晴天，只有大灰狼心情是雨天，并伴有八级大脾气。请大家不要惹他。心情预报播送完毕。谢谢大家收看！再见！"

兔妈妈赶紧叮嘱小兔子们："听见没有？千万不要惹大灰狼。小心他将你们吞到肚子里。"小兔子们想不明白："大灰狼的心情为什么会不好呢？"小兔子和小动物们来到大灰狼家一看，原来大灰狼在给花园拔草，杂草太多拔不完，又累又热正烦躁呢！小动物一起来帮大灰狼拔草了。大灰狼看到有这么多朋友来帮他，也不感到累了，也不感到热了，和大伙一会儿工夫就将杂草拔完了。大灰狼的心情慢慢由雨转阴了。这时，电视机里又传来主持人波波熊的声音："大灰狼心情由雨将渐渐转晴，心情愉快。小动物可以和他一起玩。"大家一听可高兴了。

《心情预报》节目太好了,小动物们都喜欢它。

(肖袤)

今天心情好不好

活动目标

1. 能较准确地体会和表达自己的心情。

2. 了解每天要保持好心情,才有利于身体健康。

活动准备

1. 自制纸盒电视机。

2. 《心情报告表》如下。

心情报告表

	星期一	星期二	星期三	星期四	星期五
幼儿姓名					
幼儿姓名					
幼儿姓名					
幼儿姓名					

活动过程

1. 玩"心情播报"游戏

每位幼儿依次做心情播报员,在电视机前播报自己今天的心情。

2. 讨论

请幼儿围绕问题讨论:你听了大家的播报,发现今天小朋友什么样的心情最多?在心情播报中,你发现了谁的心情和别人不一样?

讨论了以上问题后,教师小结:心情播报真好,可以让我们大家了解同伴的心情。然后继续讨论:你们喜欢哪种心情?为什么?大家都喜欢快乐、开心。可是有时我们的心情并不是一直都快乐,怎样才能使自己的心情变好呢?

教师小结:当有不愉快的心情时,要学会调整自己,做一个快乐的孩子,心情愉快身体才会健康。

3. 制作心情图案或表情卡片

教师出示写有所有幼儿名字的《心情报告表》，讲解怎样填表。首先请幼儿共同商议确定用什么图案表示不同的心情，如红花或红五星表示开心，黄花或黄五星表示生气，蓝花或蓝五星表示伤心等；也可以画出不同的表情表示不同的心情。接着请幼儿制作心情图案或表情卡片，可以多制作一些，放在《心情报告表》旁边。

4. 使用《心情报告表》

教师请幼儿选择与自己今天的心情相符的心情图案贴到《心情报告表》中，向大家报告自己的心情。以后每天入园时都可以选择与自己的心情相符的图案插入《心情报告表》中，向大家报告自己的心情。

活动建议

幼儿在记录心情时，也可用贴不同数量的图案的方法来表示各种心情的程度，如：★★★表示很开心，★★表示比较开心，★表示开心。

快乐的小蜗牛

活动目标

1. 理解散文，体会文中传达的快乐情绪。

2. 学说散文中优美的语句。

活动准备

1. 图片两张（晴天中的蜗牛、雨天中的蜗牛）。

2. 音乐、录音机。

活动过程

1. 猜谜语

教师说谜语："说它是条牛，不能拉犁头；说它力气小，能背屋子走"。请幼儿猜一猜是什么，引起幼儿听散文的兴趣。

2. 欣赏和谈论散文

教师随音乐朗诵《快乐的小蜗牛》，请幼儿说说：小蜗牛是一只什么样的蜗牛？它喜欢什么样的日子？

教师再次朗诵散文，引导幼儿感受晴天、雨天给小蜗牛带来的快乐。提问：

小蜗牛为什么喜欢天晴的日子？

小蜗牛为什么喜欢雨天的日子？

你喜欢什么样的日子？为什么？

小蜗牛为什么都喜欢？

谈论后教师小结：遇到困难和麻烦时，多往好的地方想一想，我们应该像小蜗牛一样，快乐地对待遇到的事情，做一个天天快乐的孩子。只要善于发现，有一颗快乐的心，快乐就总在自己身边。

3. 谈论自己的经验

教师请幼儿结合自己的生活经验谈谈自己在遇到麻烦和困难时是如何心情愉快地面对解决的。

4. 再次欣赏散文

教师与幼儿共同听录音，学说优美的语句。

附作品

快乐的小蜗牛

小蜗牛很喜欢晴天的日子。

因为，他在阳光下慢慢爬，身后就会拖出一条线。弯弯曲曲地在阳光下闪着银光，很漂亮。

他还会在草丛里钻来钻去，用草叶把他的壳擦得亮亮的。

小蜗牛也喜欢下雨的日子。

因为，他在雨里慢慢爬，雨水就会在他的壳上溅起水花，还会发出好听的声音。

等雨停了，他蘸着雨水，蘸一点花粉，在自己的壳上，画一幅好看的画。

小蜗牛什么都喜欢，因为，他是一只快乐的小蜗牛。

（冰波）

争做阳光娃娃

活动目标

1. 学习认识自己和别人的长处。

2. 学习调节自己的情绪和行为，保持积极向上的心态。

活动准备

准备一些小奖品，幼儿每人一份。

活动过程

1. 谈论最近小朋友的变化

教师引导幼儿谈论：最近小朋友的行为都有哪些变化？谁有好表现？鼓励幼儿互相赞美优点。

2. 教师表扬大家的进步

教师举实例表扬一些平时不出众或淘气幼儿的优点或进步，如爱劳动、学习认真、爱动脑筋、帮助别人等。

3. 评选阳光娃娃

教师小结说每个小朋友都有进步，请幼儿推选在不同方面进步最大、最明显的幼儿，这些幼儿都是"阳光娃娃"。

4. 颁发奖品

教师将小奖品分发给幼儿（"阳光娃娃"可有不同的奖品），幼儿互相欣赏，在欢乐气氛中结束活动。

活动建议

"阳光娃娃"可每周评一次。

（主题选自《幼儿园活动体验课程　教师用书　大班上册》，人民教育出版社 2005 年版）

第二节　集体环境适应的指导

一、概述

对幼儿进行集体环境适应的指导，旨在帮助幼儿更好地完成从家庭到幼儿园的过渡，引导幼儿学习调适身心状态，以适应幼儿园集体生活与活动的要求，逐渐提高幼儿适应环境的能力。

幼儿从家庭走向社会，无论是接触新环境还是进入幼儿园这个集体环境，都需要一个适应的过程，尤其是需要学习并掌握基本的社会行为规范，学会处理人际关系和自我控制，这是幼儿逐步成为"社会人"的一个重要过程。对集体环境适应良好的幼儿，通常能表现出情绪安定愉快的状态，能够融入幼儿园的一日生活与活动之中，能建立良好的师幼关系和同伴关系；而对集体环境适应不良的幼儿则较容易出现焦虑、情绪不稳定、人际关系不良等问题。

（一）教育目标与内容要点

1. 集体生活的适应

主要包括：对幼儿园物理环境及其变化（如班级环境、换园、换班）的适应以及对幼儿园一日生活各个环节（如入园、进餐、盥洗、入厕、午睡、户外活动、离园）常规及活动方式的适应。在此过程中，幼儿能逐渐情绪安定和愉快，并能保持正常的生活作息状态（如睡眠、饮食、入厕正常等）。

2. 人际环境的适应

例如：在入小班、长假结束回到幼儿园、换新老师时，能较快地适应；能在新环境中找到玩伴，与同伴建立良好的关系；能和长期相处的老师建立起比较稳定的师幼关系等。

3. 活动方式及社会行为规则等的适应（略，参见《幼儿园社会教育资源》，人民教育出版社2017年版）

（二）教育指导要点

1. 做好幼儿入园期间的家园沟通，降低幼儿的入园焦虑

（1）做好幼儿入园前的各项准备工作

在幼儿入园前，教师要召开家长会，引导家长做好幼儿入园前的各项准备，尤其需要指导家长理解和应对入园初期幼儿表现出来的亲子分离焦虑和入园焦虑；请家长带领幼儿参观幼儿园和班级，熟悉幼儿园和班级的生活环境；教师要认识每个幼儿，了解每个幼儿的特点，与幼儿建立熟悉感，最好能进行一次家访，以便更好地了解和熟悉幼儿。

（2）做好幼儿入园初期的家园沟通

在幼儿入园初期，教师要与家长密切交流和沟通，对幼儿出现的亲子分离焦虑和入园焦虑进行具体的指导和帮助；引导家长注意尽量早接，减少幼儿在园的漫长感受；家长接幼儿时，教师应及时向家长表扬幼儿的点滴进步，并鼓励家长多称赞幼儿，增强幼儿上幼儿园的主观动机。

（3）幼儿在园的时间可逐步延长

幼儿入园初期，在园的时间可以根据幼儿园和家庭的实际情况，逐渐延长。例如，入园的最初一个星期，可以是半天在园，待幼儿较熟悉幼儿园的生活与活动后，再逐渐延长在园时间。这样做有助于缓解幼儿的焦虑，帮助幼儿逐渐适应新环境。

2. 营造温馨、关爱的班级氛围，使幼儿有安全感和依赖感

（1）布置温馨的班级环境

小班的环境布置应温馨，宜使用柔和的墙面颜色，室内的墙饰不要过于鲜艳和杂乱，以免增加幼儿的焦躁情绪；室内的灯光照明、桌椅橱柜、沙发靠垫的摆放要让幼儿感觉安全和方便。

（2）与幼儿建立友好、亲昵的师幼关系

教师应主动关爱每个幼儿，尽量创造机会与幼儿拉手、拥抱，在语言互动的同时尽量增加肢体互动，努力与每个幼儿建立亲密的关系。

（3）尊重幼儿的个体特点，帮助幼儿建立安全感

新入园的幼儿，往往会带有一些在家时的生活习惯，例如吃饭时习惯成人喂，睡觉时习惯成人拍一拍或喜欢抱着布偶等，教师应尊重幼儿的这些个体特点，帮助幼儿建立安全感。

3. 帮助幼儿尽快建立良好的同伴关系

新入园的幼儿对其他小朋友会感到陌生，教师应通过生活活动（如进餐、盥洗、睡眠）以及各种游戏活动（如桌面游戏、娃娃家游戏、小组共同游戏、运动游戏等），引导幼儿尽快与小朋友熟悉起来，指导他们如何相处，帮助他们建立起友好的同伴关系。

4. 采用有趣的形式，帮助幼儿理解生活常规的内容和意义

教师可根据幼儿的年龄特点，采用儿歌、游戏等有趣的形式，帮助幼儿理解生活常规的内容和意义，如洗手、喝水、排队等，逐步引导幼儿学会遵守基本的生活常规。

二、知识窗

(一) 分离焦虑

分离焦虑是指个体与其依恋对象分离或与其家庭分离而引起的过度焦虑和发展性不适①。幼儿分离焦虑最明显的时期为7~24个月，此后最为典型的分离焦虑即为幼儿从家庭进入幼儿园时所产生的入园焦虑。除了入园焦虑，当幼儿放假后重回幼儿园，父母长时间离开等情况下也会产生分离焦虑。幼儿分离焦虑常常表现在小班开园期，幼儿会紧紧地拉住爸爸、妈妈的手，拒绝入园或是长时间哭泣，一些幼儿还表现出不思饮食、情绪低落，甚至易发生疾病等情况。由于幼儿的分离焦虑根源于幼儿安全需要的失衡，因此，帮助幼儿尽快摆脱分离焦虑就需要从根本上分析造成幼儿心理失衡状态的原因，并尽量避免失衡状态的产生。

教师在幼儿入园前，可以通过家长学校、家访、早教服务等方式引导即将入园的家庭，尽早帮助幼儿形成稳定的生活常规，向家庭传递幼儿园一日生活和作息常规，使幼儿在家庭中的生活常规能够与入园后生活常规保持一致，降低由于生活习惯差异给幼儿造成的"不确定"感和"不安全"感；让幼儿学习运用语言表达自己的需要；鼓励家长带领幼儿接触不同的玩伴，接触不同的成人和社区生活环境，也可以在家庭中开展一些与幼儿园游戏类似的游戏活动，如"一网不捞鱼"等，以尽早让幼儿熟悉和适应幼儿园生活，降低幼儿的分离焦虑。

判断幼儿的分离焦虑水平时，可以在排除生理疾病的基础上，参考幼儿的一些身体和行为表现。例如，是否有拒绝去幼儿园、无法入眠、夜惊、坐立不安、咬指甲、不与人对视、讲话声音极小等行为表现，以及一些可能与分离焦虑存在相关的、由心理问题所导致的生理症状，如胃痛、头痛、尿频、恶心、呕吐、眩晕、感觉虚弱等。

(二) 常规培养

幼儿园常规教育的意义在于使幼儿学会按时作息，保证身心的健康发展；形成良好的行为习惯和生活卫生习惯，建立对集体生活行为准则的认识，有规律地参与幼儿园活动和生活。

---

① American Psychiatric Association (APA). Diagnostic and Statistical Manual of Mental Disorders, 4th Ed. (DSM-Ⅳ). Washington, DC: American Psychiatric Publishing, 1994.

幼儿园的常规教育包含以下几个关键要素：

◇ 常规的养成是循序渐进的过程，需要不断练习、巩固；

◇ 常规教育的目的并非外在规定，而是希望通过外在的规定帮助幼儿从"他律"走向"自律"；

◇ 幼儿园常规一般包括入园、进餐、喝水、盥洗、游戏活动、午睡、离园等一日生活各环节的行为要求和卫生要求。其中很多方面与幼儿的自理能力和家庭教育中的规则意识密切相关，因而幼儿入园前的家庭规则教育及自理能力培养对幼儿掌握常规的速度具有重要的影响。

（三）幼儿典型的环境适应问题

1. 入园焦虑

入园焦虑是指幼儿因进入幼儿园，与自己的父母或主要抚养人分离，而产生的忧伤、烦恼、紧张、不安、缺乏安全感的情绪体验状态。这是大部分幼儿从家庭进入集体教育机构、从家庭迈向更广阔社会的必经之路。入园焦虑大多发生在小班刚入园时，但个别中班幼儿因各种原因在家里待一段时间，再回到幼儿园时有可能也会出现分离焦虑。尽快帮助幼儿摆脱入园焦虑，适应幼儿园生活，不仅对幼儿意义重大，对教师和家长来说也是极为重要的事情。

2. 不能自理

自理能力是指个体独自处理自己的日常生活、掌握基本的生活技能和劳动技能的能力。自理能力是幼儿从家庭迈向社会生活的基本能力，是从依赖迈向独立的重要基础，早期的自理能力对幼儿的环境适应具有重要的影响作用。2~4岁是自理能力发展的关键时期。

3. 缺乏常规

常规是对幼儿行为施加的准则与控制。常规要求有利于培养幼儿的良好习惯，确保幼儿在安全、有序、自然、自主的状态下活动，使他们逐渐理解并遵守集体生活的规则。常规通常包含生活常规、游戏常规和学习常规。

4. 人际关系不良

幼儿的人际关系主要包括亲子关系、师幼关系和同伴关系。早期的人际关系主要是家庭范围内的亲子关系；入园后，人际关系开始逐渐向外扩张，教师和同伴逐渐成为幼儿人际交往的重要组成部分。

幼儿期良好的人际关系（尤其是良好的同伴关系）对幼儿的社交技能发展具有重要的支持作用。相比其在与成人的关系之中被教育、被照料的角色地位，同伴关系更为平等、互惠和自由。这种关系为幼儿提供了全新的体验，使其有机会探索丰富、多变且富于情境性的社会关系，为幼儿个性形成和人际交往奠定了坚实的基础。

（四）影响幼儿环境适应能力的主要因素

1. 教育环境

幼儿心理和行为都是在一定的教育环境中形成的。良好的教育环境能使幼儿养成正常合理的需要、健康的情感、良好的个性与行为习惯。这样的幼儿易于适应社会环境和自然环境的变化；教育不当，则易形成不合理的需要、不健康的情感、不良的行为习惯。这样的幼儿则难与社会环境协调一致。如有的家长对孩子娇惯、溺爱，养成了挑食、懒惰、生活起居随心所欲、自私、一切以个人为中心，不尊重别人、总要别人依从自己的个性与习惯。这样的孩子就很难与人友好相处，很难被同伴儿童接纳，很难适应社会环境。

2. 家庭结构和居住环境

由于城市化进程加快，小家庭多，城市居住环境日趋封闭，孩子与同辈人交往很少，这在很大程度上影响他们社会适应能力的发展。

3. 年龄和个性特征

幼儿控制和调节自己心理活动和行为的能力较差，生活自理能力和社会交往能力差，社会交往经验缺乏，都是不利于环境适应能力发展的因素。幼儿个性特征也是影响其社会适应能力的重要因素，幼儿的气质、性格、能力、需要和兴趣都直接影响其适应能力。

（五）孤独症

孤独症是具有社会交往、语言沟通和认知功能特定的发育延迟和偏离为特征的一组神经精神障碍。据美国疾病控制与预防中心调查，1∶150的美国幼儿有过孤独症诊断。该病一般在30～36个月内起病，但多数病儿早期症状在婴儿期即已出现，至12～30个月症状明显。

幼儿孤独症的主要临床表现有：①社会交往障碍：病儿对人缺乏兴趣、无动于衷，缺乏相互性社会交往。②语言交流障碍：包括非语言交流障碍、语言发育延迟或不发育以及语言内容、形式的异常。③病儿兴趣狭窄，易对某些物品产生不寻常的依恋行为，日常生活习惯不愿被改变，同时还会有仪式性或强迫性行为。④感觉和动作障碍：病儿对疼痛和外界刺激麻木，对某些刺激又会特别敏感。常常多动，姿势怪异，还会莫名其妙地笑或哭。⑤智能和认知障碍：孤独症病儿的智能约有50%处于中度和重度低下水平（IQ低于49），约25%为轻度低下水平（IQ为50～70），还有25%可保持正常。

孤独症的诊断主要借助于病史、精神检查、体格检查、实验室及物理检查和相关评定量表进行。孤独症的处理应采取综合措施，包括：①药物治疗，使用中药和西药进行症状缓解；②训练教育，通过认知教育，培养良好行为；③行为训练，通过正强化固定好的行为。同时，要注意对家长的咨询，并鼓励家长积极参与。

三、素材集锦

所有培养幼儿良好情绪、生活自理能力的儿歌和故事，对于幼儿环境适应能力培养都有裨益，可以选用。

（一）故事

小乌龟上幼儿园

今天是小乌龟上幼儿园的第一天。幼儿园里的人，小乌龟一个都不认识，他害怕地把头、手和脚通通缩进乌龟壳里。

小青蛙走过来。"咦，这是什么东西呢？"小青蛙爬上乌龟壳，在上面跳上跳下，太好玩了！

小鸭子走过来。"咦，这是什么东西呢？"他拿起鼓槌在乌龟壳上敲啊敲，又呱呱呱地大声唱歌，太好玩了！

两只小鸡走过来。"咦，这是什么东西呢？"他们一起在乌龟壳上画画，还在上面挖蚯蚓，太好玩了！

小乌龟在壳里，忍不住大哭大叫起来。小青蛙、小鸭子和小鸡都吓了一跳，"啊！他会动，还会说话呀！"

小青蛙、小鸭子、小鸡和小青蛙做了好朋友，他们组成了一个乐队，大家一起唱唱跳跳，真是太好玩了！

（李紫蓉）

适用年龄　3～4岁

渗透教育　理解、接纳害怕陌生环境的情绪，逐步适应环境。

作品分析

故事特别贴近刚入园幼儿的感受和生活，让孩子们有一种恍然大悟的感觉，哦，原来好多人、好多小动物都害怕上幼儿园啊！孩子们找到了一种情感的共鸣。借助小乌龟，他们表达、宣泄了自己的感受，并且模仿故事里的小动物，学着理解害怕陌生环境的情绪，试着找到一种更好的共处办法，让自己和别人都快乐起来。

使用建议

1. 教师讲述故事，和幼儿讨论：小乌龟第一天上幼儿园发生了哪些事？小乌龟遇到谁了？如果你是小乌龟，你会怎么办？

2. 请幼儿说说如果班上也有小朋友像小乌龟一样害怕，应该如何帮助他呢？（如：邀请他一起玩，请老师抱抱他，大家一起安慰他，等等）。

3. 请幼儿在区域自由玩耍，鼓励幼儿邀请想妈妈的幼儿一起玩。

一　起　玩

小猫咪咪独自在家里玩。

"咪咪，出来玩！"长颈鹿敲着窗户喊咪咪，咪咪摇摇头，心里想，长颈鹿这么高，会欺负我的。

"咪咪，出来玩！"大象敲着窗户喊咪咪，咪咪摇摇头，心里想，大象这么大，会欺负我的。

"咪咪，出来玩！"小老鼠敲着窗户喊咪咪。

"跟谁玩？"咪咪问。

"跟长颈鹿、大象他们呀！"小老鼠愉快地回答。

"哇，他们那么高，他们那么大，要欺负我们的。"咪咪皱着眉头说。

"嘻嘻，谁欺负人呀！"小老鼠笑了，"我是他们的老朋友了，他们从来没有欺负过我，我带你去和他们交朋友。"

小老鼠拉着咪咪，找来长颈鹿和大象，长颈鹿和大象可高兴了。大象用长鼻子把咪咪卷起来，晃呀晃呀，像在荡秋千，真好玩，咪咪笑了。

"咪咪，你来找我。"小老鼠在哪儿喊？咪咪仰着头，找呀找，呀，看到了，小老鼠在长颈鹿高高的脖子上。

"我也来，我也来！"咪咪笑着，哧溜一下，爬到了长颈鹿高高的脖子上面，和小老鼠站在一起。

"在外面好玩吗？"小老鼠问咪咪。

"在外面一起玩真好！"咪咪也嘻嘻地笑了。大朋友小朋友都是好朋友。

（李想）

适用年龄 3～4岁

渗透教育 体验和小朋友一起游戏的快乐。

作品分析

小猫咪咪因为胆小，不敢和大家一起玩，当小老鼠鼓励它，带它一起和大象、长颈鹿一起玩的时候，它终于鼓起勇气跟大家一起玩，最后玩得十分开心。这让幼儿学习到要主动勇敢地和小朋友交往，大家一起玩最开心。

使用建议

1. 听故事，记住故事的内容，能有感情地复述故事，让幼儿学会和小朋友进行交往合作，敢于和其他小伙伴交流，体会一起玩的快乐，增强社会适应能力。

2. 开展"找朋友"游戏。伴随歌曲《找朋友》的旋律，让幼儿主动进行社会交往，增强环境适应能力。可以向幼儿提出问题，例如：你都和谁一起玩了？一起玩开心吗？让幼儿表达内心想法，获得真实体验。

小 象 转 学

小象贝托在大象学校上学。有一天，他气呼呼地跑回家，从长鼻子里喷着气，对妈妈说："大象学校太糟糕了，成天教我们搬木头，把我累得半死，我要到别的学校去上学！"

象妈妈把贝托送到猫咪学校去。猫老师教贝托抓老鼠。老鼠们在贝托脚边跳来跳去，贝托笨手笨脚地踩呀踩，可怎么也踩不着。他又用长鼻子去卷，可老鼠们一跳，就跳到他的鼻子上，在那上面跳起舞来。一只淘气的小老鼠还钻进他的鼻孔里，慌得他连打了好几个喷嚏，才把小老鼠赶出去。

贝托不喜欢猫咪学校，象妈妈又把他送到猴子学校去。

猴老师教贝托学爬树，可贝托身子太笨重，刚刚爬到树干上，就滑了下来，怎么也上不去。

贝托对妈妈说："猴子学校没意思！公鸡打鸣很好听，我还是到鸡学校去上学！"

公鸡老师教贝托学打鸣。贝托拼命拉长他的短脖子，憋着嗓门想叫"喔喔喔！"可他发出的总是粗嗓音"噢——噢——"

贝托又改变主意了，说："马儿跑起来多威风！我还是到马儿学校去吧！"

马老师教贝托跑步，对他说："跑步的时候要撒开蹄儿，跑得像云那么轻，风那么快。"

贝托跑了起来，"咚！咚！咚！"他那粗笨的脚儿踩在地面上，就像在打鼓。他刚跑一会儿就累坏了，不停地喘着粗气。

贝托不好意思地对妈妈说："不管学什么都不容易，我还是回到大象学校去吧！"

这回，贝托认真学习搬木头，终于学会了。只见他用长鼻子把树干一卷，使劲儿一拔，大树就拔下来了！接着，他又把一根根木头堆在一起，用长鼻子卷着，运出了树林。

大家都说："贝托干得不错，真是大象学校的好学生！"

贝托高兴地翘起长鼻子，眯着眼睛笑了。

（杨楠）

适用年龄　4～6岁

渗透教育　学会适应环境，理解规则。

作品分析

通过讲述小象贝托转学的一系列故事，让读到故事的小朋友明白：不管在哪个学校，学什么都不容易，所以无论在哪都要认真、努力。小朋友们要学会适应周围环境，摆脱焦虑情绪，尊重并理解规则。

使用建议

1. 有感情地向幼儿讲述故事，并向幼儿提出问题：小象贝托都转学到哪里了？他最后为什么又转回大象学校了？让幼儿明白无论在哪里都要遵守规则，学会做事情要专心。

2. 进行角色扮演游戏，让幼儿通过表演故事情节，增加游戏带来的愉悦体验，摆脱入园焦虑等情绪。

（二）图画书

名称　我爱幼儿园

作者　［法］塞尔日·布洛克（著），张艳（译）

版本　北京科学技术出版社 2012 年版

内容简介

小男孩莱昂要上幼儿园了！开学的第一天，他会遇到什么事情呢？在幼儿园里，都有哪些人？会做哪些事情？要遵守什么规则？会有哪些感受？……让我们跟随莱昂，一起来了解关于上幼儿园的各种细节，解决对上幼儿园的各种困惑，以放松的心情来面对这个"重大的事件"吧！

适用年龄　3～4 岁

使用建议

1. 和幼儿一起阅读图画书，引导幼儿观察画面中各种人物的表情，了解书中的小男孩莱昂上幼儿园的各种细节，体会莱昂逐渐爱上幼儿园，并说出自己"长大了"的自豪感。

2. 和幼儿讨论自己上幼儿园的感受，请幼儿说一说自己班级的老师和小朋友都有谁、在幼儿园最喜欢做什么、在幼儿园发生了哪些有意思的事情等，增强幼儿对在园生活的积极情感。

（家向）

四、案例精选

（一）环境创设

宝贝区（3～4 岁）

创设说明

在幼儿园小班，通常会有一个幼儿的宝贝区。教师在宝贝区垫上舒服的坐垫，放上靠枕，还可以请幼儿把从家里带来的最喜欢的玩具摆放在其中。

刚刚入园的幼儿，会将自己最心爱的玩具带到幼儿园，抱在怀里。这样让他们感到安慰，感觉到自己上幼儿园并不孤单。教师可以从中引出和幼儿交谈的话题，迅速拉近教师和幼儿之间的心理距离。

案例分析

宝贝区的玩具有安抚幼儿情绪、建立新旧环境之间联系、实现二者之间顺利过渡的作用。

（二）生活和游戏中的教育

一起玩游戏
——帮助幼儿摆脱入园焦虑

思远妈妈走后，思远一个人坐在小板凳上哭。畅畅走过去安慰她说："妈妈晚上就来接你了。"

思远却毫不领情，哭着说："你走开，我不想跟你说话！"

畅畅灰溜溜地走开了，然后去积木区搭积木，搭好之后又大喊一声："倒！"把积木推倒。思远的目光被畅畅吸引过去。

一会儿她走过去，和畅畅一起推倒积木，几个小朋友都闻声赶了过来，玩得哈哈大笑。

案例分析

入园焦虑是幼儿新入园或面临转园、转班等特殊时间点所产生的心理不适。帮助幼儿摆脱入园焦虑需要经历三个阶段。

（1）通过趣味性的、群体参与性的游戏活动让幼儿与教师和同伴尽快熟悉起来。

（2）放下戒备心理，循序渐进地参与班级生活，逐步熟悉并接受班级规则。

（3）适应班级规则，并以规则来指导自己的行动，逐步进入适应状态。

在上述案例中，我们可以看到，思远想念妈妈，小朋友畅畅去安慰，却没有结果。但是，偶然发生的玩具倒塌事件将思远吸引到了游戏中。使她不自觉地忘记与妈妈分离的难过心情。可见，活动和游戏的丰富性与分离焦虑程度成反比。教师如果在环境创设和活动设计等多方面做出调整，丰富活动吸引孩子，可以有效缓解分离焦虑带来的不良影响。

开 汽 车
——帮助幼儿理解并适应班级规则

小满这段时间已经渐渐地适应了幼儿园的生活，但是仍然有一件事让李老师很头疼——她一高兴就会在教室里疯跑，完全停不下来。小满表达高兴的方式并没有问题，但是她这样的做法会打扰其他幼儿，而且会让孩子们互相模仿，使教室变得混乱起来。

小满今天又高兴地跑了起来，李老师喊了好几次让她停下来，她就像没听到一样。而且李老师一喊，她就像故意的一样，冲李老师做鬼脸儿。

保教主任张老师刚好经过，她对小满的情况有一些了解。她走进教室，忽然也和小满一样，跑了起来，一边轻轻地跑，一边引着小满进入睡眠室，嘴里说："小汽车跑起来啦！""跑进睡眠室啦！"

果然，小满跟着张老师进了睡眠室。

张老师带着小满跑了两圈儿，然后忽然说，"不好，快停下！""前面来了一辆大卡车！""吱——嘎——"边说边做出紧急刹车的动作。

小满跟着张老师也"吱嘎"一下停了下来。

张老师说："天哪！小满，你的小汽车撞坏了！在教室里开车很容易撞坏的！以后要在户外活动的时候再开你的小汽车，好吗？"

案例分析

幼儿园生活与家庭最大的区别就在于"规则"的不同。这就需要幼儿改变在家庭中以自我为中心的行为模式，努力去适应制度化的生活。入园初期幼儿对这种集体生活的"规则"完全没有认知，因此常常摸不着头脑，他们会困惑于"为什么玩着、玩着就要收玩具了？""为什么不能去外面玩？"等等问题，因而感觉力不从心，产生适应不良。因此，要想让幼儿适应班级环境，就需要让他们清楚地了解班级中的"规则"，并且以他们能够接受的方式去教会幼儿学习规则。本案例中，张老师利用"开汽车"的游戏规则，规范幼儿行为，让孩子理解幼儿园的活动常规，学会适应，避免了对幼儿生硬的说教，收到良好的效果。

医院来了病人
——引导幼儿学会加入同伴的游戏

区域活动时,朝朝、浩然和丁丁三个人正在小医院里忙活,一个扮演医生,一个扮演护士,一个扮演病人。

锦瀚也想去小医院里玩,他对医院里的三个小朋友说:"我也想玩一会儿。"

丁丁指了指医院门口的三个脚印,抬头看了看他,示意说:"我们人够了!"

锦瀚在医院门口看了一会儿,仍然很想进去玩。

他又试了一次:"我也想玩!你们让我玩吧!"

丁丁又拒绝了他。

齐老师在旁边观察到了这一幕。她悄悄走了过来,走到医院门口,突然假装"扑通"一下摔倒了。她向旁边的锦瀚伸出手,模仿老人的口气说:"小朋友,老奶奶我摔倒了,脚好像摔坏了,你能把我送医院里去吗?"

锦瀚赶紧将齐老师扶起来,着急地拉着齐老师走进医院,对医生喊:"来人呐!来人呐!老奶奶的腿摔断了!"

医生们赶紧过来给齐老师看病,并且吩咐锦瀚去拿化验单。在齐老师的帮助下,锦瀚顺利地加入了游戏。

案例分析

同伴交往是幼儿在园最主要的人际交往形式,也是最容易出现分歧、纠纷甚至是冲突的人际交往情境。同伴关系良好,能够发起、参与同伴游戏,较好地解决与同伴间纠纷的幼儿,其幼儿园适应状态也较好;反之,不能很好地参与同伴游戏,无法有效解决同伴冲突的幼儿,多出现环境适应不良的状态。

在游戏中,教师要有意识地运用角色身份和交往语言,使幼儿通过观察和模仿学会如何与同伴交往,加入游戏,学会有礼貌地表达自己的游戏意愿和交往意愿。案例中教师巧妙制造"事件",使幼儿顺利加入游戏。这样,幼儿通过同伴学习、榜样示范等方法,就能逐渐学会并掌握参与同伴游戏的策略。

给小班幼儿家长的一封信
——家园合作帮助幼儿适应环境

亲爱的家长朋友：

您的孩子即将开始全新的幼儿园生活，从这里开始迈向广阔的世界。离开父母，面对全新的生活环境，对幼小的孩子来说是一种挑战，因此需要您和我们共同努力，让孩子更快地适应幼儿园生活。下面是我们给您的一些关于孩子入园方面的建议。

1. 物质准备

请给孩子准备好一套备用衣物（内衣、内裤、外裤），准备一双便于室内活动的软底鞋；教会孩子说自己的名字和父母的名字；会主动用语言表示大小便的需求；给孩子与同伴相处和游戏的机会。

2. 熟悉幼儿园作息，并努力保证家园作息一致

8：00—8：30 入园

8：30—9：00 户外活动、早操锻炼

9：00—9：20 早点

9：25—9：35 盥洗、小便、课前准备

9：40—10：00 集体活动

10：00—10：50 区域活动

10：50—11：00 盥洗、小便、餐前准备

11：00—11：30 午餐

11：30—11：45 散步

11：45—12：00 盥洗、准备午休

12：00—4：30 幼儿午休

14：30—14：50 起床整理衣物

14：50—15：30 区域游戏

15：30—15：50 下午点

15：50—16：40 户外活动

16：45—17：15 幼儿离园

3. 其他注意事项

◇ 为保证孩子情绪稳定，在您离园前要愉快、亲切地向孩子说再见，告诉他（她）会准时来接他（她）并信守承诺。

◇ 在您送孩子时，请保持自身良好的情绪状态，即使有舍不得的感觉也尽量不要流露，以免孩子受到这一情绪的感染。

◇ 若无特殊，请您坚持送孩子上幼儿园，使他（她）能更快适应新的生活环境。

◇ 接孩子回家后，尽量避免以"老师对你好吗？""有人欺负你吗？"等带有暗示性的语言询问孩子在园情况；可以以中性的问话方式，让孩子说说"幼儿园有什么好玩的？""发生了什么有趣的事儿？""你今天认识了谁？"等。

◇ 请您务必及时、主动地与教师沟通孩子在园和在家的情况（包括药物过敏、疾病、服药等情况），共同协作，努力缩短孩子不适应的时间。

感谢您的支持和合作。

××幼儿园××班

案例分析

帮助新入园的幼儿尽快适应幼儿园的生活，缓解分离焦虑，是幼儿园小班工作的重中之重。幼儿园会通过家长会、家访等方式，让家长了解幼儿园教育的特点、幼儿园生活作息和常规要求，以及入园初期的具体的配合工作，以增加教师与幼儿的熟悉程度、增强家长与幼儿园及教师之间的相互了解，实现家园的顺利过渡。

案例中的这封信，从意义、物质和精神准备、语言技巧等各个方面，为即将入园的家长提供了简洁而具体的指导，清单式的方式，也便于家长记录和操作。

（三）教学案例

我上幼儿园（3~4岁）

活动目标

1. 了解歌词的意思，能初步跟着琴声唱歌。

2. 愿意和大家一起唱歌，有快乐的情绪。

活动准备

布娃娃一个。

活动过程

1. 激发兴趣

教师手拿布娃娃，用布娃娃的口吻说："爸爸妈妈去上班了，我要上幼儿园了。我不哭，也不闹，叫声老师好！"

2. 熟悉歌曲

（1）老师无伴奏演唱歌曲两遍，并加上相应的动作。

（2）提问：爸爸妈妈上哪儿去了？我上哪儿？宝宝在幼儿园里是怎么样的？对老师说什么？

3. 学唱歌曲

（1）教师范唱。

（2）小朋友和老师、布娃娃一起唱。

附作品

我上幼儿园

1=C $\frac{2}{4}$ 　　　　　　　　　　　　　佚名　词曲

```
5 5 3 3 | 5 6 5 | 3 5 6 6 | 5 — |
爸爸 妈妈  去 上 班， 我 上 幼 儿 园。

3 5 6 | 5 6 3 | 2 5 3 2 | 1 — ‖
我 不 哭  也 不 闹， 叫 声 老 师 好。
```

我会……（3～4岁）

活动目标

1. 发现和表达自己会做的各种事情，树立自信心。

2. 乐于自我服务，发展自我意识。

活动准备

教师拍摄幼儿自我服务和关心他人的照片，如自己系扣子、穿鞋、搬椅子、端汤、帮助和安慰别人等。

活动过程

1. 分享幼儿的照片。

2. 请幼儿说一说照片里是谁，在做什么事情，给这些"会……"的小朋友以鼓励。

3. 请小朋友们在集体面前说一说，或者用动作表演一下，自己会做哪些力所能及的事情。

4. 请幼儿与身边的小朋友交流自己会做的事情，通过同伴模仿和学习，鼓励幼儿自我服务。

活动建议

教师拍摄小朋友游戏和自我服务的照片，也可请家长拍摄了带到幼儿园来，张贴在班级的展示墙上，引导幼儿相互学习。

阅读规则我来定（4~5岁）

活动目标

1. 讨论并合作制定阅读区活动规则，以图画的方式记录下来。

2. 增加对班级规则的认同感，提高自律能力。

活动准备

1. 有关阅读区的一些照片，如：阅读区小朋友们拥挤在一起、图书摆放不整齐、幼儿撕扯图书、抢书等。

2. 彩笔和画纸。

活动过程

1. 分享照片，引入活动

幼儿观看在阅读区中的照片，并谈谈看后的感受。

2. 讨论制定规则

启发幼儿思考：阅读区应该有怎样的规则？怎样避免出现照片中的那些问题呢？

教师提示幼儿从爱惜图书、图书取放规则、同伴共同阅读的方法、阅读的声音、保护视力等方面,畅谈自己设计的阅读区规则。

3. 总结和记录

总结幼儿的发言,并用简洁的文字记录下来。

活动建议

请感兴趣的幼儿用绘画的方式表示班级阅读区的规则,并张贴起来。

第三节 性 教 育

一、概述

对幼儿进行性教育,旨在引导幼儿了解粗浅的性生理和性保护知识,帮助幼儿建立性别意识,促使幼儿逐渐形成正确的性别认同以及性别角色的意识和行为。性教育也是一种生活教育。

在幼年时期,已有很多幼儿开始对性产生好奇,想要知道为什么男孩和女孩的身体不一样,自己是怎么来到这个世界上的,等等。幼儿对性的好奇,与他们对其他事物充满好奇是一样的,都是认知发展的必然产物,需要成人予以正面的回应和解答,帮助幼儿形成健康的性态度。单纯的回避、压抑或哄骗只会让幼儿从小产生性神秘感,容易导致幼儿对性产生偏见。幼儿阶段是建立性别意识、形成性别自我认同以及性别角色意识和行为的重要时期,通过性教育,能帮助幼儿逐渐形成正确的性别认同以及与自身性别相符合的性别角色意识和行为,这对其未来的恋爱与婚姻将产生重要的影响。同时,对幼儿进行性教育也能增强幼儿的性保护意识,预防性侵害。

(一)教育目标与内容要点

1. 性别生理教育

例如:了解男孩和女孩、男性和女性在性生理外部特征上的差异、排尿方式的不同及性器官的卫生保健常识;知道自己的性别和他人的性别;初步了解宝宝是从哪里来的;知道女孩子将来要做妈妈,男孩子将来要做爸爸。

2. 性别角色教育

例如:喜欢自己的性别;了解与性别相适应的衣着、装扮等外貌特征,建立正确的性别审美;喜欢穿戴与自己性别相适应的服装或头饰;具有适宜的性别自我认同;表现出与自身性别相符的性别意识和行为;了解家庭中父亲和母亲的角色差异及家庭成员的关系;初步理解家庭、婚姻的含义。

3. 自我保护和尊重他人

例如:认识男厕和女厕的区别;能用恰当的语言和动作(如握手、拥抱、贴脸、亲吻)表达对他人的喜爱之情与亲密情感;能初步识别及应对不恰当的身体接触,知道要保护自己的隐私部位(女孩:背心、裤衩遮盖的地方;男孩:裤衩遮盖的地方),不让他人触摸;知道性别尊重,形成自我保护及尊重他人的意识和行为。

(二) 教育指导要点

1. 在性教育中,成人的观念与态度至关重要

成人应树立正确的性价值观。成人对幼儿性问题、性好奇、性游戏等的正确回应和引导可以有效地避免幼儿产生性神秘感,帮助幼儿形成健康的性态度,这有助于儿童未来建立健康开明的性价值观。反之,若将幼儿对性的好奇认定为"不良行为"或"性早熟",甚至加以训斥,用"龌龊""下流"等字眼来形容,会让幼儿产生羞愧感,形成性自卑甚至性罪恶的不良心态。因此,教师及家长应以正确的观念和态度面对幼儿的行为与表现,坦然地解答幼儿的性疑惑,巧妙地纠正幼儿不适宜的行为,给予幼儿正面的引导。

2. 在日常生活和游戏中渗透性教育

幼儿在日常生活中随时会接触到有关性的问题,如发现男女在穿衣打扮、入厕、梳洗中的不同,遇见挺着大肚子的孕妇或正在哺乳的母亲等,由此便会引发一些性好奇。此时,正是对幼儿进行性教育的极好机会,成人应善于抓住有利时机,坦然面对,适当解释,正面回答幼儿的提问,有意识地渗透有关性生理、性角色的教育。教师在安排幼儿排队、盥洗、唱歌等活动时,有时可以有意识地先请女孩子做,再请男孩子做,这样有助于帮助幼儿确认自己的性别,增强幼儿的性别自我认同。有些游戏对帮助幼儿形成正确的性别认同及性别角色意识和行为也非常有益,例如,娃娃家的游戏可以帮助幼儿体验和模仿家庭中父亲和母亲的角色差异,结婚的游戏可以促使幼儿确认自己的性别意识和行为,游戏都有助于强化幼儿的性别自我认同,促使幼儿形成对未来家庭及婚姻角色的良好期待。

3. 有目的、有计划地开展性教育活动

幼儿园应根据幼儿的年龄特点以及学习与发展的需要，有目的、有计划地开展性教育活动。教师需要提前做好理论、观念的充分准备，需要掌握系统科学的性知识，把握幼儿期性生理及心理发展特点、幼儿性心理发展规律、性发育表现，了解幼儿性教育的原则、策略，具备与幼儿沟通的技巧。这样，在实施性教育时，才能较好地制定活动目标，选择适宜的活动内容，采用适宜的活动方式与方法。同时，教师还需要充分考虑到中国的传统文化与习俗，所选择的性教育内容以及所使用的语言，应能被家长和幼儿接受。

在开展性教育的过程中，教师可借助多媒体设备呈现图片和影像给幼儿看，可设计多种游戏形式（如角色扮演、情景表演等）让幼儿体验和感受，也可以通过阅读图画书和讲故事，与幼儿讨论、交流，帮助幼儿理解相关知识和道理。幼儿的性教育也是科学与社会领域教育的重要内容，因此，可以与科学领域与社会领域的教育活动有机地结合起来进行。可参考的幼儿性教育活动有《认识我的身体》《男孩子女孩子》《我会保护自己》《宝宝哪里来》《我在妈妈肚子里》《结婚啦》《我的家族树》《种豆豆》《胎生还是卵生》等。

4. 构建家园合作开展幼儿性教育的共同体

幼儿时期的教育不仅仅是幼儿园的责任，也是家长的责任。性教育与幼儿的生活与成长密切相关，也受到家长的行为与态度以及家庭环境的影响。因此，幼儿园应与家长密切沟通和交流，帮助家长树立正确的性教育观念，给予家长必要的性教育指导，充分发挥家长的作用，使家长在日常生活中，有意识地渗透性教育，树立正确的榜样作用，为幼儿营造温馨、和睦的家庭生活，促进幼儿健康成长。

二、知识窗

（一）幼儿的性好奇及其原因

1. 幼儿好奇、好问的心态

处于3～6岁的幼儿正是对客观世界充满好奇，愿意动脑去一探究竟的年龄。他们会奇怪"为什么秋天树叶会变黄""为什么月亮挂在天上""为什么要睡觉""为什么要吃东西"……而"我从哪里来""为什么我有小鸡鸡""女孩为什么蹲着尿尿"这样的问题，正是他们所好奇的问题大军中平平常常的一个。好奇好问

的心理发展特征决定了幼儿阶段孩子会对身体和性问题产生疑问。

2. 成人讳莫如深的回避态度

即便是小婴儿，也会对自己的身体产生好奇。很多小婴儿在换尿不湿的时候会玩自己的性器官；有的小男孩甚至还很自豪地告诉大人"玩鸡鸡"；有些婴儿会在洗澡的时候低头看自己凸起的小乳头，甚至动手捏一捏感觉很好玩儿。一旦遇到类似的情形，成人就会非常不淡定。

很多成人看到孩子摸"鸡鸡"就会强力阻止，甚至大声斥责，让幼儿不知所措，从而进一步产生强化作用，让他们更为好奇。所以说，孩子之所以会对性知识产生神秘的感觉往往与成人回避的态度有很大关系，成人越是避讳，孩子越是感到好奇，越可能使孩子心目中原本正常的问题变成不寻常的"性问题"。

3. 媒体不良信息的影响

由于我国性教育起步较晚，大部分家庭和幼儿园都未系统地开展性教育，因此传媒就成为幼儿获得性知识的主要渠道。[1] 在电视节目和互联网影像中包含着大量具有性含义的内容，这些零散的性知识往往缺乏成人指引，而且超越幼儿的认知和理解能力，使得幼儿对异性拥抱、接吻等信息产生强烈的好奇。

(二) 关于性侵害

性侵害主要包括身体接触和非身体接触两种。身体接触的性侵害包括带有性目的的拥抱、亲吻、抚摸身体、触摸身体私密部位（如女性的乳房与外阴、男性的生殖器等），还包括在侵害对象身上摩擦其性器官，以及试图与其性交。除了直接的身体侵害，非身体接触的性侵害也需要引起成人的重视，主要包括向侵害对象暴露生殖器、在其面前手淫、讲下流话、对其进行性挑逗（给看黄色书籍、图片、录像）、绘制或拍摄裸体画或照片、观看裸体等。

(三) 习惯性摩擦综合征

习惯性摩擦综合征是一种常见的幼儿心理健康问题，指婴幼儿发生的摩擦外生殖器会阴部的习惯性动作。多发生在2岁以后，女童较男童多见。幼儿偶尔抚摸或玩弄自己的性器官，这在其生长发育的过程中属于正常现象，成人不必大惊小怪，但如果幼儿经常去抚摸或玩弄性器官，则应该引起足够的重视。习惯性摩

---

[1] 刘畅. 电视媒介与儿童早期社会化的性教育 [J]. 教育探索, 2006 (4): 108-109.

擦综合征可能与会阴部的刺激（如湿疹、炎症、蛲虫症，包茎引起的包皮炎等）和局部发痒有关，幼儿因发痒而摩擦，而后发展为习惯性动作。也有一些案例并无明确诱因。婴幼儿表现为两腿骑跨于凳子、木块或某种物体上摩擦外生殖器，一些幼儿会双腿交叉上下摩擦。幼儿做摩擦动作时两颊泛红，两眼凝视，额部微微出汗，呼唤不理。多发生在入睡前、醒后或单独玩耍时，常被误认为癫痫发作。幼儿的这种行为很少伴有性幻想，只是一种单纯性的抚弄或摩擦性器官的行为。

教师发现幼儿此类行为表现时不要过于紧张或责骂、惩罚，要以和善的态度叫孩子站起来或让其做其他事情，以分散幼儿的注意力。与此同时还要积极寻找造成幼儿这种表现的原因，让幼儿平时尽量不穿紧身内裤，晚上让孩子感到疲倦后再上床入睡，清晨醒后尽快起床。随着年龄的增长，这种习惯性动作会逐渐消失。

三、素材集锦

（一）故事

认识我自己

夏天，真热啊。果果脱了汗衫，脱了鞋子，最后连花短裤也脱了。

果果想去海滩。他光着身子，穿过小树林，跑呀，跑呀。呀，树林里真凉快，风吹在身上就跟雨淋在身上似的，舒服极了。

果果在树林里跑着跑着，一只猫头鹰忽然指着果果的背后问："果果，那是什么呀，真像一只大皮球。"

果果说："这不是大皮球，这是我的屁股。"

一只小青蛙蹦到果果跟前，指着果果的肚皮问："这是什么呀，真像一个小洞洞。"

果果说："这不是小洞洞，这是我的肚脐眼。"

一只胖熊笃笃笃笃走过来，绕着果果转了好几圈，最后停住，弯下腰，指着果果的两腿中间问："这是什么呀，真像一只小麻雀。"

果果说："才不是小麻雀呢！这是我的小鸡鸡。"

动物们越来越多，问这问那，有的还忍不住伸手去摸果果，摸得果果直喊：

"痒死了！痒死了！"

动物们都跟着果果跑，果果觉得神气极了！他低头看看自己的身体，手臂就越甩越高，腿也越走越有劲！

海滩到了。看，大海伸出许多只手，好像也要摸摸果果。果果奔跑起来，"咚"地跳进海里。他游啊游啊，蓝蓝的海水就像一条巨大的毯子，把果果包起来啦。

"哎呀，看不见了！"动物们只能站在沙滩上说。

（郑春华）

适用年龄 3～6岁

渗透教育 认识自己的身体。

作品分析

这篇作品是通过童话来让孩子认识自己的身体，在题材上有所突破。认识身体（包括生殖器）一直是文学作品中很难表现的题材。但是，幼儿对自己的身体是感兴趣的，从吮手指头到摸"小鸡鸡"，都是自然的生理现象。教师和父母要告诉孩子正确的知识，而不是回避或斥责。本文表现得非常艺术，通过多种动物向果果提问，来完成知识的叙述，让幼儿在快乐中不知不觉地了解和接受。

使用建议

1. 帮助幼儿理解故事内容，知道自己身体各部位的名称。

2. 提问：小动物们摸果果，果果觉得痒痒。你认为身上哪些地方是不能碰、不能摸的。

我从哪里来

我很小、很小的时候，爸爸将我当做一件礼物送给了妈妈。那时候，我还没一粒种子那么大呢。

这件礼物实在是太小了，放在地上，怕给踩坏了；放在柜子里，又怕找不着，怎么办呢？

妈妈说，还是放在妈妈的肚子里最安全。于是，我就来到了妈妈肚子里。

妈妈怕我饿着，专门在我的肚脐眼上接了根带子，靠这根脐带给我送来许多好吃的。妈妈想我可能喜欢游泳，就将我泡在一种叫羊水的水里。

白天，妈妈工作的时候，我在她肚子里晃来晃去。

晚上，爸爸妈妈跟我说话，我听着、听着就睡着了。

后来我在妈妈肚子里长啊、长啊，长得太大了。有一天，把妈妈的肚子撑得疼极了，爸爸赶紧送她去医院。医生把我从妈妈的肚子里拿了出来。

我在妈妈的肚子里待了九个多月，终于见到亲爱的爸爸妈妈啦！

适用年龄　3～6岁

渗透教育　初步了解宝宝是从哪里来的。

作品分析

本故事讲述"我"在妈妈的肚子里由一粒种子那么大到九个月后从妈妈肚子里出来，见到爸爸妈妈的全过程。以孩子的口吻讲述"我从哪里来"既符合幼儿现阶段的认知水平又有一定的科学依据，既通俗亲切又能满足幼儿的好奇心。

使用建议

1. 帮助幼儿理解故事内容，了解"我"在妈妈的肚子里由一粒种子那么大到九个月后从妈妈肚子里出来，见到爸爸妈妈的全过程。

2. 开展"我从哪里来"的活动，请幼儿讲述自己从哪里来，或者画出自己在妈妈肚子里"长大"的过程。

3. 观看妈妈孕育孩子过程的录像，明白妈妈的辛苦，并学会感恩。

（二）图画书

名称　小鸡鸡的故事

作者　［日］山本直英（文），［日］佐藤真纪子（图），蒲蒲兰（译）

版本　连环画出版社2012年版

内容简介

你是男孩还是女孩？是男孩，你怎么知道的？你和女孩有什么不一样？让我们一起从这本书里来找答案。这本图画书中包含了丰富的内容：男女生理结构的不同、生命的诞生、生殖器的清洁、保护自己不要受到性侵害等，表达出"每个孩子都是宝贵的生命"的美好情感。

适用年龄　3～6岁

使用建议

1. 和幼儿一起阅读图画书，可以结合家庭成员的身体和日常生活的实际情况，帮助幼儿了解书中提及的相关性知识，引导幼儿形成正确的性观念。

2. 幼儿上中班开始，可以鼓励幼儿按照书中教的方法，尝试自己洗"私密部位"和换下来的小内裤。家长以示范、指导、鼓励为主，逐渐培养幼儿自己清洁、护理生殖器的习惯和能力。

3. 结合图画书，教会幼儿保护自己不要受到性侵害的方法，并在日常生活中不断提醒、巩固。

4. 让幼儿感受到家人对自己的喜爱和重视，培养幼儿热爱生活、敬畏生命的意识和情感。

（家向）

名称 小威向前冲

作者 ［英］艾伦（著），李小强（译）

版本 贵州人民出版社2014年版

适用年龄 4～6岁

内容简介

这是一本关于性和生命起源的图画书。

书中的主人公是一个名叫小威的精子，它是班级里面游泳最快的一个，但是他的数学很差。班上有一场游泳比赛，奖品是一枚卵子。小威赢得了比赛。它和卵子一起在布朗太太的肚子里慢慢变成了一个小女孩，这个小女孩游泳很快但是数学很差。这个有趣的故事直观地告诉孩子自己是怎么来的。

使用建议

1. 帮助幼儿了解精子与卵子结合，逐渐变成小宝宝的过程。

2. 启发幼儿思考生出来的小女孩和小威为什么会有一样的特征。请幼儿说一说自己和爸爸妈妈哪里相像，引导幼儿初步理解遗传现象。

名称 不要随便摸我

作者 朱惠芳

版本 江西高校出版社 2016 年版

适用年龄 3～6 岁

内容简介

这是一本关于自我保护的图画书。

故事以吉米和妈妈的一次谈话开始，妈妈给吉米讲了一个小女孩被性侵的故事，可是吉米没有识别出危险。在母亲的努力引导下，吉米开始学着说"不"，学会如何应对危险。

使用建议

1. 幼儿对于性危险的识别能力有限，老师可以给予恰当的性教育，让幼儿对自己的身体有所了解。内容不能含糊不清，要教会幼儿最有效的自我保护措施。

2. 结合"我的身体"认识活动，让幼儿认识身体中哪些部位是隐私，不允许别人碰，学会拒绝别人的"触摸"。

四、案例精选

（一）生活和游戏中的教育

为什么会鼓起来

——正面回应性问题

女孩：妈妈，为什么我这里（乳头）鼓起来呢？

妈妈：这是乳头。

女孩：我的只有一点点大，妈妈的大。

妈妈：因为你还小，等你长得像妈妈这么高，乳头也会长大的，就像妈妈的这么大。

女孩：我什么时候长大？

妈妈：等你十五六岁的时候就是长大了。

案例分析

在日常生活中，幼儿会好奇观察小孩和大人、男孩和女孩的差别，会提及很多跟性别有关的问题。有的教师还会发现有的女孩子学男孩子一样站着小便。有些还在上厕所的时候偷偷观察其他小朋友的身体，并且带着"神秘"的坏笑，有些会坏坏地说"××喜欢×××""×××是××的男（女）朋友"。这些都是开始对性产生好奇的表现，需要成人予以正面的回应。

案例中的女儿发现自己和妈妈乳头的区别，主动提问。妈妈不敷衍、不回避，使用孩子能听懂的语言，正面地回应了孩子。

我是从垃圾堆里捡来的吗？
——态度比知识更重要

四岁的诺心小心翼翼地问妈妈："我是从垃圾堆里捡来的吗？"

妈妈："为什么是从垃圾堆里捡来的？"

诺心："宝葫芦他妈妈说的。她妈妈说他是从垃圾堆里捡来的。"

妈妈："你觉得是吗？"

诺心："我怕！"

妈妈："你是妈妈生出来的。"

妈妈找来一本带有人体图片的生理卫生书，指着书中的男性说："这是爸爸的生殖器，里面有种子，爸爸把种子种到妈妈肚子里，你就在妈妈的肚子里发芽、长大。"

诺心："就像种花一样吗？"

妈妈："是的。""后来你长得很大，有这么长，你特别想见到妈妈。"妈妈动手比划，"然后就从妈妈的阴道里生出来了。"

诺心："我是走出来的吗？"

妈妈指着图片说："那时候你还不会走，大概是像坐滑梯一样滑出来的吧。"

诺心："哦，太好了！我不是垃圾堆里捡来的！"

案例分析

我是从哪里来的？我从哪里进入妈妈的肚子里？我怎么从妈妈肚子里出来的？我会生小孩吗？随着孩子年龄的增长，观察和思考能力的增强，孩子会提出很多问题。成人千万不要感到震惊不安，也不要搪塞，可以先听听提出问题的孩子是怎么想的，然后再尽自己所能地简单回答。其实，幼小的孩子对生理方面的细节并不好奇，也不关心，大部分时候他们只是要证实父母对自己的爱。因而面对孩子的问题，既不要刻意回避，也不要长篇累牍地给孩子讲解他可能完全听不懂的知识。

案例中的诺心，一方面对自己是从哪里来的感到好奇，另一方面也隐约有些担心，害怕自己是从垃圾堆里捡来的。得到妈妈的正面回答后，他感到安心。同时，也获得了关于生命起源的正确信息。其实对于幼儿性教育来说，"是否愿意给孩子解惑"要比"在多大程度上解惑"更为重要。

（二）教学案例

我的身体（3~4岁）

活动目标

1. 在游戏中学习身体部位的名称，感受语言的节奏美。

2. 认识男孩和女孩身体的不同。

活动准备

1. 男孩女孩身体挂图各一个。

2. 幼儿已会玩游戏"头发肩膀膝盖脚"。

活动过程

1. 游戏引入，分享经验

（1）和幼儿一起玩游戏"头发肩膀膝盖脚"，调动幼儿的活动兴趣。

（2）请幼儿说一说我们的身体上还有哪些部位。

2. 观看人体图片，认识人体的其他部位

（1）出示女孩挂图，请幼儿判断是男孩还是女孩，并说出自己判断的理由。教师可以了解幼儿对性别特征的认识。

（2）出示男孩挂图，请幼儿进行对比和观察。若幼儿明确提出关于阴茎、阴道名称的问题，可以告诉他们准确的名词。若幼儿不追问，也可以只介绍这些部位的功能，说明是尿尿的器官、哺乳的器官即可。

3. 告诉幼儿这些部位是隐私部位，不能让别人随便触碰，让孩子有自我保护的意识。

活动建议

活动后，可以开展游戏"身体碰碰头"。幼儿和教师一起念儿歌："你是我的好朋友，早晨见面碰碰头（鼻子、脚、膝盖……）；你是我的好朋友，晚上回家碰碰手（胳膊、脸、腰……）。"当幼儿听到"碰碰××"的时候，迅速地找到一个伙伴，和他碰一碰。中间可以请幼儿自编儿歌，进行游戏。游戏中和游戏结束后，都可以把握机会和幼儿一起讨论哪些地方是不能被触碰的。

动物宝宝（4~5岁）

活动目标

1. 了解常见哺乳动物宝宝的出生、成长过程。

2. 知道有些小动物宝宝靠吃妈妈的奶长大。

3. 激发幼儿关爱小动物的情感。

活动准备

1. 从科普童书中选择常见的哺乳动物宝宝图片。

2. 幼儿在日常生活中有饲养动物和种植植物的经验。

活动过程

1. 出示动物图片，请幼儿说出动物名称和特征

请幼儿说一说：你知道这些动物的小宝宝是什么样子的吗？它们一次能生几个宝宝？

2. 观察图片，了解哺乳动物的出生和成长过程

讨论：动物宝宝是怎样出生的？它们在妈妈的肚子里呆了多久？××妈妈一次生下几个宝宝？

3. 了解动物宝宝出生后对妈妈的依赖

向幼儿介绍动物宝宝出生之后的状态，请幼儿观察动物宝宝吃奶的情形。萌发幼儿关爱动物的美好情感。

4. 说说自己小时候

请幼儿想象一下自己刚出生时候的样子，并畅所欲言。

活动建议

1. 请幼儿在美工区进行想象画"小时候的我"。

2. 请幼儿回家询问爸爸、妈妈自己刚出生时候的样子，并找出相应的照片和爸爸、妈妈一起看，了解自己成长的过程。可以选择一两张照片带到幼儿园，和老师一起布置主题墙"我长大了"。

宝宝哪里来（5~6岁）

活动目标

1. 初步了解胎儿在母体中的孕育过程，对探索生命奥秘感兴趣。

2. 感知妈妈怀孕过程的艰辛，学会表达对妈妈的爱。

活动准备

1. 提前做"我在妈妈肚子里"的调查，让幼儿了解妈妈怀孕时困难的事、有趣的事等。

2. 请幼儿带来妈妈的怀孕照片和自己的出生照。

3. 制作反映小鸡和小青蛙生长变化、宝宝哪里来等幻灯片（参看图5-5、5-6、5-7）。

活动过程

1. 可爱的宝宝

（1）教师播放幻灯片，请幼儿看画面。了解小鸡、小蝌蚪的孕育和出生过程。

（2）教师提问：我们刚才看到了什么小动物？它们是怎样出生、长大的？引导幼儿说出不同小动物的孕育、生长过程。

2. 我从哪里来

（1）提问：小朋友是从哪里来的？引起幼儿兴趣，请幼儿大胆地猜想。

（2）教师继续播放幻灯片，观看宝宝在妈妈子宫是怎样长大的，理解小宝宝的孕育和生长过程。

3. 小时候的故事

（1）提问：你在妈妈肚子里时，妈妈是什么样子的？发生了哪些事情？

（2）幼儿分组讨论，说一说自己在妈妈肚子里发生的"故事"。如：我在妈妈肚子里不老实，使劲踢，弄得妈妈总是吃不下饭；我在妈妈肚子里越长越大，妈妈还要带我上班，可辛苦了；开始我只有花生那么大，后来越长越大，像一个皮球；妈妈生我的时候，疼了一天才生下来，真辛苦啊；等等。

（3）请几名幼儿在集体面前讲述自己的"故事"。

（4）小结：妈妈养育我们很辛苦，我们要疼爱自己的妈妈。

4. 给妈妈的礼物

（1）教师：小朋友爱不爱自己的妈妈？我们给妈妈制作一件礼物吧。

(2) 分组制作礼物,如贺卡、小花等。教师帮助幼儿在礼物上写一句最想说的话给妈妈。

教学建议

1. 如果幼儿园有怀孕的老师,可以请她们到班里来配合活动。可先比较怀孕老师和普通老师的体型有什么不同,请怀孕的老师说一说现在的生活和怀宝宝前有些什么变化,宝宝在肚子里有些什么表现;让幼儿听听胎音、摸摸肚子、感受胎动;等等。

2. 可以结合母亲节或"三八"节主题,开展"爱妈妈"系列活动。

3. 请妈妈向孩子多讲讲自己怀孕时的事情,让孩子了解妈妈怀孕时的辛苦和乐趣。家长还应该为幼儿提供表达爱妈妈的情感的机会,学习在生活中体贴、关爱妈妈。

附图片

图 5-2

图 5-3

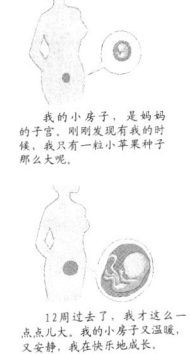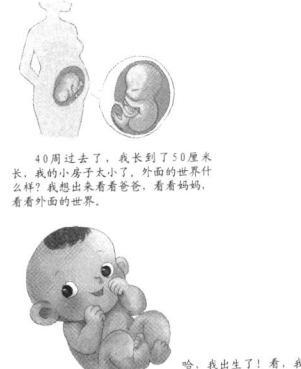

图 5-4